《故土故人，吾思吾念：我對落實「一個中國」原則的認知與建言選輯》

故土故人，吾思吾念：
我對落實「一個中國」原則的
認知與建言選輯

《故土故人，吾思吾念：我對落實「一個中國」原則的認知與建言選輯》

《故土故人，吾思吾念：
我對落實「一個中國」原則的認知與建言選輯》
作者：朱承武

中文電子書於 2018 年由電書朝代製作發行，推廣銷售。
電書朝代 (eBook Dynasty) 為澳洲 Solid Software Pty Ltd 經營擁有。
網站：http://www.ebookdynasty.net
電郵：contact@ebookdynasty.net

中文紙本書於 2017 年由 IngramSpark 隨需印刷，
Ingram Content Group 推廣銷售。
版權所有，翻印必究。

《故土故人，吾思吾念：我對落實「一個中國」原則的認知與建言選輯》

目錄

緒言   6

第一篇：總論   9
我對中華民國與台灣主權盛衰走勢的探討   11
    ——從「九二共識」與「一個中國」的爭議說起

第二篇：吾思   93
中共收回香港的問題   95
開放大陸探親對和平統一的影響   100
愛祖國的變與不變   107
中華民國（三篇）   110
    中華民國啊，妳在何方？   110
    為何而統？為誰而獨？   114
    為民請命，為民造福——論中國統一之唯一正途   116
胸懷大陸，心繫全民   120
為李登輝代講三項保國衛民與立己的大政至計   123
一「中」兩制，和平統一——對「一個中國」原則的詮釋   127
「一個中國」原則的平議與實踐   131
「反分裂法」的問題與效應   135
胸懷大陸，心繫全民——對馬英九先生的期望   138
一個中國，兩岸各自獨立？   140
憶金門「九三砲戰」及其餘事   142
主權共有，治權分轄   147
「1949巨變大難」，「罪」在何方？   149

《故土故人，吾思吾念：我對落實「一個中國」原則的認知與建言選輯》

補述《1949「罪」在何方？》　　　　　　　　　　　154

兩岸修憲，和平統一　　　　　　　　　　　　　　159
老朽曝言：落實政改和平統一之路　　　　　　　　160
有關中共政治體制（憲政）改革的論述　　　　　　171
專文：對基督教義與以色列永續發展的探討　　　　181
專文：泛論大陸創設亞投行的成因與展望　　　　　213
　　　──我對實現「中國夢」的認知與建議

第三篇：吾念　　　　　　　　　　　　　　　　**259**
望雲天！念故人！──敬悼葉公超、劉文騰博士二三事　261
談師尊，念師恩──敬獻給李宗海、紐永春兩位恩師　274
敬致王作公函簡：讀《真話──談政客論國運》書後　278
「福利社會」與「廉能政府」──懷念經國先生的兩項德政　287
「通識教育」與「有教無類」　　　　　　　　　　290
　　　──讀虞世伯兆中《情誼永念》書後所思所問
專文：我懷念「萬世仕表」嚴家淦先生　　　　　　300
專文：感念嚴家淦先生逝世二十週年的片片心語　　312
　　新聞稿：歡迎大家踴躍參與自由民主同盟所舉辦的
　　嚴前總統逝世二十週年追思座談會　　　　　　318
「是非成敗轉頭空」──懷念我與中央日報「結緣」的感言　323
專文：追思周孝友將軍立己立人的二三事　　　　　342
　　　──兼談國府依據憲法舉辦高普考試的德政
專文：往事只能回味？！　　　　　　　　　　　　351
　　　──我唱抗戰歌曲與懷念老歌的經歷感受
專文：我唱《燕雙飛》的情懷與感受　　　　　　　364

《故土故人，吾思吾念：我對落實「一個中國」原則的認知與建言選輯》

《故土故人,吾思吾念:我對落實「一個中國」原則的認知與建言選輯》

第四篇:結語   **369**

附註:朱承武著作   371

《故土故人，吾思吾念：我對落實「一個中國」原則的認知與建言選輯》

緒言

筆者生為中華民國的國民，童稚之年即因日寇侵略戰火，與「清算鬥爭」的禍亂，而家破人亡，浪跡天涯！有幸承國府收容來台，得以倖生，且培育成人，經歷軍公教職，皆戮力克盡為人之本份。1978 年再出國進修，「流」美以迄於今，已是中華民國一介化外之民。但對我成長的故土——台北台灣，想望不已；對育我培我的親長故人，感念無已。

尤者，當 1971 我留英訪美之際，對中華民國發生猶如「地動山搖」的突變事故，諸如「乒乓外交」，季辛吉偷赴大陸「拉肚」，尼克森「朝毛」，美國為了一己國家利益，採行「聯共制俄」策略，而「助共入聯」，皆曾與聞。繼之十年後，美國為了與中共關係正常化，而應允中共要求，與中華民國斷交，毀約，撤軍。從此，中華民國內有台獨鼠輩叫囂「外來政權」的叛亂顛覆；外有中共以「一個中國」原則的威脅逼降；中華民國政府被困於台灣，國運日趨衰敗。終至當年在大陸敗了槍桿子，失去政權以後，播遷到台灣，現在輸了選票，憲政傳承的法統大位，又淪失於主張台獨的黨派份子。思之，念之，是多麼令人惋惜？多麼令人痛心！

記得，來美前在政院服務時，除了為教學研究而出版三部管理學著作外，個人寫作概為公務之需；要為首長備為施政決策之參考，而撰寫輿論分析和問題研究約計數十萬言，分裝成四冊。其中，有多篇可公諸報刊者，曾予修撰，且以個人名義，或筆名，或別號投稿發表。來美進修，初，為課業忙；後，為生活所苦而「封筆」之時，在 1981 年，曾將上述在報刊所發表的剪報文稿，選擇二十篇，予以彙集複印成冊，名之為《均富安和—論說 20 選輯》。去 (2017) 年, 承「電書朝代中文電子書店」(eBook Dynasty) 助我「整舊文，出新書」，併同再增補的十數篇有關論述，予以編輯成電子書，名為《均富安和：管理與經濟論說選集》(On Security, Peace and Equal Distribution of Wealth)，公開發行。紙版書

（國際書號 978-1-925462-18-0）則由美國 IngramSpark 隨需印刷，Ingram Content Group 推廣銷售在卷。

個人從 1978 年來美，以迄於今，在既往這三、四十年來，我這化外小民只能就情勢的發展與所面臨的「問題」，為懷念故土故人，祈求天佑中華，而抒抒說說一己情懷與建言，在業餘時間，斷斷續續寫了六、七十篇文稿，且大多數皆發表於美台兩地的報刊或網路雜誌。而今，已是八十有八的老朽！有好多日子，常想要將這些文稿彙集成冊，以茲能為一己關懷故土故人，所思所念，留些許見證的文字記錄。

是故，乃將來美後所撰文稿，按上述《均富安和》方式，「整舊文出新書」。所謂「顧名思義」，由於所撰諸文中，有關「一個中國」問題著墨較多，故將本書書名，定為《故土故人，吾思吾念——我對落實「一個中國」原則的認知與建言選輯》。又為出版公司便於編輯起見，特選擇論述與建言較為周全的近作，《我對中華民國與台灣主權盛衰走勢的探討——從「九二共識」與「一個中國」的爭議說起》作為總論主文。其餘全部文稿，擇其有關論述或可參證者，分為「吾思」與「吾念」兩篇，皆分別依文稿撰述與發刊的時序列於「總論」主文之後，企望有關當局與公知讀者們，能有個全盤的認知，有便於檢閱研究。設如對文中「一得之見」的建言有所研議採行，是乃所願，更是莫大企盼之事也。然為筆者職卑人微，學殖尤屬有限，所論或有不明不確之處，尚望先進學人，見諒賜教，則幸甚矣。

——朱承武（繩祖、止戈）2018 年五月撰於紐約市寓所

《故土故人,吾思吾念:我對落實「一個中國」原則的認知與建言選輯》

«故土故人，吾思吾念：我對落實「一個中國」原則的認知與建言選輯»

第一篇：總論

《故土故人，吾思吾念：我對落實「一個中國」原則的認知與建言選輯》

《故土故人，吾思吾念：我對落實「一個中國」原則的認知與建言選輯》

我對中華民國與台灣主權盛衰走勢的探討
——從「九二共識」與「一個中國」的爭議說起

　　這次蔡英文在 520 就職演說，並未如中國大陸所期望的，確認「九二共識」與「一個中國」的原則，中國大陸國台辦則宣稱之為「未完成的答卷」，要求蔡必須以事實來明晰其義，這種「答問」，已屆百日，將不知有何結果？！但如從探討中華民國既往在大陸，兵敗危亡於中共；播遷至台灣，現今國府憲政傳承法統，又喪失於主張台獨政黨的走勢來看，筆者認為此乃中共與台獨各懷鬼胎，彼此各有所謀的「博奕」而已。簡言之，雙方的目的一為中共利用，另為台獨假借中華民國憲政法統傳承的地位，來維護或僭奪中華民國曾經十四或八年艱苦抗日，犧牲千千萬萬的同胞，損失天文數字的財產，獲得「慘勝」，方能光復的國土，台灣及其所屬諸島嶼也！很明顯的是，這番「博奕」的結果，固然將決定能否維持前馬政府八年來，國共雙方以「九二共識」為基礎，所建立起的兩岸和平發展的良好關係；也決定未來這一個中國，能否不需兵戎相見就能和平統一？當然，將也影響當下中俄、美日在東、南海對抗的均勢；影響美國貫徹「重返亞洲」策略，對亞太地區周邊國家的和平發展，能否收到所預期的成效，從此，能為世界開萬世太平？！

為何抒陳如此「也哀」、「也善」的話語？

　　筆者出生於大陸，成長於台灣，為憤慨於被台獨鼠輩歸類為「中國豬」，渡過「沒有蓋子的太平洋」，乃「流」美迄今，已是退休多年苟延殘喘的八十六歲老朽。對於國是，天下事，特別是有關中華民族生存發展的「一個中國」的大問題，不僅應該遵循「不在其位，不謀其政」的孔聖之言，即便有所論說，自也是「人微言輕」，一無效應的；再如說是在政治方面有所「企求」，那更是「為時已晚」，不足道矣。

《故土故人,吾思吾念:我對落實「一個中國」原則的認知與建言選輯》

　　然因,在大陸變色之時,隨流亡學校來台,讀書成長後,曾經歷軍公教職,對於中共在大陸假抗日坐大,搶摘國府抗戰勝利果子成功後,追殺得國府軍民屍橫遍野;繼之,發起各種運動的暴政,八千萬中華小民與學者專家們死於非命,皆略有所見所聞;1954年九月三日服役軍中時,中共炮轟金門(史稱「九三炮戰」),從大、小嶝打來的第一群炮彈,就落在我的身旁!國府在台恢宏民主憲政,將一個瘡痍滿目、民生凋蔽的台灣,建設成為民生樂利,安定繁榮的社會,都曾親受其澤。也曾有幸赴英美遊學訪問,1971年讓中華民國「地動山搖」所發生的「乒乓外交」,尼克森朝毛,繼之助共入聯,在英美都曾親自與聞。

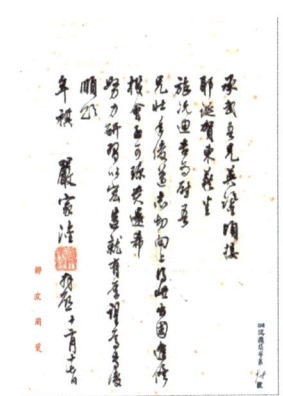

左:嚴家淦先生賜函囑筆者在英努力進修。右:1971年筆者於美國文官委員會。

　　國府在台,為防止退出聯合國後,斷交的「骨牌效應」,而將「漢賊不兩立」的外交政策,改為「匪來我不走,匪走我仍在」的「實質外交」,以與無邦交國家,除政治而外,仍維持經貿文化,交通友好等等一切關係。在內政方面則厲行「三不政策」,與中共「保持距離」以策安全等等情勢的變遷,莫不親身經歷與聞其事。其間,有台獨鼠輩與滯台的日寇,在國府存亡危急之際,竟然籲美哈日,從誣指「台灣地位未定論」,而呼嘯成立「台灣國」;從「反蔣」,「反中」,而否認一己是「中國人」;為反對而反對,而聚眾暴亂,反對國府一切政經措施,

因而中華民國政府秉持的「一個中國」基本國策，在內部又發生的種種問題，確是認知有年，感觸尤深。1978年來美進修後，縱然遠去家邦，每見國府內外兩面受困；當中共與台獨為這「一個中國」問題「爭論」不休，或是有所「誤解」之時，既往數十年仍然不時「塗塗，敲敲」，希能及時抒陳所謂「其鳴也哀」、「其言也善」的話語而已。

開放大陸探親與「一個中國」問題

記得1987年，蔣經國總統基於人道的考慮與人權的尊重，開放大陸探親，這四十年來阻斷隔絕的兩岸能因此而溝通；因內戰烽火而生離死別的至親手足從此可以團聚。那時筆者撰文認為：「其影響所及就不止於探親者個人，國家社會皆有要因以發生想像不到的變革；也由於千千萬萬的同胞往返於海峽兩岸，形形色色的貨物進出於彼此的『境界』，兩岸同胞如此互動，其間必然會發生有關法律管轄的處理和國民權益的維護，國府豈能抱持『不鼓勵、不禁止、不協助』，任由『第三者』去『代理』，『代勞』？再如，開放了大陸探親，這無異提高了中共『交戰團體』的地位，承認了中共對大陸的『有效控制』，讓中共由非法的『叛亂集團』，轉化成為合法的『政治實體』，對於促進中國的和平統一，亦發生必然的、深遠的影響，中華民國政府就必須考慮，重新釐訂『大陸政策』等等論述與建議。」（註：摘自拙文《開放大陸探親對和平統一的影響》，可供參考。）

「九二共識」的由來

嗣後，兩岸的「海基會」與「海協會」相繼成立，來處理兩岸交流的相關事宜。為因國共雙方對「一個中國」的解釋，就因「各說各話」而從此「爭議」不休。但兩岸為事實情勢所需，要維持兩會賡續會商，對「一個中國」的解說，就用各自表述不落文字的「九二共識」，成為

《故土故人，吾思吾念：我對落實「一個中國」原則的認知與建言選輯》

「一個中國」的代名詞於焉產生，因而促成 1993 年在新加坡舉行的「汪辜會談」，開啟了兩岸「和平發展」的進程。有關這「九二共識」的緣起，早在二十四年前（1992 年十二月十二日），北美《世界日報》「世界論壇」所刊出的拙文**《槍桿乎？選票乎？——誰才能合法代表「一個中國」》**為題，筆者作有如下的論說：

「海基會和什麼海協會為了解決兩岸的『文書認證』的問題在香港開會。因為對『一個中國』的解釋，『各說各話』而話不投機，不歡而散。大陸上當權者急欲統治這『一個中國』，又對台灣放話，不惜『犧牲』『流血』。在台灣的國民黨也為了『一個中國』，要處份說些『一台，一中』的違紀黨員。真把小民弄糊塗了。

「其實：『一個中國』就是一個中國。根本沒有什麼爭論的。這一個中國不是中共的，也不是國民黨的。而是億億萬萬全體小民的。永遠永遠屬於在中國土地上，生老病死的全體小民的。

「中國領土有一千一百餘萬平方公里。數千年來雖然由於被侵佔，被瓜分、被割據、被租賃過，她的形狀略有伸伸縮縮，甚至由海棠葉變成『老母雞』樣子。但中國人都深信，這些固有的領土終必回復的，一分一寸也不會少。台灣有一小撮沒良心的真欲分裂國土來『獨立』，不僅中共會『動武』，在海外有血性的炎黃子孫也會回來參與討伐的。

合法政府須百姓誠服

「至於中國的統治者，亦即現在所謂中國的『合法政府』，說來話就多了。幾千年來雖然有些人，為了爭著『當皇帝』、『當總統』或是『當主席』，關起門來殺殺打打，但卻沒有一個『朝代』，更沒有一個『皇帝』或是『總統』、或是『主席』能夠千秋萬世地保有的。特別是越暴虐者，其壽命越短。越視民如芻狗者越為小民所唾棄。所謂『民為貴』、『君為輕』，『社稷次之』，這話一點也不假。

「談到誰是『代表』中國的『合法政府』，這也很簡單。小民不似

《故土故人，吾思吾念：我對落實「一個中國」原則的認知與建言選輯》

學者或是有政治修養的人，說什麼國際『承認』啦，正式『邦交』啦。又是什麼『情勢變遷』、『合法繼承』啦，都是虛偽的遁詞。真正的原因是在於『有效控制』而已。所謂能『代表』者，不論他是『仁』是『暴』，只要小民們心悅誠服，或不得不聽他的話就行了。

依法而論國府更合法

「試看，中華民國政府是在大陸上依全民所訂的憲法而產生的。所有國會代表亦係依憲法在大陸上選出，並追隨政府到台灣依然行使職權的，怎能說她不是『合法』的政府。尤者，『中華民國』國號明載於聯合國憲章之上，而聯合國竟把這創始國摒於大門外，改由槍桿子所出的政權堂而皇之的進入了聯合國，這合的什麼『法』？！迄今，中共尚未『還政於民』，諸事皆由老人『一言定憲』。這又合的什麼「法」？！可是，這個政權她能『有效控制』了這塊廣大的土地與億萬的小民，怎能不『承認』她為『代表』呢？

「再說，中華民國政府曾經統治過大陸，也統治過中共黨人。相反的，中華人民共和國就從來沒統治過台澎金馬地區，更沒有統治過國民黨人。這比之中共自是更『合法』更『有理』。可是，中華民國政府現在所有效統治的台澎金馬，土地只有大陸的千分之三。人口僅是十二億與二千萬之比。而且，一切治權運作皆不及於大陸，怎能再被認之為全中國的『代表』呢？所以，中國只有一個，但中華民國政府也好，中華人民共和國也好，誰也不能作為全中國的『代表』。這一『分治』的事實是無法掩飾的。國際間強權政治再沒有理性，也不能明目張膽地，幫助一方來對另一方趕盡殺絕。

國府不應該自亂方寸

「台灣在中國的版圖上雖然是彈丸之地，但在台灣的中華民國政府

《故土故人，吾思吾念：我對落實「一個中國」原則的認知與建言選輯》

來自大陸，曾經統治過大陸，也一直心存大陸。無論在『名』與『實』方面，依然是合法的政府。既往四十多年來，經建成就的『奇蹟』已為世所確認。沒有邦交的國家為了分享成果，還不是公開或不公開地派部長、派副總理來台洽商。這與『承認』的『名份』有什麼分別。更令小民們高興的是，國府努力民主改革已有了起步。日來國會全面改選，不也正在訴諸選民，爭取小民們的選票。中華民國的經濟開發已進入已開發國家的行列，政治建設如果也能與世界上先進民主國家如英美同步並肩，則所有全中國的小民們，不擁戴這樣的政府來統一中國才怪呢。所以，在台灣的中華民國政府應該不要為了無關宏旨的『名份』問題而自亂了方寸。也不必理會那些為人不齒的沒良心的話，而放眼天下，胸懷千秋，為全中國子民，為全中國土地賡續努力建設，以開萬世太平。

小民們心中明白要誰

「統治大陸的中華人民共和國政府已為聯合國所『接受』，極大多數國家的『承認』。在台灣的中華民國政府也廢除了動員戡亂條款，不視之為叛亂集團，當然也是『合法』的政府了。近年來為了『四個現代化』，為了建設『社會主義的市場經濟』也有了起步，人民生活日有改善。經濟發展潛力更為世人所重視。但政治民主竟背道而馳。特別是仍要用槍桿子來威脅，要消滅在台灣的中華民國政府。真是捨本逐末，緣木求魚。今天，台灣已認識到大陸動亂對其有害無益。同樣，在台灣沒有安定繁榮的中華民國政府，欲求中國統一，即使流後代子孫的鮮血也不能保證可以順利完成。台灣如果真的走上『不歸路』——獨立了，這也是中共逼迫如此的。因此，小民們特別企望在大陸上的政府，必須負起歷史的責任，而放下槍桿，而以民為天。不僅予小民們較為富裕的生活，更須尊重小民們天賦的固有的人權。如此的政府自然能為全國小民們所擁戴，中國和平統一也就可望可及了。

「總之，這一個中國是屬於全體小民的。幾千年來天下分分合合，

《故土故人,吾思吾念:我對落實「一個中國」原則的認知與建言選輯》

國家治治亂亂,都是循著『仁者無敵』、『暴政必亡』的定律。槍桿乎?選票乎?當政者必須認得清清楚楚。將來誰能代表小民們,真正成為唯一的合法的中國的政府?小民們明白得很。」(註:所錄拙文曾副知時任總統府秘書長蔣彥士先生,其覆函如下。)

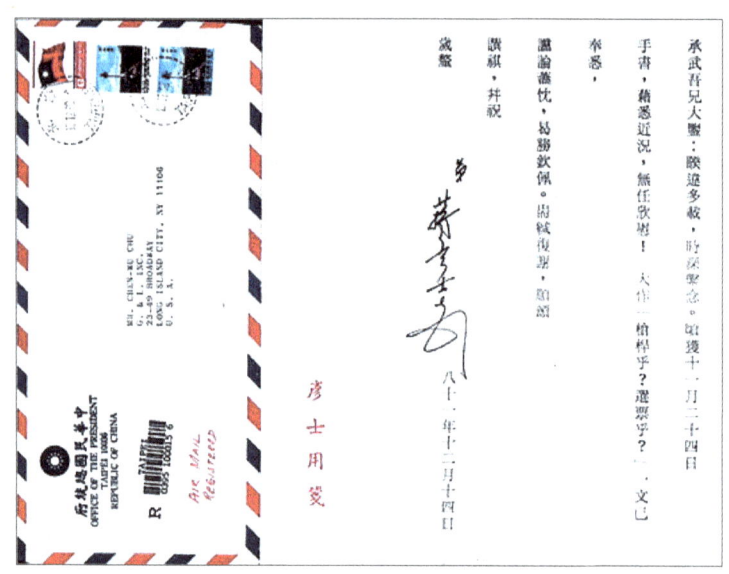

「一個中國」原則的爭議

　　1988 年,李登輝繼任前總統蔣經國先生的大位,繼之修憲直選總統後,竟宣稱「中華民國在台灣」是主權獨立的國家,與中國大陸是「特殊的國與國關係」;另有在香港的《大公報》的前總編輯金堯如先生,在媒體上發表「兩個中國」的論調,本人立予辯正,陳述中華民國政府是《胸懷大陸,心繫全民》的拙文,也承《世界日報》於 1995 年九月十七日刊載於「世界論壇」;當「一個中國」原則的問題爭論不休之際,陳水扁提出「一邊一國」的「兩國論」,老朽將之「總結」,撰成《「一個中國」原則的平議與實踐》一文,發表於報刊。斯時,大陸當

局未周詳考慮所繼承中華民國的「憲政法統」問題，片面所訂的「反分裂法」，無論從字裡行間，或是歷年來所宣示的政策而論，其真正的目的，是在嚇阻「台獨」僭奪、分裂屬於全國全民的國土：台灣。所以，該《反》法應是《反分裂國土法》或《反台獨分裂國土法》才是。不幸的是，竟名之為《反分裂國家法》。種種「複雜的反應」與應可迴避的爭議，因以而起。

2008年，馬英九先生當選總統，甫行就職，就為尋求連任，在人事與施政方面，都基於以當一個「台灣總統」為已足。認為依兩岸都有憲法，雖不是國與國而是互不承認的特殊關係，要「外交休兵」。筆者認為馬先生昧於現實，未克盡《中華民國憲法》所賦予的憲政使命，乃基於《中華民國憲法》的法理，與兩岸分治的現實，而撰成《主權共有，治權分轄》一文，定位台海兩岸的領土主權是「你中有我，我中有你」的一個中國的關係。所不同的只是，台海兩岸的人民，是分為實施「三民主義」與「共產主義」兩個地區，而「分轄、分治」而已。此文也承《世界日報》刊於「民意論壇」，但將文題改為《一個中國，兩岸各自獨立》。繼由香港的LaluLalu論壇將之引為論述主題。此與當時國府向大陸所提「一國兩府」或「一國兩區」，似有認同拙文之處。（註：請見拙文《主權共有，治權分轄》。）

及至2011年，中華民國建國（辛亥革命）百年，也是中共建黨九十週年，兩岸不僅仍然「分轄、分治」，且各自問題叢生。在台灣，「一個中國」的問題越益爭論不休；在大陸的中共則是「不落實政改，則將亡國；落實政改，則將亡黨」。各方為了「一個中國」爭議所衍生的：台灣「民粹」暴亂，台獨訴求，與大陸的貪腐暴政，道德敗壞，兩者皆是中華民族最大的不幸，極大的悲哀也！

發生「一個中國」問題對國府的傷害之因

論及「一個中國」，其所以發生問題，係緣於辛亥革命所成立的民

《故土故人，吾思吾念：我對落實「一個中國」原則的認知與建言選輯》

主共和國，中華民國後，在現代國家組成的三要素：土地、人民、政府組織之外，要能成為「正常國家」，肇因於歐洲經過三十年(1618-1648)大規模的國際戰爭結果，奠定了民族國家的關係；繼之世界第一、二次(1914, 1946) 大戰後，國際組織相繼成立，再為國際經貿的所必須，有關國家戰爭媾和條約，主權行使的國際公法，與規範雙方權利義務種種契約的國際私法於焉大備，因而增加了國家主權須得邦交國認同的「國際關係」。此如，中國在春秋戰國、五胡十國期間，誰能割據一方，誰都可以稱王呼帝。甚至，民國期間的共產第三國際的中國共產黨，於1937年十一月七日，前蘇聯國慶日，史達林命令在江西瑞金的中共，所創建的「中華蘇維埃人民共和國」，也未發生「一個中國」的問題。尤者，當1949年國府兵敗於大陸，斯(1949)年十月國府仍在廣州，擬「西撒川康」或「東遷台灣」，愴惶未定之際，中共在大陸上立馬成立「中華人民共和國」，自後二十年期間，也沒有發生這個問題，因為斯時中共正在拉下鐵幕大舉整肅，發起各種運動的暴政，且輸出馬列共產主義世界革命，號召「全世界無產階級聯合起來」，與資本帝國主義國家為敵，而抗美援朝，無法向國際要求其國格；而且，中華民國政府是聯合國創始國的政府，在台依然遵循1947年在大陸所訂的《中華民國憲法》，行使職權，厲精圖治，整軍建武，要光復大陸之故。

但是，1971年中共獲得美國因急急實行「聯共抗俄」策略的奧援，在聯合國取代了國府在聯合國的「中國代表權」的席位。自始，中共就以聯合國5728號議案為由，片面認定中華民國已經滅亡，「中國」一詞為中共所專用，將事實上，仍具有中國領土主權，在台灣的中華民國，排除在所謂只有主權國家才能參與的國際社會組織之外；又，十年之後(1979)，美中（共）外交關係正常化，建交之際，中共要求美國與國府斷交，毀約，撤軍，特別是要求美國承認其世界上只有「一個中國」；中華人民共和國是中國唯一的合法政府，台灣是中國的一部份；將從未為中共統治過的中華民國國土台灣，想不費一兵一卒地就宣稱據為己有；將依然屹立於台灣的中華民國中央政府，片面貶為「地方政府。「一個

中國」問題的爭議對國府的傷害於焉發生。中華民國退出聯合國在既往四十五年之中,「一個中國」就成為中共在外交上爭取與國,打壓國府在國際方面生存的空間,來消滅中華民國的「口頭禪,緊箍咒」,中華民國政府在政經外交各方面的艱困與日俱增,國勢加速衰退,生存發展就此成為大問題。

沒有「九二共識」地動山搖的成因

中共在聯合國不僅取得「中國代表權」的席位,而且將國府抗日戰爭勝利,而獲得的一切榮譽和權益,完全攬為己有。其要者,如眾所周知的有下列數點:

一、1943 年,與美、英簽定了《中美新約》、《中英新約》。廢除了一個世紀以來英美列強,強加給中國的「不平等條約」。結束了英美百年來在中國享有的領事裁判權、通商口岸特別法庭權、使館及一些鐵路沿線的駐兵權、沿海貿易與內河航行權、外人引水等等特權。「百年屈辱,洗於一日」。繼之廢除了與法國、荷蘭、比利時、巴西、挪威、瑞士、丹麥、葡萄牙等國的種種不平等條約;

二、1943 年,蔣中正參與《開羅宣言》決定剝奪日本自 1941 年第一次世界大戰開始以後在太平洋所得或侵佔的一切島嶼,日本竊取中國的領土歸還中國。當日本戰敗投降,中華民國收復了台灣、東北四省、澎湖群島等;

三、由於中華民國在抗日戰爭中的巨大貢獻,而擢升為世界五強之一,成為聯合國最主要的創建國,在安理會享有「否決權」的永久代表的席位等等,中共將之全部攬為己有。

中共猶如「鳩佔鵲巢」,或是如「乞丐趕廟祝」然,承襲了中華民國種種如上述的「資產」,理應對國府感念敬重才是,可是,中共在國際上竟然假「一個中國」的原則,縱橫捭闔,來孤立,打壓,企圖消滅中華民國。然因中華民國政府在台灣的民主憲政,永續發展;經建「奇

蹟」舉世聞名。中共對台策略，從血洗台灣，兩度砲轟金門，而要「三通」；而倡導「一國兩制」，而寄望於台灣同胞等等策略，反覆向台灣逼降、誘降、勸降，皆無效應；中共無法撼動中華民國依然是主權國家的基石。

而且，中共建政（國）六十五年以來，其「打江山，坐江山」，一黨專政，黨大於法的政權，迄今仍面對有「正當性」與「合法性」的問題。再因，中共參加 WTO 十五年以來，迄今尚未取得「完全市場經濟地位」，經貿發展可能面臨「硬著陸」的危機；且如溫家寶先生所言，政治體制改革，如不落實，不僅既往三十年改革開放經建成果不保，且將亡黨亡國等等的艱困。

尤者，國府所面臨的台獨，日益猖獗，對於馬英九政府八年來在經貿方面，基於「九二共識」而與大陸所建立的「兩岸關係」如 EFCA、貨貿、服貿等等法案，台獨鼠輩無不阻撓反對；中共更鑑於國府的 2016 總統選舉，國民黨將喪失政權。是故，習大人登基之後，對台政策，不僅依然用「讓利」辦法來「買台灣」的懷柔政策，且依情勢所必須，對台（獨）放狠話；沒有「九二共識」，將是「基礎不牢，地動山搖」的強硬警告。但是，在種種切切情勢發展之中，讓中華民國政府受創最深最烈的是，台獨鼠輩乘隙不承認「一個中國」，為篡奪中華民國固有的領土台灣，所作的種種陰狠惡毒的手段。

台獨們的陰險醜惡的面貌

反思台獨的緣起，可從台獨教父、台裔日本皇民岩里正男，李登輝說起。此有保薦岩李台獨入國民黨，他的已故「恩人、摯友」，王作榮先生對結交岩李台獨，有感於「無知人之明」，深深自責一己是「中華民國的罪人」，而在其所著《真話：談政客論國運》大文中所言：他，王作公認識岩里正男暴露其台獨的邪惡真面貌，始於岩李獨與夜奔敵營的許信良密謀協議，透過國發會，廢省、擴權之事。作榮先生總結岩李

《故土故人，吾思吾念：我對落實「一個中國」原則的認知與建言選輯》

台獨在他的一任總統任期內，其言行可歸納為：一、宣稱中華民國與國民黨是外來的政權，是來欺壓台灣人的；二、提出新台灣民族的口號，使人不敢公開說「我是中國人」；三、輕視中國與中國人的一切；四、崇日，媚日；五、主張將中國分為七塊；六、抹殺日本侵略中國，大肆屠殺中國人的罪行等等。不僅如此，筆者按《真》文所述，認為台獨鼠輩們的醜惡本質及其言行，將之歸納為如下幾點：

其一，數典忘祖。他們要切斷與中國一切的關係，以能作日本二等皇民為榮。實際上，他們無法拔去他們祖先們，在大陸上數千年來薪火相傳，繁衍綿延所生長的「根」；他們輕視侮辱中國與中國的一切，否認一己是中國人，實際上，他們無法清除他們身上與生俱來的中國人的血緣和文化。

其二，忘恩負義。台獨鼠輩們只一聲外來政權，一聲二二八與白色恐怖，就將那些以生命保衛台灣，竭智盡能為人民打拼的人，一夕之間就成為「中國豬」，要趕他們下海去。實際上，他們之所以能夠聚財成億，坐高樓，席豐厚，嬌妻美眷，珠環翠繞，莫不是這些被他們稱之為「中國豬」，用生命，流汗血所打拼而得的。除了講說二二八而外，有那個台獨鼠輩向他們說過一句感謝的話？這些「中國豬」不死於沙場，埋於荒圮者，多窮困於陋巷，或被圈養在眷村。即便如此，台獨鼠輩們仍心有不甘，要趕他們下海去。他們的良心何在，視情義為何物啊？！

其三，自我作賤。中國有五千年的光榮歷史，千萬里的綿繡河山。台獨鼠輩們為什麼不以生而為中國人為榮？中國人是具有全人類、全宇宙觀的人文修養的民族，台獨鼠輩為什麼要切斷與中國有關的一切？中國有三千年實踐成效的文物典章制度，台獨鼠輩們為什麼要崇拜日本德川家康，歌頌日本武士道，大和魂呢？日據時代，居住在台灣的同胞，在高壓統治，奴化教育下，受盡凌辱、剝削的亡國奴的、三等國民的待遇，台獨鼠輩們為何仍要讚揚、崇拜日本人，感謝日本人佔領台灣？這不是自我作賤，還有何說？！

其四，寡廉鮮恥。台灣鼠輩們一談起台灣經濟奇蹟，就說是日本人

的貢獻與台灣人民的勤勞，而將中華民國政府與中國國民黨，這外來政權策劃、推動、領導台灣經濟重建、起飛，與持續發展，使台灣經濟奇蹟成為亞洲四小龍之一所作的貢獻，完全一筆勾銷，真是不知羞恥。今天，台獨鼠輩們大聲地說，台灣人取得了政權，台灣人民站起來了，事實上，他們除了發起街頭抗爭，曾鼓動並參與過群眾暴亂而外，有幾個曾經對創造台灣經濟奇蹟，讓台灣人民有安定而繁榮的生活，作過具體的貢獻？他們口口聲聲說，外來政權是貪污腐化的。但他們能否查出，已退職的兩蔣與嚴總統，是如岩里正男在退職前，就有錢「買」座價逾數億，供其養老的鴻禧山莊？他們買官奉獻，也動輒以億計。究竟誰會貪污？尤者，他們假借中華民國的名號，僭奪去中華民國一切有形與無形的資產；高呼台灣獨立萬萬歲，依然對外來政權的國旗宣誓效忠，扛著中華民國的招牌，招搖撞騙，何其無恥之至。

關於中華民國與台灣主權的走勢

當中華民國在國際上，受盡中共假「一個中國」原則，所加予的種種打壓與迫害之際；在國內又遭受台獨鼠輩們，為了篡奪中華民國國土台灣，所作的種種反法治、無理性的陰狠毒辣的誣蔑與中傷。最初，所謂自稱的「台灣人」，為要「出頭天」，而發動美麗島抗爭；開放黨禁後，他們要求廢除治內亂外患罪的《刑法》第一百條。從此，台獨鼠輩們肆無顧忌地，發動各種街頭暴亂抗爭，來反對政府一切政經措施；要以閩南語取代國語，要將中國文字拉丁化，逢中必返地，去中國化；並以講日語，穿和服，揮武士刀來炫耀一己是日本皇民；假原住民高山族係從南洋遷移來台，其後荷蘭入侵，日據時代殖民之因，認為清代閩粵先民相繼來台開耕者，其血統已經混雜，已不是中國的漢人；進而，台獨鼠輩們倒孫中山銅像，塗蔣介石銅像，毀鄭成功銅像；反中，反華，自認台灣人的台灣，只有四百年歷史，而捨棄中華民國國號，言必稱台灣；對台灣主權所說的夢幻囈語而作有，由「台獨黨綱」而「台灣前途

決議文」，真是荒謬，無恥之極！事實上，關於中華民國與台灣主權，其要可歸納為如下數點：

其一，台灣是中華民國的國土，絕不容許侵吞、篡奪

　　據歷史學者們研究所知，有關「台灣主權」，如果僅依中國文獻所載，在漢、唐時代就記錄有台灣，或經過或到過台灣，就認為對台灣擁有主權，說是「自古以來台灣就是中國固有領土」的論述，並不合於現代國際公、私法對國家領土主權的規範，當然讓人有所質疑。至於台獨鼠輩們所聲稱的，台灣是台灣人的，台灣只有四百年歷史說，那或許是採取，起始於荷蘭人於 1624 年，在台建立政權之說，這也是「掩耳盜鈴」的「黑白講」。

　　因為，如依「政權建立說」，或「民族自決」說，來認定台灣主權歸屬為依據的話，則台灣在 1621 年中國人在顏思齊帶領下，來台屯墾，為台灣開啟了中國化的歷史進程。那麼，在此之前的數千年，台灣就屬於台灣原住民的。其後 1624 至 1661 的三十七年期間，荷蘭人來台殖民管理，台灣當是屬於荷蘭；其後，自 1661 至 1995 年，長達二百三十四年的時間，中國人鄭成功在台灣建立延平郡王國，繼由康熙大帝在台灣建立大清帝國福建省台灣府。這二百三十四年間，台灣都是中國的一部份，在台灣的居民都是中國人。

　　又，自 1895 年中日甲午戰爭，中國戰敗而依國際公法，簽「馬關條約」，割台灣給日本，迄至 1945 年，日本戰敗又依國際公約，將之歸還給中華民國。在這日據殖民的五十年期間，在台灣的漢族被稱為「本島人」，原住民被稱為「蕃人」，台灣主權當係屬於日本的。

　　台灣再度成為中國的一部份，中華民國的領土，是中華民國的台灣省，始於 1945 年台灣光復，中華民國的中央政府於 1949 年又遷至台北台灣，擁有國家主權，迄今已有七十一年之久。不論依據任何國際政治的法理，台灣是中華民國不容任何勢力可予以侵佔、僭奪的固有領土。僅

《故土故人，吾思吾念：我對落實「一個中國」原則的認知與建言選輯》

從下述數點史實與法理，當可論證台灣不屬於中共，更不是一小撮台獨鼠輩的，而是中華民國固有領土的一部份，在台灣的居民都是中華民國的國民。其論證要如下：

1. 台灣領土的割讓與光復先是依據「馬關條約」，繼之依據國際認同的「開羅宣言」，與「波茨坦公告」所訂的戰和條約。這是極其符合現代國際公法，沒有任何「黑白講」可予曲解的史實。

2. 台灣之所以能光復，概因中華民國與美英等同盟國共同抗日勝利後，美國依前述國際公約，立馬交還給中華民國的。斯時，中共在大陸武裝叛亂，尚未奪得政權；即便建政（國）迄今已歷六十七年以來，其一切政令也從未及於台灣及其所屬島嶼。是故，中共自無法片面認定台灣是其所屬的領土。

3. 再則，依領土主權的認同係以「有效統治」說，國府在台「有效統治」，迄今已歷七十一年，即使台獨們也必須認同中華民國的主權，而依據《中華民國憲法》來參選執政。此因，1991年，台獨所訂「台獨黨綱」，依台灣主權現實，主張建立獨立自主的「台灣共和國」；1995年所訂「台灣前途決議文」，認為「台灣是主權獨立的國家，她的國號就是中華民國」。這兩者皆是不合於國際法理的悖論。其事實是：

3.1. 無論在政治、法律、歷史、文化上，台灣是中華民國的國土，被統治的居民都是中國人。那一小撮不承認是中國人的台獨鼠輩們，如以二戰後，聯合國為解決殖民地民族獨立自主而主張的「民族自決」說，應用於台獨們的「居民自決」說。那麼，「台灣國」真能建立後，在台的高山族，客家人；屬於台灣的花蓮、嘉義等等都要獨立，這合理、合法？台獨們的「台灣國」可容許嗎？

3.2. 中華民國乃是國父孫中山先生領導中國國民黨革命諸先烈們，拋頭顱、灑熱血，犧牲奮鬥有年，終於在1911年創建於中國大陸。這個中華民國國號，絕不是任何一小撮野心份子，可予以更改、剽竊、假借、隨意引用的。台獨即使「竊取」了台灣，脫離中華民國的統治，在違反《中華民國憲法》上，一個中國的基本國策，它只是如叛亂份子，在中

華民國的國土上，非法所篡奪、佔有的一塊土地而已。尤者：

4. 中共與台獨皆是包藏禍心地，言必稱「台灣」

眾所周知，中華民國是國號，「台灣」乃是個地理名詞。兩者不應有所混淆。在兩蔣及嚴前總統主政時期，對外必須稱中華民國，絕不可稱之為「台灣政府」。如言及台灣，必須稱之為台灣省，或中華民國台灣，要在宣示台灣是中華民國的領土，或是一個省份。也用以宣示台灣地位的重要，如「美麗的寶島」、「復興的基地」；或為彰顯中華民國政府在台建設的成就，諸如「台灣奇蹟」、「台灣經驗」、「台灣是三民主義的模範省」等等便是。

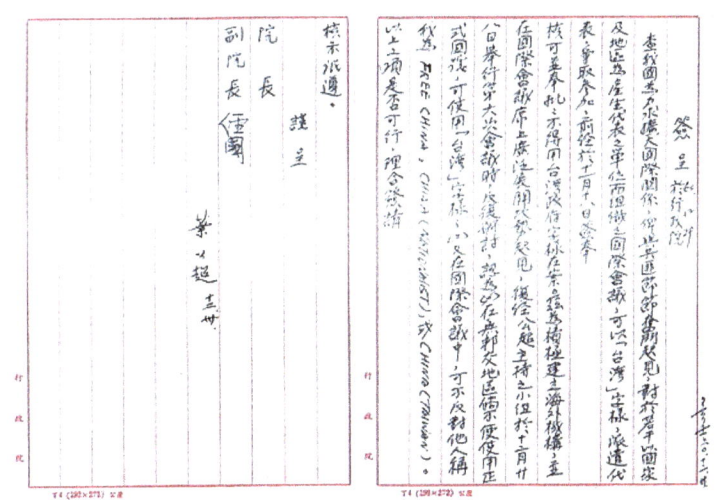

當 1971 年中共在聯合國篡奪去中國代表權席位，斯時，副總統兼行政院長的嚴前總統家淦先生，為因應這項衝擊，遏止骨牌效應，以求減低損害至最低限度，指示成立了四個應變小組，其主要者是由葉公超先生主持，成員皆為涉外部會首長的外交小組（對外稱之為「光華小

組」）。為衝破孤立，推展實質外交，經該小組反覆研議，在第六次會議決議，由公超先生簽請院長：（一）在無邦交地區倘不便使用正式國號，可使用「台灣」字樣。（二）在國際會議中，可不反對他人稱我為 Free China，China (Nationalist)，或 China (Taiwan)。簽文呈送至時任副院長的蔣經國先生，其第一條（可使用「台灣」字樣）即被刪除（該文由葉公超先生所簽，有蔣經國先生批示的簽呈印本如上，可茲佐證）。而今，這一切俱往矣！但每思念及此，對於當年中華民國政府，處在存亡絕續的關頭，猶秉持執著一個中國的基本國策，其堅忍志節，是何等的悲壯感人！

　　1979 年，美中（共）關係正常化，並與國府斷交後，中共就以「台灣當局」一詞取代中華民國的國號，其用意與企圖甚為明晰。可是，台獨份子言必稱台灣，將「中華民國」國號與「台灣」的地理名詞，交互混淆使用，諸如「中華民國在台灣」，「台灣就是中華民國」，而今，在有邦交國家，更著意地，將之說成「Taiwan, ROC」，略去 Republic of China 的全名，突出 Taiwan 一詞。特別是 2005 年，在紐約花錢買廣告，說是「Authoritarian China 不等於 Democratic Taiwan」，將 China 與 Taiwan 對立，不僅不倫不類，而且，所用的形容詞，也可能是違法悖理的。再如，這次蔡英文參訪巴拿馬運河水閘，竟在留言簿裡寫道「President of Taiwan (ROC)」；近日，蔡英文接受《華盛頓郵報》專訪時，更是使用了「Government of Taiwan」一詞，其用心與企圖卻是截然不同的。它是偷天換日，作黑白講，以達其借殼上市、更改國號、獨立建國的惡夢。即便如此，台灣是中華民國的固有的領土，無可置疑；中華民國抗日戰爭勝利，收復台澎失地，列為世界五強，共同創建聯合國的種種史實，名留在《聯合國大憲章》之上，是永垂不朽的。

其二，台灣是中華民國憲政永續發展的基地

　　反思當年，國府在大陸為何兵敗危亡於中共；而今，依然迄立在台

灣，民主憲政永續發展，對中華民國與台灣主權來說，歸納其成因或許概分為二；前者，可用「時運不濟，非戰之罪也」形容之。後者當是因國府遷台後，厚德載物，而天道酬勤所致也。

對於國府當年在大陸兵敗危亡於中共，為何可用「時運不濟，非戰之罪」形容之？蓋肇因於國共兩黨的本質迥異，其革命的理念，及其實踐的策略更是極不相同而然的。早在 1911 年國父孫中山先生所領導的國民革命，為「推翻專制，走向共和」而武昌起義的「辛亥革命」成功，建立了中華民國之初，即遭到袁氏稱帝，軍閥渾戰十年之後，中國共產黨方為斯時有俄共「十月革命」成功，派馬林來華誘援，所組成的共產第三國際支部的共產黨，它是不折不扣的「外來政權」。但國父為團結國民，努力國民革命成功起見，而不得不採取「聯俄容共」的政策，予毛共以個人身份，滲入國民黨，任其曲解《三民主義》，秘密發展其組織。結果是所謂「借國民黨的雞，生共產黨的蛋」。從寧漢分裂，共黨被國民黨清出黨外以後，毛共指責國民黨不執行「扶植農工」政策，是為「反革命」，是為「反動派」。由江西南昌武裝叛亂，而湖南長沙秋收暴動，而上了井崗山，為共產國際建立其蘇維埃政府了。

在中華民國史上，有值得稱道的是所謂「黃金十年」或稱「南京十年」，係指從 1927 年，由於國家統一而定都南京，到 1937 年為抗戰建國而遷都重慶。在這期間，國府由蔣中正先生主導，展開全面建設，其在政治經濟、軍事外交、交通基建、文化教育、以及民族社會等等方面，皆是蓬勃發展，繁榮昌盛。其成就是為中國自 1840 年鴉片戰爭以來達至最高的水平；其成效是鞏固了國家統一的基礎；對日寇侵略能遂行長期抗戰，而能倖獲「慘勝」。這「黃金十年」的建設，設如沒有中共內亂與日寇外患的的破壞與阻撓，而能再延長十年以上，中國不僅沒有迄今所遭受的一切的災難；而且，國家建設，早已與現代民主法治高度發達的國家並駕齊驅；中華民族復興的漢唐盛世也早已實現了

可是，「九一八」事變後，毛共即奉共產國際史達林的「指令」：「中國共產黨必須站起來，武裝保衛蘇聯；發動暴動，罷工遊行，以推

《故土故人，吾思吾念：我對落實「一個中國」原則的認知與建言選輯》

翻反革命的日本帝國主義的走狗，南京國民政府」，在「蘇維埃區」，在解放區，展開「清算、鬥爭」；將地主富人掃地出門，惡霸善霸統統殘殺；裹脅農工子弟參軍；在大、中、小城市，反飢餓、反迫害；鬧學潮、搞工運，來反政府，來打倒「不抗日」的國民黨。

事實上，抗戰期間，國府有蔣介石「領導」三百二十個步兵師，二十二個騎兵師，總共四百至六百萬人，與日作戰計有二十二次大會戰，一千多次中型戰役，三千多次遭遇戰，直打了八年，方能堅持到最後的「慘勝」。國民黨僅陸軍就犧牲了三百二十一萬官兵，其中包括上將八名，少將以上二百二十名。中共的「人民解放軍」呢？他們抗日是「游而不擊」，且「以大吃小」偷襲國軍；利用土改暴亂，裹脅農民子弟參軍，毛共紅軍從四萬五千名，擴展到數百萬，沒一個師級以上軍官犧牲的。特別是，在國軍與日寇二十二次大會戰中，毛共除了在窟洞中不時「喊話」，他們又參與了那一次？

在中國對日抗戰八年，「山窮水盡」倖獲「慘勝」之後，毛共不信守「重慶會談」時，所高呼的「擁護蔣委員長」；要與國府組織聯合政府，建設國家的「諾言」。當日本宣佈「無條件投降」之際，竟然乘國軍幾百萬主力部隊，因為八年來與日寇由東南上海而西南川貴的正面戰場上，一寸山河一寸血地展開殊死肉搏戰，接收東北的國軍部隊，不能及時調動前去，依靠美海、空軍運送，也不能及時妥善接收日寇投降。毛共「在十四個小時內，就向藏在深山內共軍發出七道命令，要他幾十萬大軍，揮師華北平原，切斷京杭京浦線，取代國府接受日本投降」；搶摘「勝利果實」。且在東北獲得俄援後，公然武裝叛亂，攻城掠地，由東北而平津，而取勝於徐蚌會戰，就兵渡長江攻佔上海，繼之南下，乘勝追殺得國府軍民屍橫遍野；這四年內戰，兩千萬軍民同胞又因以枉死！毛澤東為了要把共產國際的蘇維埃發展到中國，而無所不用其極地「欺騙」、「用間」，用「槍桿子」甫行奪得「天下」，就急急成立了「毛氏王朝」的「中華人民共和國」，如此「革命」，如此「建國」，有其正當性？！這豈不是，國府戰敗實乃「時運不濟，非戰之罪也」！

再論及國府遷台後，為何中華民國在台灣恢宏民主憲政，能永續發展；中華民國國民所持「中華民國護照」，在世界上一百六十一個國家或地區，皆能通行無阻；今日，中華民國憲政傳承地位，與台灣主權歸屬，為何成為中共與台獨雙方所必爭之因？簡言之；皆是國府治台，厚德載物，天道酬勤所致也。其要：

「東撤台灣」得天時地利

當 1949 年國府在徐蚌會戰戰敗，擬以長江天塹與中共分江而治，求之而不可得，其退守之地只有三個：西南、海南與台灣。這三者之中，以蜀地為中心的西南，軍事地理上易守難攻，其北有秦嶺，東有長江三峽，南有橫斷山脈等，地形兇險，屏障繁多，又是抗戰的發祥地，且因西高東低的地理優勢，取居高臨下的防守之勢，也可以以此偷襲中原。所以蔣介石最初很想「西撤川康」。

時有張其昀先生認為，西撤的川康最大的不足是與內地緊密相連，沒有不可逾越的天險和屏障，難以讓人安心。乃向蔣先生建議「東撤台灣」；陳述台灣是國府最後的庇護所，其因是：兩岸之間的台灣海峽，海闊浪高，它可以即刻阻止尚不具海空優勢的共軍，乘勝追擊。其次，台灣作為「反共救國的復興基地」，有著大陸其他地區無法比擬的優越之處，此即：

1. 在軍事上。台灣有海峽與大陸相隔，易於防守。沃野數千里，實霸王之區，若得此地，十年生聚，十年教訓，國可富，兵可強，成為中興復國之基地。且台灣位於太平洋西緣，扼太平洋西航道之中，與美國的遠東防線銜接，戰略地位極為重要，美國不會棄之不顧，若得美援，台灣防守將萬無一失。

2. 在政治上。台灣長期與大陸相隔，中共組織與人員活動較少，不易滲透；雖然曾有二二八不幸事件發生，但已安撫弭平。且台灣居民在日據殖民下生活了半個世紀，回到祖國懷抱後，對國府自有一種「回歸

感」，有利於穩定社會秩序。

　　3. 在經濟上。台灣地處中國東南部，北迴歸線穿過，其亞熱帶的氣候適合動植物的生長，使人耕種，可以足其食；交通便利，工業方面有煤礦、蔗糖與樟腦等等，先後有荷、英及日據時代，皆曾予以開發，若善於經營，有利於經濟成長發展。

恢宏民主憲政，全面建設台灣

　　當國府東撤台灣後，在大陸的老毛，立馬用一個「反」字，發起的種種人神共憤的暴政，一直到「橫掃一切牛鬼蛇神」，掀起十年浩劫的文化大革命等等，八千萬苦難同胞斷送了性命；老毛要一黨專政，要階級鬥爭，在農村殺地主，分田地，繼之組織公社，集體耕作，農民終成「農奴」；在城市要工人當家，要公私合營，「民族資本家」不得不將公司企業奉獻給國家，「資方」成為「勞方」。毛共王朝成為舉世無匹的「大地主」；共產極權的「大資本家」。全民「一窮二白」，人人自危，個個盼糧票爭油票以維生命。大家都想逃出這種初級階段，共產主義的「天堂」。後來，幸有鄧小平先生的三十年改革開放，讓一部份人先富起來，也給予90%以上嗷嗷待哺的貧苦農工小民，有個生活可以不虞匱乏的希望；因能避過如東歐的突變，蘇聯體解的危機。但由於政治體制的缺失，所種下將要「亡黨亡國」的因素，依然存在，亟待根除。

　　相反的，中華民國「東撤台灣」得其地利，蔣介石在台灣復行視事之後，可說是一片丹心，愛護在台居民；竭智盡能，全面建設台灣。其在恢宏民主憲政，將台灣建設成為中華民族復興的基地，反共的堡壘，其成功的要因，可歸納為如下數點：

　　「東撤」乃是「遷都」：國府「東撤台灣」，並非如二戰期間有如法國政府去外（英）國「流亡」，而是很有周詳計劃地，猶如當年為與日寇施行長期抗戰，而遷都重慶然，將《中華民國憲法》所制訂所建立的，中央政府五權（院）政制的，人員組織，文物典章，全部播遷到我

國固有領土，台灣及其所屬島嶼，遵循《中華民國憲法》與在大陸所選出的國會議員，民意代表，賡續推行民主憲政。

　　此外，由國府播遷來台的尚有：陸海空六十萬大軍的武器裝備；數百萬兩黃金與無價之寶的故宮國寶；特別是，除了極大多數抗日名將皆隨國府來台而外，蔣介石先生意真情切地，先後敦請全中華民國的各界出類拔萃的學者專家，菁英人才，共同來建設台灣。這些貢獻智能著有成就的學人專家要如：學術文教方面有胡適、吳大猷、傅斯年、錢穆、錢思亮、閻振興等；黨國元老有張群、陳立夫、余井塘、孫科等；軍事方面有薛岳、陳誠、胡璉、孫立人等；財經方面有徐柏園、嚴家淦、尹仲容等；外交方面要如葉公超、杭立武、周書楷等；行政方面最為卓著者要如孫運璿、李國鼎等等。他們在蔣先生領導下，為恢宏民主憲政，來「建設台灣，光復大陸」，莫不竭智盡能地，創下不可磨滅的政績。其成效的史實犖犖大者要如：

　　1. 在軍事方面。金門古寧頭一戰，殲滅由廈門來犯的共軍，打破了自認對國軍戰無不勝的毛共，要攻下金門，血洗台灣的惡夢。繼之，兩度砲轟金門，均未得逞，台澎金馬從此固若金湯，中華民國軍民得以免於被毛共種種血腥暴政的迫害。

　　鑑於在大陸受過共產黨「用間、潛伏」，煽動顛覆的經驗，不惜背負為實行所謂「白色恐怖」的惡名，乃屬行動員戡亂時期的戒嚴政策，保密防諜，使共諜無生根的機會，而避免了本土共黨的動亂，讓台灣居民能有個安定繁榮，得享民主自由的生活。

　　2. 在政治方面。蔣介石敗退台灣，政治上第一個大作為是捨官僚富商，而啟用黨內和本地才俊，一生致力維護中華民國憲政法統，不論是剛遷台的危機期或是之後的安定期，堅決反對台獨和國際託管台灣；重視中華民國權利及在台人民意願，將台灣建設成為反共的堡壘。蔣介石堅信「暴政必亡，仁者無敵」，而崇尚「仁義」施政。在大陸遭天災人禍時──1954 年大水災，1958 年大躍進、1974 年中越海戰等，不僅沒有趁機打擊中共，反而成立大陸救災總會，空投民生物資予苦難的黎民同

胞。

　　1950年年底，美國已宣佈放棄台灣。在風雨飄搖、韓戰方酣的動蕩之際，即毅然推動地方自治，讓台灣本地居民，非國民黨黨員當上台北和台中市長。以致在台居民，踴躍加入國民黨，成為國民黨候選人參加選舉，奠定了後來國民黨在台灣生根發展，對貫徹民主法治的憲政有著不可磨減的貢獻。

　　3. 在經濟方面。國府遷台初期，台灣生產停滯，農業工業都落後，通貨澎脹，百業蕭條，民生疾苦，在高失業率之際，上百萬的軍民從大陸湧到台灣，最基本的吃住都成問題。蔣先生，不次擢拔嚴家淦，從運用由大陸帶來的八十萬兩黃金用作發行新台幣的基金，穩定了貨幣，戢止了通貨膨脹；推行土地改革，安定了民生；並建立預算制度，致力賦稅改革，國家財政收支平衡了；採取農工並重，均衡發展的政策，讓經濟起飛了。

　　而且，嚴家淦先生在蔣總統的「建設台灣，光復大陸」指導原則之下，施政方面所定政策，無不是把握重點，多元發展的。嚴先生嘗一再闡釋地說：「我們在建設台灣光復大陸的要求下，固然以國防建設為優先，可是政治建設、社會建設、教育文化建設和經濟建設等等也要齊頭並進。就以政治建設來說，我們不但顧到中央，也要顧到地方。以社會建設來說，我們不但著重都市，也要顧到鄉村。以教育文化建設來說，我們不但要質量並重，而且要四育兼施；就以經濟建設來說，我們在工業化的前提下，也不可偏廢了農業。我們在推進大型工業之中，我們也不能不充份扶植中小工業。」以此對照於大陸上毛共所作所為，如三面紅旗、土法煉鋼等等運動，弄得全民一窮二白，真不可同日而語。

　　特別是，在影響國共兩黨興亡盛衰，最值得稱道的因素是，土地改革之不同。中共土改是個騙局，自始至終，農民受盡了苦難。在中共武裝叛亂，尚未奪得政權期間，它是以「土改」革命者起家的。本來，中國是一個人口眾多，貧窮落後的農業國家，對於以消滅剝削勞工剩餘價值的資本帝國主義的共產主義並不適用。但貧窮是共產主義的溫床，再

有蘇俄十月革命成功的誘因，就給予毛共被國民黨清黨趕出之後，在中國窮苦的農村，煽起殺地主、分田地的武裝叛亂、暴力革命的契機；從1950在景崗山成立「中華蘇維埃共和國」，開始「土地改革」，沒收土地，改由「中華蘇維埃共和國」所有。嗣後在抗戰、在內戰期間，起初是動員窮苦的佃農，結合中農，鬥爭大農，殺了地主，無償分得土地的農民子弟，就成為中共「自願參軍」的士兵；盼望在打倒國民黨後，可以分到田地的農民婦女，也成為中共作戰，踴躍充當後勤支援的義務役工；皆是中共「人民戰爭」、「人海戰術」的前鋒。以此，打倒了所謂代表官僚資本主義的南京國民政府，奪得了政權。

中共建政後，又以基於意識型態與順應情勢所需，而改採各種「土改」制度。例如「農業合作社」、「人民公社」，以及「家庭承包制」等等。這種種「改革」，皆因農村土地是「集體所有制」，耕者無分寸的地權，對農民毫無激勵作用。在「改革開放」前三十年的老農民，是在中共黨書記掌控下，無分寸耕地，終日按時在所指定的農地，集體耕作的「農奴」。其所得「工份」的口糧，不足以裹腹；從事養雞飼豬，求個副食充飢，皆有違走資的政策，會受到懲處的。老農民終生只求個「吃飽」，成為企盼不及的大事。

「改革開放」了，要「讓一部份人先富起來」。由於中共要在落後的大陸農業實現其工業化，頒佈了一系列政策、法令，通過戶籍制度、糧油供應制度、勞動用工制度和社會保障制度等，把城市人口和農村人口分割開來，形成了城鄉二元結構的基本制度，乃採取農產品的定價形式，從農民手中低價統購，又對城市居民和工業企業低價統銷，用以維持大工業的低工資和低原料成本，提供產生超額利潤的條件，片面追求經濟成長的「結果」是：其城鄉的經濟、文化水平差異之大，可比喻為中國大陸的城市像歐洲，農村像非洲。

農民呢？由於農村土地是「集體所有制」，農民不能自由買賣所經營之土地，一旦面臨徵地又得不到公平合理的補償，土地爭議導致農民的抗爭層出不窮。農民所能受益的是，除了「識時務」的農民，拾棄集

體耕作，下海做買賣的「個體戶」，有幸成為「萬元戶」者而外，青壯者多棄耕「盲流」到城市，或各別尋覓餬口的工作，或成群結隊，淪為「農民工」。農村青年有萬幸受畢大學教育，無法覓得所適工作者，寧可作「蟻族」「漂北」，也羞於回返農村。以致留在農村者皆為老弱幼童，以致農業荒蕪，農村一片蕭條。再因，農村的醫療、教育、社會福利皆有欠周到，能夠彼此照拂，相依為命，已屬大幸。其間，有「農民工」索欠工資而被鎮壓者；有因勞工前途茫然而如鴻海的年輕工人跳樓者；又如貴州畢節四名「留守兒童」自殺者；有四川涼山彝族十二歲留守學童，為父母雙亡而作《淚》文泣訴者，類似如此的案件頻頻發生，真是何其不幸也？！中共政權再如何強大，如不善待農民，讓其耕地確權，必遭天譴！

台灣土地改革模式

　　國府在台灣所推行的土地改革呢？1949 年台灣光復時，台灣地區農業人口佔總人口數 55% 以上，其中佃農總數又佔總農戶的 36.1%。租佃制度盛行，地租居高不下，造成農村經濟落後。中華民國政府為了記取在中國大陸失敗的教訓，更為了達成孫中山先生「平均地權」的理念，乃立即實施土地改革，實施耕地所有權的重分配。其推行的土地改革完全與中共的「土改」迥異，而是依經濟法則，以和平手段來推動改革，所以並未造成社會上不同階級間的對立。按歷史數據所示，其農地改革的過程可分為以下三個時期：

　　第一個時期是「三七五減租」，推行期間為 1949 年四月至九月。「三七五減租」指的是佃農對地主所繳納的地租，以不超過主要作物正產品全年收穫總量的 37.5%，換句話說，主要作物正產品全年收穫總量的 62.5% 由佃農自己保留，若是原訂租額低於 37.5% 者，不得增加。這項政策至少發揮了兩個功能，其一是增加佃農的收入，使佃農基本生活保障無虞，可將心力完全從事於農業生產，進而讓農地產量增加。其二是減

租的結果使得地主對投資土地的興趣降低，農地的地價也因此而降低。佃農收入逐步增加，農地價格漸漸降低，佃農開始有能力購買屬於自己的耕地。

第二個時期是「公地放領」，推行期間為 1951 年到 1976 年。這項政策就是由政府將公有耕地釋出，准許符合資格的農民依規定程序申請承領，農民在繳清地價之後，便可取得土地所有權。「公地」的來源就是國民政府接收日本人佔據的土地。放領政策的目的在扶助自耕農。所以對於放領對象及放領面積，都有嚴格的限制。放領對象以原承租公地之現耕農為主要對象，其次依序為雇農、耕地不足的佃農、耕地不足的半自農、無土地耕作之原土地關係人、需要土地耕作者、轉業為農者。耕地種類之區別、等則之高低、農戶耕作能力之大小，以維持一家六口生活之所需為則。一般規定放領面積為：上等水田五分，中等水田一甲，下等水田二甲；上等旱田一甲，中等旱田二甲，下等旱田四甲。如果原承領農戶無力耕作，政府得照原價收回，原承領人如不願自耕或是想要移轉給其他人，必須通過核准。放領地價是耕地主要作物即正產品全年收穫量的二點五倍，承領公地的農戶不必再繳納「地租」，改徵「地價」，還清地價後土地就歸私人所有。公地放領政策實施的結果是當時台灣四分之一的佃農獲得了耕地，也為「耕者有其田」奠定了厚實的基礎。

第三個時期是「耕者有其田」，自 1953 年一月二十九日開始實施。政策規定，只要是想從事耕種，又有耕種能力的人，就可以擁有自己的田地來耕種。地主（包括純地主和地主兼自耕農）得保留其出租耕地七至十二等則水田三甲，或是其他等則之水田及旱田，依公告標準折算之甲數。凡是超出此條件的出租耕地，一律由政府強制徵收，轉放給現耕作農戶承領。被強制徵收耕地之地價，是按照正產物年收穫量的二點五倍計算。地主由政府取得之補償物包括實物土地債券七成及公營事業（農林、工礦、紙業、水泥等四家）股票三成。承領耕地之佃農可分十年二十期，以實物或同年實物土地債券償還。台灣地區的農地經過以上

政策的推行，基本上已達到財富重分配、耕者有其田的目標。

　　再者，台灣地區處理農地、農業及土地改革等問題，最重要的成功因素，是台灣農村基層設有「農會」組織。農民可以透過農會取得話語權，也從農會得到技術、資金的援助。迄至今日，中國大陸還沒有類似的農會組織，有的只是具有部份協調功能的「村民委員會」，農民的權益如果受到侵害，村委會能提供的協助十分有限，有時甚至村委會本身就是侵害農民權益的幫兇。且因土地改革計劃周詳，台灣地區自從實施「三七五減租」以來，土地改革無不伴隨著相應的配套措施，例如在徵收地主土地的同時，引導地主將資金投入工商企業發展；將土地使用分區管制，避免土地資源遭到無效率的利用。相對於中國大陸歷次土地改革幾乎都是「因勢利導」，但「萬變不離其宗」：都市土地國有，農村耕地集體所有。斯為造成中共不能落實政改，不能取得「完全自由市場經濟地位」，將要亡黨亡國的最根本的原因。

　　4. 在文教方面。當 1960 年代，與中共文化大革命「批判孔孟之道」同步，蔣先生推行「復興中華文化，光復大陸國土」，台灣開始從小學到大學入學考試，以及政府公務員考試，都大量強化學習古典中華文化的科目，尤其是以孔子為主的儒家學說，受到特別推崇。致使台灣成為今日全球華人中最能完整承繼中華傳統文化的地區。在教育文化方面的建設，除了實施九年國民義務教育而外，蔣介石還支持婦女解放、廢除養女制，對台灣的人權進步有很大貢獻。並以仁愛為本的中華文化，廣結與國，敦睦邦交而提高了國際地位；以民生、民族為重，用中華傳統文化「反攻大陸」。研究《蔣介石日記》的郭岱君博士就曾指出，此可見於蔣介石 1972 年的日記：「余對光復大陸之信心，毫不動搖，且有增無已，因確信上帝與真理和我同在也。」可證實蔣先生早就知道，不可能軍事反攻，而提出政治反攻，要建設三民主義的模範省，用三民主義來反攻大陸。

其三，台灣是亞太地緣政治戰略的樞紐要點

　　回溯自 1949 年國府在大陸兵敗危亡，將在神州的政權喪失於中共；東撤台灣之後，中共政權無法消滅中華民國，迄至二十年後因得美國奧援，在聯合國取得中國代表權席位，從此，中共就在國際上利用「一個中國」的原則，將中華民國政府「困死」於台灣；以迄於 2016 的六十七年以來，中華民國憲政法統的傳承地位，又淪於主張台獨的政黨，拒絕接受「九二共識」的新政府，要「借殼上市」。中華民國雖然遭受如此「內外交困」的情勢，但是，中華民國依然迄立於世，賡續行使國家主權；台灣依然是中華民國固有的領土，中共與台獨先先後後處心積慮，爭相僭奪，皆不得逞。何以致此，其要因當可歸納為兩大因素；首為國府自始至終恢宏《中華民國憲法》的民有、民治、民享的民主法治的憲政；再為中華民國的固有國土，台灣，其地緣戰略地位極其重要。

台灣的地緣戰略對環太平洋區域之重要性

　　眾所周知，台灣位於歐亞大陸東側的外海上，西面隔著最窄寬度約一百三十公里，平均寬度兩百公里的台灣海峽，與中國大陸的福建省遙遙相對；東面為遼闊的世界第一大洋――太平洋，與美國西岸之間除了夏威夷群島外幾乎沒有任何障礙；北面距日本九州一千公里，其間為琉球群島。南面隔著三百五十公里寬的巴士海峽為菲律賓群島。亦即從美國所屬的千島群島、經日本群島、琉球群島、台灣、菲律賓、到達東南亞的印尼群島為止，這一串弧狀排列的群島，形成在地理學上被稱之為「花綵列島」，將亞洲大陸與太平洋分隔開，與亞洲大陸間形成了日本海、東海與南海。成為海權與陸權衝突時的緩衝地帶。

　　是故，對於日本，有福澤諭吉「台灣領有論」曾指出：十九世紀的台灣—琉球—日本，三者在東亞海域連成弧形海上防衛線的島嶼，在複雜的強權角力中，就能挺立國際政治舞台。日本垂涎台灣可以遠溯自日

《故土故人，吾思吾念：我對落實「一個中國」原則的認知與建言選輯》

本戰國時期末葉，倭寇以武力侵佔基隆等地，以為襲擊中國大陸華南地區的根據地；近代以降就是以福澤諭吉的「台灣領有論」為開端，立基於日本的地緣戰略思考，從琉球的邊疆防衛，漸次轉向領土擴張，而有 1895 年割取台灣的戰略實踐。福澤諭吉的「防衛琉球，割取台灣」論理是實踐日本國土安全戰略的原型。

對中共而言：中華民國第一大島台灣，地處花綵列島第一島鏈的中央，是對中國大陸東南沿海地區的天然屏障；台灣海峽是中國大陸沿海海上交通的咽喉要道；是中共突破美日封鎖，走向大洋的唯一現實突破口。對於中共欲成為二十一世紀海上強國，具有無可比擬的軍事價值。而且，依據《聯合國海洋公約》規定，沿海國對二百海浬專屬經濟區享有充份的自主權。這樣，台灣及其附屬島嶼就擁有十二萬五千六百平方公里的經濟區域。擁有台灣，意味著擁有數萬倍的「綠色國土」，加之海底石油、珍貴礦產等，帶來一筆巨大的海洋財富。是故，中共認定：「台灣問題是中國的生存空間問題，它不僅對中國東南沿海意義重大，更是東亞不可多得的軍事基地。台灣事關中國的近海交通和遠洋發展，它既可以成為中國維護國家海權和走向海洋大國的一個地緣支軸，也可能成為其他敵對勢力遏制中共海洋戰略的一個繩扣。其軍事價值遠非『不沉的航空母艦』所能比擬，其地緣意義更是中國大陸其他任何島嶼所無法替代的。如果台灣獨立，中國失去的不僅僅是三萬六千平方公里的島嶼，而是整個太平洋、半個新世紀，要維護國家主權，要成為新世紀的強國，中國必須解決台灣問題。」是故，中共認為：「統一台灣是中華民族的根本利益之所在，維護祖國領土完整是我們責無旁貸的責任與義務。」

對美日而言。在冷戰時期，美國為圍堵以蘇聯為首的共產集團，使共產集團的勢力不致衝出歐亞大陸而威脅美國所在的美洲，曾經利用花綵列島的天然地形，在太平洋的西岸外構成了一道堅強的防禦網，確保自由世界的安全。台灣身處此一防線中央關鍵的位置，成為地緣政治戰略的樞紐要點。再則：

《故土故人，吾思吾念：我對落實「一個中國」原則的認知與建言選輯》

　　從政治觀點以言。國府在台灣是西太平洋邊緣的民主國家之一，也曾是美國對共產集團圍堵戰略第一島鏈上重要的一環，尤其中華民國堅決維護自由民主的立場與美國相符合，是故，能否維持台灣自由民主制度不受中共威脅，保持一中分治的現狀，實為美國與中共勢力在亞太地區消長之因；且美國與中共的政治角力中，台灣是折衝的政治籌碼，如美國可在對台銷售武器上抵制中共的武器擴散，在南北韓問題上打台灣牌，反之亦然。由此可知，台灣是美中關係在政治上，其他國不可獲得的籌碼，進而雙方影響全球戰略均勢的重大關鍵點。

　　從經濟觀點以言。自 1980 年以來，美國與亞洲國家的貿易額已超過與世界其他地區，且投資仍呈現持續增加趨勢。中國大陸參與 WTO 後，成為「世界工廠」；台灣以彈丸之地亦列名全球十五大貿易國之一。貿易伙伴皆以美、日為大宗，對本地區經貿繁榮影響至為重要。在交通方面，台灣正好連接台灣海峽與巴士海峽，亦處於連接東北亞與歐洲重要海道的位置上，每天經由這兩個海峽而通往日本的巨型油輪不絕於途。如果台灣受干擾，日本經濟將立即陷入癱瘓。影響所及，包括東北亞、東南亞、中東，乃至歐洲各國的經貿，均將遭受重大衝擊。

　　從心理觀點以言。台灣是美國在西太平洋唯一未派軍力駐守或協防的地區，完全由中華民國自建武裝力量與中共相抗衡。對美國而言，不但未造成軍費兵員上任何的負擔，且可避免陷入直接與中共發生武裝衝突的漩渦中。台灣能夠維持政治安定、國家安全與經濟繁榮發展，與中共在兩岸關係上，維持和緩的局面，對區域和平與穩定具相當正面的影響，不致成為美國最擔心的，可能引爆衝突的地區之一。

　　從軍事觀點以言。冷戰期間，蘇聯在亞太地區的戰略著眼有以下兩點：一是驅逐並取代美國在西太平洋的勢力，俾與印度洋、紅海及北大西洋的戰略部署相聯結。二是對中共完成戰略包圍，中立日本，逐步控制東南亞、麻六甲海峽，進出印度洋及西、南亞大陸邊緣地區，實現其「啞鈴戰略」，除一面加速擴充太平洋艦隊，在越南建立東南亞海空軍前進基地，俾向美國西太平洋軍事力量挑戰。另一方面則積極經營與印

度之關係,企圖將印度洋及太平洋結成一體,從海上包圍亞洲大陸。因此,台灣的戰略地位實為蘇聯「啞鈴戰略」構想能否得逞之重要關鍵。在蘇聯解體後,中共隨著國力增長,迅速填補亞太地區蘇聯遺留之權力真空地位;美國為能延續其「世界霸主」地位,其國內不論現實主義者或保守主義者,均認為應將矛頭指向亞洲,對其威脅最大且逐漸崛起之中共。而台灣的位置,正可扼控中共的海洋擴張,掩護美洲大陸東側翼的安全與西太平洋防線之要衝,軍事價值至為重要。

中華民國台灣的附屬島嶼——太平島之重要性

尤者,在中華民國台灣所屬諸島嶼中,其戰略地位最重要者是太平島。該島形東西狹長,地勢低平,東西長約一千四百三十公尺,南北寬約四百零二公尺,岸線範圍四十一點三公頃,海岸植被線範圍三十六點六公頃;平均潮位時陸域出水面積約為零點五一平方公里,海水低潮位時礁盤與陸域出水面積約零點九八平方公里,海拔五到六公尺。是南沙群島中最大的天然島嶼,也是唯一擁有淡水的天然島嶼。在二戰時被日軍佔領。1945 年八月,日本投降。中華民國政府根據 1943 年《開羅宣言》和 1945 年《波茨坦公告》的決定,於 1945 年十月二十五日正式收復台灣,隨後立即著手收復南海諸島事宜。

1946 年九月,中華民國政府海軍派出四艘主力艦艇組成進駐西沙、南沙的艦隊,分別是:護航驅逐艦「太平」號、驅潛艦「永興」號、坦克登陸艦「中建」號和「中業」號,海軍上校林遵為指揮官,姚汝鈺為副指揮官。由林遵率「太平」號、「中業」號兩艦進駐南沙群島,姚汝鈺率「永興」號、「中建」號兩艦進駐西沙群島。到 1946 年十二月基本完成收復工作,並在各島嶼分別派人駐守,建立碑記,然後舉行接收典禮,嚴正重申中國對南沙、西沙群島的神聖主權。國民政府對南海諸島的名稱,又按照我國歷史上的先例,以進駐的艦名命名若干島嶼,把南沙群島的主島黃山馬島命名為太平島,鐵崎島命名為中業島;把西沙群

島的主島貓島命名為永興島，中途崎島命名為中建島，沿用至今。

1947 年，國民政府在其編繪出版的《南海諸島位置圖》中，以未定國界線標繪了一條由「十一段」斷續線組成的範圍，而稱之為「十一段線」的領海。1949 年，中共建政後，取消了中國海南島與越南之間的兩個線段，而成為「九段線」。在「十一段線」公佈之時，當時的國際社會並未對此提出任何異議，周邊的東南亞國家也從未提出過外交抗議。但在 1951 年簽署《舊金山對日和約》時，情況發生了變化；美、英應法國要求，把西沙和南沙群島的處理包括在條約之中，英美故意不提西沙群島和南沙群島的主權歸還問題，為以後的南海領土爭端埋下了禍根。其因是：

一、在海域方面：先是聯合國在 1968 年公佈東亞緣海有豐富油氣蘊藏，於是，由台港保釣運動點火，開始了一連串的島礁爭奪衝突；接著界定二百海浬經濟海域和大陸礁盤的《聯合國海洋公約》於 1994 年開始生效，各國展開爭奪經濟海域和大陸棚的角力，島礁的衝突日益激烈。

二、在國際權力政治方面：先是 1970 年代的冷戰進入美國「聯共制蘇」階段；接著是 1990 年西歐冷戰結束；然後是 2000 年中共崛起；於 2012 年由韜光養晦進入大國戰略，由陸封國走向海洋，海軍由近岸防衛走到近海防衛，再向遠洋延伸，積極擴張海權並和美國亞太再平衡互別苗頭。

三，在海域資源方面：自從南海發現蘊藏豐富的石油和天然氣資源之後，周邊國家突然紛紛開始宣稱擁有南海諸島部份島礁的主權，這些國家對南海的主權訴求，主要是依據 1994 年生效的《聯合國海洋法公約》。依據《公約》專屬經濟區其權利為「以勘探和開發、養護和管理海床上覆水域和海床及其底下的自然資源（不論為生物或非生物資源）為目的的主權權利，以及關於在該區內從事經濟性開發和勘探。

四，專屬經濟區重疊方面：在南沙群島的主要島礁中，屬中共控制的只有九個，而被越南、菲律賓、馬來西亞、印度尼西亞和汶萊佔據的卻多達四十五個。另外一些較小的島礁也有許多處於他國的控制之下，

中華民國的「十一段線」（中共「九段線」）已名存實亡。且因南沙群島大部份，都分別在這些國家的二百海浬專屬經濟區之內，有些部份還彼此重疊，以致造成「南海仲裁」而戰雲密佈的事件。海牙國際仲裁法院在裁決書中說：「仲裁庭定論，南沙群島所有高潮地物 (high-tide features) 在法律上均為礁岩，包括太平島、中業島、西月島、南威島、北子礁、南子礁等，不具構成擁有專屬經濟海域或大陸棚。」其中最為荒謬而導致嚴重爭議與衝突的裁決，是為南海仲裁結果認定太平島是礁非島。

　　五，太平島的軍事戰略價值方面：太平島不同，到現在為止無須透過填海造陸工程，便可符合 1982 年《聯合國海洋法公約》第一二一條規定而享有十二浬領海、二十四浬鄰接區及二百浬專屬經濟區與大陸礁層之主權權利。換句話說，單就太平島而言，二百浬大陸礁層與專屬經濟區的範圍，將可涵蓋中共目前在南沙佔領的所有島礁，也可與菲律賓在巴拉望省劃出的二百浬大陸礁層與專屬經濟區重疊，其後便有劃界的價值。而且，太平島距離高雄約一千六百公里，剛好在中共近年大幅填海造地的永暑礁、渚碧礁和美濟礁之間，也扼著由海南島及西沙群島外出的通道，兩旁是重要軍港菲律賓蘇比克灣及越南金蘭灣。如果南海起爭端，太平島將成為兵家必爭之地，如在島上部署雷達，可掌控鄰近各處的軍事部署。所以，太平島具有極其重要的軍事戰略價值；是故，台灣是亞太地緣政治戰略的樞紐要點。

　　近中，有洛城新語的《太平島一旦失守？》論述中指出：「長期以來，台灣部份學者擔心，距台灣本島一千六百公里的孤島，一旦像 1982 年福克蘭島被攻佔時，軍事和外交將如何應變，從南海過去的衝突歷史看，此說絕非危言聳聽。」該文並臚舉其既往如下事實為證：

　　「太平島在 1956 年台灣駐軍之後，以此為核心，曾擁有附近多個島礁，但因兵力有限及補給困難，有的只能不定期駐防或巡視，有的是遇颱風就要撤回。在南海為領土紛爭時期，至少發生過兩次公開戰爭，多次襲佔對手島礁事件。台灣至少被佔過兩個島礁，未做反擊，未公開聲

張,自動退讓。

「1970年代後,菲、越、中開始留意南沙後,台灣所佔島礁不少陸續易主。太平島附近的中業島,1971年被菲律賓部隊佔領。台灣守軍曾考慮抵抗,但在政府電令不挑釁後,主動撤出。

「1974年,距太平島十三公里的敦謙沙洲上駐守的台灣陸戰隊,為躲避颱風撤回太平島,風災過境後準備回防,才發現越軍已搶先佔領該島。台灣又失一城。」

「1974年的中國與南越政府的西沙海戰,南越出動火力強和噸位大的美式軍艦,仍敗在中國手中。事後美國基於聯中制蘇戰略利益,並未力挺當時盟邦——南越,西沙從此歸中國所有。1988年南沙的赤瓜礁海戰,起因為越南早在十多年前在蘇聯支持下,陸續佔據南沙多處島礁,中國開戰前為零。中國當時在聯合國委託建立海洋觀測站名義下,進軍南沙,由於有優勢艦艇,擊敗越南。當時中國與美國正值蜜月期,西方對此少有批評。中國之後陸續佔據附近幾個礁岩,成為今日人工島的基礎。越南之後也不示弱,續佔附近礁岩。至今已有三十多處,成為南沙擁有礁岩最多的國家。」

該文又論述:「這些年,太平島周邊越來越多越、中、菲佔領的島礁,太平島形同被包圍態勢。台灣只在十多年前將距六公里的中洲礁納入,以便增加太平島的防守縱深。南沙政策上,台灣採以民代軍、重視生態的態度,將駐軍改成警察部隊的海巡署人員駐守,配合美國降低當地軍事活動,但這真能帶來期望的與鄰為善、爭取國際聲援的效果?國際局勢詭譎,該思考如果太平島一旦失守的應變對策。」

其四,台灣能否成為世界開萬世太平的契機?

再從地理位置來看,台灣位於中國大陸東南一百多公里的西太平洋中,是亞洲大陸、特別是中國大陸通往西太平洋的主要海上門戶。台灣又位於西太平洋連接東北亞與東南亞海上通道的中段,控制了台灣就控

制了西太平洋的南北海上通道。其地緣政治含義就是，只要東亞—西太平洋地區存在地緣政治上的對立，誰能控制台灣，誰就能控制這個區域的海上通道，誰也就能佔據地緣戰略上的有利地位。反之，如果東亞—西太平洋地區的主要利益相關國家之間處於相對友好、沒有明顯地緣政治衝突的狀態，那麼台灣的戰略地位便會下降。正是因為台灣所處的特殊地理位置，使得它在周邊大國的地緣政治與地緣戰略考量中佔有特殊重要的地位。特別是對中共來說，台灣緊鄰中國大陸腹部，把守著中國東向太平洋、南下印度洋的出海口，因而對中國大陸的安全與發展具有特殊重要的意義。事實上，從十六世紀末期開始，無論是西方殖民者還是日本侵略者，他們圖謀台灣的主要目的之一，就是在東亞大陸邊緣地帶佔據有利位置，以便日後伺機挺進中國大陸。

對於中共，台灣居中國大陸海岸線的正中央外緣，不僅將中國大陸的緣海切割為東海與南海，牽制大陸沿海南北向的航運，並且將中國大陸與太平洋隔開，所有經過台灣島上下緣航道，進入太平洋的航道都將受到台灣的箝制。如果中共擁有了台灣，不僅可以突破美國現階段對其有形無形的圍堵戰略，經由台灣直接切入太平洋，與美國爭奪太平洋利益，而且其沿海的航運不但不受台灣的限制，反而在台灣的保護下得以自由航行，對大陸沿海的經濟繁榮將有實質的功效。掌握台灣後，中共將能夠直接威脅日本的「經濟生命線」，脅迫日本選擇靠向中共，對於中共的國際強權地位有實質的幫助。不但如此，台灣若「回歸」中共，中共將擁有發展海權的最佳基地，以台灣為基地則對南海的掌握將更加有益。是故，中共不管基於民族意識，或是國家安全的考量，都不可能放棄奪取台灣。

兩岸關係：主權共有，治權分轄

論及中華民國與台灣領土主權，從中共建「國」後，依國際法「主權繼承」說，中共對台灣自應有權利，要求其領土主權的完整。但是，

《故土故人，吾思吾念：我對落實「一個中國」原則的認知與建言選輯》

中華民國政府並未滅亡，而且，依據在大陸，由全民所創制的《中華民國憲法》以及民意代表，於大陸兵敗後，中央政府播遷於台北台灣，仍然根據憲法行使其職權；國祚無一日中斷。中共在大陸上以武力奪得中華民國「固有的領土」建「國」後，其一切治權運作，從未能及於台灣及其所屬島嶼；中共對中華民國的領土主權，自是「不完全繼承」的。又，國府不僅仍然擁有「有效統治」台澎金馬的「剩餘主權」，而且，依據在大陸所訂《中華民國憲法》，對大陸上曾經統治的領土，只是由中共用武力所奪取而已，並未喪失對其有主權的要求。是故，中共與國府彼此對全中國領土，應是「主權共有」，但對全民則是「治權分轄」的；亦即，從中共建「國」以後，與國府「鬥爭」了二十餘年，方在聯合國取得中國的「代表權」以迄於今，其真正的爭議所在，乃是國共兩岸是誰能夠「代表全中國的唯一的合法政府」而已。

可是，對中共而言，自從在聯合國取得中國代表席位後，即自認已取得全中國的領土主權。所宣稱的「一個中國」原則，其內涵有五點：「第一，「一個中國」是指中華人民共和國；第二，其首都是在北京；第三，台灣只是其一個省或特別行政區；其四，台灣不能享有國際政治活動空間；第五，中國不放棄以武力解決統一問題。」這種論述既有違事實，更不符合現代國際公約規範，對國家主權的認同，是基於「有效統治」的原則。如此的「一個中國」原則，豈能為賦有民主憲政傳承正統，秉持「憲法一中」的國府所認同，即使想「借殼上市」的蔡台獨政府，如真要對中華民國憲政法統「維持現伏」，自也不便接受的。

雖然如此，中共既往對國府，而今對蔡台獨政府，以及現在為南海裁決的爭議，為何皆一再要求承認「九二共識」，接受「一個中國」的原則？無他，皆因中華民國有效統治的領土，台灣及其所屬諸島嶼，其地緣政治戰略地位極其重要，中華民國與台灣主權如何歸屬？影響極其深遠。所以，中共對中華民國存在的事實，必須確認，方能延續「國共內戰」的情勢，對解決中華民國與台灣主權問題，就是為「中國的內政問題，任何外國不得干涉」，而能順利攬為己有。

《故土故人，吾思吾念：我對落實「一個中國」原則的認知與建言選輯》

南海為中美必爭的戰略要點

當南海仲裁案結果公佈，南海戰雲密佈之際，中美皆先後分別宣稱，南海各為其「核心價值」或是「最高利益」。何以致此？據《橙訊》分析其因是：南海有「亞洲地中海」之稱，是東南亞各國的「咽喉」，連結歐亞和美洲的主要航道，加上南海水域漁業及能源資源豐富，所以成為各國虎視眈眈的「肥豬肉」。

又根據世界海運理事會統計顯示，全球一半油輪都是途經南海，中國、韓國及日本逾 85% 的石油都是經南海進口，南海堪稱是「東南亞油管」。也源於南海的交通因素。對東北亞地區的戰略原料輸入以及工業製品輸出的 80% 經過南海，西方世界戰略原料輸入以及工業製品輸出的 40% 依託南海。南海現在是世界上主要的交通要道，每天在南海上穿越的船舶有五千艘，南海所牽扯到的全球 GDP 約有五萬億美金。可見其經濟價值是相當可觀的，它是東北亞甚至西方國家的生命線。又，南海天然資源十分豐富，美國能源情報署 (EIA) 估計，南海蘊藏一百一十億桶原油及一百九十萬億立方呎天然氣，當中約一半資源可供開採，對南海周邊能源資源貧乏的國家相當重要。另外，南海漁業資源佔全球約一成，漁獲量佔亞洲總量四分之一。

尤者，南海對中共極具戰略價值。南海是中共的「一帶一路」中，「二十一世紀海上絲綢之路」的重要組成部份。中國大陸通往外國的三十九條海路航線中，有二十一條途經南海，而中國大陸有六成的商品，需經南海運送。太平洋另一端的美國，九成從亞太地區進口的原料需經南海。其間，太平島地處中共近年在南海大幅填海造地的永暑礁、渚碧礁和美濟礁，成為中共海軍屯駐、集結、訓練的重要地區。加上南海平均水深一千二百一十二公尺，方便核潛艇隱藏行蹤，亦是航母演習的理想地區。太平島也扼著由海南島及西沙群島外出的通道，兩旁是重要軍港菲律賓蘇比克灣及越南金蘭灣。如果南海起爭端，太平島將成為兵家必爭之地，如在島上部署雷達，將可掌控鄰近各處的軍事部署。所以，

太平島具有極重要的軍事戰略價值;是亞太地緣政治戰略的樞紐要點。

台灣太平島能成為世界開萬世太平的契機？

　　基於戰略思考,台海及台灣,勢將成為中美兩強在今後西太平洋博弈的「兵家必爭之地」。這樣的形勢,已經無關乎台灣當局在兩岸統獨之間的取向與選擇,形勢最終走向只取決於:(1) 台海兩岸即大陸與台灣在軍事實力上的對比,及 (2) 中美兩強在西太平洋軍事實力上的對比。其全盤形勢發展將是:(1) 在四海（黃、東、台、南）之中,台海或將成為中美關鍵博弈的焦點。台灣這一「棋子」會牽動全局,台灣這一棋子的「易手」（由美轉至中）,將根本改變及決定了,在東海、南海中的日本、韓國及東協,在中、美兩大之間的新選擇;(2) 台灣這一棋子如果易手,也即形同美國的第一島鏈從中間開始,向南與北潰散,美國對中國「封鎖」的防線將撤退到第二島鏈,是則,中國的戰略得以成功,美國的戰略面對失敗。

　　很明顯的是,美中日在東亞博弈日趨升級,美國大力拉攏東亞盟邦和夥伴。美國再軍售台灣、協助台灣造潛艦和其他武器都勢在必行,台灣漸捲入東亞紛爭恐難避免。在軍事和外交之間,華府細火慢燉,讓台灣扮演制扼住北京咽喉的殺手鐧。但華府也步步為營,不鼓勵台獨,更不想讓台灣被大陸統一。大陸近期出現五年內是武力統一台灣的最佳時機,其真實情況正好相反,美國表面看似要放棄台灣,實質將台灣抓得更緊,必要時打出「台灣牌」。

　　台灣果真捲入美中日之間的衝突,走向「親美日、遠中國」,依靠國際力量保護,成為「天然獨」,一旦美中撕破臉,美軍重返台灣,將是大陸的最大夢魘。傳聞中共將美軍重返台灣,列為對台動武的條件之一。但南海、東海如衝突,解放軍如孤注一擲而潰敗,台灣將名正言順地納入美日聯盟旗下,西太平洋情勢將大變;中共垮台、中國將萬劫不復,恐怕習近平也不敢冒這種風險。

《故土故人,吾思吾念:我對落實「一個中國」原則的認知與建言選輯》

中共需要中華民國的合力維護「領土完整」

　　中共在地緣政治戰略方面考量認為:「中國地處東亞,其陸地邊界兩萬兩千多公里,海岸線長達一萬八千多公里,範圍擴及東北亞、東南亞及南海等。其陸地鄰國十五個,分別為東鄰北韓,北鄰蒙古,東北鄰俄羅斯,西北鄰哈薩克斯坦、吉爾吉斯坦、塔吉克斯坦,西和西南同阿富汗、巴基斯坦、印度、尼泊爾、不丹、錫金接壤。南與緬甸、老撾、越南相連。東部和東南則同台灣、韓國、日本、菲律賓、汶萊、馬來西亞、印度尼西亞隔海相望。

　　「中國在東亞大陸複雜的周邊環境使其不得不注重其周邊地區的局勢穩定,中國的亞太區域地緣安全觀可分成四個層次。分別為由長江、黃河中下游及珠江流域所構成的核心地帶;由核心地帶外圍的邊疆少數民族區域所構成的邊緣地帶;中國疆域外圍由東北亞、東南亞、南亞及俄羅斯等邊區域所構成的緩衝地帶;另外,中國國力、影響力所能延伸到的戰略地帶。

　　「中國現在 13% 的糧食是依靠美國和加拿大進口,一旦被封鎖,吃就成了問題。其次是石油,中國石油對外依存度相當高,約 60%,世界上十六條海運的海峽或者重要的通道,全都在美國海空軍控制之下。自本世紀初以來,隨著經濟崛起,中國的國防戰略已從近岸防禦轉向近海防禦,並希望在不久的將來衝出第一第二島鏈,逐步向遠海防禦發展。具體的動作包括,大批量建造導彈驅逐艦護衛艦,研製中程地對艦導彈(如 DF-21D),推出轟 6K 遠程戰略轟炸機,更新核潛艇技術,打造航母艦隊。但中國想要衝出第一島鏈,就必須牢牢掌握住南海的制海權與制空權。」

　　現今,從習大人登位後,中共在軍事外交方面「走出去」的策略,竟自我膨脹,以世界中美二大國自居;自認有兩彈一星一艇,以及研發有幾十種讓英美皆驚懼的超級武器,似乎舉世無敵,而一反既往鄧小平「韜光養晦」的作為,而耀武揚威,向美挑釁;唱衰美國,與美爭鋒。

最初，從與日本爭奪釣魚島，而東海主權爭議與防空識別區的劃分；而南海主權的維護，和島嶼爭相構築軍事設備等等所發生的爭議、衝突事件。而美國為亞太再平衡戰略，也因以劍拔弩張，要將 60% 軍力調駐亞太，情勢發展，其結果是，促成美日軍事同盟，澳聯美日抗中，四鄰為敵；北京面對東海，南海，黃海與台海的「四海翻騰」的軍事壓力，猶如中共軍方鷹派所言，「中美終須一戰」的狀態。

說實在的，想到中國近三、四百年來，中華民族所受的外侮與侵略的姦淫殺戮；看到今日，中共強大起來，耀武揚威，能與美日對抗，誰不有「揚眉吐氣」之感呢？誰不對老毛在 1949 趕走腐敗專制的老蔣後，即刻關起竹幕，用一個「反」字，發起種種人神共憤的暴政，殘殺八千萬苦難小民（當然包括菁英學者專家）的共產極權暴政，有意予以「一筆勾消」呢？（又何況已置身於這種暴政之外的人類如筆者，不無有此感受呢？）當年，中華民國被逼退出聯合國後，周大使書楷在紐約曾放「狠話」說，只要能救我們國家，我們與「魔鬼」打交道都會去做。這都是出自同樣的一種「心態」，都可以「了解」的。而今，中共如不落實政改，不能和平崛起，海峽兩岸就不可能和平統一。但如，蔡台獨政府果真對內消滅中華民國，對外出賣台灣，走上「獨立建國」的途徑，凡是中華民族的一份子，都樂見中共以武力即予統一台灣的。

四海翻騰，劍指台灣

事實上，習近平從與日爭奪釣魚島，而東海設防空區，而在南海與四鄰爭相構築礁島，名為保衛「中國自古以來固有領土」，實際是「劍指台灣」，以衝出第一、二島鍊，走向大洋，企能落實他陸權，海權兼具的大「中國夢」。其背後原因有二：一為習登大位之初，在政、經各方面，即面臨「亡國、亡黨」的問題，欲藉強硬外交，激起海內外炎黃子孫與生俱來的眷戀故土，愛國情操，以轉移國人對「亡黨、亡國」因素的注意力；再為，中華民國屹立在台灣，依然根據 1947 年，在大陸所

訂的《中華民國憲法》，賡續推行民主法治憲政，著有成效，中共對中華民國的領土，台灣及其所屬島嶼，無法理依據，任其染指，而乘隙製造矛盾，興風作浪，以逞其慾。

　　習近平在坐大位前曾提案與毛切割。坐上龍位後竟然有如「大狗跳牆，小狗學樣」，緊抱毛的神主牌，以毛、鄧的「嫡糸傳人」自居（習斷定毛的前三十年與鄧的後三十年，兩者不可彼此否定），堅持「一黨專政」、「黨大於法」的政治體制。且利用民族主義，激起中國人愛國情操，耀武揚威地，與美日對抗。除了以此轉移了國人，對中共由政治體制的缺失，所造成的「亡黨、亡國」因素的注意力，但對解決「問題」，確是於事無補，治絲益棼。予海內外期望習近平能落實政改的人們，有失望，痛心之感。為什麼？因為今天中共所面臨的一切艱困與挑戰都是由（毛澤東自詡的）「馬克思＋秦始皇」所造成的。筆者可以定言：中共不將黨政分開，絕不能落實政改；中共一日不與毛切割，根除共產第三國際消滅全世界資本帝國主義的「意識型態」，就無法與美國真正改善關係，而和平崛起；能與極大多數民主自由國家，為世界人類和平共存，同盡文明國的義務。僅以下述「保釣」一事，或可作為進一步解說：

從與日本爭奪釣魚島說起

　　以釣魚台而言，釣魚台係屬中華民國台灣省宜蘭縣所轄。在 1970 年代，「保釣」一事，係由台來美的青年學生，因國府處理不當（註）而發起的。中共在幕後，利用青年學子愛國家愛民族的情操，大肆炒作，讓眾多學子，可算都倒向，有如當年抗戰初期，在幕後策動青年學生愛國心，發起反飢餓、反迫害學潮的中共。好多愛國青年學生，也由此掀起一陣回祖國大陸參加建設的浪潮。其後，「保釣」運動由民間仍不時發起，但中共竟大力阻止，未予以支持。今天，中共對內，面對能否落實「政改」，有「亡黨抑亡國」之虞；對外則有「Ｃ」型包圍，被兩條

鎖鍊困在內陸之時，又利用民族主義，人民愛國情操，積極發起保釣行動，但不與國府協調，不向聯合國或國際法庭提出申訴，即逕自與日爭奪。筆者認為，此種作為乃是「項莊舞劍（保釣），志在沛公（收回台灣）」也。（註：國府僅僅由教育部派員來美安撫學生；未對美日有強烈反對的言行。其時，個人負笈英倫，也僅能發起同校中，由台留英同學，大家簽名上書總統，表示擁護政府的政策而已。後來，國府退出聯合國，個人在政院為防止「骨牌效應」而成立之「外交小組」會議中，聞及原委是，那時，為維護聯合國代表權一事，有求於美日的支持所致也。多可嘆、可悲啊！）

美國為何將釣島的行政管理權交予日本？從國際法來說，抗日戰爭皆是中華民國由蔣介石先生所領導的犧牲奮鬥到山窮水盡之際，所贏得的「慘勝」而應收復的。《舊金山和約》簽訂時，理應由國府參加，但國府退守台灣一偶之地，自身尚且難保；那時，美國與中共又無邦交，所成立的「中華人民共和國」尚有「正當性」與「合法性」的問題。自也不能依和約而將釣島交還中國的中共政府。就「事實」來說，不僅釣島，甚至台灣一度有交由聯合國「託管」之議，皆因美國「顧慮」，甚至「懼怕」那，受共產第三國際的資助；受史達林之命，為保衛蘇聯而戰，為消減資本帝國主義，視美國為頭號敵人的「紙老虎」而「抗美援朝」的毛共也。也可以說，如果美國不是為了「統戰」中共一同抗俄，在1971年，讓中共等了二十年之後，美國也不會助其進入聯合國；再等十年，三十年之後，美國才與中共關係正常化，也不無此因的。

中共在南海是為了「保衛祖國產業」？

論及東海，尤以南海所謂十一段線（中共改為九段線）海域中的太平島，也是因中華民國政府對日抗戰勝利，依國際公約，派軍艦從戰敗的日本收復回來的。中共在東海設防空識別區，在南海與周圍鄰國爭相填海築礁，構建軍事設施等等作為之先，除了國民黨將喪失政權於台獨

之際,曾有「習馬會」的安排,中共也從未與國府協調,依據法理採取聯合行動。至於中共在東南海掀風作浪,鼓起四海翻騰,是為爭搶石油資源,要由南海衝出太平洋,那倒是真實的。但如其一再強調說是為了「保衛祖國產業」,那真是一個忽悠人們的大謊言。試看,自 1949 年以來,中共在其「有效控制」的國土,究竟喪失了多少?

據《鳳凰博》刊載署名王培堯的博文指出,《1949 年後中國丟失多少國土?》對此列出了相關背景和數據,大要如下:

(1) 緬甸:劃走我國十八萬平方公里的江心坡、南坎。江心坡,相當於安徽省的面積。

(2) 越南:部份西沙群島,二十八個島礁,老山。1999 年十二月三十日,江澤民簽《中越陸地邊界條約》,將當年對越戰爭時死了無數人才攻下的雲南老山和廣西法卡山,劃歸越南。

(3) 蒙古及周圍:在 1949 年十月十六日,毛澤東宣佈與蒙古建立大使級的外交關係。從 1949 年十月一日開始,中共就把外蒙古從中國的版圖中去掉。

(4) 朝鮮:部份長白山和天池的一半。1962 年中朝邊界協議,當時毛澤東反蘇,在共產國際裡很孤立,為爭取朝鮮成為反蘇盟友,居然同意把長白山的一角(有說是二分之一,另說法是 53%)和八個山峰中的三個,劃給了朝鮮。

(5) 尼泊爾:1962 年中尼談判邊界時,毛澤東將中國領土朗瑪峰,與和尼泊爾分為一家一半,讓它成為邊界之峰。巴基斯坦和中共談判邊界時,援引中尼珠穆朗瑪峰談判先例,把喀喇昆侖山主峰喬戈里峰(即西方登山界所稱的 K2,海拔八千六百一十一公尺,世界第二高峰)割走了一半。中共讓出二百平方公里以上的地段有七塊,最大的超過二千平方公里。

(6) 印度:大家都知道中印之戰的結局。由於麥克馬洪線,印度大概佔領中國 10 多萬平方公里的領土。

(7) 巴基斯坦:1955 年,周恩來訪問克什米爾,主動提出把新疆坎巨

提地區讓給巴基斯坦。

(8) 俄羅斯：1991 年五月十六日，江澤民與俄羅斯簽訂《五一六協定》即《中蘇國界東段協定》，主動放棄被俄侵佔的外興地區（六十多萬平方公里）；烏東地區（四十萬平方公里）；還有一塊就是庫頁島。合計等於出賣四十個台灣給俄羅斯。

此外，就是目前中共在東南海，為祖宗產業被外國佔據，而一再強調要「領土完整」的有：日本的釣魚島。在南海的礁島中，菲律賓佔據九個；印度尼西亞佔據兩個；馬來西亞佔據九個；汶萊佔據一個。在國際公約法理上，這些島嶼，都是中華民國因抗日戰爭勝利，而接收領有的，依據法理，中共是無權對之置喙。

今天，中共僅憑在聯聯合國取得了中國代表權的席位，得到多數國家的承認，而在東南海所申索的領土，皆是中華民國政府，處在內外文困之際，無力一一派軍駐安守，作有效佔領的國土，這是不合法理的。因為，聯合國的決議案與外交承認，其拘束力只及於當事國，不具「普遍性」。此如，聯合國會員國不必因有 5728 的決議案而必須與中華民國政府斷交；中共對國府有邦交的國家，仍是「非主權國家」。更何況，中華民國仍然屹立於世，所擁有的任何部份的領土主權，也從未正式移交給中共。中共對東南海的諸島嶼的領土主權，何能說是繼承自中華民國的？是故，有「習馬會」的安排；有要求蔡台獨政府必須承認「九二共識」的「一個中國」的原則；當「南海裁決」出爐，對中共不利，而呼籲「台灣當局」與之「同仇敵愾」，共同維護祖宗產業等等，皆因中共需要中華民國的主權地位的相助。可惜的是，此時，中華民國憲政傳承的大位，已喪失於主張台獨的蔡政府，其結果很可能是「事與願違」的了！

蔡台獨新政府的作為

主張台獨的蔡英文以「維持現狀」一詞，竟將中華民國憲政傳承的

《故土故人，吾思吾念：我對落實「一個中國」原則的認知與建言選輯》

大位僭奪而去。就職時，竟然一返既往地，唱三民主義的國歌；向中華民國國父孫中山先生遺像行了三鞠躬禮。著實令中華民國的國民，感動不已。但演說時，據統計，整篇講稿，蔡英文提及台灣四十一次。「中華民國」僅出現五次，用三十五次「這個國家」取代。對中華民族、中國、大陸只字未提，而用「對岸」一次、「兩岸」十四次取代之。另提及美國一次、日本一次，主權一次、正義八次。提及尊重九二共識，但未回應接受「九二共識」的「一個中國」原則的框架，這等於推翻了前馬政府八年來，兩岸交流的政治基礎，亦即「中國是中國，台灣是台灣」，台灣「去中」，兩岸成「兩國」，這乃是她「兩國論」的核心思想。

又據香港台商在總統府前廣場觀禮後表示：「很意外地看到演繹台灣四百年來的歷史表演，竟然沒有我親身經歷過的三七五減租、耕者有其田、十大建設……台灣經濟起飛的歷史！有的，反而是與我同年的蔡總統沒經歷過的二二八事件、白色恐怖以及之後的黑名單、美麗島事件……等一些仇恨的事！」這又是說明什麼呢？此外，蔡英文並提及些許令人費解的論調，諸如：對東海、南海爭議，她一再強調用「台灣民主原則及普遍民意」作為架構兩岸關係的基礎；用「團結的民主」共同承擔國家的未來。其實，台灣民主一向是執政方期待團結，在野方則要求制衡。蔡英文在野時率眾圍城，反對大陸海協會長訪台、反國光石化、反核電，逢馬必拒，不思團結。如今當家，立即期待能結出團結好果？又向中共表示「兩岸兩個執政黨應放下歷史包袱，展開良性對話」；他方，宣示「新南向政策」；要潛艇國造；要從今開始就進行「改革」，特別是刻不容緩的要「年金改革」；並認為照顧青年是政府首要的大事等等，讓人費解的論調。

說來，蔡英文從國民黨政府所傳承的，百年來革命先烈拋頭顱灑熱血，歷經外侮內亂，經蔣氏父子與嚴家淦總統，以及隨政府來台的眾多黨國先進，所創建的中華民國憲政體制，與民生樂利、趨向安和均富的社會，完完整整、和和平平地接管過來，正如當年岩李正男繼任蔣經國

大位,就職時表示他最崇拜感恩的,僅是上帝與經國先生兩位而已然,蔡英文也理應感到無限幸運與感恩才是。但近百日以來,所作所為究是如何呢?(1) 她依然重用台獨鼠輩視為「中國豬」的國民黨籍政務官;(2) 阻止一些「去中國化」舉動,譬如撤回有「兩國論」色彩的兩岸關係監督條例;自稱「中華台北」;(3) 外交部處份擅將「華」改為「台」的司長等等正面作為。

但是她拒絕限期回覆承認「九二共識」;處處遠中共親美日;當她登大位之初,新教育部長即日以行政命令方式廢止 2014 年通過的微調課綱;並宣佈撤銷對一百二十六名太陽花學運人士的起訴,從寬處理;又傾全黨之力,促使立法院通過《政黨及其附隨組織不當取得財產處理條例》,行政院將設不當黨產處理委員會,追索國民黨黨產,想將國民黨置於死地;且加速推行被民進黨政務官大領 18%,掏空台灣的「年金改革」,實際是企圖「清算」藍營的軍公教人員,要將他們因窮苦得,而悉數「逼走」;對沖之鳥護漁退卻,特別是,面對「南海裁決」的主權爭議,竟是遮遮掩掩,甚至模糊以對等等又屬負面的作為。而今,兩岸聯繫、協商機制的兩條管道已經中斷;大陸遊客赴台遞減;南部漁農向大陸出口的漁業售價與訂單都暴跌;她的民調竟下墜到 14%,等等亂象現狀,確是令人費解,讓人難免「杞憂」的!

太平島被仲裁為礁岩,中共寄望於「台灣當局」者

關於南海主權東海爭議,近有作者董春利認為:「中國南海面臨的主要問題是三個方面:一是世界上沒有一個國家承認南中國海是中國的領海;二是世界上唯一有關海洋的國際法《聯合國海洋法公約》沒有任何條款支持中國對南海的所有權(九段線),相反有利於南海周邊國家對南海二百海浬專屬經濟區的確認;三是中國至今沒有實際控制和管轄南海,使領海之說成為一句空話。」但是,從中華民族維護其「領土主權完」而言,在國府對南海所主張的「十一段線」內的諸島嶼,國府處

在「內外交困」，無力予以控制和管理之際，今有中共出而代為申索，確是值得肯定的。

據《橙訊》報導，南海仲裁案揭曉，國台辦發佈聲明，呼籲台灣了解大陸立場，並予以支持與呼應，別在立場上倒退。又，《聯合報》社論稱，在這個（太平島「主權」）立場上，兩岸的利益始終一致。本質上是一體兩面。無論兩岸有多少政治上的歧異，在這個時間點上，大陸跟台灣存在合作空間。因此，蔡當局可「大膽出擊」，藉此機會與大陸合作，建立信任感，還有助解決兩岸現有的僵局。

解決南海主權爭議，蔡英文所懷的鬼胎

綜觀南海主權爭議，太平島只是「點」，台灣對南海主權主張才是「面」；太平島被仲裁法庭認定為「礁岩」，固然有違常識與現實，台灣必須據理力爭，但完整的南海主權，同樣應該「寸土不讓」。台灣對於南海主權不敢大聲主張，說穿了，還是與對岸有牽連難斷的瓜葛。因為，根據 1951 年在舊金山簽訂的對日和平條約與 1952 年在台北簽訂的《中日和平條約》第二條規定：「日本國業已放棄對台灣及澎湖群島，以及南沙群島及西沙群島之一切權利、名義與要求。」抗日戰爭勝利之後，中華民國政府派遣海軍艦隊赴南海，以太平艦命名該島，然後派軍駐守至今。在法律與實質佔領上都有充份的法理依據。這也就是說，如果沒有抗戰，而且如果沒有勝利，就不會有太平島，當然也不會有台灣這塊自由民主的土地。切斷太平島與台灣的紐帶，正是切斷台灣與中華民國的紐帶。這就是獨派人士沒有說出來的潛台詞。

但蔡政府與獨派人士卻沒膽子公開表明放棄太平島領土，因為世界上還沒有那個國家，敢在未受戰爭或外力因素下主動放棄領土主權。如果放棄太平島，那東沙島要不要也送給別人？接下來還有金門、烏坵、馬祖、東引的問題，澎湖、小琉球、龜山島、蘭嶼、綠島又該怎麼辦？因此，面對主權爭議，蔡政府想讓台灣在捍衛主權的前提下，不讓國際

社會認為台灣與中國站在「同一陣線」。於是決議以內政部公佈 1947 年「南海諸島位置圖」為領土主權依據，但避談大陸依循的 1947 年民國政府劃定的「十一段線」（周恩來時期改為九段線，台灣稱 U 形線），企圖以此與大陸切割，不落入「一個中國陷阱」。因此，蔡政府強調太平島為台灣實質佔有，避談 U 形線。可是，蔡英文依據《中華民國憲法》全盤繼承了中華民國的憲政大位，如果真要「維持現狀」，要突顯台灣的南海「十一段線」的主權，不同於中國大陸的「九段線」的主張，就該拿出堅實的法律論述，徹底檢討主權主張，或積極尋求與對岸協商，而非空口徒言「1947 年南海諸島位置圖」，卻繼續讓國家主權處於模糊狀態。

是故，蔡政府本可化危機為轉機。南海爭議是大陸當局最期待台灣支持的場域，是大陸有求於台灣，勝過台灣倚恃大陸的領域，也是少數真正可超越「藍綠紅」三邊的共識。捍衛太平島和南海主權，可成兩岸重啟接觸互動的觸媒，擺脫「九二共識」纏鬥無解的僵局。當然，兩岸在南海主張「趨近合作」，美國不樂見，華府卻也無立場明白反對，因為這樣發展既符合和平解決爭端原則，更有利於東亞穩定。但終因「台獨」意識型態作祟而坐失良機！可惜，可嘆！

中華民國台灣主權之爭對中美地緣政治戰略的影響

當前，「南海裁決」風波，已因菲律賓主動與中共尋求和解而紛爭平淡，戰火減弱。其間申索各主權國，無任何一方是為贏家；中共輸了「九段線」內的領海主權，相關國家失去二百海浬經濟權主張，美國為要維護其「自由航行」而鼓動仲裁，立場有失公正，在國際視聽上，有損其公道與正義的形象。至於海牙常設仲裁庭，就因將南海中最大，有中華民國戍守半個多世紀的太平島，裁決為礁的，極其荒謬的裁決，而徹底失去公信力，成為大笑柄，成為一張廢紙。然而最大輸家確是中華民國的，被中共稱之為「台灣當局」的蔡台獨政府。雖然，據《中央日

報》網路版於今 (2016) 年八月十五日報導，南海仲裁案日前判定太平島是礁不是島，引發國內各方撻伐。內政部長葉俊榮將登上太平島，為島上南沙醫院掛上新門牌。但裁決依舊。太平島如不被裁決為礁，則太平島仍可保有二百海浬經濟專區，對於中華民國的蔡政府，可有效佔有的領土與領海擴張到十倍以上，其資源開發將能解決目前的經濟困境，其台灣太平島位於南海中央，其東西是美國進出遠東的咽喉，南北可掌控所有的國際航道。其地緣政治戰略的重要，不僅影響中美在南海對抗的均勢，對自由世界圍堵共產極權冷戰的大戰略，更可能影響其部署與成效。其所以造成如此的結果，皆肇始於中華民國台灣統獨之爭，與美國因「懼共」，「反共」，「防共」，所採圍堵策略而然的。

中國共產黨是統獨之爭的禍亂根源

甚以，從中華民國北伐統一以至今日，中華民族遭受的一切苦難，與當前造成中共與台獨「博奕」的真正企圖，皆為消滅中華民國，攫取台灣等等禍亂根源，皆是由共產第三國際的中國共產黨所造成。此如：國府「黃金十年」建設，如沒有中共乘隙到江西南昌起義，發起秋後暴動，在貧苦農村煽起地痞流氓殺地主，分田地；在城市搞工運，罷工，罷市；鬧學潮，反飢餓，反迫害，罷課，遊行等等破壞事故，國府不得不分散精力，予以五次圍剿，而影響建設的進程和成效，則抗日戰爭不致損失那麼悲慘；又，抗戰勝利後，如果中共真能如其所要求的，與國府組織聯合政府，共同戮力建設國家，又怎會有毛共的「中華人民共和國」的暴政，讓八千萬中華苦難國民死於非命？沒有國共內戰，今日的台澎釣魚台與南海諸島嶼，早已因有中華民國參加的二戰勝利諸國家，與日本簽訂的《舊金山和約》，而和和平平地交還給我中華民國了，怎會有今日被中共在釣魚台，東南海鬧得「四海沸騰」，戰雲密佈呢？！尤者，今日兩岸不能和平統一，中共必須與台獨「博奕」，爭奪台灣，也是中共所造成的。

《故土故人，吾思吾念：我對落實「一個中國」原則的認知與建言選輯》

近據《世界日報》報導，蔡英文堅不承認「九二共識」，推動「新南向政策」和加強與日美關係，民意大多數反對統一，讓北京對兩岸關係發展漸失去信心。中共官媒《環球時報》日前就「武統台灣」進行網路民調結果，高達 85.1% 受訪者支持武力統一台灣；而近 60% 受訪者認為，五年內是武力攻台最佳時機。

但有論者謂，蔡英文政府即使不承認九二共識，但只要不挑釁、不宣示或推行台獨，還是維持現狀，大陸就不易找到動武的理由；台灣拖延統一，大陸不接受，但只能容忍。另有一派說法，指台灣未來可依國際慣例，將台灣歸屬問題交國際法庭裁決。依國際慣例，台灣獨立於中國之外，2049 年將滿百年，屆時國際法庭仲裁不看台灣歷史上屬於誰，而是看一百年來實際由誰控制，則台灣將勝訴，給大陸帶來緊迫感和壓力。問題是台海分隔屬歷史遺留的政治和國際議題，不是國際法庭能解決。且全球一百六十多國與北京建交，都承認「一個中國」和台灣是中國領土不可分割的一部份；兩岸都不致將此事提交國際法庭仲裁，所以上述說法顯係附會揣測。對北京而言，最大課題要在於如何找到與「中華民國」共存的方法？因這是台灣唯一可以接受的「那一個中國」，也就是中華民國。如果說中華民國也不行，說台灣也不行，那就沒有什麼是可行的了，而「九二共識」只是不就「一中」清楚表述的方法，長期來看，並非解決問題之道。

蔡政府遠中，親美，哈日能加速步上台獨之路？

現在的台灣人都想獨立。「太陽花」運動後，即便是最期待和平統一的大陸人，不得不承認，「台獨」意識的氾濫，對兩岸統一，乃至中共的大國崛起造成了巨大阻礙。但是，蔡台獨政府絕不敢貿然急統，甚至緩獨，除非修憲，讓蔡連選連任，或是藉年金改革與追查黨產，消滅了國民黨，讓台獨的民進黨永久輪番執政，否則，在她任內也不可能做到。其因可臚舉要點如下：

《故土故人，吾思吾念：我對落實「一個中國」原則的認知與建言選輯》

  首言，在政治方面。蔡英文在台獨無望之際，遵循中華民國憲政體制參選，以「維持現狀」而取得法統傳承的大位，她豈能出爾反爾，立予更改中華民國的國號，修憲走上「法理台獨」？如此，也因觸犯「一個中國」的底線，中共絕不容許的。再有，美國的《台灣關係法》是為保護台灣人民的安全，且美政府另有與中共簽訂的「上海公報」等等約定，早已一再宣稱，不贊成、不容許台灣獨立。則蔡的遠中，親美，哈日，企圖假勢借力，實現其台獨的美夢，也會落空的。想以「台灣國」名義入聯方式變相獨立，在當下情勢，美國也不會樂助的，更何況，安理會有中共的否決權，支持台灣入聯的聯合國會員國是屈指可數，絕對無法過半，實現其獨立的美夢。

  再言，在經濟方面。台灣地狹人稠資源貧脊，是一個無內需市場，自給不足，需依賴外貿型的經濟體，更無獨立的本錢。之前，馬政府以「九二共識」與中共交往，所達成有讓利的經貿管道如 ECFA 等，也只是大陸的「附庸」。而今，蔡英文迄今拒絕在限期裡回覆接受「九二共識」，此類管道已予中斷。蔡一直強調的「南向政策」，要參加美國主導的 TPP，事實上多屬不切實際，即使有參加的可能，其成效在蔡的任期內也難望有成。當下台灣，僅因漁農外銷訂單銳減，大陸來台遊客遞減到四成以下，營生者皆叫苦不迭，社會已亂象紛生，財政赤字累累，企圖榨取清苦軍公教人員的年金，不知廉恥為何物的台獨鼠輩，絕情無義地來搶奪國民黨的黨產，來應急，以此增加「自然獨」的憤青們年薪。如此財經狀況，有獨立的本錢嗎？

  論及在軍事方面，有無支撐台獨的可能？無。既往，中華民國從大陸播遷到台灣，數十來全面建設皆是為了光復大陸，統一中國，自始至終絕無獨立的意圖。當年古寧頭大捷，第七艦隊巡弋台灣海峽，以及兩次金門炮戰，皆是為保國衛民而戰的。今天，如果為台獨而戰，台灣都屬防性武器，蔡英文再強調要國產飛機，潛艇，即使能成，兩岸之間的軍力對比仍然懸殊到了不值道說的。僅大陸的衛士 2D 遠程火箭炮，有效射程都已高達四百餘公里，完全可以覆蓋台灣全島。一旦兩岸開戰，

台灣只有淪為甕中之鱉，坐等被俘。而且，寄望於美日的支援，迄今，美國自始主張兩岸問題和平解決，不容任何一方改變現狀，美國會支撐妳台獨嗎？更何況，一旦為獨立開戰，年來受盡台獨鼠輩們羞辱的國民革命軍，和只知享受「小確幸」，逃避服兵役的「自然獨」的憤青們，會拿起槍桿，為極少數對建設台灣無絲毫貢獻，其身份與中華民國莫明其妙的深綠台獨鼠輩，如從日本回台倡「台灣國」，發「台灣護照」的辜姓，金姓男女鼠輩，為他們要獨立，而流血犧牲，拚死於沙場嗎？夢想。

再論及在文化方面，有理由要獨立嗎？根本不值一談。台獨鼠輩常強調，台灣是台灣人的。事實上，在台灣的居民，那一個不是中華民國的國民；又說，來台的先民血統已不是漢人，要獨立。即使如其所言，中華民族是由多種民族所組成的，何用獨立？加拿大魁北克的法語居民要獨立，公投結果，准了嗎？再則，蔡台獨在校園花了十多年，來搞文化台獨；修台史，頌日據，經年累月抄作二二八，稱抗戰勝利為「終戰」，不紀念光復節，反中，反華，養成一些所謂的「自然獨」，急急要求獨立。如果蔡台獨真的要去中反華而獨立了，那麼，台獨鼠輩們就從此能不說華語，不寫中文了？就可以穿和服，佩武士刀，數典忘祖，拋棄掉中華民族所有的風俗習慣，成為日本「皇民」了？果如此，真是「無父無君，是禽獸也！」

中共武統台灣有成功的可能嗎？

回溯中共對台政策，皆依情勢變遷而採不同的策略。如，從「血洗台灣」，而「一國兩制」，而「和平統一」以至今日，為因台獨氣焰高張，要求蔡台獨承認「九二共識」而不可得，大陸官媒和中共的五毛憤青的「自然統」們，多呼喊要以武力統一台灣，在在無是不旨在奪取台灣來滅中華民國，落實習大人的「中國夢」。此如：有大陸媒體報導，台灣各種條件使現狀將長期維持，兩岸很難統一。今 (2016) 年四月，中

共官媒《環球時報》所作民調顯示，有高達 99% 的受訪者認為「台灣是中國不可分割的一部份，」超過 70% 的人認為兩岸和平統一的可能性很低，有 85% 的人支持「中國武力統一台灣」。

尤者，最近大陸有李毅發表《和平統一已無可能》一文，認為台獨勢力在台灣迅速坐大，統一勢力在台灣迅速消亡，和平統一已無可能，而提供六項建議：第一，儘快使用大的兵力與火力，速戰速決，武力統一台灣；第二，儘快籌組台灣三個新的愛國政黨，準備在大軍上島後，適時恢復五級選舉；第三，儘快修改台灣大中小學教材，堅決刪除一切去中國化、兩國論、一邊一國論、仇中反中、鼓吹台獨、反對統一的內容；第四，儘快全面修訂台灣現行所有法律，大軍上島後，立即頒行；第五，儘快擬定大軍上島的《兩岸和平協定》，爭取實現解放大軍和平登上台灣島；第六，出於底線思維，準備最多移民台灣兩千五百萬人等等，非常急速以武統一台灣。

但也有相左的意見即是，《商業週刊》有《一個中國網友看兩岸統一》，未來二十年，中國為何不該統一台灣的文題認為：收台不難，治理困難。打下台灣之後，戰爭創傷、台灣民眾的安撫、對外國妥協的兌現、戰爭的費用、戰後台灣的治理模式、對台獨的處理等等，都是麻煩事，也就是我們常說的——打下台灣容易，但治理困難。更何況武統也無必勝的把握。者作就中共軍力遠遠強勝於台灣，但對台灣是「無用武之地」，要如：

中共從海上空中根本過不來。中共雖然有五百三十架戰機，到台灣上空只能一次放十二架的戰機，飛來多了，就會撞在一起，自己打自己了。而且，中共的十二架戰機裡，沒有空中預警機、加油機、電戰機，飛來只能單打獨鬥。且因台灣把 E2T 升格成鷹眼 E2k，一架同時就可以指揮六架飛機，你怎能跟他們纏鬥？

其次，中共的弱勢還有的是運輸能力不足。單運送二十萬人需要兩百架飛機，兩百架坦克，兩百艘登陸艦。外加登陸戰至少倍於台方軍力才足夠，所以還必須乘二才夠。即使二十萬大軍可以運送過來，台灣島

上有那麼多廣大的登陸灘頭讓共軍一湧而上？

再則是中共沒有完整 GPS（全球衛星定位系統），北斗二號還在建構中，目前只有八顆衛星，外加 GPS 衛星需要地面控制站，中共沒有（地球是圓的），只能依靠航行在外的衛星控制船，所以沒有穩定衛星定位系統，當然，沒有準確的衛星定位系統，飛彈和炸彈就跟瞎子沒兩樣。另外，中共軍備支援系統不足。匿蹤飛機固然可怕，但他還是需要開啟雷達才能打別人，所以沒開雷達前，他也只不過是雷達看不見的飛機，並沒辦法打別人，也就是 C4ISR，指揮、資訊、管制、情報、監視、通信諸方面，皆難有操勝算的。

中共武統的時機

事實上，中共叫囂武統台灣有其必要，也有足夠的能力與準備，但無必勝的把握。設如再考慮到：武統的時機，大陸民心的取向，和美日干預的嚴重後果，則「武統」將之作為一種「選項」或是「備案」，是為上策。筆者認為，武統最佳時機必須是在蔡台獨政府，公開、明確地修憲，廢除中華民國國號，或走上法理台獨，或宣告成立「台灣國」。此際，中共及時以武力急統台灣，即使中共依舊是個專制獨裁的政權，也必然得到全世界民主國家的認可，海內外炎黃子孫，所有中華民族兒女的支持與擁護，那時筆者如依然一息尚存，能重拾槍桿，或是拿起筆桿，也必定去參與討伐的。否則的話，中共武統台灣只是為了維護「領土主權完整」的口號，實際是為了鞏固他「一黨專政」、「黨大於法」的專制獨裁政權，不僅台灣居民同胞群起反感、反抗，大陸上除了共產黨的黨軍，毛左與五毛以及所有八千萬共產黨員（不一定全數如此）而外，大陸上億億萬萬的農工同胞，絕不會再如內戰期間，受其利誘、欺騙，而支援武統的。

論及外力如美日等干預的嚴重後果，其要是：(1) 用武力急統的殘酷手段，毀滅台灣，必使周邊小國感受到強烈的威懾而不安，中共無法像

過去那樣，借助經濟這種和平手段拓展地緣影響力。周邊局勢有可能急劇惡化；(2) 中國大陸幅員廣大，內部的民族組成眾多，這些邊疆地區的少數民族對於中共的統治，一直處於對抗的分離主義態度，謀求能夠脫離中共政府的控制，有如新疆西藏時刻都準備獨立。你一打台灣，他們在背後就鬧獨立，到時候正如日寇所想望的，「支那」自然四分五裂，台灣獨立成功；(3) 中國大陸城鄉差距區域發展的不平衡，可能會帶來不可預測的社會大衝突，會蓄積了反對中共統治的巨大力量，中國共產黨的統治，可能到不了 2020 年，就會被大陸人民所推翻。

因此，在短期內對台灣發動武力奇襲，對中國大陸內部發展不利。特別是，在當前國際政治經濟話語權中，中共仍處於弱勢地位，與美系勢力全不能匹比。一旦因為強行攻台，導致新冷戰的爆發，美系勢力必將對中國大陸全線封鎖，並會利用自身的國際影響力，將這種封鎖擴展到全球範圍。屆時，中共無法從外部獲取足夠支持，也喪失了國內工業體系發展所必須的技術、市場和原材料來源，進而將陷入內外交困的境地，最終對自身的戰略崛起造成嚴重負面影響。

兩岸能否和平統一繫於中共能否落實政改

按當前情勢，蔡政府不敢急獨，中共也不便急統。然則，兩岸有和平統一的可能嗎？筆者認為：有。但基於中共能否落實政治體制改革，消弭了兩岸和平統一的「障礙」；中共必須放棄馬列史毛共產主義意識型態，與美修好才有可能。何以如斯，試論述如下：

中共從 1949 年建政（不應稱之為「國」），已歷七十五載，迄今為何仍面對有「正當性」與「合法性」的問題？皆肇因於：(1) 毛澤東在俄共資助，史達林指令下，武裝叛亂，推翻亞洲第一個民主共和國，中華民國，所建立的政權是屬蘇維埃式的「外來政權」；(2) 馬列共產主義理論早已破產，以民為芻狗的毛共暴政不適用於中國；(3) 中華民國依然屹立於世，而且大陸同胞的「民國熱」與日俱增。是故，習大人登基後，

《故土故人，吾思吾念：我對落實「一個中國」原則的認知與建言選輯》

對台政策，不論依然用「讓利」辦法來「買台灣」的懷柔政策，或是對台放話，「基礎不牢，地動山搖」的強硬警告。鑑於國府處於，外有美日防止台灣淪於共產極權統治；內有日裔台獨鼠輩叫囂成立「台灣國」的非常艱難的困境，為維護中國領土主權的完整，任一政策或措施甚至出兵枚平台獨鼠輩，皆無不可。但習大人如欲落實「中國夢」，中國和平崛起，就必須胸懷天下，志在千秋，確切認知落實政改，兩岸方能和平統一；台灣一旦成為大中國走出海洋世界的門戶之日，即是「中國夢」落實之時。因此，習大人就必須向歷史負責；尊重中華民國傳承的法統地位，對國府就不可再作出有逾越本份的事。但事實確是「適得其反」，至少有下列反常事故：

其一，為高規格舉行紀念抗戰勝利七十週年閱兵大典，竟泯滅中華民國國軍抗日戰爭中二十二次大會戰，犧牲三百六十多萬的英魂事蹟！並將國府抗戰勝利成果，全部潛奪「據為己有」，甚至美英中蘇四強領袖所舉行的「開羅會議」，也是由老毛子參與的！

其二，習大人甫行登基，即在軍事外交方面，一反既往鄧小平「韜光養晦」的策略，用軍事行動，向日本索取釣魚台。其實，無論從民族大義或保衛國家領土主權來說，「保釣」都應是中華民國政府的頭等大事。而今竟由習大人罔顧國府的領土主權，任其操弄，究有何目的？是所謂項莊舞劍，志在台灣？

其三，南海東沙諸島嶼係在日寇投降後，由美國依「開羅會議」，「波茨坦宣言」，派軍艦運送中華民國政府接收人員，交還給中國的。而今，中共不顧中華民國政府所提「主權在我，擱置爭議，和平互惠，共同開發」的《東海和平倡議》，竟片面取代中華民國，在南海與四鄰爭相築島，耀武揚威，向美挑釁。

其四，似乎以「征服者，強大者」的姿態，對在台灣的中華民國政府，盡可能地貶低，見縫插針地打壓。此如，前有EFCA，今有亞投行，皆置國府為其地方政府讓其參與；最近，更制定《國安法》，將具有中國憲政傳承法統，世界上合法的中華民國政府，片面貶為與香港等同的

「地方政府」。

　　又據報導,中共為防止日本可能也向海牙仲裁法庭提出申訴,以挑戰中國「釣魚島自古以來就是中國領土」的主張,而派遣十六艘搭載武器的海警船,在釣魚島海域航行,四百艘漁船也在釣島附近海域捕魚,引起日本連番高調抗議,中日關係再起波瀾。

　　關於當前兩岸關係。筆者於 2011 年六月二十二日所撰,承《中央日報》網路版刊出之《老朽曝言:中共落實政改,和平統一之路》專文,提出四項政改要目:還政於民,藏富於民,廣開言路以及強化教育。嗣於去 (2015) 年九月七日所撰專文,也發表於《中央日報》網路版的《泛論大陸創設亞投行的成因與發展――我對落實中國夢的認知與建議》,皆是論證中華民國在台灣的居民,其所以由懼共,而反共,而反中,反華,而促成台獨氣焰日益高漲;兩岸能否和平統一,皆繫於中共能否落實政改,爭取得「完全自由市場經濟地位」用能和平崛起,將大陸建設成為安和均富的社會才行。

　　試言,僅以當前中共在大陸現行的「一黨專政」,「黨大於法」的政制;城市土地國有,農村耕地集體所有,和大型央企,國企皆為中共所有,以及所有「媒體都要姓黨」等等政經情形,以之施行於中華民國的台灣,行嗎?中共曾呼喚,統一後實施「一國兩制」。鑑於香港實施這「一國兩制」以來的情勢,能讓賦有憲政法統的國府,與享有人權自由的國民有接受之可能嗎?其切合實際可行的折衷方案,先行考慮採取「一國兩票制」的和統的模式。

採取「一國兩票制」有其理論與事實根據

　　鑑於兩岸尚未和平統一,未來大中國組織型態究是獨台,邦聯或聯邦,自是無法決定。衡度當前兩岸關係,在一個中國「分治」架構下,事實上是領土「主權共有」,國民則是「治權分轄」。如欲「維持現狀」,其最可行之方法,當是參照蘇聯解體後,在聯合國所採行的「一

國三票」制，兩岸也可依例，採行「一國兩票制」（或包括香港的三票制），大可解決了當前的和平統一的一切難題。

依歷史文獻所知，蘇聯的「「一國三票」制，係指從1945年聯合國成立到1991年蘇聯解體，烏克蘭和白俄羅斯都是聯合國的成員國。這兩個國家又都是蘇聯的加盟共和國，因此蘇聯在聯合國就有了三個席位，俗稱「一國三票」。這種局面的形成，其成因有理論與事實要為：

第一，是因烏克蘭與白俄斯都是聯合國創始國。聯合國創始會員國是指1942年一月在《聯合國家宣言》上簽字的二十六個國家。1945年，聯合國有五十一個會員國。聯合國中除了蘇聯、烏克蘭、白俄羅斯，只有被蘇軍解放的捷克斯洛伐克、波蘭和由本國共產黨游擊隊解放的南斯拉夫傾向蘇聯。當時的蘇聯這邊只有六票，處於絕對少數。因此，1945年二月，蘇美英三國首腦在蘇聯克里米亞半島的雅爾塔舉行會議。在這次會議上，蘇聯代表提出，蘇聯十六個加盟共和國中有三個（烏克蘭、白俄羅斯、立陶宛）或至少兩個（烏克蘭、白俄羅斯），應作為聯合國創始會員國，因為它們在這次戰爭中貢獻巨大。

美國總統羅斯福對此表示為難：「如果我們給某個國家一票以上的代表權，那我們就違反了每個成員國只應該有一票表決權的規定。」但丘吉爾也想讓大英帝國的自治領獲得代表權，所以就支持蘇聯的要求。從法律上講，當時大英帝國的確有些自治領，如印度，還不是獨立的國家。丘吉爾的表態讓羅斯福陷入孤立，但羅斯福也為美國爭取到了增加兩個席位的對等權利，如今，美國國務院網站在介紹聯合國的創建過程時，依然聲稱「美國至今仍保留在適當時候增加兩個聯合國代表席位的權利」。加上羅斯福希望蘇聯出兵對日作戰，所以只好同意烏克蘭和白俄羅斯成為創始會員國。1945年四月二十五日，聯合國制憲會議在舊金山開幕，會議邀請了烏克蘭和白俄羅斯到會。由於蘇聯在反法西斯戰爭中的特殊貢獻，與會的中小國家對此也無異議。六月二十五日，烏克蘭和白俄羅斯的代表在聯合國憲章上簽字，成為聯合國創始會員國。

其實，通觀《聯合國憲章》全文，其並未要求成員國必須是獨立國

家。除了烏克蘭和白俄羅斯，在聯合國創始會員國中，印度和菲律賓當時在法律上和事實上也都不是獨立國家（印度 1947 年獨立，菲律賓 1946 年獨立）。因此，印度的宗主國英國和菲律賓的宗主國美國，也不是一國一票。所以，蘇聯提出要烏克蘭與白俄羅斯兩個加盟共和國加入聯合國，並不違反《聯合國憲章》。

　　第二，烏克蘭和白俄羅斯在世界反法西斯戰爭中的損失和貢獻都很大。在衛國戰爭中，白俄羅斯和烏克蘭都是戰場。白俄羅斯代表 2001 年在聯合國發言稱，白俄羅斯在二戰中損失了四分之一的人口。烏克蘭政府的官方網站稱，蘇聯蒙受了二戰參戰國中 40% 的物質損失，而烏克蘭的物質損失則佔到全蘇聯的 40%；烏克蘭損失了七百至八百萬的人口。同時，這兩個加盟共和國也確實犧牲巨大。例如，1941 年六月，白俄羅斯西部邊境的布列斯特要塞，在被圍的情況下堅守了一個月以上，牽制了大量德軍；1941 年九月，基輔戰役中，蘇軍以重大傷亡為莫斯科保衛戰贏得了一個月的時間。

　　白俄羅斯和烏克蘭的巨大犧牲和貢獻，與某些並未和法西斯真正作戰，而只是在 1945 年才宣戰的聯合國創始會員國（如一些拉美國家）形成鮮明對比，因此蘇聯在談判中能理直氣壯地為它們爭取會員國地位。聯合國官方網站也稱授予作為蘇聯一部份的白俄羅斯以會員國地位，表現了國際社會對該國為戰勝納粹德國作出的巨大貢獻和犧牲的認可。

　　據此，中華民國是最主要的聯合國創始國，為二戰的犧牲最大，貢獻最多。而且，迄今仍然賦有主權獨立國家組成的要素；土地，人民，與政權，屹立於台灣；依然根據 1947 年在大陸所訂的《中華民國憲法》賡續推行民主法治的憲政，愛好和平，克盡國際義務，著有成效。證諸蘇俄「一國三票」制由來，在當前兩岸一中架構下，更有理由採行「一國兩票」制。不然，豈能因有當年受共產國際蘇俄的指令，以欺騙，用間手段，武裝叛亂，推翻其宗祖國的，中國共產黨所建立，但迄今尚有正當性與合法的「中華人民共和國」所反對，而不得恢復其會員資格，重返聯合國呢？

《故土故人，吾思吾念：我對落實「一個中國」原則的認知與建言選輯》

又，聯合國還設有聯合國大會觀察員制度，邀請國際組織、非政府組織、政治實體參與聯合國事務。觀察員在聯合國大會上可以發言，但沒有參與會議投票的權利。截至 2012 年，聯合國大會共有六十四個觀察員。當中包含兩個觀察員國、四個觀察員實體、以及五十八個觀察員組織。許多國際組織、非政府組織，和如歐洲聯盟、紅十字國際委員會、馬爾他騎士團等主權地位沒有明確定義的政治實體，甚至巴勒斯坦解放組織，皆被聯合國大會邀請成為觀察員。對於最主要的聯合國創始國，而且事實上依然是主權獨立的國家，中華民國，豈能不應依聯合國憲章「普遍原則」的精神，賦予「觀察員」地位？！否則，聯合國豈不成為強權者勾結，毫無正義，公正可言，則參加和不參加也就無足輕重了！

中國崛起與中美關係

中共又自認，「中國崛起所面臨的地緣安全環境，在全球層次上，中國面對戰後以美國為主一超多強的國際戰略格局，試圖將其往多極化方向推動。區域層次上，中國的先天地理條件所致，其在海陸兩方面皆面對著多重勢力的挑戰，特別是東亞部份。北邊的朝鮮半島、中間地帶的台灣及南邊的南海主權爭議等，都是中國所不可輕忽的要事。地方層次上，中國內部分離主義的高漲，乃是對於中國政府權力的莫大挑戰，而重要的是其不單只限於內部的爭議，更是涉及外部國際力量的介入，使得中國政府必須小心以對，不可任意強力打壓。換句話說，中國不論以什麼方式取得台灣，可能是創造歷史的開始，也可能是引發動亂的開始。這點出了台灣的安危將決定亞太地區未來的安全，更是台灣的地緣戰略地位隨時可以牽動美，日，中共，甚至整個亞洲域的權力平衡。」

有中國大陸的研究者，就經濟層面看中國崛起的真相，指出：「中國的崛起很可能會損害某些西方國家的利益。此因崛起是為了每個國民能過上幸福的生活。依據發達國家的生活水平，最主要的衡量方式是人均購買力平價。例如，2014 年美國的人均購買力平價是五萬三千九百九

《故土故人，吾思吾念：我對落實「一個中國」原則的認知與建言選輯》

十二美元，中國是一萬兩千九百二十六美元，美國是中國的四倍，也就是美國平均每個人能購買的東西是中國的四倍，生活水平比中國高得不是一星半點。再如 2014 年，中國人均消耗石油零點三八噸，而美國是二點五九噸，是中國的近七倍。同樣是這一年，中國人均天然氣消耗一百三十六立方米，美國是兩千三百五十三立方米，是中國的十七倍。」並認為：

「因為中國是加工型經濟，是把買來的資源加工成產品來賺錢的，這就需要一個比較低的加工成本，只有這樣，產品的價格才低，才賣得出去。這就有了『出口退稅』、『出口補貼』這樣的東西，所以我們會驚奇地發現，有些中國製造的產品，在國外的商場裡，反而比在中國內地還便宜。再因，

「加工或代工的產品如衣服、玩具之類的低技術產品，利潤實在太低，換取的資源量不足以支撐中國人民越來越高的生活水平需求，那就需要製造高利潤的高技術產品。通過出口高技術產品使人民過上發達國家生活水平的策略，對於像日本、德國這樣的小國來說是足夠的。而中國人口是他們的十倍，如果要達到日本、德國的生活水平，那麼就需要賣出十倍於他們的產品，全球根本就沒有這麼大的市場，即使市場有這麼大，也會因為市場中的供應增多（多了中國這位競爭者），而使利潤沒有現在德日能夠獲得的這麼大，中國也就不能買到足夠的資源量來支持那時候人們的生活水平。那有什麼方法解決這個問題？

「其一、擴大全球市場。讓其他發展中國家都發展起來，就有更多國家消費高技術產品，那就有了一個更大的市場，使中國能夠換取足夠的外匯。因而，（尚未取得「完全自由市場經濟地位」，在經貿方面遭受到進口國家的諸多抵制。迄今，除了亞洲，儘管中國屢次施壓，歐盟仍拒絕給予北京「市場經濟地位」。而中國鋼鐵產能過剩，反而觸發歐盟和美國提出向中國徵收反傾銷稅。）有橫貫歐亞非的『一帶一路』，投資建設『走出去』的策略。其二、用人民幣直接結算。近幾年中國努力推動人民幣國際化，成立『金磚銀行』、亞投行，都在為人民幣結算

鋪路。但是,『人民幣結算』會損害美國的核心利益——美元霸權。所以,隨著中國崛起,美國的利益也很可能受損。

「美國阻止中共崛起的策略是,對中國進行資源封鎖。2014年,中國消耗的石油60%需要進口,其中85%的石油都要走麻六甲海峽,如果美國封鎖麻六甲海峽,對中國實行石油禁運,那麼中國的經濟別說實現經濟增長,很可能出現經濟衰退,而且衰退會提高失業率,大面積失業可能會引發社會動盪,這一系列的連鎖反應甚至會導致中國的崩潰。」由此,中美關係益增其複雜與變數。另一嚴重影響中美關係的變數是,中國大陸受到美國所予C型包圍,與西太平洋的兩道島鍊的封鎖。而有中共鷹派軍人「中美終須一戰」之說。關此,中共應對如下的中美關係大戰略方面有所認知與理解。

對全球地緣政治戰略學的認識

在過去一百多年以迄於今,地緣政治理論以其關照全局的宏觀思維模式、鮮明的理論格調和對現實國際問題的高度關注,在意識和實踐兩個層面上,極大地影響了世界歷史的進程。從冷戰結束以來的國際政治實踐看,地緣政治作為國家間相互博弈和制衡的戰略謀劃,以及國家制定對外戰略依據的意義越來越明顯。例如,北約東擴、歐盟擴張、科索沃戰爭、阿富汗戰爭、伊拉克戰爭、利比亞戰爭、「阿拉伯之春」、敘利亞內戰、伊朗危機、朝鮮半島危機、中亞地區變局,烏克蘭危機,以及當下的東南海的爭議等,其背後都包含著深刻的地緣政治意義。其地緣政治戰略學的理論與發展情勢大要如下:

其一,麥金德的「陸權論」。麥氏於1904年,在皇家地理學會宣讀了《歷史的地理樞紐》這篇著名的論文,首次提出了「心臟地帶」這一戰略概念。他認為世界力量重心所在的歐、亞、非三洲。由於陸上交通發達,已變成一個世界島;而佔據心臟地帶的國家卻屢屢向歐亞大陸邊緣地帶擴張。據此,麥金德斷言,佔據東歐是控制心臟地帶的關鍵,並

把他的全球戰略思想歸納成著名的三段警句：「誰統治東歐，誰就控制了心臟地帶；誰統治心臟地帶，誰就控制了世界島；誰統治世界島，誰就控制了全世界。」

其二，史匹克曼修改了麥金德的心臟地帶論。由於各國所處的經濟和政治發展階段不同，無法組成一個能讓所有國家接受的組織。所以，史匹克曼主張要使用武力加以調整，而提倡「均勢」的平衡，讓大國可以在世界舞台上保留各自的實力為對比，美國所需要扮演的就是這平衡者 (balancer) 的角色。論述外交政策時，史匹克曼修改了麥金德的心臟地帶論，他認為真正對海上力量構成威脅的不是心臟地帶，而是位於大陸和近海之間的邊緣地帶 (rimland)，此處擁有陸、海兩權力量交織，為全球戰略的關鍵點，史氏主張美國必須以武力建立強權政治，掌握邊緣地帶才能鞏固美國國家利益，他並改寫了麥金德的名言：「誰支配著邊緣地帶，誰就控制了歐亞大陸；誰支配著歐亞大陸，誰就掌握了世界的命運。」

其三，肯楠的「圍堵政策」。1947 年，肯楠在《外交》(Foreign Affairs) 季刊上發表了 "The Sources of Soviet Conduct"，其內容為「長電報」的擴大闡述，他再次強調以馬克思思想形塑的意識型態，是蘇聯政策最主要的特徵，由意識型態所建立的決心也是蘇聯能長期與西方集團對峙的有利因素。肯楠結論，美國應該對蘇聯採取長期、堅定且有效的圍堵政策，阻止其意識型態的擴張。

其四，杜黑的制空論與海權論。杜黑在《制空論》一書中全面闡述了他的基本理論觀點：「空軍極有可能單獨完成戰爭使命，不必有陸、海軍參與。空中力量具有比海上和陸地力量更為有利的機動性，在行動和方向上享有充份的自由；掌握制空權，能阻止敵人飛行，同時保持自己飛行。」制空權的確是戰爭中一個非常有力的手段，特別是在太空武器飛速發展的今天，杜黑的理論與核時代的戰略在很多方面不謀而合。

其五，地緣經濟學。冷戰後，經濟利益和經濟地位已成為世界各大國追求的戰略目標。美國一些從事戰略和國際問題研究的學者認為，應

放棄以軍事實力作為全球稱霸的主要手段，而轉向以國際投資、自由貿易等經濟手段，作為維護美國經濟利益與經濟地位，確保世界霸主地位的主要手段。其理論的學說即被稱之為「地緣經濟學」。在經濟全球化的進程加快，成為世界經濟發展的主要動力，主要表現在：(1) 世界貿易快速增長；(2) 國際資金流動異常活躍；(3) 生產與經營全球化不斷增強；(4) 科技信息傳播全球化；(5) 經濟困境的全球化不斷加深。此外尚有：

其六，亨廷頓的文明衝突論。1993 年美國政治學家亨廷頓在美國《外交》季刊夏季號發表了《文明的衝突》一文，對國際政治的演變特徵進行了獨特的分析論述。亨廷頓認為，冷戰後將出現一個多極和多文化的國際體系，西方僅為其中之一。西方的文化價值不具普適性，其影響力已呈下降趨勢，因此西方文化缺乏同化、整合其他文化的力量。如果西方國家，特別是美國硬要向全世界推銷自己的價值觀，其結果將適得其反，將會激化矛盾，引起文明衝突。當然，亨氏絕非反對西方文明的統治，而是善意地提醒西方國家，尤其是美國的決策者們，不要被冷戰的勝利沖昏頭腦，過高地估計自己的力量，以免把戰線拉得過長，樹敵過多，陷入被動境地。

美國世界大戰略的形成與發展

首要是啟始於麥金德的「心臟地帶」這一戰略概念而決定策略，展開部署的，其進程大要如下：

其一，美國地緣政治首要關切：防止歐亞大陸遭其他強權掌控。歐亞大陸是全球地緣政治最重要的舞台，這裡有著世界上最豐富的人口和資源。人類歷史上所有重要的帝國，多數建立在這片歐亞大陸土地上，從希臘、羅馬、鄂圖曼、蒙古、德意志、甚至蘇聯，無一例外。在人類歷史上，唯一不是立足歐亞大陸的超級強權只有美國。美國這個崛起於美洲新大陸的世界超強，在太平洋、大西洋兩大洋的保護隔離下，建國初期在外交上採取「孤立主義」，只想在新大陸開創人類理想中的進步

國度和良善制度，不想捲入歐亞大陸特別是歐陸地區不斷上演的強權角力。但是，德國在兩次世界大戰對外擴張，讓美國警覺到，一旦歐亞大陸遭其他強權控制，還是會威脅美國外貿及安全，因此不能再置身歐亞大陸權力遊戲之外。有鑑於此，美國外交政策路線在二十世紀初期改採「國際主義」，積極介入全球事務，在地緣政治上最主要的關切之一，就是防止歐亞大陸政經資源遭其他強權壟斷，威脅美國世界領導地位及建立的國際秩序。這樣的關切反應在冷戰時期美國全力圍堵蘇聯在歐亞大陸的擴張，也說明為何當前美國對崛起於歐亞大陸的亞洲新興強權中國，投以高度關注。

其二，美國落實了史匹克曼的邊緣地帶理論「圍堵蘇聯」。二次大戰結束，有喬治‧肯楠 (George F. Kennan) 依據「邊緣地帶」論提出「圍堵政策」(Containment Policy)，主張美國應聯合海洋民主國家，在歐亞大陸的「邊緣地帶」，構築圍堵大陸共產勢力外侵的戰線。自此海洋民主資本主義勢力，與歐亞大陸共產極權勢力，沿著「邊緣地帶」對峙的戰略形勢，成為支配二次大戰後世界局勢發展的主軸。其後，美國出動了大量的兵力協助南韓抵抗侵略。美國重新介入亞太事務，協防台灣，和南韓、台灣簽訂共同防禦條約，駐軍兩國以對抗共產主義侵略。美國從此以「世界警察」自居。對大陸的 U 型島鏈於焉形成。

尤者，中國對日抗戰期間，毛澤東在俄共資助，史達林指令下，以欺騙，用間，武裝叛亂，僭奪了抗戰勝利的果子，繼而用槍桿子奪得政權，隨之建立蘇維埃式的「中華人民共和國」以後，美國對中共不僅未即刻外交承認，且因中共受史達林之命，發動「抗美援朝」戰爭，致使美國派遣第七艦隊巡弋台灣海峽，偵察機深入大陸搜集資訊，對中共包圍監控由此日益加劇。在 1950 年代初期，美國正式與日本、澳大利亞、紐西蘭、泰國、和菲律賓（尤其是 1951 年的太平洋安全保障條約和 1954 年的東南亞條約組織）簽訂安全保障協定，並且在那些國家建立起長期的美軍基地。

其三，美國新亞太文化戰略。美國新亞太文化戰略的主要目標是，

掌握亞太文化發展的主導權。其具體內容包括三方面：首先，極力推廣美國價值觀和發展模式。美國政界普遍認為，以「民主」和「自由」為核心的美國價值觀，以三權分立、多黨制和代議制為標誌的政治模式，以及以私有制和市場經濟為特徵的經濟模式，是世界上最好的價值觀和發展模式，應推廣到全世界。

其次，2000 年六月，在美國的倡導和推動下，一百零七個國家在波蘭華沙召開了世界民主國家大會，除法國以外的一百零六個國家簽署了《華沙宣言》，正式成立了「民主國家共同體」。目前已有一百二十多個國家成為該組織的成員。隨著美國新亞太戰略的提出和實施，「民主國家共同體」的重心也開始向亞太地區轉移。2013 年四月二十七至二十九日，在蒙古烏蘭巴托市舉行「民主國家共同體」第七次部長級會議。除了討論一般的全球性議題，和舉辦全球性議會民主論壇／青年論壇之外，會議還特別就亞太議題進行了專門討論，首次舉行了亞太各民主體外交部長會議，決定啟動「亞洲民主網路」計劃等。

最後，以所謂「保護人權」和「新聞自由」為切入點，干預和操縱亞太國家的政治進程。在美國的新亞太文化戰略中，所謂「保護人權」佔有重要地位。相對而言，美國的亞太人權外交主要以中國、越南、緬甸和朝鮮等所謂「非民主國家」為目標。鼓吹「新聞自由」亦如此。戰後以來的歷史表明，美國的對外戰略往往以軍事戰略為先導，以包圍和威懾敵對國家為基本方式，以經濟和文化措施為重要手段，以獲取地區事務主導權為核心目標。美國的新亞太戰略同樣如此。

其四，經濟互惠，世界和平。金融危機之後，削弱東協 ASEAN 在區域安全上的角色定位及其內部的凝聚力，使得美國自冷戰結束後重新回到東南亞區域，並逐漸增加其政經影響力。因而，中共要「在防止東南亞地區為敵對勢力所左右的基礎上，謀求更廣泛的合作」。有關南海的爭議則在 1960 年代發現擁有豐富的石油資源後，產生不少糾紛。1990 年十二月，中共提出「擱置主權、友好協商」的倡議。此舉使東協於 1992 年發表「南海宣言」，關於建立南海地區行為準則的倡議，在客觀上都

有助於南海區域的和平穩定。

中美關係的特殊性質的回顧與前瞻

中美關係是二十一世紀最重要的國際關係，但也是最複雜的國際關係。它是守成霸主與新興力量的鬥爭關係，大國權力的轉移永遠是歷史上最重大的事；說它複雜，因為這兩個國家在意識形態和國家組織上非常對立，但是它們在商業利益上又有著全世界最大的雙邊貿易，這其中就牽涉到一大堆糾葛，千絲萬縷和真金白銀的糾葛。中美又如何對立得起來？從下列數事，或可見其睨端：

其一，中共受 C 型包圍與 U 型島鏈封鎖之因。美國為何對共產國家予以 C 型包圍與 U 型島鏈，實有其遠近因。據網路資訊所載，當 1917 年俄國爆發十月革命，所掀起的紅色浪潮迅速席捲整個歐洲大陸，各國相繼出現無產階級革命的浪潮，匈牙利、奧地利、保加利亞、德國乃至義大利都先後爆發革命。受其影響，大洋彼岸的北美大陸，得知十月革命勝利的消息後，美國的工人群眾、工人政黨和組織紛紛以極大的熱情對世界上，第一個無產階級政權表示歡迎和支持。

美國最大的社會主義政黨——美國社會黨，其黨員人數由 1918 年的七萬四千五百一十九人迅速飆升至 1919 年的十萬八千五百零四人。美國工人階級還開展了「不許干涉蘇維埃俄國」的運動，大力聲援蘇維埃俄國。1918 年末至 1919 年初，在波士頓、芝加哥等許多大城市，勞動群眾在「承認蘇維埃俄國和停止干涉」的口號下，舉行了示威遊行、集會和各種會議。據統計，1919 年，美國共發生兩千六百多起罷工事件，涉及工人達四百多萬。被美國政府看作是企圖顛覆政府的「洪水猛獸」。

令美國政府更為驚懼的是，這時社會上又不斷出現一些在政府要員住所，發生多起炸彈爆炸的恐怖主義事件。如此頻繁的罷工浪潮和炸彈襲擊事件，加上新聞界的大肆渲染，整個美國社會籠罩在一種「山雨欲來風滿樓」的緊張氛圍下。1919 年八月三十一日和九月一日，「美國共

產主義勞工黨」和「美國共產黨」的成立，更令當局和一些社會精英，對可能發生共產主義暴亂的擔憂急劇加深。美國國內出現所謂的「紅色恐懼」，從而導致這個國家歷史上第一次反共情緒的大爆發。1920年一月二日，美國司法部長一聲令下，一夜之間，全美三十三個城市中竟有四千人被逮捕。

二戰結束後至1950年代中期，恐共、懼共和反共狂潮席捲美國，成千成萬的無辜人士遭殃，被貼上紅色標籤而倒楣一輩子。這段時間又有所謂「白色恐怖」時代，是美國國史上最黑暗、最醜陋的一段年代，此由極右翼的威斯康辛州共和黨參議員約瑟夫‧麥卡錫 (Joseph R. McCarthy) 誇張指責國務院藏匿數百名共產黨人，並將反共砲口對準了許多清白官員，二戰時代，頂尖科學家羅伯特‧奧本海默 (J. Robert Oppenheimer) 被稱為「原子彈之父」，也是麥卡錫時代的最主要受害人之一。因此「白色恐怖」時代又稱麥卡錫時代。（筆者於1971年由英來美訪問，在利物浦申請簽證的表格上，仍有「共產黨人不得入境」的字眼。而今，美國共和黨總統候選人川普，對具有共產黨黨員身份者，也有不予認同的言詞。）

其二，中美終須一戰？誰勝誰負？關於地緣政治與中美博弈，有論者指說，如果有武力衝突，根據地緣政治，中美這場戰爭最可能發生的地方是琉球群島。這是中國大陸與美日聯軍（也許還加上台灣）之戰，是美國二十一世紀的鴉片戰爭，是日本正常化成為大國的戰爭，是台灣的獨立戰爭，也是習近平念茲在茲的中華民族偉大復興的戰爭，所以沒有任何一方輸得起。

今有美國頂尖智庫蘭德公司 (RAND Corporation) 最近公佈「與中國開戰，想不敢想之事」報告，稱美中開戰並非完全不可能，儘管兩國都不想開戰，但美中軍方都為可能爆發戰爭制定方案。報告認為，美中一旦開戰，誰會取勝，誰更有實力禁得起持久消耗，難以準確斷定。依北京說法，中國將比美國更具消耗力，美國最終會被拖垮。蘭德則認為，長期而高強度戰爭會給中國帶來致命打擊。又，美國傳統基金會於去年十

月發表 2016 年美國軍力報告，將美國陸軍實力從中間偏低調降為「虛弱」，卻將空軍戰力提升為「非常強大」，海軍和戰略部隊均為中間偏低。美方低估自己、高估對手已數十年，並不意味中國海空軍力量已能與美軍媲美；未來數十年，美軍公認仍是世界獨霸，不是中國可以與之挑戰的。

對美日介入台海的決心，美國致力於將中國海軍限制在第一島鏈之內。2020 年前，美國 60% 海軍力量將部署亞太，對東海、南海軍力投入都大力干預。台灣對中共、對美日都是全球和區域戰略重要堡壘，很難想像大陸如動武，美國會袖手旁觀，評估顯然全盤否定美國重返亞洲的戰略用意，脫離事實太遠。且因台灣軍力全球評比排第十四，並非全無防守抵抗能力，而且美日介入馳援的效應很難預估。而無論軍事、政治或國際關係各方面，大陸武力犯台本身的風險極高，代價非常大。「習近平上午下令，下午就解決問題」之說幾近天方夜譚，至多只是宣傳戰而已。

在此，有篇值得一讀的網文說：「現在中國的媒體，動不動就說美國建立了對中國的包圍圈，全世界不明白為什麼只有中國老有這種被包圍感？在上世紀的五、六十年代，中國領導人指責美帝國主義對中國包圍；七十年代，中國和美國關係好了，美國的包圍不存在了，領導人又嚇唬老百姓，說蘇修聯合蒙古、印度、越南等，秘密勾結台灣，對中國形成包圍；現在又變回美國和中國周邊國家建立同盟，包圍威脅中國。連美國在上千公里以外的澳洲佈署了海軍陸戰隊隊員，也被炒成『圍堵中國』、『必有一戰』。

「總之讓中國人民時時處在被包圍威脅的幻覺裡，使部份中國民眾產生強烈的仇外民粹主義及戰爭狂熱；一是 1949 年以來，沒有任何一個國家主動對中國發動戰爭或主動威脅中國，而敵人都是因為我們主動進攻別人而造成的。你們算算，現在中國還剩下幾個朋友？你們想想，如果不是我們周邊國家感到威脅，能歡迎美國重返亞洲嗎？他們不歡迎，美國能在亞洲立足嗎？二是我們的軍隊絕非像宣傳的那樣，打敗美帝、

蘇修、印無賴、越小霸全無敵。三是四次對外戰爭的結果都和發動戰爭的目的大相徑庭。由此我希望想用戰爭解決領土糾紛的朋友們，心態能稍微平和一些。

「再看看中國周圍的局勢，各國都在和中國搞軍備競賽，最可怕的是在搞核競賽，世界上只有中國一個國家周圍佈滿了核國家：俄國、印度、巴基斯坦、朝鮮，再加上一個美國。如果不是美國的核保護傘，日本、南韓、台灣早就搞出核武器了。中國難道不該反省嗎？如果我們不打那四場戰爭，如果始終堅持和平共處，中國周圍能是這種狀況嗎？戰爭事關國家生死，民族安危，必須慎之又慎，必須符合國家和民族的最高利益，必須通過國家程序來決定戰爭的發起和終止，避免那些偉大人物頭腦發熱用什麼崇高藉口把國家引入災難，讓民眾承受無謂犧牲。」

其三，美中國勢的評比。戰爭，無疑是兩國綜合國力對比。對於中美兩國國力差距究有多大？據世界銀行公佈的消息顯示：美國 2013 年人均 GDP 為五萬一千二百四十八美元，中國人均 GDP 為六千六百二十九美元；2014 年美國人均收入是四萬三千零一十七美元，中國為七千四百七十六美元。透過上述兩組數字可看出，目前中美兩國的經濟水平差距無疑是巨大的。

有論者指出，中、美的差距並不只體現在世界銀行的統計數字上，還體現在 GDP 的含金量上：自上世紀八十年代初，中國經濟一直呈高速增長態勢後，由於真正意義上的市場經濟體制還遠遠沒有成型，國民經濟結構的主要特徵是「三多一少」：一是靠壟斷國家資源、能源，靠政府政策保護和財政補貼的大型國企太多；二是低水平重覆建設、國際市場競爭力太弱、產品附加值很低的技術「克隆式」企業太多；三是完全依賴外國核心技術，基本停留在來料加工水平的合資企業太多。這「三多一少」，導致國民經濟一直呈粗放式發展和粗放式增長態勢。三十多年間，GDP 雖一路飆升，但含金量卻一直處於非常低的水平狀態。何為「一少」？就是高科技含量高、居全球產業鏈上游、具有強大競爭力和抗風險能力的大公司太少。

《故土故人，吾思吾念：我對落實「一個中國」原則的認知與建言選輯》

今年躋身《財富》世界五百強的九十一家中國大陸企業，絕大多數是靠壟斷資源、能源和價格，主要市場和利潤都在國內，幾乎毫無國際競爭力可言的國企（其中國資委監管的央企四十七家，地方國企三十七家），真正代表一個國家國民經濟活力的民企只有七家。在國際上真正叫得響的跨國公司和品牌幾乎沒有！如果硬要算上的話，也就華為、聯想幾家可勉強湊數。更糟的是：許多躋身世界五百強和中國五百強的中國公司，不少中長期的虧損大戶，或長期靠政府補貼過日子的「馬糞表面光」企業——中國共有一千九百三十四家上市公司發佈了 2013 年報，其中獲得政府補貼的公司有一千三百五十家，佔比高達 70%，補貼總額為七百一十六億元。更嚴峻的現實在於：政府補貼上市公司的數額以每年 20% 左右的速度在遞增：2010 年為四百億元，2011 年補貼總額為四百七十億元，2012 年總額為五百六十四億元，2013 年為七百一十六億元。

反觀美國：雖然其經濟總量增幅一直很低，但由於市場經濟體制、法治大環境高度成熟、健全國民經濟產業結構合理、集約化程度高，更加上擁有太多類似波音、蘋果、微軟、思科、甲骨文、英特爾、輝瑞、摩根大通、國際商業機器公司、雪佛龍、耐克、好萊塢、NBA、迪斯尼樂園、可口可樂、百事可樂、麥當勞、肯德基等處於全球產業鏈上游、具有強大國際競爭力和抗風險能力，既可以在本國市場贏得豐厚利潤，又能在全世界賺得盆滿缽滿的民營跨國公司。如 2014 年美國躋身《財富》世界五百強的一百二十八家企業，幾乎清一色是這樣的公司。

尤者，中、美的巨大差距遠不只在看得見的經濟統計數據上，也不在可以處處感受的綜合國力上，更在比經濟數據和綜合國力更重要的制度文化上！全世界都公認美國強大。但美國最強大之處，並不在它具有遼闊的、得天獨厚的地理環境和國土資源；也不在它擁有眾多的核動力航母、核潛艇、洲際導彈和世界上最強大的軍隊；也不在它擁有眾多波音、蘋果、微軟、思科、甲骨文、英特爾、輝瑞、摩根大通、國際商業機器公司、雪佛龍、耐克、好萊塢、NBA、迪斯尼樂園、可口可樂、百事可樂、麥當勞、肯德基等世界著名品牌，而在於它擁有立國先賢們所設

《故土故人，吾思吾念：我對落實「一個中國」原則的認知與建言選輯》

計的強大自我糾錯機制；而在於它擁有一個能讓愛迪生、比爾・蓋茨、喬布斯等偉大天才和眾多諾貝爾獎獲得者的才華，可以得到盡情發揮，能讓全世界各種精英人才、學子趨之若鶩，能誕生波音、蘋果、微軟、思科、甲骨文、英特爾、輝瑞、摩根大通、國際商業機器公司、耐克、雪佛龍、好萊塢等偉大品牌；能使世界 5% 人口，卻具有全世界近 45% 的經濟生產力，以及 40% 高科技產品的優良人文環境；更在於它擁有一個無論貧富都能生活得不錯的社會環境！所有這些，乃美國兩百多年間，精心打造，並付出太多心血的條件下得來的。由此人們不難想像：中美真正差距，到底有多大？

其四，根除馬列史毛意識型態，與美國敦睦邦交。論及中美關係的特質及其重要性，首需了解的是，習近平尚未登上大位，應邀訪美時，在他所準備講稿中就有「中美之間最大的問題始終是意識形態、政治制度與價值理念」的認知。而他對歐巴馬總統說了兩句話，第一句：「寬廣的太平洋兩岸有足夠空間容納中美兩個大國。」第二句：「中國有句流行歌的歌詞是這樣唱的，『敢問路在何方，路在腳下』。」甫登大之初，對內即面臨政治體制改革的爭議，社會動亂一觸即發的危機；與參加 WTO 十多年來的努力仍未取得「完全自由市場經濟地位」，經貿發展進入「深水區」的種種艱困。對外在歐亞大陸有 C 型包圍，與東南沿海的 U 型島鍊的圍困。為了解決經貿與金融面的困境，以期實現「中國夢」，而作有地跨歐亞洲非「一帶，一路」的世界大戰略的部署，和成立亞投行，推動人民幣跨境支付系統，來與美國爭奪影響金融經貿的美元霸主地位；又為突破包圍，在東南亞為釣魚台向日本挑戰，為擴展南海領海主權，與美爭鋒，掀起四海翻騰，戰雲密佈的情境。對於習近平猶如中國歷史上漢武、李唐帝王而言，稱得上是位「雄才大略，好大喜功」的君主。可以理解，多有擁戴的。但因此而犯下兩大錯誤策略；一是不承認，不尊重，甚至不禮讓，她的宗祖國，中華民國屹立於世的事實。另為，依舊捧著毛的神主牌，遵循毛的思想，認為美帝是「頭號敵人」，是「紙老虎」，而耀武揚威，與美爭鋒；唱衰美國，爭其霸權。

這兩大錯誤策略,確是不容認可的。必須作適切的調整,「中國夢」方有實現的可能。

　　在改善中美關係方面,中共必須認清敵友。亦即習大大應認清中國真正的敵友,將美國(猶如季辛吉然)視為中共再造的鐵桿朋友才是。試觀,近百年來,中國失去的千千萬萬平方英里的領土,美國有無侵佔其分寸?二戰時,美國對華援助,中共沒有些許利得?沒有美國對國共態度偏頗,不公,中共能在中國「生存發展」?在內戰期間,沒有美國馬歇爾來華調停,經六次會議,達成「停戰協議」,逼使國府數度下達停火令,讓中共瀕臨於滅亡時,而能反敗為勝?也可以說,中共建政二十年後,在美國「支持」下,方能爭取得中國在聯合國的代表權席位,進入國際社會;將近三十年之後,中美關係才正常化,為什麼?要在馬恩列史的第三共產國際要消減世界上所有資本主義,猶言在耳;指說美國是「紙老虎」,要打倒美國帝國主義這「頭號敵人」的「毛澤東思想」依然為中共所崇奉。美國怎能不存個「與虎謀皮」的驚惕之心呢?!改善之道,當從不談馬列主義,拼棄「毛澤東思想」,與毛切割做起,讓世人徹底消除「懼共」,「恐共」的心理,從而兩岸和平統一;與美修好,可解決政經各方面的一切艱困:中華民族偉大的復興的「中國夢」方可實現。

一篇值得深思的網文:《美國何以成為「世界警察」?》

　　年來,中共文宣部所飼養的文痞和今日的五毛黨宣傳,一直認為,世界頭號強國美帝國主義是世界頭號好戰分子,到處派兵,四處插手,恃強凌弱,惹是生非,造成世界各地動盪不安,被世人斥之為不光彩的「國際警察」,「霸權主義」。然而翻閱歷史可以發現,美國人民及其選出的美國總統,大都是愛好和平,不願打仗,不願插手他人事務,不願當國際警察的。從二戰以後美國的一系列重大治國方略中可以看出。此如:二戰結束以後,美國人民決心偃旗息鼓,罷戰息兵。首先是大裁

《故土故人，吾思吾念：我對落實「一個中國」原則的認知與建言選輯》

軍，全國的軍隊由一千一百萬驟然裁減為一百五十萬（一說八十萬），軍費開支由一千多億一下子縮減為一百一十億，其裁減幅度為古今世界歷史之最。美國總統杜魯門說：「我們幾乎解散了美國軍隊！」此時的美國，可謂刀槍入庫，馬放南山！

不僅如此，美國在世界各地的駐軍也不斷撤回，在佔領國日本僅留了四個師的軍隊。1949 年又從朝鮮撤回大量軍隊，只留下僅有五百人的顧問團。美國政府多次發表聲明，向全世界宣佈，其在世界各地包括台灣和朝鮮在內，沒有任何領土野心，沒有任何利益需求；又特別強調，美國雖然在東亞有一定的防衛力量，但是，朝鮮和台灣不在美國的防禦圈內。然而，誰能想到，就是美國政府一句「朝鮮和台灣不在美國的防禦圈內」這樣渴求和平的講話，竟然在 1950 年六月二十五日，北朝鮮金日成在蘇聯和中共的支持下，指揮十數萬大軍悍然越過三八線，對韓國發動大規模的進攻。霎時間，朝鮮半島上戰火紛飛，硝煙瀰漫，死傷遍地，血流成河！戰爭爆發的第三天，美國第七艦隊立即奉命進入台灣海峽，像一道巨大的屏障隔開了戰爭風雲。並且發出警告：中國大陸不要進攻台灣，台灣也不要反攻大陸，台灣地位未定，各地暫要維持現狀。

由於金日成竟然在蘇中支持之下，用刺刀征服自己用血汗解放的、自己扶持的、聯合國承認的合法國家，這絕不是所謂的「內政」「家事」，而是對美國尊嚴和利益的嚴重損害，也是對國際公理和聯合國憲章的公然踐踏！所以，完全代表民意的杜魯門總統毅然以最快的反應速度，做出了武裝干涉台灣和朝鮮事務的舉措。美國出兵台灣海峽，制止了中國一場內戰，對美國沒有什麼損失。而美國出兵朝鮮，卻付出了沉重的代價：攻打朝鮮的結局是，五萬多優秀青年血灑朝鮮戰場，十萬多傷兵含恨歸國，耗費物資不計其數，花費美元一千多億。與此同時，中國傷亡近一百萬人，朝鮮傷亡近五百萬人，美麗的朝鮮半島成了一片廢墟，成了死亡之島。

僅僅由於一個不插手、不干涉別國事務的聲明，「朝鮮不在美國的防禦圈內」，伴隨著朝鮮戰爭的隆隆炮火，美國的軍隊迅速擴充，由原

來的一百多萬擴至三百六十三萬。應一些國家的邀請，向這些國家和地區增派部隊。在第七艦隊進入台灣海峽的同時，又向越南保大政權增加援助，並加強了菲律賓的軍事力量。到 1955 年，美國在世界二十六個國家建立了四百五十處軍事基地，與二十多個國家簽訂了政治和軍事同盟條約。甚至連社會主義國家南斯拉夫鐵托，也在 1951 年與美國簽訂了《共同防禦援助協定》和《軍事援助協定》。美國的霸主地位即由此得以確立。

直到今天，我們可以經常從媒體上看到，美國今天向那裡出兵，明天向這裡插手，不斷干涉別國事務；國際上一些國家和地區發生矛盾爭端、動盪不安甚至軍事衝突，幾乎都少不了美國強大的身影。美國的這些舉動經常受到有些人的反對和抨擊，尤其是中國，經常指責美國手伸得太長，干涉他國內政，是侵略行徑，並給其戴上「帝國主義」、「國際警察」、「國際憲兵」、「霸權主義」的帽子。

實際上，美國這個民主憲政國家，不可能去侵略他國。二戰以來的六十多年間，沒有真正侵略過任何一個國家。因為大國真正要侵略一個小國、弱國，就要佔領他的領土，奴役他的人民，掠奪他的財產，而美國出兵到所有的國家，都是由當事國的請求和聯合國的授權，而每一次出兵，絕不可能像八國聯軍那樣燒殺搶掠，中飽私囊，都是在國際法的約束下，連一塊磚頭也不敢掠奪，每一次「侵略」幾乎都是賠本買賣，都是為了維護地區穩定，恢復國際公理。試想，美國連身邊的加拿大和墨西哥的一寸領土都不敢掠奪，他最為頭痛的彈丸小國古巴就在後院，伸手可得，尚且不敢侵犯，他還敢侵略誰呢？

況且，美國這種到處出兵，四下干涉的「國際警察」行徑，都是朝鮮戰爭給逼出來的。美國有今天，朝鮮戰爭是轉折點。美國資深外交官查爾斯·沃倫總結道：「正是朝鮮戰爭，而不是第二次世界大戰，把美國變成一個世界範圍的軍事政治大國。」今天，世界上一些地區動盪不安，確實離不開超級大國「世界警察」美國的調停和干涉。美國有時也感到頭痛和厭倦。它出兵伊拉克和阿富汗，為兩國人民帶來了民主和和

平，卻揹上了侵略的惡名，賠盡了錢財，受盡了埋怨。可能有點後悔。後來的利比亞、敘利亞、埃及發生內亂，美國這位國際警察就有些消極觀望，說句話也謹慎小心。

　　但是，美國對於六十年之前率領聯合國軍出兵朝鮮，犧牲五萬多將士，付出那麼多代價，一點也不感到後悔。美國總統奧巴馬七月二十七日在朝鮮戰爭紀念碑儀式上，對曾參加朝鮮戰爭的老兵及家屬和全世界說道：「我們可以滿懷信心地說，那場戰爭並非平局，而是我們的一場勝利。五千萬韓國人民生活在自由和生機勃勃的民主制度下，韓國是世界上最具活力的經濟體之一，同朝鮮半島北方的壓迫和貧困形成鮮明的對照，這就是勝利，這就是你們留下的遺產。」「值此六十週年之際，真相必須大白：美國和聯合國的政治目的都實現了，美國勝利了，朝鮮戰爭阻止了第三次世界大戰和共產主義年代擴張，杜魯門在三八線清晰地劃下了一道線。你們贏得了一個感恩國家的感謝，你們的光輝事蹟永垂不朽！我們對韓國安全的承諾，永遠不會動搖。我們的盟友和對手一定要知道，美國將維持世界上最強大的軍隊！」面對美國總統洋溢著自豪美國自信的講話，有些人會感到不舒服，但讓人尷尬的是，我們又該如何去批判「美帝國主義」的狂妄言論呢？

兩岸統一，世界和平之路

　　關於冷戰時期的「國際戰略格局」，在二次大戰結束後，國際的戰略格局所呈現的是兩極對抗的冷戰格局。所謂的兩極格局是由三個層次所構成，第一層以美國與蘇聯為核心在全球的對抗與競爭；第二層則以蘇聯及東歐社會主義國家為主的華沙公約陣營，同以美國及西歐資本主義國家為主的北約陣營在歐洲的軍事對抗；第三則以兩大集團所呈現的社會主義國家與資本主義國家，共產主義與資本主義在全世界範圍內的廣泛鬥爭。不過，隨著東歐的鉅變，往後蘇聯的解體，冷戰時期的兩極對抗格局也步入尾聲。

然而，整個東亞的安全環境不能將台灣給忽略掉，台灣的地理位置位於西太平洋第一島鏈中央地帶，扼制台灣海峽、巴士海峽及鄰近太平洋海域，亦為東北亞最南端及東南亞、南海海域北端的銜接要域，並為中國大陸進出太平洋的門戶，對中國由陸權往海權的發展策略，具有極重要的戰略意義，這對中共的重要性不言可喻。然而，一旦中美衝突，美國藉「美日安保」，勢必將連帶引起日本的介入，對於中共在維持周邊區域的穩定必有重大影響。

據報導，在釣魚台問題上，北京曾質問美國，如果中日為釣魚台起衝突，美國是否會保持中立。歐巴馬總統 2014 年四月訪問日本時公開表示，根據《美日安保條約》，美國對日本的保護傘涵蓋釣魚台。同時，中國持續對釣魚台和東海的海空巡邏，導致日本首相安倍晉三倡議修憲行使集體自衛權，讓日本在國防政策上有更靈活主動的空間。有文章指出，習近平拋棄了鄧小平「韜光養晦」的一貫方針後，北京的戰略「完全是基於錯誤的估算」，即認為憑著地緣優勢，中國將越來越強大，但一個衰落的美國終將從東亞撤退，地區國家沒有別的選擇，只好服從中國。但習近平的外交政策反而幫了美國大忙，讓歐巴馬順利重返亞洲，這是美國國務院和五角大廈「做夢也想不到的意外收穫」。

中共如何自處呢？首要的條件自然是與美國化敵為友，這是比用武力爭霸美國容易而安全得多，且遲早要做的事。既然早已丟掉共產主義公有經濟，為什麼還要喊賣共產黨政治的羊頭？獨裁專政就是壞東西，以致貪腐百弊叢生，前門打虎，後門進狼，鼠患難靖，把民財都搬運到外國去。大陸實行民主化最好，自然就能與美國化敵意為友誼。尚無他途能改變目前中國兩岸既不能統，又不能獨，南海進退維谷的現狀。若再拖延歲月，失去時機，不僅將無法共同走向繁榮昌盛，而且若自傲已富為世界老二，無所畏懼，中美對抗層出不窮，則危機重重也。

有大陸研究學者指出，台灣自身的地理位置，決定了它在亞太地區複雜的地緣政治中，具有非同尋常的戰略價值。這個地區的地緣政治衝突越激烈，就必然賦予台灣問題越大的複雜性。它是西太平洋地區的海

洋勢力與大陸勢力爭奪戰略樞紐和制海權的兵家必爭之地。在中美關係中，台灣問題最核心的含義就是由地緣政治所決定的。在中日關係中，台灣問題的地緣政治含義也在不斷上升。從這個意義上說，台灣問題不僅是海峽兩岸之間的問題，它的總體發展態勢也將由東亞—西太平洋地區的大國關係所決定，由該地區的地緣政治格局所決定。從地緣政治、地緣戰略的角度來理解台灣問題的長期性和複雜性，可以使我們的認識更加深刻，更加符合客觀事實。

結論：恢宏三民主義的民主憲政，中華民國永續發展

自國父孫中山先生領導辛亥革命，推翻兩千多年的帝王專制政體，於1911年建立亞洲第一個民主法治的共和國，中華民國，迄今已歷一百零五年。其間歷經種種，可使國家民族瀕於危亡絕續的內亂外患，但終能復興，永續發展。為何？皆因中國國民黨處於「顛沛流連」之際，自始至終，矢志遵循三民主義的建國方略，建國大綱，由軍政而訓政而訂立《中華民國憲法》，推行民主法治憲政而然的。

從1949年，國府兵敗於大陸，中央政府播遷到台灣，賡續推行民主法治憲政，國祚無一日中斷。可是，中共自1949用槍桿子打敗國民黨，奪得了政權，在大陸急刻建政，成立中華人民共和國，二十年後，因得美國為實行「聯共制俄」策略而予的奧援，助共進入聯合國。再在十年之後，美國與中共關係正常化，美國並與國府斷交，且應允中共所求，「世界上只有一個中國，台灣是中國的一部份」。再有，在台灣內部的台獨氣焰日益高漲。中國國民黨對中華民國與台灣主權的維護，在內政外交日益艱困之際，就力不從心，逐漸式微。中華民國在台灣的憲政傳承法統，終於由主張台獨的民進黨蔡英文，遵循《中華民國憲法》而參選，而當選接受了大位。中共要求蔡政府接受「九二共識」的「一個中國」原則，蔡就職已屆百日，也尚無明確的回應。中共與台獨為爭奪台灣主權的「博奕」，將不知胡底？！

雖然如此，如反省中國國民黨的革命理念，與其堅苦卓絕的經歷；以及綜觀台灣所處的世界地緣政治大戰略的地位，對於中華民國與台灣主權的維護，並不悲觀，甚至有影響國際，尤其是中美日等大國之間均勢平衡的可能。試舉其要點如下：

　　其一，中華民國憲政傳承大位淪於台獨政黨，此乃民主法治國家之「政黨輪替」的正常事件，不足杞憂。因為，如若中國國民黨能浴火重生，自有奪回政權之可能。

　　其二，傳承大位淪於台獨政黨，但《中華民國憲法》的政治體制，依然存在。蔡政府以「維持現狀」主題而當選，她絕不會在任期內，冒天下之大不諱，而貿然修憲改之、廢之。

　　其三，有諸多堅實的歷史原由，中華民國的國號，皆為中共與蔡政府所必須遵奉，兩者絕不敢更易。

　　其四，有中共與美國的掌控與監視，除非台獨鼠輩極其忘恩負義，人性泯滅殆盡，否則，蔡政府絕無可能，公然宣佈建立「台灣國」。

　　其五，如蔡政府不宣佈獨立，中共考慮國內外其他安危大事，也不會急速以武力攻台，消滅中華民國。

中華民國與台灣主權盛衰走勢變易的因素

　　但最主要的原由是，中華民國台灣，地處世界地緣政治大戰略的，極其重要的樞紐位置，皆為中共，美日與台獨等兵家必爭之地。既往，此三方面為「佔有」台灣；中共以「一個中國」的原則來逼迫；美日以台灣關係法與周邊安全為由來利誘；台獨則以「台灣主體」依循民意主張來欺矇國府。中華民國處在如此情境之下，只有「維持現狀」地「偏安」；但，如大國之間為爭奪台灣的「博奕」均勢有所「變易」，所謂「變則通」，所謂「剝極必反」，則中華民國的中國國民黨，也可能因此有轉危為安，由衰而盛的契機，但這些影響中華民國與台灣主權「變數」發生的可能，也是取決於中共，美日與台獨三者大戰略的調整。其

《故土故人，吾思吾念：我對落實「一個中國」原則的認知與建言選輯》

大要條件臚舉於下：

其一，在中共方面。首先，必須確認的是，既往中華民族所遭受的一切殺戮危亡的苦難，與今日在東南亞所造成的四海翻騰，戰雲密佈的情勢，其禍亂根源都是緣於 1912 年共產第三國際，在中國所成立的中國共產黨，與當前習大人自以為是毛左的親嫡傳人，在大陸所推行的「一黨專政」，「黨大於法」種種共產極權資本暴政所造成的。往者已矣，對於中國大陸，今後是否能促成兩岸和平統一，中國真能和平崛起，真能為世界開萬世太平，中共就必須落實政改，還政於民；土地改革，藏富於民；放棄馬列史毛世界革命，共產主義的意識型態，與美修好；以平等互尊方式，與中華民國政府由經濟互惠，而政治協議，而結束內戰狀態，兩岸和平統一，收復台灣。而能經由台灣走向大洋，則千百年來所企求的漢唐盛世的「中國夢」可確確實實地落實了。這是多令所有有良知良能的中華兒女，所想望，所企求的大是大非的仁義德政？（註：有關中共如何落實政改，為何要與美修好原因，可參見於去 (2015) 年九月，《中央日報》網路版所載《泛論大陸創設亞投行的成因與發展——我對實現「中國夢」的認知與建議》專文的論述，此文可見於網路。）

其二，在美日方面。對於美國為圍堵共產國家，輸出世界革命，而充當世界警察；為保障人權，維護國際正義，而運用其舉世無其匹的霸權軍力，到處參與爭戰，而有傷及無辜者，雖然有其犧牲奉獻的正面意義，但的確也予世人有其可議之處。尤其美日為覬覦台灣的戰略地位，對待中華民國確是「見利忘義」，而犯下無可饒恕，極其可憾可悲的錯誤；諸如日寇侵華；內戰期間，美國派大使來華數度「逼」國府停火，而挽救了毛共於危亡；1971 助共入聯；1979 與中共關係正常化並與國府斷交，毀約，撤軍，承認「世界上只有一個中國，台灣是中國的一部份」，以至今日認同台獨，僭奪去中華民國憲政法統的傳承大位，讓中華民國淪落於幾乎「亡黨，亡國」的境地！當下，美日如為一己正義感與責任心，必須贖罪而有所補償起見；也為中華民國台灣所處戰略關鍵地位，對東南亞，對世界地緣政治大戰略，平衡均勢的影響，能維持現

狀而有所作為。然則，如何贖罪？如何作為？筆者確認其唯一可行之策是，如上文所述，參照蘇俄的「一國三票」制，大力協調海峽兩岸的政府，先行共建「一國兩票」制，而和平共處，而相互磨合，以至和平統一，能為萬世界開太平。則足矣。

其三，在蔡政府方面。首要是保持與中共，美日之間的相互制衡的均勢。亦即為一己能永久「當家作主」而「獨立」的理念，有存活的空間，就必須如其所承諾的，對前馬政府所倡行「不統，不獨，不武」的「終統」策略，能「維持現狀」。再則是，蔡英文是以學者從政的，如果她真有「經世濟用」的真知灼見，而「良知未泯」，而「良心猶存」的話，對於由蔣介石先生所訂，而由中華民國政府所賦予最保貴的遺產《中華民國憲法》，確認一己所承受的大位，不是「台灣的總統」，而是宣誓就職的中華民國第十四任總統，就必須遵奉中華民國憲政體制，賡續宏揚；而胸懷大陸，心繫全民，竭智盡能地促成兩岸能和平統一，能讓全中華民族共臻衽席，共為世界永久和平，皆有貢獻，若有所成的話，則現在的中華民國總統蔡英文，就不是僅僅為兩千四百萬台灣居民中極少數台獨鼠輩份子，所擁載，被利用的一顆棋子，而是未來在中華民族青史上，一位最為值得尊敬崇拜的聖哲的偉人！

鑑於「一個中國」的中國，不是專屬於某個政黨的；《中華民國憲法》法統傳承大位，也不是限於特定的某姓方可承授的。因此，筆者不辭剪陋而作有如上的「也衷」、「也善」的論述，是否屬於不切實際，空泛之言，可不予計及，但筆者深切寄望於，能影響人類幸福，世界和平的當權主政者們，皆有個「悲天憫人」的慈悲心，與「胸懷千秋」的大志，而能為人類創造福祉，為世界開萬太平的等語，皆是由衷虔誠的企求，但是否能如所願？只有禱告：天佑中華，阿門！

八十六歲老朽　朱承武（繩祖，止戈）
2016 年六至八月敬撰於紐約市寓所
（原載於《中央日報》網路版）

《故土故人,吾思吾念:我對落實「一個中國」原則的認知與建言選輯》

《故土故人，吾思吾念：我對落實「一個中國」原則的認知與建言選輯》

第二篇：吾思

《故土故人，吾思吾念：我對落實「一個中國」原則的認知與建言選輯》

《故土故人，吾思吾念：我對落實「一個中國」原則的認知與建言選輯》

中共收回香港的問題

　　1997年七月一日英國政府將依據她和中共所簽訂的「聯合協議」的「聯合聲明」，將香港主權轉移於中共。由於香港現有的政治、經濟制度以及文化社會生活種種情景，皆與中共統治下的大陸迥不相同；更由於中共既往的欺詐哄騙，反覆無常的行為，以及一貫的控制鎮壓，殘民暴政的本質，致使香港居民以及自由世界有識之士，對中共予香港的種種「承諾」和「保證」，無不存疑。咸認一旦香港歸由中共接管，將係香港「大限」之日。

　　所謂香港「大限」之說，應有兩種涵義：一為極大多數曾經冒生命危險逃避共產暴政的香港居民，將又面臨任由共黨「擺佈」的情境。二為香港將喪失其現有的世界第三大財政金融中心；黃金、外幣買賣的主要市場；國際自由港；以及世界貿易前二十名的「地位」，可能成為一「死港」。因此，香港在中共接管之日是否為其「大限」之期，端賴於中共對香港居民實際的「統治」方式，以及接管後外在情勢的發展如何而定。更簡明地說，香港能否順利度過這一「大限」，一在於中共是否「樂願」接管香港成功；二在於中共有無「能力」接管香港成功。

　　由於諸多客觀情勢使然，中共當然「樂願」接管香港成功。此種情勢要如：

　　（一）中共在香港投資年有增加。所經營或受其控制的事業涉及銀行、保險、製造、出版、交通觀光、百貨零售等等三百種以上的行業。大陸與香港之間的貿易總值佔大陸對外貿易總值百分之二十一點三八。外匯收入佔中共財政總收入百分之四十以上。1979年至1983年之間，中共吸收外資二十六億美元之中有百分之六十來自香港。此類經貿及財政收入，對於中共謀求「四個現代化」，有直接（財政支援）與間接（政治穩定）的重大影響。中共怎能不「樂願」香港保持穩定與繁榮。

　　（二）香港猶如「世界之窗」，不僅外商外資湧集，且與八十五個

以上國家或地區有經貿等等條約或協定關係。她是東南亞資金管理通訊服務中心，是世界各國情報蒐集交換站，也是形形色色人物來此觀光、淘金的「勝地」。中共如「遊」、「學」其間，可獲致無法用金錢來衡量的利益，中共怎能不「樂願」接管香港成功。

（三）「香港模式」可用以對台灣進行統戰。既往三十多年來，中共喊出從「血洗台灣」到「和平統一」台灣的口號。中共所以如此轉變其「統一」方式，乃因情勢使然。想中共叫囂「血洗台灣」階段，台灣正是滿目瘡痍、民生凋敝；國府處於危疑震撼、風雨飄搖之際。可是三十多年後的今天呢？台灣國民平均所得為三千一百美元，大陸為三百一十美元。台灣外匯存底已逾四百億美元，大陸僅逾一百億美元。中共能再叫囂「血洗」一個社會安定、民生樂利的台灣？以武力解決台灣，既無勝算，使用「外交孤立」、「經濟封鎖」的手段亦難收成效。他如台灣被迫反攻，或絕情獨立，中共又將如何？因此，中共對台灣進行「和平統一」乃勢所必然。但是，時移星轉，中共先後發表了「告台灣同胞書」要求「三通」；「九點統一建議」予台灣享有高度的政治和經濟自治；繼有「一國兩制」的「六點談話」，種種利誘條件，皆因國府採取「不妥協、不接觸、不談判」的「三不」政策，任何統戰「花招」不得其門而入。今天有建立「香港模式」以示「信」於台灣的機會，以達其「和平統一」台灣的目的，中共怎不「樂願」接管香港成功。

中共在過去兩年來確也表示了「樂願」的「誠意」。當 1982 與 1983 年之間香港發生了「信心危機」，中共不惜大量挹注資金，或資助瀕臨倒閉的銀行，或收購房地產。其間因港幣貶值所受損失估計約十一億美元之多。繼而積極參與了經貿金融諸般商業活動，中共與香港之間貿易額直線上升，在 1984 年，香港對大陸貿易增加了百分之六十，中國大陸大有取代美日與香港貿易之地位。最近，中共依據「聯合聲明」，完成「基本法架構」（草案），預定於 1988 年提出完整的「基本法」草案，以履行其對香港的種種「承諾」與「保證」。縱然此項「基本法架構草案」的擬訂過程，採取了由共黨秘書處起草交議的方式，在「基本法架

構草案」中，不僅無「港人治港」的條文章句，對於香港「草委」們所關心的「中央與地方關係」、「剩餘權力」如何歸屬，均未同意列入，但中共能以「行動」表示其「樂願」，對安定香港人心不無作用。

關於中共有無「能力」接管香港成功，其答案是否定的。香港有今日之繁榮，係基於典型的自由經濟、穩定的政治基礎、安定的社會以及有勤勞刻苦的中國人孜孜努力而得。中共收回香港後，不論環境如何變遷，大多數無資可纏、無地可去的港人，必定仍在香港為生活而奮鬥。但其他三項成功基因是否能予保持就值得懷疑。

中共欲保持香港現有的安定繁榮，而提出「一國兩制」與「港人治港」原則，此即說明在大陸上的馬列共產主義不能適用於香港。由於中共將大陸作為馬列主義「實驗所」，三十多年來弄得「一窮二白」的大陸苦難同胞，冒生命危險逃避暴政者不絕於途。倡導四個「現代化」，求於「資本主義幽靈」，以圖擺脫貧窮與落後，總因積習難改，弊端叢生，永遠陷於「一放就亂，一亂就收，一收就死，一死就放」的惡性循環之中，有何能力接管香港來維護其既有之安定與繁榮。所謂「一國兩制」乃係馬列共產主義破產的自我明證。

目前香港對外經貿關係簽有八十五個以上的多邊條約和協定。內容涉及關稅協定、優惠條款、海洋事務、衛星通訊、投資爭議、工業財產保護等等。僅以國際關稅暨貿易總協定 (GATT) 而言，香港係九十一個會員之一，中共本身迄今只是該協定的「觀察員」。

香港一切政經制度、行政管理、對外關係以至聲譽形象，莫不是大英帝國殖民統治的產物。1997 之後，大陸上的中共政府能不能取代英國政府善盡其應有的功能？中共能否與英國一樣，在國際政治上表現民主風範，特別是保障人權的形象。答案是否定的。試想，1997 以後未來的「中國—香港」政府，在有「權」無「能」的中共監督統治之下，尤其在實質上成為「黨人治港」的情境下（有跡象顯示中共已經有計劃地移民香港，未來的行政首長極可能非共黨黨員不予同意任命），香港能否保持現有的安定與繁榮，令人難寄予厚望。

《故土故人，吾思吾念：我對落實「一個中國」原則的認知與建言選輯》

　　香港的政治民主、經濟自由、人權尊重、以及文物風尚等等，每每影響大陸，衝擊大陸。當香港歸還於中共成為其不可分割的「領土」，香港與大陸之間人民應可自由旅行往返。在交往越益頻繁，香港的自由安定繁榮富裕，對於屬於極權暴政之下，生活於貧窮落後的大陸同胞，其激盪也越為深刻，越為強烈。大陸同胞有無權利可以申請到香港就業定居？如以「非法」方式（如難民潮）潛赴香港，未來的香港政府是否亦如英國「統治者」一樣，將這些「偷渡者」一一押解遣返大陸。

　　總之，中共欲維護香港既有的安定與繁榮，是心有餘而力不足。香港在 1997 之後的前景莫測，但共產主義「破產」乃為不爭之事實。今後中共如仍抓緊「四個堅持」，不僅不能在收回香港後保持香港的繁榮安定，而且，中國大陸上四個「現代化」也必侷限於框框之中，則費時曠日越久，人民的怨望日烈，中共內鬨必將不免。所謂由「量變」而「質變」，終至於「自我否定」，自我毀滅。

　　　　　　　　　　——原載於《世界日報》1986 年十二月二十八日
　　　　　　　　　　筆者為「 中華民國香港之友會紐約分會」的成員

《故土故人,吾思吾念:我對落實「一個中國」原則的認知與建言選輯》

中華民國香港之友會先後派員來紐約分會訪問。
上:1987年台北總會高大使與紐約分會叢甦、朱承武合影。
下圖:1992年台北總會張希哲先生與紐約分會成員聚會午宴。
前排左起:叢甦、張希哲、熊玠。後排左起:朱承武、劉志同、唐德剛、以及紐約市大兩位學人暨周鉅原教授。

《故土故人,吾思吾念:我對落實「一個中國」原則的認知與建言選輯》

開放大陸探親對和平統一的影響

一

凡關心國是的中國人,沒有不渴望中國能和平統一的。可是,談到中國和平統一的問題,無不認為這是一個剪不斷、理還亂的「死結」。要因中共一直採取「以大吃小」的方式,向台灣「招降」。特別是抓緊「四堅」,要把中國建設成為真正的馬列史毛的共產主義「天堂」。在台灣的中國民國政府則懍於四十多年前受盡中共欺詐愚弄,而秉持「三不」政策,要以三民主義統一中國,讓所有同胞皆能共享民主自由、安和均富的生活。真是所謂「四堅」「三不」何時了?往事知多少?

而今,國府開放大陸探親,中共也歡迎前往大陸探親的同胞。這四十年來阻斷隔絕的海峽兩岸能因此而溝通;因烽火戰亂而沖散生離的至親手足從此可以團聚。這不僅是中華民族史上極其動人、感人的大事,對於促進中國的和平統一將亦發生必然的、深遠的影響。

二

在國府方面,開放大陸探親,曾一再宣稱係基於人道的考慮與人權的尊重,並非「三不」政策的改變。對於欲往大陸探親者,則抱持「不鼓勵、不禁止、不協助」的態度。且嚴正聲明:「反共基本國策不變,光復國土目標不變,確保國家安全原則不變。」即意指國府與中共「敵對」狀態依然存在;維護國府「正統」地位的「戡亂」戰爭依舊不變。因此,限定探親屬於民間個人活動,要透過紅十字會的民間組織來處理有關事務。事實上,能確如所言嗎?未必盡然。

首就政府的職責來說,中華民國政府對於大陸探親的眾人之事的管理,不可能「置身事外」。因為政府由人民而產生而存在,政府與民間

《故土故人，吾思吾念：我對落實「一個中國」原則的認知與建言選輯》

猶如水乳交融不可分的一體。開放探親以後，千千萬萬的同胞往返於海峽兩岸；形形式式的貨物進出於彼此的「境界」；特別是兩岸人際關係的互動和資料訊息的傳遞。由這些眾人之事所衍生的問題，其影響所及就不止於探親者個人，國家社會皆要因以發生想像不到的變革。

　　一項顯而易見的是，法律管轄的處理和國民權益的維護。因為兩岸同胞一旦相會互動，其間必然發生有關法律方面的問題。此如婚姻的成立與註銷；財產的索取與繼承；子女的生育與過繼，以及遷徙定居的許可；學歷身份的認定等等。處理此類事件，不僅是彼此的官方文件要相互認可採證；也須由相對官署的行政或司法行為的執行處理方能生效。再如，中共如對探親者追訴其「反共罪行」而加以迫害，或因為私人恩怨，涉及民刑法律而面臨審判，定其罪罰，國府如何設法維護當事人的權益？此外，曾經追隨國府或東征北伐、或抗日剿匪的老榮民，有許多是望親興嘆，魂斷海峽。國府豈能絕情罔顧他們的渴望而「不協助」他們，一償會親的心願？

　　其次，從情勢的發展來看，中華民國政府必須重新釐訂適切可行的「大陸政策」。國府一直認定中共為「叛亂集團」而從事勘亂戰爭。可是，多年來人們已聽不見槍聲砲聲，更見不到殺戮傷亡的慘況，要求國民「居安思危」，已屬難能。而今，開放了大陸探親，這無異是提高了中共的「交戰團體」的地位，承認了中共對大陸的「有效控制」，有讓中共由「非法」集團轉化為「合法」政權的可能。再因兩岸同胞往返團聚而相互關注；因互通有無而彼此仗依，國民的「敵情觀念」與「戰鬥意志」因以斲喪殆盡。國府面臨如此情境，再欲號召國人「消滅共產暴政」、「光復大陸國土」，豈是益增其艱困而已！

　　當前，最為迫切的情勢乃是，從宣佈開放大陸探親以來，各方的反應與要求是：開放更開放。不僅要探親、會親，要尋根、訪友；要觀光旅遊；要文化、科技、體育、學術溝通交流；要投資設廠，直接貿易。更有「搶灘、盜壘」者，不惜以身「試」法，要到大陸採訪、攝影；要組團考察，或傳播「台灣經驗」，或協助開發經濟等等，不一而足。當

《故土故人，吾思吾念：我對落實「一個中國」原則的認知與建言選輯》

然，國家民族的理想、社會大眾的安全，絕不能不予顧及。但是，本諸「民之所好好之，民之所惡惡之」的為政之道，國府在開放大陸探親六個月後檢討修正這一政策時，就不能不對諸如此類的要求而毫不加以考慮。所謂，形勢逼人而來。面對如許「橫流」「狂瀾」，中國國民黨能不能作「中流砥柱」，永遠作一個「新三不」「舊三不」；「前三不」「後三不」；「不、不、不」的「三不黨」，就不能寄以厚望了。

三

對中共而言，國府開放大陸探親，可以造成國共和談的假象，正中中共統戰的下懷。為了表示「歡迎」台胞前來大陸探親，中共已簡化了入境手續，要擴大接待服務，也訂有「大件」「小件」免稅優待辦法。可想見的是，不久，中共還可能對國府發動「台胞返台」、兩岸居民互惠探親的風潮。從而更積極地趁勢要求國府進行「三通」「四流」，接受其「一國兩制」條件，以達其「台灣回歸祖國」的一廂情願的企圖。中共可以如此稱心如意嗎？可能適得其反。其要因如下：

第一，探親不能養親。大陸同胞對於目前生活多感到「滿意」，認為比「過去」好多了。這是中共在一己封閉社會中，一直以「過去」的國民政府為樣板對象，而不斷實施「吐苦水」的「對比」教育的成功；也因從文革大動亂後能獲得「平反」得一較為「安定」的生活所致。可是，今天有至親手足是從中華民國的台灣那兒來團聚，大家有機會私下比比你我的生活環境和民主自由的生活；促膝談談兩岸的薪資報酬，國民所得，以及國際貿易和外匯存底等等，這豈不是暴露了中共統治大陸三十多年，依舊是一窮二白，至少落後台灣二十多年的事實真相，會親者帶來的「大件、小件」等等禮物甚至禮金，只能稍添些許歡聚之情，支應親友不時之需而已。二三週相會後，依舊要分別生活在兩個不同的社會環境之中。海峽兩岸同胞本是豆萁同根，為何有如此不同的命運？既然共產主義優越，為何落後於三民主義？大陸同胞會不會由此而產生

《故土故人，吾思吾念：我對落實「一個中國」原則的認知與建言選輯》

疑問和哀怨？除非是草木才不。所以，每一位由台灣前往大陸探親者，為中共帶來的可能不是三萬港幣的外匯收入，而是猶如一顆顆直接命中的加農砲彈！

　　第二，會親不是會共。談親情，講人倫，在馬列共產主義裡還沒聽說過有什麼理論根據。相反的，盡人皆知的事實乃是，中共對於「溫情主義」者，有「海外關係」者，都曾無情地、狠毒地加以批鬥過，甚至打入「黑五類」。利用血緣、親情關係，只不過是對台統戰的一項策略而已。今天，在台同胞爭先恐後地要回大陸探親，要在朝朝暮暮所嚮往的錦繡河山就便作番旅遊。所以如此，都是發於親情，起於鄉愁而已。絕不是如中共所企望的向共產祖國「認同」，「回歸」馬列史毛的「天堂」。如果中共把祖國已建設成為「天堂」，為中國和平統一就無須提出「一國兩制」；香港居民為九七大限，也不會開始用腳投票，遠走高飛。尤者，大陸上不惜冒生命危險而逃避暴政不絕於途的情事，更不會發生了。因此，中共打算向探親者訪問談話，推銷其「一國兩制」，展開統戰宣傳，勢必白廢氣力。如對探親者清查其「反共罪行」，加以迫害，必然自食其果。但如抱持「政治學台北，經濟學台北」的態度，向探親者徵詢其經歷與感受，作出努力「四化」的參考依據，則邁向和平統一真正有望了。

　　第三，種瓜得瓜，種豆得豆。中共是否要作民族罪人在於其一念之間。中國只有一個中國，台灣是中國的一省。這是國共雙方面一再鄭重聲明的共識與信念。國府在台之所以堅守「三不」政策，要因中共從提出「血洗台灣」而到「一國兩制」，其一貫的、真正的意圖，無不是欲將「中華民國」從歷史上一筆勾銷。俾能「安心」建設其馬列共產主義的「天堂」。事實上，中共對國府過去北伐統一、對日抗戰種種對國家民族的貢獻是無法抹殺的；對國府現在為十億同胞的希望而努力建設台灣的成就，其在中華民族史上與國際地位上更是無法予以否定的。中共欲赤化台灣更是談何容易。固然，國府在台堅守「三不」，論者有評之為實質的「台獨」。但中共應徹底醒悟的是，今日台灣只有中華民國政

《故土故人，吾思吾念：我對落實「一個中國」原則的認知與建言選輯》

府才能將之領導回歸到中國大陸懷抱。開放大陸探親，即是這一情勢發展的肇始。中共如仍不善加珍惜這一契機，而依然固我，處心積慮地要將「中華民國」一筆勾銷，無異鼓勵台灣內內外外的「有心人」來「自決」，來「獨立」。結果，必須要後代子孫流血才能統一，甚至無法統一。中共對此才是中華民族史上真正罪人。是耶、否耶都在於中共一念之間。

第四，「牛肉在哪裡」。中共曾說等待由台灣來的「客人」，「已經等了三十八年」。也就是說，中共把大陸作為馬列共產主義的「實驗所」已經過了三十八年。現在成千上萬的探親同胞比肩接踵而至。中共將如何展現其「實驗成果」？眾所周知，世間沒有好的共產黨。所有共產國家在經濟發展上、政治改革上莫不發生倒退，遭遇困難。沒有幾個共產國家能不自我囿陷於貧困落後的樊籠裡。過去，中共一直處於今天「鬥右」，明天「反右」，不斷「否定的否定」。陷在「一放就亂，一亂就收，一收就死」的惡性循環之中。而今，中共把一切錯誤和罪行都要歸於「四人幫」的文化大革命。把當前種種困境定位於「社會主義初級階段」。這所謂「國情」、「特色」究是何指？是否就是「兩個凡是」、「四個堅持」以及「六字真言」？不論馬列共產主義是否為中國的思想文化，能否適用於中國？「以馬列主義當時的著作」，「能否解決當前的問題」？從「初級」到「高級」建設一百年能否完成？也不論社會主義「優越」到何種程度？小民們管不了這些，也無法懂得這些。但會問：「牛肉在哪裡？」當千千萬萬探親的同胞湧進了大陸，彼此將三民主義和共產主義的理論與實踐作一比較，中共如不能及時用「事實」來作覆小民們的問題，中國共產黨則無疑地成為一個將小民們所想望的「牛肉」分別給予「馬煎」、「列煎」、「史煎」、「毛煎」，成為「煎、煎、煎、煎」的「四煎黨」了。

《故土故人，吾思吾念：我對落實「一個中國」原則的認知與建言選輯》

　　　　四

　　總之，開放大陸探親，對於促成中國和平統一必有其正面的影響。但如何才能真正邁向和平統一之途，關鍵在於「不三」、「不四」。亦即國府宜抱渾忘恨事、「與人為善」的態度而不講「三不」。能將　三民主義及早實行於大陸，讓全民皆能共享安和均富的生活。中共必須有為民請罪；「不為己甚」的胸襟而不談「四堅」。而將中國固有的仁義忠恕之道，民為邦本的文化作為建設中國社會的主導，讓所有同胞皆能安享敦厚祥和的生活。

　　如何統一？衡度台海兩岸現況，難望成之於「一國兩制」，或「邦聯、聯邦」以及「承包制」。也不可能任其「和平競賽」而遙遙無期地拖延下去而至「面目全非」。再因，馬列史毛共產主義無論在理論上與事實上皆不能適用於中國；以三民主義統一中國亦不能成之於空洞的口說。準此，下列兩端應為邁向和平統一的適切可循之途。

　　其一，平等互惠，攜手合作，共謀大陸政治發展。亦即國共相互或交叉承認彼此政府的地位平等，雙方可分別稱為「中國—北京」與「中國—台北」，以維持「一國兩府」、「一國兩席」的現狀。透過聯合國國際組織或第三者友邦，組成「中國建設委員會」，以國府的資金、科技與人才及其「台灣經驗」先行支援大陸經濟建設。中共亦應以其天然資源、廣大人力來補足台灣，促其經濟升級。有成之後，再論及普選而「還政於民」，恢宏憲政而完成統一。

　　其二，推誠合作，以香港作為大陸政治建設的實驗區。此因中共在大陸上推展「四化」，困難重重，已是自顧不暇。欲維持九七後香港的安定繁榮，實是「無能」為力。香港一旦成為「死港」，對國府而言，亦不能免於世人、特別是華人的「責難」。台灣與香港皆為亞洲「四小龍」之一，其政經制度、對外貿易及其成功因素等等皆極相近。有國府合作共同建設香港，不僅能安定人心，維持既有之繁榮，更可為建設中國大陸設計，創立一種最適切可行，真正有「中國特色」的政治制度，

再以此實驗成效推展於大陸，果如此，中國成為一個民有、民治、民享的大中國，更是指日可期。

當初，美國與中國敵對二十餘年，尼克森總統於朝夕之間決定了紆尊「朝毛」，目的何在？以埃六日戰爭，於新仇頻添之際，沙達特總統竟隻身飛赴特拉維夫，所為何來？而今，有南、北韓要設法交叉承認；有東、西德兩位元首相晤會談，他們又為了什麼？我們分裂了四十多年而不能走上和平統一之路，又是為了什麼？

今天，中國和平統一已面臨「形勢逼人」，「時不我予」的情境。開放大陸探親，猶為「觸媒」，固然有催化促成作用。但是，國、共雙方是否都能盡其「為生民立命」的職責，有「為萬世開太平」的抱負，而一切為國家民族開拓前途，為「新生代」、「第二代」設想未來呢？從此能不咎既往，而推誠合作，而至相得益彰呢？

所慶幸的是，國府不僅先開放了大陸探親，也容許了大陸文化、學術著作的發行；更表明了「政治反攻，不是要取代中共政權，而是促進大陸政治民主、新聞自由、經濟開放」。中共對此豈能「無動於衷」？可以「不為已甚」嗎？如果中共當初要「革命」，今天要「專政」，真正是為國為民，就必須面對現實，從善如流，而就教於國府，敦請國府以平等之地位，攜手同心，積極建設香港，合力開發大陸。中國和平統一能在蔣、鄧二老有生之年完成，乃是極大多數中國人由衷所想望的。特別是曾經遭逢戰火離亂，備嘗人間苦痛的我們這一代，能親見到中國可以和平統一，將會欣喜若狂，以至淚流滿面的。

（1987年十二月於紐約市）

《故土故人，吾思吾念：我對落實「一個中國」原則的認知與建言選輯》

愛祖國的變與不變

　　拜讀三月十日貴報社論「愛國情操與民族情感的辨識」，甚覺言之及時。

　　「愛」文對於「愛祖國」正反面的意見，發生爭論之因，以及愛國情操與民族情感的涵義，有其精到的分析。毋庸贅言。但在此擬於闡述的是，怎樣才是真正的「愛祖國」。因為愛祖國係源自民族情感，出於民族認同的天性。也可以說愛祖國乃是熱愛一己所出，維護一己尊嚴，提高一己人格而使然。無人相信，人，不愛其祖國的。此乃二次世界大戰期間美政府為何將日裔美國人集中起來，而今，縱是時移星轉，個人對政府效忠的對象或有不同，但愛祖國的心志確是日久彌堅。比如猶太人平時在美，為以色列輸財抒才，戰時趕赴以色列效命沙場。在海外的炎黃子孫，當初也有「華僑是革命之母」的「聲譽」。所以，是否「愛祖國」並不是問題所在，而在於如何去愛祖國。

　　去國的人們愛祖國是愛祖國的歷史文化、風俗習慣；愛祖國的山川河嶽、同胞親屬。去國的人們愛祖國是眷戀祖國文物的光輝燦耀，愛祖國是想望故鄉同胞的幸福歡樂。在愛祖國情操中，可感受一種「補償」與「自我實現」的慰藉。但是，當祖國的山川文物蒙塵了！故鄉的同胞親屬痛苦了！尤其是個人曾遭受過屈辱或迫害，除非是草木，你能有心情來空談我們愛不愛祖國，對祖國能不關懷，能不有所為嗎？

　　國家是由土地、人民與代表人民行使權利和義務的政府組織而成的總稱。愛祖國除了愛祖國的山河和同胞親屬而外當然也愛祖國的政府。因為政府是保國衛民、為國建設、為民造福的組織。怎能不愛她呢？但這三者，土地、人民、人民與政府，對去國的人們而言，其愛其戀的方式就不能一概而論了。由於愛與不愛猶如變與不變之義，也因而衍生了如何愛或變的問題。為了簡明起見，無妨以周易三義，亦即「易」、「變易」、「不易」之義，來加以解說。

《故土故人，吾思吾念：我對落實「一個中國」原則的認知與建言選輯》

「不易」即不變之意，此可應用於對祖國錦繡山河之愛。這是永遠不變的。你出生的故土故鄉永遠在那兒。在旅居海外遊子們的心目中，故土的茅屋永遠是溫馨的，故鄉的泥土永遠是芳香的。去國越久，這份對祖國的山河之戀的情結，也就既深且切。既是夢魂縈繞，也為景物全非而傷感。既想落葉歸根，又為近鄉而情怯。可是，一旦有人蹂躪你的故鄉，你會痛心疾首的。有人企圖分裂國土，你會對之聲討撻伐的。

「變易」為可變之意。此可應用於對同胞親屬的愛。因為人倫關係故不可變，但人人有親疏之分，眾生亦有忠奸善惡之別。如何去愛，自必因人而異的。民族的文物時尚，同胞的風俗習慣，也有崇高與低劣，優美與粗俗之不同。何者必須薪火相傳，予以發揚光大，何者應予揚棄革除，使其萬古常新。去國的人們自必有一比較性的選擇。但如拒說漢語，恥食中餐，欲怯除一切中華文物，否認一己是中國人，如有可能，只不過是一個無法改變黃膚黑髮的自絕的怪物而已。

「易」是變化的總名，改換的殊稱。含有新新不停、生生相續的意義。此可應用於對祖國政府的愛。今天，任何形式的政府，民主的或專制的，也不論它是憑槍桿或選票而產生的，都會標榜或揭櫫一個目標，為民造福。任何一個政府，如不能克盡這份職能，在它統治下的人民，雖不能盡如《民約論》或美國《獨立宣言》中所示，人民有權去改革或廢掉它，但這政府本身也失去存在的意義。終必經由革命或選舉，從而產生新的政府。準此，去國的人們所愛的祖國政府，自也是以民為天，保護人民來追求幸福的政府。政府採取了好的政策，就支持它；政府布施了福國利民的德政，會頌讚它。不僅希望賢者在位，能者當政，更樂見祖國山河與同胞親屬，在賢能的政府領導建設之下，成為一個桃園樂土，日臻於富強安和之境。

對於旅居海外的遊子而言，「愛祖國」是一種鄉愁、一種親情、與一種念舊結合而成的情結。它是油然而生，揮之不去的，凡是有情感、有理性的人，無不愛其祖國的。但其愛其戀的程度與方式因對象之不同而各有分別。「愛祖國」一詞豈能被有心人予以泛政治化地加以利用，

僅認之為愛某某政府才是愛國。即使如此,愛祖國也不是回國去為虎作倀,助紂為虐。如果這個政府是腐敗的,或暴虐的,是企圖分裂國土、或是殘民以逞的,正如當年國父孫中山先生為救國救民而領導革命,海外華僑出錢出力,支持革命,推翻滿清政府。誰能說這不是愛祖國嗎?

——原載於《世界日報》1994 年三月十三日

《故土故人，吾思吾念：我對落實「一個中國」原則的認知與建言選輯》

中華民國（三篇）

中華民國啊，妳在何方？

　　1911年中華民國誕生時，是為亞洲第一個民主共和國。如果以二十年為一代計，她與中華人民共和國可說有祖孫的關係了。這因為後者的成立落後了近四十年之久。而且，中華人民共和國是從中華民國衍生出來的。迄今，中華民國已歷八十有四年，「國祚無一日中斷」。但是，今天的中華民國，在國際社會中，已難見其名。在故土大陸上，早被除其「名」。在一己「復興基地」又被變其「質」。這豈不是中華民國的「名」與「實」皆不相符稱了。怎不令人要問中華民國啊，妳在何方？

　　中華民國仍在大陸？　今天來說，當然不對。但也不盡然。在1949年以前中華民國是在大陸。那時，中華民國不僅統治了全中國的領土，也統治了所有的中共黨徒。甚至在1971年以前仍然是的。因為那時中華民國所統治的領土，雖僅及原有的千分之三。但依然在其所參與創始的聯合國之內，代表著全中國的主權。中共政權乃是憑槍桿子奪取而得，有效控制了中國大陸而新成立的國家——中華人民共和國。所以，中共欲取代中華民國以進入聯合國，在最初的二十多年是不得其門而入。毛澤東一生壞事做絕，從不認錯，但對此事確是例外。他曾經自責、懊悔地說，當初如果僭取中華民國的國號，則一切問題就沒有了！現在，中華人民共和國雖已進入聯合國，但這中華民國的國號依然書寫於聯合國憲章之上；國際上除了仍有三十個國家與中華民國具有正式邦交而外，幾乎所有的國家都可與中華民國維持有實質上的關係。中華民國的政府雖已不在大陸，但她對中國大陸的貢獻與影響，依舊是生息相關，聲氣相通的。尤以她的三民主義的仁政依然為民所思，為民所望。所以，有中華民國的存在，中共政權就不能修得成「正果」；共產暴政也就不能順心地「得道」。中共對於中華民國的存在，怎不如芒刺在背，寢食難

安；能不認之為中華民國仍在大陸呢。

中華民國是在台灣？ 是的，但也不盡然。國府在 1949 年由大陸退守到台澎金馬，以至 1971 年退出聯合國，甚至到 1982 年國府開放對大陸探親時期，中華民國的的確確是在台灣。因為那時中華民國的所有國會議員，都是在大陸選出，後隨政府來台，依法行使其職權的。在大陸所選出的國民大會，不僅選舉中華民國的總統，其所制訂的《中華民國憲法》隻字未改，依舊是國府一切政權運作的根本大法。國府雖然侷處台灣，也退出了聯合國，但中華民國政府仍然一本初衷地，要把台灣建設成為三民主義的模範省，作為建設中國大陸的藍圖。要剷除共產極權暴政，以拯救大陸陷於水深火烈之中的全中國同胞。但從 1991 年終止《中華民國憲法》上動員戡亂臨時條款以後，在台灣的當政者雖仍宣稱，中華民國是一個主權獨立的國家。但這個中華民國在實質上，以經不是當年胸懷中國大陸錦繡河山，心繫所有中國人的中華民國了；今天，在台灣的國民黨依然要喊「保衛中華民國」，但這個創建中華民國的國民黨也已被認之為「外來的政權」了。如此，中華民國是在台灣嗎？

事實上，「中華民國在台灣」乃是一種權宜的、宣傳的代號而已。早在國府一退出聯合國之時，就由主持行政院外交應變小組的葉公超先生，為推動實質外交，以衝破孤立，而向當局提出採行的了。甚至公超先生在他的簽呈中（註一），還認為在無邦交地區倘若不便使用正式國號，可使用「台灣」字樣，但未為當局所接受，更批示不得用「台灣政府」字樣。堅定不移地秉持著中華民國就是中華民國，台灣是中華民國一省的基本國策。國府雖然因為退出了聯合國，在國際上不便堅持「漢賊不兩立」的原則，而改採「匪來我也來，匪在我不走」的策略。但要求全中國領土和主權的完整，並未放棄；對所有中華民族同胞福祉的祈求，從未稍懈。可是，今天所謂的「中華民國在台灣」是處在何種情境呢？政府當政者，所要求的是什麼呢？所祈求的又是什麼呢？從下列數端，或可見其梗概：

——「中華民國在台灣」的領土，不僅以台澎金馬為限，甚至要撤

守金馬，要放棄對全中國領土主權完整的要求；成為中國「境外」的新國度了。

——當政者念茲在茲、信誓旦旦所強調、所承諾的是，僅是要為謀求在台灣的兩千一百萬居民的安全和福祉而已；把大陸上災難、禍亂，認為「是他們自己的事」了。

——立國所依據的國父遺教、三民主義已日益與之背離，迫不及待地要拋棄了。

——《中華民國憲法》經一再修改得已面目全非，政府已不是五權憲法的政制了。

——代表全中國的國會議員，早已認之為是「老賊」，全部予以逼退；象徵全國性的華僑選舉權也要剝奪殆盡了。

——今天的中華民國國會議員，明日的中華民國總統，皆由台灣地區的居民來選舉了。

——台灣人已是最先進的族群，除了心想再作「皇民」而外，已羞於承認是中國人了！

——為了補償「台灣人的悲哀」，徹徹底底地讓所有的台灣人皆有個「出頭天」，而倡導「主權在民」的理念，要運用「居民自決」的方式，來成立「台灣民主共和國」，已認之為是天經地義，指日可待了。

——台灣有四百餘年輝煌的歷史，亦有左鎮、大分坑等等燦爛的文化。如此，「經營大台灣，建立新中華」，以超越中國大陸，領導亞洲與世界的文化，當然是順理成章，水到渠成之事了。

這些變遷皆是在短短五、六年之內所發生的。而且在加速地膨脹、發展著。可以說，「中華民國」將被蛻變成為「台灣國」了。可是，今天在台灣的當政者，依舊使用中華民國的國號，仍然要保衛中華民國。那又是為什麼呢？無他，此因為中華民國對全中國、為全民族創有不可磨滅的貢獻。中華民國不僅傳承、恢宏著中華民族的歷史文化，也是整個國家前途、所有中國人的希望所在。從人心、就事實兩方面而言，中華民國不僅在台灣，也在大陸，更在海外。凡是有中國人的地方，就有

《故土故人，吾思吾念：我對落實「一個中國」原則的認知與建言選輯》

中華民國存在的力量；只要是民主自由的國度，就有中華民國發展的空間。可以說中華民國是生生不息，無所不在的。

　　中華民國固是中共的剋星。但也是中共的救星。有中華民國三民主義的仁政，總有一日轉變共產主義的暴政。也因為中華民國在國際上賦有生存發展的事實與法理的依據。所以，在台灣的中華民國當政者，無論是為了推展「實務外交」，或是為進入聯合國，特別是為開拓國家的前途，增進民族的福祉，不僅要堅持秉承中華民國的國號，更要堅持實施中華民國的基本國策；胸懷大陸，心繫全民。唯有如此，才是國家之幸，民族之福。一切才有必勝必成的可能。如此「中華民國在台灣」的當政者，將必成為中華民族歷史上永垂不朽，最偉大的領導者。否則的話，如果當政者心懷鬼胎而盜名以欺世，竊國以為王。亦即假中華民國之名，以遂行台獨之實；盜中華民國之名，以僭奪中華民國一切有形與無形的資產（註二），則是其心可誅，其行極惡。自食敗亡惡果，成為千古罪人，乃屬必然。是耶？非耶？皆在一念之間。當政者能不慎乎。至於為何而統？為誰而獨？亦即如何統、獨之爭，讓全中國、全民族早日步上富強安和之途，且待下回分解吧。

註一：筆者有幸為公超先生繕寫該簽呈的文抄公，且存有複份。
註二：例如故宮國寶、軍備產業，以及國財、黨產是有形的資產；國家聲譽、典章制度，以及經驗、智慧等等皆是為無形的資產。

——1995 年八月十日

《故土故人，吾思吾念：我對落實「一個中國」原則的認知與建言選輯》

為何而統？為誰而獨？

　　統、獨之爭牽涉著兩個問題；一為領土主權的完整；再為誰是代表一個中國的合法政府。中國的國土有一千一百餘萬平方公里，其疆域面積容或因為戰爭、條約而有伸伸縮縮之事，但那用血肉來保衛國土的史實，確是不絕於書。所以前者應是無庸置疑而爭論之事。但論及誰是代表中國唯一的合法政府，這問題就產生了。這因為中國目前不僅有兩個政府，且有別具用心的台獨因素，而成為統、獨之爭的根本問題所在。

　　為何而統？　迄今，海峽兩岸的當政者，都信誓旦旦地要追求中國的統一。凡是有良知、有血性的，無論是在大陸、在台灣的中華兒女，甚至在海外的華裔僑民，也莫不渴望著、祈求著中國的早日統一。此無他，國土絕不可分割。國富民安有待國家的統一。所以，今天的中共雖然尚未轉變其極權暴政的本質，但其迫切地要求統一的呼聲，仍然獲得炎黃子孫的呼應與支持；甚至蠻橫得要以武力對付台獨的中共，也能得到人們的理解與諒解的。試想：

　　——從國防地理或地緣政治學說以言，有台灣，太平洋無異是中國大陸門前的池塘。無台灣，中國大陸的防線，就要退到綿延九千哩防守不易的沿海海岸。而且，在這一片海域內，有多少尚未開發的資源要喪失掉！中共能容許台灣分割獨立嗎？

　　——從民族情感與民族大義來說，台灣之所以能光復，概因近百年來，中國受盡了外侮的羞辱，犧牲了千千萬萬生命，損失掉有如天文數字的財產而換取來的。海內外每一個有良心、有血性的中華兒女，樂願見及台灣被分割獨立嗎？

　　——從歷史文化與立國依據論之，在中國在歷史上分分合合不知好多次。合時，固是一個中國。分時（如春秋、戰國；如三國、五代；以至如民國軍閥割據局面），依然認為是一個中國。賢明的當政者，莫不以統一天下（中國）為己任的。中華民國毋任是東征北伐或抗日剿共，無不是為中國的統一與富強。今天，中國又處於分治分裂狀態，中華民

國沒有這「外來的政權」,中國國民黨所領導的中華民國政府從大陸上帶來無法估計的有形(如黃金、國寶;軍備、產業)與無形(如典章制度;精英人才)的資產,繼之展開全面建設,厲行勵精圖治,恐怕是力有未逮的。僅以台灣有中華民國的拱衛,而能免於中共清算鬥爭、三反五反的暴政,十年文革的浩劫;也免於三千餘萬餓殍遍地,

――1995 年八月十日

《故土故人，吾思吾念：我對落實「一個中國」原則的認知與建言選輯》

為民請命，為民造福――論中國統一之唯一正途

　　中國必然統一。但爭論迄今，無法解決的問題，是在統一的方式；亦即由誰來領導統一，要誰來投降稱臣的死結。中共有效控制了中國大陸已逾四十多年，從血淵骨嶽的情境，而一窮二白的生活，而能進入聯合國，獲有極大多數國家的承認。這是事實。而今大陸同胞雖無人權可言，但因經濟起飛，生活已大為改善。中共在國際社會中的影響力，也日益見其重要。這些都是令海內外所有炎黃子孫揚眉吐氣的事。不論中華人民共和國從建國四十多年以來，其一切治權運作，從未及於台灣，中共要求領土與主權的完整，是令每一個中華兒女無可否認的。要以武力對付台獨份子，凡有良心、有血性的中國人，無不認可的。但中共僅以獲有極大多數國家的外交承認，而片面確認中華人民共和國是代表中國的唯一合法的政府，而刻意將中華民國政府貶為地方政府，來完成其中國的統一；甚至徹底消滅中華民國，以抹殺其當年武裝叛亂、竊國成王的醜事。這就昧於事實，不盡情理，甚至顛倒是非，曲解法、理了。

　　中華民國從 1949 年在大陸兵敗於中共，而退守台灣，迄今也逾四十餘年。如從 1911 年開國之時算起，已歷八十有四年。雖然失去了大陸的領土，但國祚無一日中斷。而且，中華民國的政府是在大陸由民選而出的政府。民意代表亦追隨政府來台，依憲法在其固有的領土之上行使其職權。此與中共的中華人民共和國相比較，雖是有大小之別，但從法理與傳承方面來說，中華民國為長、為嫡；中華人民共和國為次、為庶。中共怎能將國府貶為地方政府呢？中華人民共和國在成立二十多年之後才進入聯合國。迄今，中華民國的國號依然書寫在聯合國憲章之上，而且仍有三十個國家承認中華民國。中共怎能剝奪中華民國一切國際社會中的人格呢？甚至政治實體的地位，都吝於承認，豈能合乎情、理？又怎能合乎國際法上「主權繼承說」？

　　所以，只有主張一個中國，亦即要求全中國領土主權的完整，而胸懷大陸、心繫全民的中華民國，才有資格與中共爭取主導中國的統一。

《故土故人，吾思吾念：我對落實「一個中國」原則的認知與建言選輯》

一個劃分台澎為其領土，僅承認台澎兩千一百萬子民的「中華民國在台灣」的政府，何能要求中共以對等地位，來談論中國的統一？至於中共聲討台獨，消滅台獨，那是天經地義的、合法的行為了。今天的「中華民國在台灣」確是存在有台獨的事實，與獨台的陰影。無任是台獨或獨台，都會讓中華民國喪失其傳承的歷史地位，與國際法理方面的人格。台獨是明目張膽，尚可謂「光明磊落」；獨台則是曖昧不明，品味低劣了。尤以盜名以欺世，竊國以為王，亦即假中華民國之名，以遂行台獨之實；盜中華民國之名，以僭奪中華民國一切有形與無形的資產，則世其心可誅，其行惡極了。所以，在信誓旦旦追求中國統一過程中，「中華民國在台灣」的當政者，如何用事實來釐清這一攸關國家前途、民族生命的大問題，乃是當務之急的重要課題了。

如何統一，這不是憑藉「高空對話」，或是發表「紙上宣言」所能奏其功，收其效的。任何協商或會談，一旦涉及國家主權問題，則「各說各話」，「各持己見」，永遠談說不攏的。即使雙方皆主張兩岸領導人舉行會議，江先生堅持會談應在中國境內舉行，為的是中華人民共和國的國家主權，不容分割或受到損害。李先生主張到國際會議上見面會談，為的是將台海兩岸統一問題，趁機地予以國際化，亦即將「中華民國在台灣」很巧妙地劃出中國，在國際上可以真正成為一個主權獨立的國家了。中共真是個「控固力」，沒受現代化教育，會同意嗎？

無論從任何方面來說，統一中國不應是為一己政權的名位，尤其是為了既得的利益，而互不相容。因為，任何形式的政府或政黨，其存在的目的與功能，無不是標榜、實質上應該是為民造福的。而且任何政府與政權都不可能，千秋萬世保有的。在歷史上在朝代更迭洪流中，有數說不盡的千千萬萬當政者或統治者，但能留名青史，能讓後代子子孫孫崇敬感念的，僅限於極少數能為萬世開太平，能為全民造福的領導者。然而，當前海峽兩岸當政者為所謂統一而明爭暗鬥，令那受盡艱困與屈辱的炎黃子孫們，莫不為之感慨唏噓，而疾首痛心的，則無不是因為雙方皆為一己政權既得的利益而彼此相煎、相殘也！

《故土故人，吾思吾念：我對落實「一個中國」原則的認知與建言選輯》

　　因此，真正能促進中國的統一，唯有在於海峽兩岸的當政者，不僅能不為已甚地為民請命；更能盡其職份地為民造福。一切以民為天，以民為本。雙方或攜手合作，或和平競賽，將一切意念都集中於子民所身受的困苦方面，以為民解決問題；將所有的努力都放在子民所盼望的仁德政務，以為民創造福祉。這才是統一之目的，這乃是統一的正道。否則的話，統一為何、為誰呢？

　　為了避免讓沒良心的台獨份子，在夜長夢多中，有隙可乘，要後代子孫流更多的鮮血才能統一，兩岸領導人皆須放下身段，來為民請命；不談主權問題，而為民造福。中共應不談對台使用武力；國府則暫停務實外交。並且雙方考慮，將目前的國統會與對台辦公室合組成「中國統一規劃委員會」（或其他類似名稱），本諸互尊互重、互利互惠原則；和平理性、循序漸進方式，來實實在在地討論問題（大如國名、國旗、國歌的更易，小至人民財產的處份），解決問題（例如改善大陸農民的生活，戢止台灣選政的敗壞），以保證中國統一大業的完成。此一委員會可由委員九或十一人組成之。委員會直接向國家元首負責。人選則由雙方黨國元老（決策者）、民意代表、社會賢達、以及一、二國際學人與華僑代表中遴選而出。委員會則下設秘書處暨各研究規劃小組，諸如政制、法制、財經、社會、國際事務、科技文化、以及資源運用等等。從委員會成立以至完成統一，可能需時十年八年，甚或更長。但可確信者，是為排除了台獨因素，也堅守了一個中國的政策。在維持現狀中，彼此和平競賽；能為民解決問題，就是為民造福。如此統一之途雖遙，但循此努力，必是可期可及的。

　　欲求統一的加速完成，則有賴於國家領導人，以非凡之言行來作突破之舉了。例如中共即日宣佈放棄四堅，以還政於民。不僅以事實證明能保障人權，並且真正全國實施民主選舉。則統一的真正障礙完全排除了，台獨因素也就消弭於無形。再如，中華民國李登輝總統先生（或由擬籌募五十億成立農業基金會的蔣彥士博士代表李總統）呼籲中共，將以農業專家身份，組團前往中國大陸，幫助中共解決攸關生死存亡的農

民問題。在李總統先生領導之下，如果改善中國大陸八億農民的生活，不僅中國可由此必然統一，李總統先生必然成為統一後的中國最偉大的領導者。其在中華民族歷史上，將是一位無出其右，永垂不朽的偉人，也是可以定言的。

——1995 年八月十日

《故土故人，吾思吾念：我對落實「一個中國」原則的認知與建言選輯》

胸懷大陸，心繫全民

　　九月六日在《世界日報》上，拜讀及金堯如先生大文〈兩個中國並未分裂中國領土主權完整〉，辯才無礙。但今天的「兩個中國」之所以「分裂中國領土主權完整」，其真正主因確是隻字未提；對於趨向「台獨」或「獨台」的事實，也是避而不談。何以至此，實在令人費解。

　　金先生在他文中例舉三次國共「分裂」、「分治」的史實，認為中共從「武裝革命」而自建「蘇維埃政府」、「陝甘寧邊區政府」，形成「兩個中國」。國府並沒認為中共是在「分裂中國領土主權完整」，這是對的。因為那時中共雖然是武裝叛亂，但並沒劃「陝甘寧邊區」為其「領土」，向國際社會上宣稱是主權獨立的國家，要爭取國際社會上的人格。也不論中共黨徒是如何欺騙人民、裹脅人民，以竊國成王，它那共產主義的「天堂」依然是為了全中國的領土，與全中國的人民。怎能認之為「分裂中國領土主權」呢？至於1949年中共宣佈建立中華人民共和國，以與中華民國對立，成為「兩個中國」。金先生認為這「兩個中國」並沒有分裂中國的領土主權，只是形成了「分治」的政治局面。這就昧於事實了。因為從那時起，「一個中國」的問題就發生了；中共不僅要進入聯合國，更要「血洗台灣」。國府在退出聯合國之前，固然是秉持「漢賊不兩立」國策。在退出聯合國之後，仍然一本初衷地，要把台灣建設成三民主義的模範省，作為建設中國大陸的藍圖。要剷除共產極權暴政，以拯救大陸陷於水深火熱之中的全中國同胞；堅定不移地秉持著中華民國就是中華民國，台灣乃是中華民國一省的基本國策。國府雖然因為退出了聯合國，而改採「匪來我也來，匪在我不走」的策略。但要求全中國領土和主權的完整，並未放棄；對所有中華民族同胞福祉的祈求，從未稍懈。中共面對這樣的中華民國，也從沒有，也無從詆毀她是在「分裂中國領土主權完整」。

　　可是，今天所謂的「中華民國在台灣」是處在何種情境呢？政府當

《故土故人，吾思吾念：我對落實「一個中國」原則的認知與建言選輯》

政者，所要求的是什麼呢？所祈求的又是什麼呢？從下例數端，或可見其梗概：

——「中華民國在台灣」的領土，不僅以台澎金馬為限，甚至要撤守金馬，要放棄對全中國領土主權完整的要求；成為中國「境外」的新國度了。

——當政者念茲在茲所強調、所承諾的是，僅是要為謀求在台灣的兩千一百萬居民的安全和福祉而已；把大陸上災難、禍亂，認為「那是他們中國人的事」了。

——立國所依據的國父遺教、三民主義已日益與之背離，迫不及待地要拋棄了。

——《中華民國憲法》經一再修改得面目全非，政府已不是五權憲法的政制了。

——代表全中國的國會議員早已全部退職；象徵全國性的華僑選舉權也要剝奪殆盡了。

——今天的中華民國國會議員，明日的中華民國總統，皆由台灣地區的居民來選舉了。

——台灣人已是最先進的族群，除了心想再作「皇民」而外，已羞於承認是中國人了！

——為了補償「台灣人的悲哀」，徹徹底底地所有的台灣人皆有個「出頭天」，而倡導「主權在民」的理念，要運用「居民自決」的方式來成立「台灣民主共和國」，已認之為是天經地義，指日可待的了。

——台灣有四百餘年輝煌的歷史，亦有左鎮、大分坑等等燦爛的文化。如此，「經營大台灣，建立新中原」，以超越中國大陸，領導亞洲與世界的文化，當然是順理成章、水到渠成之事了。

這些變遷皆是在短短五、六年之內所發生的。而且在加速地膨脹、發展著。可以說，「中華民國」將被蛻變成為「台灣國」了。可是，今天在台灣的當政者，依舊使用中華民國的國號；仍然要保衛中華民國。那又是為什麼呢？無他，此因為中華民國對全中國、為全民族創有不可

《故土故人，吾思吾念：我對落實「一個中國」原則的認知與建言選輯》

磨滅的貢獻。中華民國不僅傳承、恢宏著中華民族的歷史文化，也是整個國家前途、所有中國人的希望所在。尤以她的三民主義的仁政依然為民所思，為民所望。所以，有中華民國的存在，中共政權就不能修得成「正果」；共產暴政也就不能順心地「得道」。中共對於中華民國的存在，怎不如芒刺在背，寢食難安；而不處心積慮要徹底消滅中華民國？

中華民國固是中共的剋星。但也是中共的救星。有中華民國三民主義的仁政，總有一日轉變共產主義的暴政。也因為中華民國在國際上賦有生存發展的事實與法理的依據。所以，在台灣的中華民國當政者，無論是為了推展「務實外交」，或是為進入聯合國，特別是為開拓國家的前途，增進民族的福祉，不僅要堅持秉承中華民國的國號，更要堅持實現中華民國的基本國策；胸懷大陸，心繫全民。唯有如此，才是國家之幸，民族之福。一切才有必勝必成的可能。如此「中華民國在台灣」的當政者，將必成為中華民族歷史上永垂不朽，最偉大的領導者。否則的話，如果當政者心懷鬼胎而盜名以欺世，竊國以為王。亦即假中華民國之名，以遂行台獨之實；盜中華民國之名，以僭奪中華民國一切有形與無形的資產，則是其心可誅，其行極惡了。自食敗亡惡果，成為千古罪人，乃屬必然。是耶？非耶？皆在一念之間。當政者能不慎乎。至於為何而統？為誰而獨？亦即如何解決統、獨之爭，讓全中國、全民族早日步上富強安和之途，且待下回分解吧。

——原載於《世界日報》1995 年九月十七日

《故土故人，吾思吾念：我對落實「一個中國」原則的認知與建言選輯》

為李登輝代講
三項保國衛民與立己的大政至計

李登輝總統先生對於促進民主政治的貢獻，確是功不可沒。再如能順利當選連任總統。主導完成國家的統一，其在中華民族的歷史上，將是最偉大領導者之一。但當前內內外外對李總統先生不了解者，實在不少。而且，現在台海兩岸極度繃緊的關係，能否迅予鬆弛，恢復到他去年訪美以前的情境，並不樂觀。又在李先生再度當選連任總統以後，其所謂新人、新政能否不刺激中共，不致武力犯台。讓在台兩千一百萬人民，得免於家破人亡的災難，更難確定。所以，今天的李總統先生真可以說是，一身繫天下與人民的安危了。但筆者認為，如果李先生想為一己解釋誤會，更是為了真正能達到保國衛民的目的，李總統先生必須採取下列三項大政至計：

其一，胸懷大陸，心繫全民。這就是遵循兩位老蔣總統的遺志；實踐建設台灣，光復大陸的基本國策。最近，李總統將「建立新中原」，改為「復興新中國」，這就表示不再與中國割斷關係了。只要中華民國對全中國領土與主權不放棄既有的主張和要求，對全民族福祉的祈求也無時或忘。如此，中共就無從詆毀李先生在分裂國土。此種言論與主張不僅要在任何場合中予以表達出來，也要釐訂於各種計劃規章之中。這乃是遵守《中華民國憲法》，堅持（而且也解決了）「一個中國」政策最好的說明。事實上，中華民國國祚無一日中斷。以之與中華人民共和國相比較，其治權運作所及的地區，雖是有大小之別，但從法理與傳承方面來說，中華民國政府為長、為嫡；中華人民共和國為次、為庶。所以，只有一個中國的，亦即要求全中國領土主權的完整，而胸懷大陸、心繫全民的中華民國，就不必浪費民脂民膏，去搞什麼令人最為誤解的「務實外交」。她自然具有國際法理與歷史傳承的資格與地位，來與中共爭取主導中國的統一。而一個劃分台澎為其領土，僅承認台澎兩千一

《故土故人，吾思吾念：我對落實「一個中國」原則的認知與建言選輯》

百萬子民的「中華民國在台灣」的政府，何能要求中共以對等地位，來談論中國的統一？

其二，台獨非法，取締台獨。也就是與台獨份子劃清界線；更要將台獨言行杜絕於寶島之上。李總統說他不搞「台獨」；要統一已講了一百三十多次，中共就是不相信。此無他，因總統先生過去未與台獨份子劃清界線之故。至於台獨之危害，李先生早已講得清清楚楚了。為了確保國泰民安，必須將台獨定為非法。當然，刑法第一百條廢除了，現在要立法院通過此種法律確是不易。但在憲法上，總統對危害公共秩序與安全的事，尚賦有「緊急命令」處分之權。何況是禍國殃民的「台獨」呢？或曰，定台獨為非法，取締台獨是違背民主憲政之事。此種論調是最誤解了。美國言論自由不會比「中華民國在台灣」差，共產黨也沒對美國構成直接而立即的威脅，但美國竟定共產黨為非法。試看，美國人有公開主張共產黨嗎？有共產黨參與選舉嗎？有哪一個國會議員，不論他是白人、黑人或黃種人，有羞於承認美國人的嗎？有公職人員不敬國旗，拒唱國歌，而要「告別美國」嗎？有哪一州要割地獨立？不承認所服務的國家，要另組國家的嗎？僅就中華民國總統的權責來說，台獨不除就是失職。對不起善良的、可憐的小老百姓！再說，為什麼李總統先生僅僅罵一次中共是「土匪」，中共就認之為不可饒恕，甚至抵銷李先生在其他方面的善意美德？而兩位蔣總統在其有生之年，皆要誓死「消滅共匪」。所罵的言詞，豈僅是匪、賊、奸、寇，甚至非人類的獸，也都用上了。但迄今中共自始至終，仍尊敬他父子倆為民族英雄。無他，因為蔣氏父子倆很明顯地絕不搞台獨之故。甚至在外交極其艱困之時，欲衝破中共的孤立，也不准使用「台灣政府」字樣。此為世人皆知的事實。

其三，為全民請命，為全國造福。這是李總統先生主導或領導中國走上統一的唯一正途。如果李先生承認是中華民國（不是「台灣國」）的總統，就必須將中國大陸視為自己的國土。將大陸十二億與香港六百萬同胞視為自己的子民，對中共危害他們時，就加以口誅筆伐；對他們

《故土故人，吾思吾念：我對落實「一個中國」原則的認知與建言選輯》

遭遇有困難時，就設法予以援手。呼籲中共改善兩岸關係，要在攜手合作，將一切思念都集中於子民所身受的困苦方面，以為民解決問題；將所有的努力都放在子民所盼望的仁德政務，以為民創福祉。這乃是統一之目的，這乃是統一的正道。否則的話，為誰統一？為何統一呢？最具體而有突破性的作為是，李總統先生（或是由「農村發展基金會」的蔣彥士先生代表李總統）表示個人不計名位，不求禮遇，呼籲中共同意他以農業專家身份，組團前往中國大陸，幫助中共為農民同胞解決攸關生此存亡的問題。此舉，不僅較之「買簽證，訪美國」有意義。比當選後要再走個地方給中共看看，對國家民族更具積極性的貢獻。這是既偉大又感人的壯舉義行。中共對李先生能不改變其種種不信任的態度？即使中共仍然刁難，而不能成行，但李總統這份仁慈心意，其在中國統一的歷史上，也必寫下最令人感念而崇敬的一頁。也可讓世人皆能了解到，李總統先生具有「為生民立命，為萬世開太平」的偉大胸襟。再如，李總統先生果真有此能力，在其領導之下，改善了中國大陸八億農民的生活，不僅中國可因此必然統一，李總統也自然成為統一後的中國，最偉大的領導者；其在中華民族歷史上，將是一位永垂不朽的偉人，可以定言。

　　古人有言，大丈夫不能流芳百世，也要遺臭萬年。李先生為了在八年總統任內尚有未竟之事，不顧所謂誠信問題，而再度競選。有此使命感，斯乃大丈夫也。但李先生在中華民族史上，將被定位於流芳百世，或是遺臭萬年？則決定於李先生個人的作為了。如果李先生未竟之志，是如其所說的，講了一百三十多次的「要統一」的大業，而且採納筆者芻見，領導中華民國完成統一大業，自是流芳百世。否則的話，作些違背民族大業的行為，不能避免中共以武力消滅台獨的方式來完成統一，而寫下中華民族史上可能是最為惋惜，也可能是最為慘痛的一頁，李先生將被掃進歷史的墳墓，而遺臭萬年，必矣。未知李總統先生及其謀士們，以及國王的人馬們以為如何？

《故土故人，吾思吾念：我對落實「一個中國」原則的認知與建言選輯》

　　——原載於《紐約新聞報》1996 年三月二十五日

《故土故人，吾思吾念：我對落實「一個中國」原則的認知與建言選輯》

一「中」兩制，和平統一
——對「一個中國」原則的詮釋

　　從 1971 年中共進入聯合國以後，就產生了「一個中國」問題；繼之於 1992 年，國、共雙方在香港會商「文書認證」問題，對「一個中國」的解釋，因「各說各話」而不歡而散。自後，這「一個中國」問題就越「辯」越「迷」；越「避」越「緊」。國府強調分裂分治，主權獨立，越想「擺脫」這一問題，中共就高唱「一國兩制」，和平統一，越益將之「套牢」。影響所及，海峽兩岸關係日漸疏遠阻隔，中國和平統一益感遙遠無期。這次，辜氏振甫參訪大陸，與中共最高當局，展開「建設性對話」結果，海峽兩岸關係，是否能因此改善，中國和平統一，能否由此而有所進展，依然仍有待這「一個中國」問題得如何詮釋與解決而定。

　　其實，「一個中國」就是一個中國。不管她的天下是分分合合；朝代更更迭迭；甚至疆土伸伸縮縮，她永遠是「一個中國」。這一個中國永遠永遠是屬於在中國土地上生老病死的全體小民的。這「一個中國」不是中共所專利的名詞，更不是國府可以假借任何「理由」，所能逾越否定的。但這「一個中國」原則的問題出在哪裡呢？此無他，問題出在中共所主張「一國兩制」的「國」字；和國府所強調「一個分治中國」的「分」字。「國」，自是「國家」之義。著重在國家的政府組織，對外，獲得「外交承認」，可代表全國人民行使其權利與義務。「分」，當如所言是「分裂、分治」之意。要在強調一個國家的政府，對其土地與人民能否完全「有效統治」而然。

　　中共有效控制了中國大陸已逾四十多年，從血淵骨嶽的情境，而一窮二白的生活，而能進入聯合國，獲有極大多數國家的承認。而今，大陸上民主人權容或有可議之處，但經濟起飛，人民生活已大為改善。中共在國際社會中的影響力，也日益見其重要。這些都是令海內外所有炎

《故土故人，吾思吾念：我對落實「一個中國」原則的認知與建言選輯》

黃子孫揚眉吐氣的事。不論中華人民共和國從建國四十多年以來，其一切治權運作，從未及於台灣，中共要求中國領土與主權的完整，是令每一個中華兒女由衷稱許的。要以武力對付台獨份子，凡有良心、有血性的中國人，莫不認可的。但中共僅以獲有極大多數國家的外交承認，而片面確認中華人民共和國是代表中國的唯一合法的政府。而刻意地將中華民國政府貶為地方政府，來完成其中國的統一。甚至要徹底消滅中華民國，以掩飾其當年所謂「武裝叛亂」的醜事。這就昧於事實，違反常理，甚至顛倒是非，曲解法、理了。

　　國府於 1949 年在大陸兵敗於中共，而退守台灣，仍然依據在大陸所制定的《中華民國憲法》，在其固有的領土上行使其職權，可謂國祚無一日中斷。中共豈能剝奪中華民國政府所仍擁有的這一「剩餘主權」。甚至政治實體的地位，都吝予承認，能合乎國際法上「主權繼承說」？但是，國家的領土與主權，不容分裂，不可分割。國府如果不遵守《中華民國憲法》，亦即，不秉持「一個中國」的原則，放棄要求全中國領土主權的完整，而劃分台澎為其領土，僅承認在台澎兩千一百萬子民的「中華民國在台灣」的政府，何能要求中共以對等地位來談論中國的統一？再如盜名以欺世，竊國以為王，亦即，假中華民國之名，以遂行台獨之實；盜中華民國之名，以僭奪中華民國一切有形與無形的資產，則是其心可誅，其行惡毒之極。在信誓旦旦追求中國統一過程中，「中華民國在台灣」的當政者，如何用事實來釐清這一攸關中國國家前途，中華民族生命的大問題，自是當務之急的極其重要的課題。

　　因此，在 1971 年前、後，因聯合國代表權得失問題，國、共雙方先後皆說：「世界上只有一個中國，台灣是中國不可分割的一部份」都不錯。但其下一句，「中華民國或中華人民共和國是代表全中國唯一的合法政府」，這就有問題了。此因，所謂「外交承認」並無普通而絕對的拘束效力。1971 年聯合國的 2758 號決議案，並不能強制世界上所有的國家都與中華民國斷絕其外交關係。中華人民共和國固然獲有聯合國的代表權，更獲得極大多數國家的承認，但對與中華民國有邦交國而言，不

《故土故人，吾思吾念：我對落實「一個中國」原則的認知與建言選輯》

論多寡，依然不是「中國唯一的合法政府」。但是，中共維護中國領土與主權的完整，而聲討台獨，要消滅台獨，那是天經地義的合法行為。今天的「中華民國在台灣」確是存在有台獨的事實與獨台的陰影。無任是台獨或獨台，都會讓中華民國喪失其傳承的歷史地位，與國際法理方面的人格。國府豈能一再輕言「一個分裂、分治的中國」？

今天的國、共任何一方，既然誰也不能說是可代表全中國。任何一方，其「有效統治」也不及於全中國領土；其為民造福的德政皆不能澤及全中國人民。對這「一個中國」自然是「內外有別」而「各自表述」了。在這樣的「一個中國」的原則之下，何能改善兩岸關係？何能促進和平統一？但如詮釋為「一中兩制」，亦即「一個中國，兩種制度」。這意義就既能符合歷史事實，也能反映政治現狀。亦即，在這「一個中國」原則下，中國存有三民主義與共產主義兩種制度。領土與主權，共有共享；雙方共為人民謀求福祉，共為國家碩畫未來。而兩岸所追求統一的「中國」，乃是未來式或是進行式的中國，她就不是現在的中華民國或中華人民共和國，而是包括海峽兩岸，全中國領土的中國，是能讓海內外所有中華兒女由衷愛戴，竭誠擁護的新中國、大中國。

再則，統一中國不應是為一己政權的名位。中國歷史上在朝代更迭洪流中，有數說不盡的當政者或統治者，但能留名青史，能讓後代子子孫孫崇敬感念的，僅限於極少數能為萬世開太平，能為全民造福的領導者。又何況國、共雙方，當初革命，與今日為政，已不是如中國歷史上為某姓打天下，為某人要當皇帝，而是為實現主義、為造福人民的。因此，真正能促進中國的統一，唯有雙方或攜手合作，或和平競賽，將一切意念集中於子民所身受的困苦方面，以為民解決問題；將所有的努力都放在子民所盼望的仁德政務，以為民創造福祉。這才是統一之目的，這乃是統一的正道。否則的話，為何統一、為誰統一呢？

為了避免讓台獨鼠輩，在夜長夢多中，有隙可乘，要後代子孫流更多的鮮血才能統一，兩岸領導者皆須放下身段，來為民請命；擱置主權問題，而為民造福。中共應不談對台使用武力，且協助國府在國際上取

《故土故人，吾思吾念：我對落實「一個中國」原則的認知與建言選輯》

得所需的活動空間（要如處理人民事務的外交領事權）；國府則停止名統實獨的務實外交，而胸懷大陸，心繫全民。在這樣的「一個中國」原則之下，自然什麼事都可談，雙方當可考慮，將目前的國統會與對台辦公室合組成「中國統一規劃委員會」，本諸互尊互重、互利互惠原則，和平理性、循序漸進方式，來實實在在地討論問題（大如國名、國旗、國歌的更易，小至人民財產的處份），解決問題（諸如改善大陸農民與國企的艱困；戡止台灣選政與治安的敗壞），以保證中國統一大業的完成。此一委員會可由委員九或十一人組成之。委員會各自向雙方當局負責。人選則由雙方黨國元老、民意代表、社會賢達、以及國際學人與華僑代表中遴選而出。委員會則下設秘書處暨各研究規劃小組，諸如法政財經、社會文化、國際事務、科技資源等等。從委員會的成立以至完成中國的和平統一，可能需時十年二十年，甚或更長。但可確信者，是可排除了台獨因素，也堅守了「一個中國」的原則。在維持現狀中，彼此和平競賽；能為民解決問題，就是為民造福了。如此統一之途雖遙，但循此努力，必是可期可及的。

（1998年十月二十二日於紐約市）

《故土故人,吾思吾念:我對落實「一個中國」原則的認知與建言選輯》

「一個中國」原則的平議與實踐

　　從 1949 年國府兵敗於大陸,中共成立中華人民共和國,繼之於 1971 年中國在聯合國的代表權變更前後,就產生了「一個中國」的問題。在兩蔣時代,國府與中共所爭論的是,誰是代表中國的唯一合法的政府。但從李登輝主政之後,則強調「分裂」、「分治」,假中華民國傳承名位,提出「兩國論」,步上台獨。而今,竟由高呼「台灣獨立萬萬歲」的陳水扁,當選為中華民國第十任的總統,在其就職演說中,並未相應中共所「求」,公開接受「一個中國」的原則,承認一己是中國人。這一問題將越演越烈,不知伊於胡底了。

　　其實,「一個中國」就是一個中國。不管她的天下是分分合合;朝代更更迭迭;甚至疆土伸伸縮縮,她永遠是「一個中國」。這一個中國永遠永遠是屬於在中國土地上生老病死的全體人民的。這「一個中國」不是中共所專利的名詞,更不是國府可以假借任何「理由」,所能逾越否定的。

　　中共有效統治中國大陸已逾四十多年,或有極大多數國家的承認。而今,大陸上民主人權容或有可議之處,但經濟起飛,人民生活已大為改善。其在國際社會中的影響力,也日益見其重要。這些都是令海內外所有炎黃子孫揚眉吐氣的事。不論中華人民共和國建國四十多年以來,其一切治權運作從未及於台灣,中共要求中國領土與主權的完整,這是天經地義的行為,凡是中華兒女都會由衷稱許的;要以武力對付台獨份子,凡是有良心、有血性的中國人,莫不認可的。但中共如片面確認中華人民共和國是代表中國的唯一合法政府,甚至要徹底消滅中華民國,來主導中國的統一,這就昧於事實,有違法理了。

　　國府自從 1949 年退守台灣,仍然依據在大陸所制定的《中華民國憲法》,在其固有的領土上,行使其職權,可謂國祚無一日中斷。中共豈能剝奪中華民國政府所仍擁有的這一「剩餘主權」。但是,國家的領土

《故土故人，吾思吾念：我對落實「一個中國」原則的認知與建言選輯》

與主權不容分裂，不可分割。台灣是全中國人民的領土。今天在台灣的新政府何能僅以不及五百萬人的選票，來違反由全國人民所制定的《中華民國憲法》。亦即，不秉持「一個中國」的原則，放棄要求全中國領土主權的完整，而劃分台澎金馬為其領土。如此，何能要求中共以對等地位，來談論中國的統一？再如盜名以欺世，竊國以為王，亦即假中華民國之名，遂行台獨之實；盜中國民國之名，以僭奪中華民國一切有形與無形的資產；且不惜招惹戰火，裹脅在台灣一千六百多萬不願台獨的同胞，也犧牲其身家性命，以實現其所謂獨立建國的惡夢，則是其心可誅，其行惡毒之極。

　　中國有五千年的光榮歷史，有千萬里的錦繡河山。在這土地上成長的人，都應以生而為中國人為榮。中國對日抗戰，犧牲了千千萬同胞的生命，損失了天文數字的財產，方能經由開羅會議和波茨坦宣言，從日本鬼子手中索回了台灣。國府遷台後，將一個瘡痍滿目的台灣，建設成為安定繁榮、民生樂利的桃園樂土。除了所謂（只是針對叛亂份子的）「二二八」事件和「白色恐怖」而外，中國政府有何對不起在台灣的同胞。日本割據台灣有五十年之久，除了少數媚日份子而外，台灣同胞能不受其迫害者幾希？能求個「皇民」身份者，更是屈指可數。而今，李登輝說，台灣不是中國的。那麼，當年甲午戰爭，日本為何要求中國，依據國際法，簽訂馬關條約，割讓台灣呢？李又說台灣人是移民而來。那麼從何處遷徙而來的？台灣同胞的「根」又在哪裡？在台灣的同胞，經過日本五十多年的高壓統治後，其語言文化，風俗習慣，以至宗教信仰，為何仍然與居住在大陸的同胞一樣呢？任何國家的人民，都有或遷徙、或移民，以選擇自由生活的權利。但是，一個國家的領土，則是永遠永遠屬於全體人民的，不容侵犯，不可割據。如果極少數野心份子，能假借「自由民主」之名，或是「非我族類」之因，予以分割竊據。則在台灣的高山諸族同胞，或是嘉義地區的客家同胞，若要割據其所居之地，獨立建國，「中華民國在台灣」的政府，能容許而不加以聲討撻伐嗎？要統一，乃是大陸十三億人民；在台灣百分之六十以上的同胞；以

《故土故人，吾思吾念：我對落實「一個中國」原則的認知與建言選輯》

至海外所有炎黃子孫的意志。而今，這不足五百萬人所選出的新政府，何能數典忘祖，無父無君地，不接受「一個中國」的原則，不承認一己是中國人？！

　　海峽兩岸的地域，都是我們中國神聖不可侵犯的領土；海峽兩岸的人民，都是我們中國血肉相連的手足同胞。但依政治現況而言，今天海峽兩岸乃是「主權共享」，「治權分轄」的關係。任何一方，皆不能代表全中國，其「有效統治」不及於全中國的領土；其為民造福的德政不能澤及全中國的人民。所以，當前這「一個中國」的真正涵義應是「一中兩制」之謂。亦即「一個中國，兩種制度」。在這「一個中國」的原則下，中國存有三民主義與共產主義兩種制度。其領土與主權，共有共享；雙方在其治權所及領域之內，各為人民謀求福祉，共為國家碩畫未來。而兩岸所追求統一的「中國」，乃是包括海峽兩岸，全中國領土主權完整的國家；是能讓海內外所有中華兒女由衷愛戴，竭誠擁護的新中國、大中國。

　　統一中國不應也不可能是為一己政權的名位。中國歷史上在朝代更迭洪流中，有數說不盡的當政者或統治者，但能留名青史，能讓後代子子孫孫崇敬感念的，僅限於極少數能為萬世開太平，能為全民造福的領導者。又何況海峽兩岸的政府，當初革命，與今日為政，已不是如中國歷史上是為某姓打天下，為某人要當皇帝。而是為實現主義、為造福人民的。因此，真正能促進中國的統一，唯有雙方或攜手合作，或和平競賽，將一切意志都集中於子民所身受的困苦方面，以為民解決問題；將所有的努力都放在子民所盼望的仁德政務，以為民創造福祉。這才是統一之目的，這乃是統一的正道。否則的話，為何統一、為誰統一呢？

　　為了避免後代子孫流更多的鮮血才能統一，兩岸領導者皆須放下身段，來為民請命，為民造福；中共先行擱置主權問題，不侈談對台使用武力，且協助國府在國際上取得所需的活動空間；國府必須遵守《中華民國憲法》，秉持一個中國的基本國策，停止其名統實獨的務實外交，而胸懷大陸，心繫全民。在這樣的「一個中國」原則之下，自然什麼事

都可談。雙方當可考慮將目前的國統會與對台辦公室合組成「中國統一規劃委員會」，本諸互尊互重、互利互惠的原則；和平理性、循序漸進的方式，實實在在地討論問題（大如政制的改革，小至人民財產的處份），解決問題（諸如改善大陸農業與國企的艱困；戢止台灣選政與治安的敗壞），以保證中國統一大業的完成。從委員會的成立以至完成中國的和平統一，可能需時十年二十年，甚或更長。但可確信者，是可排除台獨因素，也堅守了「一個中國」的原則。在維持現狀中，彼此和平競賽；能為民解決問題，就是為民造福了。如此統一之途雖遙，但循此努力，必是可以期及的。

——原載於《紐約新聞報》2000 年六月十二日

《故土故人，吾思吾念：我對落實「一個中國」原則的認知與建言選輯》

「反分裂法」的問題與效應

中共所訂的「反分裂法」，無論從字裡行間，或是歷年來所宣示的政策而論，其真正的目的，是在嚇阻「台獨」僭奪、分裂屬於全國全民的國土：台灣。所以，該《反》法應是《反分裂國土法》，或《反台獨分裂國土法》才是。不幸的是，竟名之為《反分裂國家法》。種種「複雜的反應」與應可迴避的爭議，因以而起。

就政治學常識以言，所謂「國家」一詞，其構成要素有三：國土，人民，以及代表其行使權利與義務的政府組織。此三者各有其不同的特質：任一國家的人民，都有權自由遷徙，或移民他國。政府組織更因依期選舉，或突發的政變或是革命而改組的。至於一個國家的領土，則是永遠永遠屬於全國、全民的。不容任何外人侵佔吞併，絕不容許少數份子非法僭奪分裂的。

《反分裂法》法，如是反「國家」的分裂，其首要產生的問題是為「一個中國」的爭議。因為，中華民國政府迄今依然根據在大陸所訂立的憲法，在其固有的國土；台灣，行使其權職，可謂國祚無一日中斷。也使中華人民共和國政府的治權從未及於台灣。雙方政府乃是處於「主權共享、治權分轄」的關係。無論就國際法上的「主權繼承說」，或是「有效控制」的法統傳承而言，國府有此「剩餘主權」，中華人民共和國的政府，就無必要立此「反」法，來「反國府」分裂一己的國家。相反的，當年中共「革命」時期，國府所訂的「勘亂條款」，或可相當於美國於 1861 年所訂的「反」法，但那時也僅為戡平中共推翻國府的「武裝叛亂」而已。事實上，從「國共內戰」，以迄於國民黨在大陸兵敗於中共，繼之在台選舉失利，不幸失去政權，雙方無不是為中國統一，為全民福祉而「且戰且和」的。所以，中共依據其一己之《憲法》，訂此《反》法，不僅「適得其反」；且予兩府之間的「第三者」；「台獨」政客，乘隙假借中華民國法統的名位，來倡言「一邊一國」論；煽動對

《故土故人，吾思吾念：我對落實「一個中國」原則的認知與建言選輯》

「反分裂法」多無所知的在台同胞，來掀起「反併吞，保台灣」的嗆聲與抗爭。

《反分裂法》乃是為極少數「台獨」政客而設置的「虎頭鍘」。但如以反分裂國家名之，也會傷及在台灣絕對多數的「非台獨」同胞的感情。因為，在台灣的同胞當中，真正稱得上「台獨」者僅是屈指可數的「哈」日族的台灣系日本人，如岩里正男之輩；以及在日本的三等「皇民」如辜、金之類的國賊。如益之以為僭奪政治資源的「台獨」政客，如「台灣之子」之流，再計之以受該等煽動利誘而盲從附和，作其選舉工具者，充其量不及全台同胞的四分之一而已。這逾四分之三絕對多數的台灣同胞，不論是在四百年前由大陸來台開墾的先民後裔，或是 1949 年國府兵敗於大陸後，追隨國府退守來台的軍民同胞，都是熱愛中華民國，都是景願中國富強，人民自由幸福的中華兒女。他們在日本高壓「統治」逾半個世紀後；在「哈」日族的「台獨」份子，無所不用其極地「去中國化」之際，依然不能改變他們（包括台獨份子自己）的，與生俱有的中華民族血統，語言文化，風俗習慣，以至宗教信仰。中共何能訂此《反》法，來「意指」他們也要分裂自己的國家，有損其尊嚴，讓他們氣憤，而輕易地受「台獨」的蠱惑，參與「造反」呢？

台灣是中國固有的領土。僅從甲午戰爭失敗而言，日本依國際法，刻意要求中國政府簽訂《馬關條約》，割讓台灣予日本。其後，中國經過八年抗戰，犧牲了千千萬萬同胞的生命，損失了天文數字的財產，方從日本鬼子手中索回了台灣。誰能說台灣不是中國全民的國土？台灣光復後，國府在台，將一個瘡痍滿目的台灣，建設成為安定繁榮，民生樂利的寶島，現在當政的「台獨」政客們，有幾個曾對台灣的經建奇蹟作過實質上的貢獻？「台獨」份子要獨立建國，除了高喊似是而非的「民主、自由」，穿和服，佩武士刀，去拜祭「神社」，一心一意要將台灣回歸於日本，或是作為「附庸國」而外，其建國理念為何？其建國籃圖又何在？

在台灣的政客們，又每每主張台灣的前途，應由在台灣的二千三百

萬人民自決。這又是將土地與人民混為一談的有違法理之說了。涉及人民的權利與義務之事，依據地方自治的法理與精神，當然需獲得當地當事者的同意。但一個國家的領土主權則是屬於全國全民的。其變更必須依法獲得全國全民的認可批准。部份當地居民是絕對無權置喙的。《中華民國憲法》就是如此規定。美國內戰，統一聯邦，何曾尊重南方諸州的民意？英國出兵捍衛萬里之外的福克島，徵求過福克島居民的意見？今天，「台獨」份子要正名，要制憲，更急急要建立「台灣共和國」，是可忍，孰不可忍？所謂「一寸山河一寸血」，在國民黨又不幸失去政權，無能為力之際，中國政府及時訂立《反分裂法》，以嚇阻屈指可數的「台獨」政客，不要將屬於全國全民的國家領土：台灣，非法僭奪分裂出去。中華兒女怎能不為之額首頌讚？

　　大陸與台灣皆是中國的國土。一小撮「台獨」政客們一再倡言，要為民主，為自由而獨立，中國政府可以讓他們自由自在地「出埃及」，到他們的「宗主國」，穿和服，揮武士刀，自由獨立拜其神社。但如違反一個中國的《中華民國憲法》，且依然僭奪、佔據中國固有的國土：台灣，「落草為寇」，中國政府即使以非和平手段，來驅逐或消滅這些僭奪分裂國土的「台獨」份子，乃是盡其天經地義的權責；盡其捍衛國土應盡的義務。全世界海內外，凡有血性的炎黃子孫無不稱許擁戴的。所以，該《反》法已收到「緊箍咒」或是「虎頭鍘」的震懾作用。再如名之以《反分裂國土法》，名實相符，則雜音與爭議無由而生，必然獲致更大的效應。

——原載於《世界論壇報》2005 年四月六日

《故土故人，吾思吾念：我對落實「一個中國」原則的認知與建言選輯》

胸懷大陸，心繫全民
——對馬英九先生的期望

今，五月五日，《世副》有《感時篇》張作錦先生的《歷史二次來敲門》大文指出，2008年，「天將降大任於馬英九」，「只要他內修政經，外重睦鄰，與大陸和平共榮，一起發展，這不僅是二千三百萬台灣同胞之福，也是十三億中國人共同的期望」。並莊嚴地傳呼：「英九！你準備好了嗎？」毋任欽遲。

筆者認為，馬英九先生以絕對多數當選為中華民國第十二任總統；國民黨在立法院更有三分之二的多數席位；加之馬先生以清廉見長，未來在內政方面必能建立起廉能的大有為政府。但欲改善兩岸關係，建立所想望的「兩岸共同市場」，來為台灣地區發展經濟，以增進台灣地區同胞的福祉，進而開擴國際關係的空間等等「政見支票」的「兌現」，則必須依據法理，切符現實，來解決國共雙方都無從迴避，且必須面對的，所謂「一個中國」的問題，其成方可有望。

其實，「一個中國」就是一個中國。她不是專屬於任何一個政權。而是永遠永遠屬於在中國土地上，億億萬萬生老病死的全體小民的。無論依據法理，或是按照實況，當前兩岸對「一個中國」的關係，是「一而二，二而一」，是所謂「你中有我，我中有你」的。此因，從中共建國後，依國際法「主權繼承」說，中共對台灣就有權利更有義務，要求其領土主權的完整。但中華民國政府依據在大陸，由全民所創立的《中華民國憲法》以及民意代表，於大陸兵敗後，退守台灣，根據憲法行使其職權；國祚無一日中斷，致令中共一切治權運作，從未能及於台灣。所以，中共對中國領土主權是「不完全繼承」。而國府仍擁有「有效統治」台灣的「剩餘主權」，依法，自然也保有對大陸領土主權的要求。所以，這「一個中國」不是專屬於兩岸任何一方的。而是中共與國府彼此對全中國領土是「主權共有」，對全民是「治權分轄」的。

《故土故人，吾思吾念：我對落實「一個中國」原則的認知與建言選輯》

　　因此，馬先生既是依據《中華民國憲法》當選為中華民國的第十二任總統，就不應僅以「台灣人民」的「台灣總統」自居。必須恪遵《中華民國憲法》，秉持國府的基本國策；胸懷大陸，心繫全民。依據「憲法一中」的原則，恢復「國統網領」的運作，來積極而主動地爭取中共合作，主導建立兩岸和平發展的關係。中共對台灣的要求，如其所言，是「統一」，不是「統治」。即對台灣只是要求宣示主權領土的完整，而不作實質上的掌控。這不僅維持了台灣的現狀，也保有「主權獨立」的法統地位；台灣就可做到「對外統一」，「對內獨立」的地步：「共臻盛世，一同崛起」。這豈不是最好的兩岸政策，最好的兩岸關係？馬英九先生，您是中華民國的總統，也應是中國國民黨先蔣總裁與先蔣主席的薪火傳人；也為不負台灣選民同胞的託付；海內外全體中國人民的期望，對於這次「天降大任於您的歷史使命」，企求您戮力竟成。

　　　　　　　　　　　　——原載於《三洲新聞》2008年六月十二日

《故土故人，吾思吾念：我對落實「一個中國」原則的認知與建言選輯》

一個中國，兩岸各自獨立？

　　馬英九總統主張「外交休兵」，以開擴國際關係的空間等等「政見支票」，未能如所預期的「兌現」，其因何在？筆者以為，是馬昧於兩岸情勢，沒有依據法理，切符現實，解決國、共雙方都無從迴避的所謂「一個中國」的問題。

　　馬英九總統表示，兩岸的憲法，都不允許在其領土上還有另一個國家，所以認為雙方是一種特別的關係，但不是國與國（兩個中國）的關係。確是言之中的，但馬仍然欲以理念模糊的「九二共識」，迴避「依個中國」的主權爭議。

　　在筆者看來，「一個中國」就是一個中國，並不專屬於任何一個政權的，而是屬於中國土地及人民。無論依據法理，或是按照實況，當前兩岸對「一個中國」的特殊關係，是「一而二，二而一」，是所謂「你中有我，我中有你」。

　　中共建國後，依國際法「主權繼承」說，中共對台灣就有權利更有義務，要求其領土主權的完整。但中華民國政府依據在大陸時期，由全民所創制的《中華民國憲法》以及民意代表，退守台灣後，根據憲法行使其職權，國祚無一日中斷，致令中共一切治權運作從未能及於台灣，中共對中國領土主權自是「不完全繼承」。而國府仍擁有「有效統治」台灣的「剩餘主權」，依法自然也保有對大陸領土主權的要求。亦即，中共與國府彼此對全中國領土是「主權共有」，但對全民則是「治權分轄」。

　　因此，從中共建國後，與國府「鬥爭」了二十餘年，方在聯合國取得中國的「代表權」迄今，其真正的爭議所在，乃是國共兩岸是誰能夠「代表全中國的唯一的合法政府」。

　　國府在台灣政經雖是日益邊緣化，生存與發展多受制於大陸，但在中國民主憲政的法理方面，確是優勝於中共。馬英九既是依據《中華民

國憲法》，當選並就任為中華民國的第十二任總統，就不應倡言如台獨所說的「台灣主體」，僅以「台灣人民」的「台灣總統」自居。必須恪遵《中華民國憲法》的基本國策，胸懷大陸，心繫全民，明確而堅定地宣示，「世界上只有一個中國，大陸與台灣都是中國的一部份」。

馬應恢復「國統會」的運作，也要求中共，「在一個中國的原則之下，什麼（如國名、國歌、政制等等）都可以談」，來主導建立兩岸和平發展的關係。中共對台灣的要求。如其所言，是「統一」而不是「統治」，對台灣只要求宣示其領土主權的完整，而不做實質上的掌控。如此，這一「終統」的談判，自不會有成於朝夕之間，如此不僅可維持台海兩岸現狀，國府也保有「主權獨立」的法統地位，做到「對外統一，對內獨立」。這豈不是解決兩岸「一個中國」特殊關係的最佳途徑？

——原載於《世界日報》2008年九月十四日

《故土故人，吾思吾念：我對落實「一個中國」原則的認知與建言選輯》

憶金門「九三炮戰」及其餘事

　　現在大家一說起金門炮戰，都是稱道民國四十七 (1958) 年的「八二三炮戰」，其實早在這四年以前，尚有四十三 (1954) 年的「九三炮戰」呢。雖然已時去五十五年，但這「九三炮戰」對金門來說，的確是驚險不已，中共在那時如果能攻打過來，金門多會不保的。對我來說，更有特別（為國捐軀）的意義，常令我有一種「很幸慶，沒陣亡」的感念，早有再去「戰地」，重溫「舊夢」的念頭。

　　我記憶猶新的是，民國四十二年，我隨部隊調防到金門，那時，我在七五山炮營服役，任政治幹事。當部隊構築起炮兵陣地，就有好幾次在半夜「緊急集合」，大家全副武裝（我揹上卡賓槍）奔到我們的炮兵陣地去，各就各位，移動炮管，標定目標，裝填炮彈，反覆操作射擊程序。

　　次（四十三）年，我奉調衛生連代連指不久。在抗戰勝利紀念日，九月三日，上午，因為新任部隊長要集合部隊「訓話」，我們衛生連官兵們，服裝都穿得整整齊齊，鋼盔擔架都擦得亮亮光光，左臂都套上紅十字白背章。大家精神抖擻地走向「湖南高地」集合場。（現在想想，可能是這樣的隊伍，在晴空萬里的大太陽下移動，是太耀眼之故，讓對岸中共看到我們，才引起了「殺機」？）當副連長領帶第一排隊伍（我領第二排隊伍）到達集合場中央時，突然聽到背後對岸，從大嶝、小嶝發出的，砰、砰、砰一群炮聲；又聽到已先到達，散坐在四周的官兵們大叫「散開」、「臥倒」之聲，我本能地隨著大家匍行伏臥到地上，一群炮彈就轟炸在我們附近。我連一擔架兵臥倒慢了一點，竟為一彈片傷及腰部。在先後一群群炮轟間隔的時候，我們迅速向四面八方疏散，有洞就向裡鑽。所幸，中共打了幾群炮彈，都沒命中目標（可能是訓練不足之故吧？），就停止射擊。全體官兵們也就零零落落，垂頭喪氣地各自跑回駐地。下午，對岸廈門中共竟然對著金門群炮齊轟，我們衛生連

143

《故土故人，吾思吾念：我對落實「一個中國」原則的認知與建言選輯》

從駐地湖下，奉命隨機動部隊，調往榜林時，我看到前面小金門，被中共炮轟的濃煙全淹沒了。有一艘兵艦在大小金門之間的海溝裡，漂流於被落下炮彈激起的浪花之間，但沒被擊中。那天，中共的戰炮射程短，尚不及大金門「中心點」的榜林；我們金門也沒有防禦工司，這因為防衛司令劉玉章的戰術思想可能是，以機動部隊迎擊，以大小群炮齊轟，殲敵於登陸的灘頭陣地。當夜，我連官兵露宿在榜林附近的斜坡田梗之間。半夜，我被一陣陣震天動地的炮聲，火紅了的半邊天，驚嚇得目瞪口呆。聽到老兵們拍手叫好時，才知道我金門的「秘密」防衛武器，六門（有兩門故障了）115 五加農炮，在中共炮轟整整一天又半以後，開始還擊了！這 115 五加農炮射程可打到廈門市區。次（九月四日）晨起，每天都有，由台灣一批又一批飛來的轟炸機，到廈門連番轟炸，炸散了中共結集的船團，否則的話，中共如能進攻，金門會「完蛋」的。

繼之，因為「一江山」失守，全島七百二十名官兵全部陣亡。我金門守軍奉國防部命令，都寫下「不成功，便成仁」的「遺書」，寄存到國軍留守業務處（我寄到在台北的親友），備為「成仁」後妥為處理「善後」。自後，炮戰不斷，一直延續到民國四十五年我們調回台灣。個人在這期間，確是經歷了好多讓我終身難以或忘的故事。我如再去金門，尋覓當年的「戰地」，憶念往日「舊夢」的話，則必要重訪湖下，榜林，特別是莒光樓和珠山。

湖下，是當年我衛生連的駐地。「九三炮戰」那天早晨，大家精神抖擻，步伐整整齊齊地，出發前往「湖南高地」去集合聽訓。湖下村的居民看到我們，似乎有「致敬」的樣子，向我們揮揮手。中午，經炮擊返回時，我連官兵真如「潰不成軍」地，大家蹣蹣跚跚，先先後後地回來，湖下村的居民多默默無言，站在路旁看著我們。下午，我連匆匆忙忙地集合，奉命隨同機動部隊前往榜林時，我看到連長與醫官們，多是緊張兮兮地招呼著部隊。看到對面小金門被中共群炮齊轟的濃煙淹沒。後又傳來附近守軍，有位步兵連長的左腿被中共炮彈擊斷，不及止血，就「過去」了！那年，我僅僅二十三、四，初歷戰場，遭受炮擊，如果

《故土故人，吾思吾念：我對落實「一個中國」原則的認知與建言選輯》

上午被中共第一群的炮彈擊中，早就「過去」回不來了。想想真也夠「刺激」的呢。不過現在，但願時光能夠倒流五十五年，讓我仍是二十多歲的年輕小伙子，在湖下那裡，揹著卡賓槍，跟隨連長，帶著部隊，齊赴戰場。

榜林。我們擔任機動部隊，夜宿榜林有一個多月。最初幾日，露宿在田埂間，以後，連長與我自掏腰包，請人為我倆各挖一個土洞（我的是彎月形），入夜鑽進去，蓋上大雨衣側睡著。第二日清晨起來，摸到身上衣服都濕了大半邊。士兵們挖土掘溝，將臨時傷兵救護站築成後，都在等待炮戰時急救傷患的命令。無事可做時，就三五成群地「打百分」，有時竟爭爭吵吵，倒也不寂寞呢。等我們進駐到村裡後，幹部們也染上「打百分」的樂子。有李天恩醫官經常強拉我湊數「打百分」，我們輸贏每牌以五或十元為限。輸者付現，贏者，將悉數所得，帶大家去福利社作為「加菜」之用。李醫官口袋裡的錢輸光了，就去福利社簽字「賒帳」，以後算起來，竟「賒」去半年多的薪水，但他仍是興致沖沖地，要我們陪他打百分。他常說：「我現在在這兒打百分，說不定等會兒就被轟炸死了，還有什麼看不開的？！」

莒光樓。炮戰稍停，我被借調到政治部協辦政訓工作，住進了莒光樓，夜宿在莒光樓大禮堂講台的中央，真夠愜意的。那時，主任是「湖南才子」陳輝慶，部內有錢距奕，吳達儒，丘廷坤，朱介一，郭華，以及幾位文書士官，大家都擠在二樓靠窗的「包廂」裡辦公，地方狹窄，辦公桌之間都無轉身的餘地。起初上班時，錢距奕每每叫我看看說，坐在他後面的朱介一，又將桌子向前移動了一寸，讓他坐不下去，跟他吵起來。朱介一是個大塊頭，桌子小，他坐下去，轉轉身，桌子就被移動了。我就建議大家坐好後，各在自己的桌椅前後都劃個記號，以免再為「寸土」得失，爭吵起來。錢距奕舉起右手，用大拇指捏著小指指甲對大家說：「朱承武就比人聰明這一點點。」公餘，為避免炮擊，我們都在大樓的後面活動，但自始至終，中共從未炮轟過莒光樓，原因是中共炮兵部隊將莒光樓做為炮擊目標固定的中心基點，炸毀了，他們就不便

《故土故人，吾思吾念：我對落實「一個中國」原則的認知與建言選輯》

隨意下達炮擊的命令了，我們真也夠「幸運」的。所以，在民國四十四年五月，當我們主任調職，我也歸建衛生連時，特別在莒光樓前，遙指望著「我們的大陸」，照了張相（附後），分給大家留為紀念這段難以忘懷的「愜意」日子。

　　珠山。珠山又是讓我時常懷念的地方。我歸建衛生連後，住在「珠山國小」大門的樓上。白天，不時看到操場前的兩門 115 加農炮反擊，炮轟廈門的情形；夜晚，聽到樓下升旗台上，由台灣來的各類勞軍團演唱的歌聲，但我都在樓上「啃書，記筆記」。那時為了參加高普考試，我是夜以繼日，分秒必爭地啃書。有位家住珠山，在金門市區「軍人之友社」圖書館服務的少女，經常帶書回來給我看。現在想想，從金門調回台灣以後，我於民國四十七年參加全國性公務人員高等考試，竟然及格了。很可能就是因為在那個時期，啃了不少的書所致的吧？又不知是何原因，政治部將我們駐地的珠山和舊金城的兩個「婦女隊」要我來組訓，每晨集合時，常由我來教她們做體操。那時，軍中倡行「兵唱兵，兵演兵」，我曾奉命將這兩位小婦女隊隊長，與我所選的兩名士兵，由我彈風琴教他們唱《蒙古姑娘》，導演編成二十九分鐘的歌劇，分別到我部隊去巡迴演出呢。想想五十五年過去了，現在他／她們不都是年已古稀的老頭，老太婆了！還能演唱這《蒙古姑娘》嗎？

　　從「九三炮戰」以後，時日越久，中共火炮的射程也就日益加長，到處濫射。但當我們 115 加農砲一還擊，中共在廈門山洞中的戰炮就立馬停止炮轟，縮進洞裡去了。起初，我們衛生連的官兵一聽到炮聲，多有點驚慌失措。但時日久了，經常奉命出勤急救傷患的救護兵與擔架兵就對我說，聽到轟隆轟隆的炮聲，仍然從容不迫地走，但如聽到「嘶嘶」、「嗚嗚」的低沉炮聲，就立馬臥倒。最初，當台灣的飛機到廈門上空連番轟炸時，我們有好多官兵，就爬到高地或屋上觀看，看到我們的飛機在廈門上空，在滿佈著一團團黑色高射炮火的濃煙中，穿梭著來回轟炸。大家還拍手叫好。如果有一機中了高射炮火，冒起煙來，大家就合十擔心地，看望它快快飛回金門的海邊來。以後，當中共猛烈炮轟

時，我們由台灣調來的士兵，都是穿著白色汗衫，也站到高處，看它打到什麼地方。對岸中共看到，就廣播喊話，諷刺地說，你們號稱台灣來的「新軍」，竟然最基本的軍事常識都沒有。我們隨之喊話回應說，因為你們打不準，所以我們就站在屋頂上看。對面中共無言以對。那時，金門的制空權在我們這邊。中共就訓練一批「水鬼」，有一次在風高浪急的黑夜裡，游到我們海邊防地，摸走我們警戒哨兵。第二天，司令官劉豫章就集合我們全師官兵「訓話」說，不論你們指揮官是什麼「皇親國戚」，有疏忽職守的，「殺」。當場就將昨晚負責警戒的副排長叫出隊伍，就地槍決。聽到槍聲，讓我震撼不已。又想起被我衛生連急救回來的炮戰重傷，送到野戰醫院，無法醫治，臨「去」時，都流下幾滴淚水！今天，金廈兩地可自由互通了，國共雙方也步上解凍和平的進程，我不禁要問問蒼天，當年為什麼要打這場「九三炮戰」呢？！

——原載於《世界日報》2008年十一月六至十四日

《故土故人，吾思吾念：我對落實「一個中國」原則的認知與建言選輯》

「主權共有，治權分轄」
——解決兩岸「一個中國」特殊關係的途徑

馬英九先生就任中華民國第十二任總統百日以後，要為台灣地區發展經濟，達至所謂「六三三」的目標；主張「外交休兵」，以開擴國際關係的空間等等「政見支票」，未能如所預期的「兌現」，其因何在？要在於馬先生昧於兩岸情勢，沒有依據法理，切符現實，來解決國共雙方都無從迴避，且必須面對的，所謂「一個中國」的問題。

日前，馬英九總統表示，兩岸的憲法都不允許在其領土上還有另一個國家，所以認為雙方是一種特別的關係，但不是國與國（兩個中國）的關係。確是言之中的，但馬先生仍然欲以理念模糊的「九二共識」來「迴避」，來「擱置」「一個中國」的主權爭議，遂行他所謂「不獨，不統，不武」的謬論！真是不「爽」。

其實，「一個中國」就是一個中國。她不是專屬於任何一個政權。而是永遠永遠屬於中國的土地與人民的。無論依據法理，或按照實況，當前兩岸對「一個中國」的特殊關係，是「一而二，二而一」，是所謂「你中有我，我中有你」的。此因，從中共建國後，依國際法「主權繼承」說，中共對台灣就有權利更有義務，要求其領土主權的完整。但中華民國政府依據在大陸，由全民所創制的《中華民國憲法》以及民意代表，於大陸兵敗後，退守台灣，根據憲法，行使其職權；國祚無一日中斷，致令中共一切治權運作，從未能及於台灣；中共對中國領土主權自是「不完全繼承」的。而國府仍擁有「有效統治」台澎金馬的「剩餘主權」，依法，自然也保有對大陸領土主權的要求。亦即，中共與國府彼此對全中國領土是「主權共有」，對全民則是「治權分轄」的；因此，從中共建國以後，與國府「鬥爭」了二十餘年，方在聯合國取得中國的「代表權」以迄於今，其真正的爭議所在，乃是國共兩岸是誰能夠「代表全中國的唯一的合法政府」。

《故土故人,吾思吾念:我對落實「一個中國」原則的認知與建言選輯》

今天,中共在大陸上,國勢日益強大,已無一有求於台灣。國府在台灣政經雖是日益邊緣化,其生存與發展多受制於大陸,但在中國民主憲政的法理方面,確是優勝於大陸中共的。馬先生既是依據《中華民國憲法》,當選並就任為中華民國的第十二任總統,就不應倡言如「台獨份子」所說的「台灣主體」,僅以「台灣人民」的「台灣總統」自居。必須恪遵《中華民國憲法》的基本國策;胸懷大陸,心繫全民,明確而堅定地宣示「世界上只有一個中國,大陸與台灣都是中國的一部份」;恢復「國統會」的運作,也要求中共(國台辦),「在一個中國的原則之下,什麼(如國名、國歌、政制等等)都可以談」,來主導建立兩岸和平發展的關係。中共對台灣的要求, 如其所言,是「統一」不是「統治」;對台灣只是要求宣示其領土主權的完整,而不作實質上的掌控。如此,這一「終統」的談判,自不會有成於朝夕之間。但自始至終,不僅維持了台海兩岸的現狀,國府也保有「主權獨立」的法統地位;做到「對外統一」,「對內獨立」的地步:且能與中共「一同崛起,共臻盛世」。這豈 不是解決兩岸「一個中國」特殊關係的最佳途徑?

註:本文於 2009 年二月十日刊載於《我家傳承》網站之前,曾為世界日報《民意論壇》在 2008 年九月十四日將文題改為《一個中國,兩岸各自獨立》,予以刊出;繼於次(九月十五)日,由香港論壇 Lalulalu 轉載,公開討論。

《故土故人，吾思吾念：我對落實「一個中國」原則的認知與建言選輯》

「1949 巨變大難」，「罪」在何方？

　　當中共在大陸為 1949 建國迄今已歷六十週年，而大事舖張慶祝前，從報端見及在台灣的名作家龍應台，為向 1949 國府兵敗於大陸，倉皇撤守台灣，所率兩百萬軍民的「失敗者」致敬，而出版《大江大海 一九四九》一書，讓我「震撼」不已。因為 1949 那年，我只是一個年方十七，無資無能，孑然一身的「流亡學生」，隨校到上海搭乘最後一班去台灣的「大江輪船」，經吳淞口，過台灣海峽抵達基隆碼頭的。那些令我永生難忘的情景是；一群萬頭鑽動，提著大包小箱，爭先恐後搶上輪船的群眾，為在跳板上被擠跌下海的親人嘶叫聲；為不能上船的家屬相對哭喊聲；出航時，來自中共在吳淞口岸邊射擊的機槍聲。還有在航行中，與我同樣飢餓昏厥的人們；中途有被「海葬」，甚至到了基隆碼頭仍有人跳海的情景，歷歷猶在目前。

　　來台後，正如在 1949 先先後後撤退來台兩百萬人，各有兩百萬個故事然，我由學生而軍公教商一路走來，酸甜苦辣，五味雜陳，也是一言難盡。而今已是望八的老翁，子女皆已成家立業，老倆口有個不虞匱乏的溫飽生活，倒也「無怨無尤」，過得「心安理得」。但因離開故鄉六十多年，何處是歸程已茫然了！所以，對有關 1949 的著作，無不想急急一讀，得知有那些章句，是如我所言，那些論述能激起我的「共鳴」。

　　前些日子，去世界書局，購買《大》作時，不意又發現另有《石破天驚的一年 1949》一書，因該書也是談 1949 的，翻翻目錄，發現竟有一章談到 1954 年的「金門九三炮戰」。記得九三那天，中共由大小嶝第一群炮彈射向金門湖南高地，就落在身邊，我幾乎做了「成仁的烈士」！所以一併買下。因忙於身邊項事，《石》著僅讀近半，對著者為何認為 1949 是「石破天驚的一年」，是為之慶幸？或為之悲哀？尚不得其解。

　　而今，在第 1344 期的《世界週刊》上，見及《1949 三稜鏡》與《兩岸悲歡六十年》兩篇介紹有關 1949 的三本書的大文，拜讀所知，前文要

《故土故人，吾思吾念：我對落實「一個中國」原則的認知與建言選輯》

在闡明各書的文筆修辭，寫作技巧；後《兩》文則是著墨於各書著者的學養才華。當然，從這兩篇介紹文中也可獲悉，這三書都屬於著者們或為家族，或為「失敗者」，或為個人所寫的傳記、記憶、敘述之類的文學作品。或許因為文學不是史書之故，對三書內容，有關1949年的「巨變大難」，其成因為何？其「罪」在何方？尚未見其有所分析，有所論述。似乎「若有所失」。

談到國府為何兵敗於大陸？或有一言以蔽之曰：「國運多舛」也。僅就對日抗戰而言：一、國府「領導」三百二十個步兵師，二十二個騎兵師，總共四百至六百萬人，與日作戰計有二十二次大會戰，一千多次中型戰役，三千多次遭遇戰，打了八年，方能堅持到最後的「慘勝」。二、已經是一個落後、分裂、貧窮的中國，再有日寇掠奪物資，破壞金融，封閉出海港口；對外唯一通道的中緬公路也被切斷，因而海關喪失了，工廠破壞了，全國稅收損失泰半；且因一千四百萬逃來大後方的難胞，有公務與教學人員，有一千多萬壯丁，四百多萬兵源要有給養，政府開銷驟增十倍。物資奇缺，奸商屯積，哄抬物價，民生怎不凋敝？鈔票貶值與時競爭得如同廢紙，金融何能不全面崩潰？而最為重要為為：三、在「山窮水盡」，抗日慘勝之後，如果中共沒有俄援，無能掀起四年內戰，而與國府合作，同心協力，善後復員，建設國家，又怎會造成1949的「巨變大難」？

回顧國府撤守台灣，設如沒有挹注八十萬兩黃金，用作新台幣之存底，金融能穩定嗎？沒有台灣同胞心目中的「中國豬」，在金門古寧頭殲滅來犯共軍，繼之整軍經武，堅守台澎金馬，能倖免於中共「血洗台灣」的災難？沒有國府戒嚴宵禁，保密防諜的措施，能防範「匪諜」滲透，社會軍民得以安定？再如沒有國府實施「三七五減租，耕者有其田與耕地放領」的土地改革，以及工農並重，均衡發展的經濟政策，能將台灣從「滿目瘡痍」、「民生凋弊」，建設成「台灣錢淹腳目」的「四小龍」，「民生樂利」的家園？

論及為「台獨」份子一再用作攻訐國府是罪魁禍首的，所謂「二二

《故土故人，吾思吾念：我對落實「一個中國」原則的認知與建言選輯》

八」，如果就其背景，稍作「反思」梳理，不難明析其為「黑白講」。此如，「二二八」起始於緝查林江邁女士在台北照安市場販賣私酒的經濟，法律事件，為何迅即為一小撮人聚眾暴動，到處尋仇殺人，演成為政治事件？受害的台灣居民（被殺害的大陸人不計）究有幾百，幾千或上萬？其數字逐次遞增；要求賠償道歉從未滿意。相較在日據時代，台胞被日人所殺究有若干？則從未計較！日本侵略中國，在南京屠殺我三十餘萬同胞，抗戰期間中國軍民犧牲有三千多萬，里岩正男之類「台獨」份子，竟然奉告日本，不必對中國道歉，真是公道何在？

所謂「白色恐佈」，此乃「文人」為戒嚴宵禁，保密防諜，所創的代名詞。事實上，其「受害」對象，僅限於涉有「匪諜」嫌疑者；言行有違憲法基本國策者。設如對「白色恐佈」心有襟懼，對之「咀咒」人士，讓他們生活在大陸「清算鬥爭」，「三反五反」；被分為「黑五類」，遭受文化大革命的災害，他們必會慶幸，能生活在台灣的。「白色恐佈」已經歷六十年，許多自認曾受其害的人仕，不是奮鬥有成，仍在享其安樂生活？至於那種指說：「在我們有生之年，可以看見舞台演宋美齡如演慈禧太后，演蔣介石如演張宗昌。」視蔣介石銅像是「那玩意兒」的乖戾偏激之徒，就無法理喻的了。

大陸中共是遵奉馬恩列史國際共產主義為圭臬而起家的。要共黨專政，要階級鬥爭。在農村殺地主，分田地，繼之組織公社，集體耕作，農民終成「農奴」；在城市要工人當家，要公私合營，「民族資本家」不得不將公司企業奉獻給國家，「資方」成為「勞方」。舉國「一窮二白」，大家競相要逃出這樣的，初級階段的共產主義的「天堂」。但一經「改革開放」，由農村悄悄走出的「個體戶」成為百萬富翁，很多國有企業或破產變賣，或合併裁撤，輾轉流失到「幸運者」手中。大家在「市場經濟」商品價格競爭中，「各盡所能」地賺錢，「各取所需」地享樂。當年共產黨的革命對象，而今列為共產黨「三個代表」之一了。「共產主義」一詞悄悄改為「有中國特色的社會主義」了。如此情勢，為什麼必須用馬列史毛的「共產主義」來武裝革命，來消滅實行三民主

《故土故人，吾思吾念：我對落實「一個中國」原則的認知與建言選輯》

義的中華民國呢？

　　的確，中共革命建國走過六十年，所以要大事慶祝，要因「三十年改革開放」讓「中國崛起」了；百年來受盡苦難的中國人可以「說不」了。三十年來摸著石頭過河的「改革開放」，予世人讚羨的「成果」要如：一、外貿出超，賺得以兆計的外匯。二、一部份的人先富了，生活的享樂花樣眾多了。三、在國內建構了很多交通橋樑，高樓大廈，研製了好多飛彈，潛艇，讓世人震驚了等等。雖然由此產生的問題是：地區開發未作均衡規劃，貧富差距更大了；城鄉二元經濟制度，形成社會福祉分配不公，耕者無其田，住者難購其屋。「上訪」與「暴亂」不能平息，「三農問題」，「國企改革」，貪污腐敗等問題依然存在等等。但有眾多學者紛陳所見，改革建議各有所長，咸信如有所應；再行改革，成就有望。唯一例外的是，對毛澤東獨夫暴政，在政治上所產生的「後遺症」，未見多所研議，深入論述。

　　說來，共產主義在中國，最初是由學術研究，進而結黨革命。在民國初建，軍閥混戰之際，滲透潛伏分化國民黨；在國府對日抗戰期間，民不聊生，貧窮混亂之際，毛澤東喊出「窮人翻身」，號召「農民起義」，流竄暴動，打擊國民黨。繼之，毛澤東又以「中國人不打中國人」，一致對外為由，發表《共赴國難宣言》，以四萬五千兵力的八路軍參加抗戰。到抗戰中期，共軍竟擴成有五十萬兵力的十八集團軍。國府對日抗戰「慘勝」後，中共在東北獲得俄援，又搶先「接收」日本關東軍的武器裝備，吸納國府無從整編入正規軍的游擊民兵，中共兵力擴大到以數百萬計。於是，公然「武裝叛亂」，攻城掠地，與國軍展開正面作戰。國府內因軍團派系，指揮失靈；共諜滲入機要高層，作戰軍情咸由中共所悉。外因中共假借戰後金融崩潰，民不聊生，大肆攻訐國府貪污腐化，對外宣傳，以「土地改革者」取信於盟國，國府不僅外援喪失，且因「調停和談」，延誤了戰機。因而，東北，平津與徐蚌會戰相繼失利，「1949的巨變大難」於焉造成。檢討種切，究竟「罪」在何方呢？

《故土故人，吾思吾念：我對落實「一個中國」原則的認知與建言選輯》

　　在中國歷史上，可說是所有打勝仗得天下者，皆是「減田賦」，要與民休養生息的。而毛澤東在建國之後呢？除了「誅殺功臣」，竟是不斷發動「三反五反」，「反右打左」，三面紅旗，土法煉鋼等等暴政；1959 年大飢荒，餓死三千萬人！文化大革命許多人死於非命，中華文物道德破壞殆盡。如果不死，這獨夫暴君仍在與天鬥爭，與地鬥爭，與人鬥爭，「其樂無窮」呢！中國大陸必然仍停留在「人人自危」，「一窮二白」的境地。

　　而毛澤東一己也承認的，在政治上最大失策是為，急急建立「新中國」，以「中華人民共和國」取代具有法統效力，聯合國創始國的「中華民國」。繼之，兩度炮轟金門，要「血洗台灣」，造成的「後遺症」要如中共與國府鬥爭二十一年，在聯合國方能奪得中國的「代表權」；兩岸「分裂分治」六十年，讓「台獨」份子有隙可乘，要將中國對日抗戰八年，犧牲三千多萬軍民同胞，損失近百億美金的財產，方能收回的台灣劃分出去。因此，中國何時方能「和平統一」？俾對「1949 巨變大難」的喪痛，能稍予撫平，其最迅速而有效的政策或許就是，中共拆除毛像，去其獨夫暴政，實現民主法治，讓台胞失去反「中」（共）的僅有的藉口。否則，只有「期望」兩岸的「賢君能臣」，彼此不謀一黨之私，不以權謀一己之利。皆以天下蒼生為念，為民解決問題，為民創造福祉，成功殆有可期。

（2009 年十二月二十七日於紐約市）

《故土故人，吾思吾念：我對落實「一個中國」原則的認知與建言選輯》

補述《1949「罪」在何方？》

拙文《「1949巨變大難」，「罪」在何方？》於第1347期紐約《世界日報》《世界週刊》刊出後，曾為之感到「意外」，其因是為編者將筆者所投原稿主文刪去泰半。繼之在該《世界日報》e-paper上又見及拙文後，有兩行「台獨」的荒謬留言，因非「會員」，無從解說。是故，曾再撰述大陸宜拆毛像，正國名一文，投稿數週，未見發表。今（二月二十七）日，在屋前掃雪時，承路過好友相告，關於1949，在《世界週刊》上又有蘇光《既曰革命，必含正義》一文，係針對筆者而寫的。經查閱後，感慨不已，有話要說。

記得起草「罪」文時，筆者認為，記述1949的巨難大變，不應止於個人如何「避凶趨吉」的經過，而應分析其「罪」在何方；撫平傷痛才是。所以，文稿中曾述及所謂「文章千秋業」。劉勰在其《文心雕龍》中認為文章是「通天道」，「合經典」的。而想像所有作者雖不能自我要求有如史學家，如董狐筆，「作春秋」然，都要做到「文以載道」。但文學（藝）作品都應是那一時代的忠實反映，那一民族的心聲共鳴。但因寫「罪」文之時，有關1949三本大著尚未拜讀（迄今，僅讀完龍著《1949》大作）。所以將這一段文字自我刪去，僅以「若有所失」一語帶過。今讀「既」文，得知作者只以一己是潛伏於國府的「學運份子」為毛共的「勝利」而慶幸！而歡呼！對於所謂的「革命」為何「必含正義」未作些許論述，感到他存有「成王敗寇」的觀點，要將一切「罪」與「過」，完全諉諸於國民黨！實有欠公允。

論及當年，毛共究是如何「革命」的呢？抗戰時期，筆者生長於不僅是「淪陷區」，而且共軍早已來到的家鄉，親見毛共清算，鬥爭，地方上土豪、鄉紳、惡霸、善霸都要殺；要地主掃地出門仍將其處死。分田於佃農後，就要求農民子弟參軍。日軍或和平軍來掃蕩時，毛共就撤走，賊寇擄掠走後，毛共又回來。在彼此來來去去的苦難中，我們不得不離鄉背井，「浪跡天涯」了。抗日勝利後，毛共為搶先接收，又攻打

《故土故人，吾思吾念：我對落實「一個中國」原則的認知與建言選輯》

和平軍，戰火四起，我們又無法「還鄉」。徐蚌會戰失利，筆者就成了「流亡學生」，到 1949 時年已十七，中學還沒畢業，所以隨校去台灣，並不是如蘇君所言「追隨離陸登台潮流」，而是迫不得已「逃命求生」去的呀！

　　1949 時，蘇君已在成都就讀大學。必然年長於筆者。處在大後方，可能沒有如筆者所見所聞的經歷，再因「早已秘密加入地下民主同盟組織」，耳濡目染的可能多是毛共所宣傳的「革命正義」，要如；國民黨貪污腐化，是買辦財閥的代表；共產黨親民愛民，是農工窮人的正義之師。國民黨只是剿共，不去抗日。中共則要打倒軍閥，抗日救國。而如蘇君「學運份子」所作所為，多是發傳單，貼標語，打貪腐，要抗日；為反飢餓，反迫害，而不斷大遊行，鬧學潮。諸如此類，就是「革命」「正義」嗎？

　　說來，共產主義在中國，最初是由學術研究，而結黨革命的。在民國初建，軍閥混戰之際，因有國父孫中山先生「聯俄容共」政策，讓毛共滲透潛伏分化國民黨；國府對日抗戰，在民不聊生，貧窮混亂之際，毛澤東喊出；「窮人翻身」，號召「農民起義」，流竄暴動，打擊國民黨。繼之，毛澤東以「中國人不打中國人」，一致對外為由，發表《共赴國難宣言》，以四萬五千兵力的八路軍參加抗日。抗戰期間，國府統合三百二十個步兵師，二十二個騎兵師，總共四百至六百萬人，與日作戰計有二十二次大會戰，一千多次中型戰役，三千多次遭遇戰，其中有那幾次戰役，中共是參與的？

　　已經是一個落後，分裂，貧窮的中國，再有日寇掠奪物資，破壞金融，封閉出海港口；對外唯一通道的中緬公路也被切斷，因而海關喪失了，工廠破壞了，全國稅收損失泰半；且因一千四百萬逃來大後方的難胞，有公務與教學人員，有一千多萬壯丁，四百多萬兵源要有給養，政府開銷驟增十倍。物資奇缺，奸商屯積，哄抬物價，民生怎不凋敝？鈔票貶值與時競爭得如同廢紙，金融何能不全面崩潰？毛共就在這貧窮的「溫床」中，日益滋長坐大了。

《故土故人,吾思吾念:我對落實「一個中國」原則的認知與建言選輯》

在山窮水盡之際,國府堅苦卓絕地,與日本打了八年,方能堅持到最後的「慘勝」之後,中共在東北獲得俄援,又搶先「接收」日本關東軍的武器裝備,吸納國府無從整編入正規軍的游擊民兵,中共兵力擴大到以數百萬計。於是公然「武裝叛亂」,攻城掠地,與國軍展開正面作戰。國府內因軍團派系,指揮失靈;共諜滲入機要高層,作戰軍情咸由中共所悉。外因中共假借戰後金融崩潰,民不聊生,大肆攻訐國府貪污腐化,對外宣傳,以「土地改革者」取信於盟國。國府不僅外援喪失,且因「調停和談」,延誤了戰機。因而,東北、平津與徐蚌會戰相繼失利,「1949的巨變大難」於焉造成。檢討種切,究竟「罪」在何方?

再說,毛澤東是援用馬恩列史國際共產主義為圭臬而起家的。要共黨專致,要階級鬥爭。在農村殺地主,分田地。1949勝利建國後,組織「人民公社」,集體耕作,農民終成「農奴」;在城市要工人當家,要公私合營,「民族資本家」不得不將公司企業奉獻給國家,「資方」成為「勞方」。舉國「一窮二白」。全民等糧票,爭油票以維生命;人民離家走路,要有「路條」,四千多萬的「反革命,黑五類」份子送進勞改營。大家競相要逃出「鐵幕」,遠去這種初級階段,共產主義的「天堂」。這就是老毛要「農民革命」,讓「窮人翻身」的結果!

老毛死後,1979年有反對(對毛)「個人崇拜」,數度被下放勞改的鄧小平先生,實行「改革開放」,由農村悄悄走出的「個體戶」成為百萬富翁,很多國有企業或破產變賣,或合併裁撤,又輾轉流失到「幸運者」手中。大家在「市場經濟」商品價格競爭中,「各盡所能」地賺錢,「各取所需」地享樂。當年共產黨的革命對象而今列為共產黨「三個代表」之一了。「共產主義」一詞悄悄地改為「有中國特色的社會主義」(實質上應是三民主義的民生主義)了。事實驗證,共產主義並不適用於中國。如此情勢,當年有必要,由毛澤東用馬列史毛的「共產主義」來武裝革命,發動內戰,來消滅實行三民主義的中華民國?

尤者,在中國歷史上,可說是所有打勝仗、得天下者,皆是「減田賦」,要與民休養生息的。而毛澤東在急急建國之後呢?除了「整肅異

《故土故人，吾思吾念：我對落實「一個中國」原則的認知與建言選輯》

己」，「誅殺功臣」，竟是不斷發動「三反五反」，「反右打左」，三面紅旗，土法煉鋼等暴政；1959年大飢荒，餓死三千萬人！文化大革命又是兩千多萬人死於非命，中華文物道德破壞殆盡。如果毛澤東不死，這亙古未有的獨夫暴君仍在與天鬥爭，與地鬥爭，與人鬥爭，「其樂無窮」呢！中國大陸必然仍停留在「人人自危」，「一窮二白」的境地。所以，要求今天的中共拆毛像，要在於從根本上剷除毛共暴政的象徵，讓世人改變懼共，恐共的心態；也因「共產主義」事實上已經驗證得知不適用於中國，就必須為大陸三十年「改革開放」的成功，賦予真實的意義；讓世人正視中國確是「和平崛起」。

「拆毛像」可行嗎？觀諸「國際共產主義」創始國的蘇聯，在二戰期間，德軍攻入，「工人無祖國」的信條失靈，戰後民生凋弊，說明共產主義不是「救國救民」的萬靈丹。其「創始人」列寧的銅像，曾被拉倒；對死後的暴君史達林鞭笞其屍。史毛交惡，「新中國」與「共產國際」分道揚鑣後，老毛就將馬、恩、列、史的「神像」，從天安門，從大會堂，從各個辦公室通通拆除。而今，中國大陸經過三十年「改革開放」後，發起「再改革」的各項建設與政策，都可見其日益趨向三民主義的思想模式。當政者，且為大陸社會的和諧，為「保台」而「寄望於台胞」時代，將象徵暴政的毛像予以拆除，可予1949巨變大難的傷痛，能稍有撫平；有利於中國早日和平統一，有何不可？

為何要「正國名」？從1949國府遷台，中共建國已走過一甲子。兩岸內戰未平，分治依舊。各種交流合作，談判協議，皆因無法超越「一個中國」問題而原地踏步；讓「台獨」份子有隙可乘，要將中國對日抗戰八年，犧牲三千多萬軍民同胞，損失近百億美金的財產，方能收回的台灣劃分出去。其實，這「兩個中國」或「一中一台」等問題，皆由毛澤東急急建立「新中國」，以「中華人民共和國」取代具有法統效力，聯合國創始國的「中華民國」而造成的。

回溯中共對台的策略，當毛澤東取勝於徐蚌會戰，就兵渡長江，攻佔上海，繼之南下，乘勝追殺得國府軍民屍橫遍野！繼之，屠一江山，

《故土故人，吾思吾念：我對落實「一個中國」原則的認知與建言選輯》

兩度砲轟金門，要「血洗台灣」。迄至鄧小平主政，按其「改革開放」進展，人民生活日漸改善，對台政策則改由「一國兩制」，而「和平統一」。而今大陸經三十年「改革開放」，「中國崛起」了，胡錦濤先生反而更理性地，棄武用經，提出「維持現狀，和平發展」的對台策略。因此，中國何時方能「和平統一」？其最迅速而有效的政策自是，中共拆除毛像，兩岸共同正國名為「中國」。如此兩岸對外是統一的「一個中國」；對內，如何或分治，或邦聯，或聯邦，可委由兩岸兩會，或是由國共雙方籌組，暫名之曰「一中委員會」，來會商研議之。

當然，「拆毛像」，「正國名」，對於國共雙方將是「翻天覆地」的變化。但鄧小平先生已有言在先；「在一個中國原則之下，什麼問題（如國名、國歌、政制）都可以談。」這不正如所想望的嗎？「終統談判」亦是極其艱難的重大工程。因它必須研議的課題太廣泛，太複難。這一大政略的抉擇與實踐，自然寄望於兩岸人民彼此互信，更有賴於兩岸領導人都以天下蒼生為念。一切為民解決問題，一切為民創造福祉。所謂「為者常成，行者常至」。再如採取「化繁為簡」的方法，亦即將兩岸的兩部《憲法》加以研議，修訂出一部，可名為《中國大憲章》，作為兩岸統一後的大中國建國的藍圖。如此，兩岸為「和平發展」要會談，要協商，要簽訂如 EFCA 等等文書，以及加速磨合兩岸的和平發展，所無法迴避，必須面對的「一個中國」問題，立予解決了；中國「和平統一」的時間，也就不需要如鄧小平先生所說的要等一百年了。

（2010 年二月二十七日於紐約市）

《故土故人，吾思吾念：我對落實「一個中國」原則的認知與建言選輯》

兩岸修憲，和平統一

近來台灣政壇「批馬」已成為顯學，且藍綠陣營人士都在批馬。其實，馬英九的問題並不在於謀求二度連任，而在於「遠藍親綠」，多所失策。諸如侈言「活路外交」，要求中共拆飛彈，特別是主張「不統、不獨、不武」，顯得一廂情願。筆者以為，馬英九若能恪遵《中華民國憲法》的基本國策，了解國共內戰的本質，掌控彼此優勝劣敗的契機，主導「終統談判」，將可達成萬世開太平的目標。

中國大陸成功改革開放，讓世人正視中國確已「和平崛起」，共產主義已改稱為「有中國特色的社會主義」，事實驗證，共產主義已不適用於中國，就無必要再死抱住馬列史毛的共產主義，繼續武裝革命，消滅實行三民主義的中華民國了。

筆者認為，促使兩岸統一最迅速而有效的政策是，中共拆除毛像，並且由兩岸共同正名為「中國」。兩岸和平統一，對外是統一的一個中國，對內採分治，或邦聯，或聯邦，可委由兩岸兩會，或是由國共雙方籌組暫名之為「一中委員會」共同研議。

中華民國雖然困守於台灣一隅，經濟建設的台灣經驗及民主憲政，法治社會的進步，依然優於大陸，「台灣經驗」仍可作為大陸再改革的借鏡。《中華民國憲法》的基本國策就是一個中國，其領土主權涵蓋海峽兩岸。馬英九既是依據《中華民國憲法》而當選的總統，為何不以此理直氣壯的優勢與職權，迅即恢復國統會的運作，主導展開「終統談判」，解決一個中國的問題。

馬英九應設法化繁為簡，將兩岸的兩部憲法加以研議，另修訂出一部「中國大憲章」，作為兩岸統一後的大中國建國的藍圖，和平統一的時間，就不需要如鄧小平所說的要等一百年了。

——原載於《世界日報》2011 年一月二十三日

《故土故人,吾思吾念:我對落實「一個中國」原則的認知與建言選輯》

老朽曝言:落實政改和平統一之路

　　今 (2011) 年是國府辛亥革命建國一百年,也是中共建黨九十週年,海峽兩岸正是多事之秋。國府在台灣為「九二共識」、「一個中國」問題,又被台獨之輩,罔顧憲政,炒作得「風雨滿樓」。他方,中共在大陸,為保持三十年改革開放經建成果,是否必須要作政治體制的改革,左右兩派或是擁毛與批毛雙方,依然是「糾纏不休」。而這「政改」與「統一」兩者,是互為因果,彼此相輔相成的。

　　最近,在網路媒體上,不少有關中國政改的大文,特別是要將毛從「神」位拉下,將他還原成「人」,來「審判」他,要與毛「切割」,讓中共找回自信和光榮等等「去毛化」的文章,讀來,讓人甚為認同;以及王霄先生大著《朱鎔基功過之一瞥》,深感著者對朱鎔基「國企改革」的「失誤」一語道破:是由於(政治)「體制的缺陷」,也為之敬佩不已。但中共如何落實政改,兩岸殆能和平統一;中國可盡文明國之義務,為開萬世太平,論述殊多,尚無定見。

六四事件與國企改革

　　朱氏之「國企改革」似在「六四」事件與 WTO 推動期間?個人的結論是;WTO 逼使「國企改革」;有「六四事件」,殆有後來經濟方面的「三十年改革開放」。此二者,皆為今日要求政治體制改革的主因。當年,朱氏以「『產權』制度改革為取向的國企改革」,並不錯。問題在於朱氏對中國「共產極權」制度的,所有企業都姓「社」的國企 (State-owned enterprises),與已開發國家如美、英,僅有少數的,用為發展經濟「拓荒者」(pioneer) 的公企 (public enterprises),其在性質與功能諸方面未予有所區別清楚。

　　那時(大概是發改會?)最大的「發明」是仿聯合國的「公司股份

制」，來全面推動國企改革。但「出資人」是誰？時至今日，縱然有些國企「上市」了，恐怕國企股東「出資人」仍然是在 51% 以上？而今，為因應「金融風暴」要「公退民進」，俾能「擴大內需」，依然是「國富民窮」，難予落實。甚以，四萬個億的融資，流入國企，多無從消化而炒作房產，地價與房價同步飆升，蝸居蟻族於焉「誕生」！

論及保「一百」大型國有企業的策略，對虧損連連，一無績效者予以或合併，或賤賣，但在全國企業皆為中共政府所擁有的情境下，賣給誰？這不是予不肖者與當權者「誘其入罪」的機會？甚至說今日的「貪腐」（除了中共「一把手」權力太大的成因而外）也肇因於此，亦不為過。

又者，對於從「生產與分配」皆以「養民」所需為要的計劃經濟，轉型到用商品、價格為手段，以追求「利潤」為目的的市場經濟的過程中，其「衝擊」的「後果」，朱氏對之也沒「評估」清楚。試想；國企之所以業績不善，虧損倒背，被 WTO 逼得非改革不能生存的地步，固然由於「共黨國企」如同「家族企業」，它是「政治掛帥」，「用人唯親（黨）」的，以至人才兩缺，管理不善；昧於市場，營運不良等等先天缺失而外，國企為職工的負擔太多、太重之故。亦即國企對職工，並無合理的薪資與退職制度，但從「搖籃」到「墳墓」的生活所需，都要「照顧」所致。再則，其時國家尚無全盤的、完善的社會安全（保障）制度，職工一旦「下崗」，轉業不易，僅得象徵性、堪可短期餬口的貼補，生活頓失所依（有退職的高級工程師淪為丐民者），怎不造成「社會問題」？但這些皆導因於「共產極權資本」，政治體制的缺失，不是朱氏所能掌控的，其「責任」自不應完全歸咎於朱先生才是。

三十年改開放成敗之因

在經濟方面「三十年改革開放」成功之因（不論其實質性），主要是在「思想解放」（只要「能抓老鼠」就好）；打破條條框框，「摸

《故土故人，吾思吾念：我對落實「一個中國」原則的認知與建言選輯》

著石頭過河」所致。但筆者認為尚有其他四大促成的要因：一、土地國有；二、企業皆公；三、極權專政；四、嗷嗷待哺的「廉價勞工」。但所謂成在於此，衰亦由此。三十年改革開放最大敗筆的「城鄉二元制」的禍害，其所以造成；共黨幹部貪污腐敗，較之當年，以此要打倒的國民黨，遠勝千萬倍；「拆遷」與「上訪」的冤屈和傷害；環境污染；三農問題；國企虧損；貧富差距日益擴大；「盲流農工」、「蝸居蟻族」皆為物價通膨所困，小民生活壓力日有加劇等等，皆由於「共產極權資本」，政治體制的缺陷所造成的。尤者，在所謂「上有政策，下有對策」的「反射」行為情境下，「富」者既是「嬌侈淫佚」，「貧」者竟有「與汝偕亡」者。以至道德淪喪，社會不寧！筆者「妄言」；中共政改如不落實，不僅三十年經改「成果」不保，共黨政權，也可能將崩潰於朝夕之間的。

政改的要目

在「六四」前後，中共中央就有「政治體制改革」之議，但爭議不止，從未「落實」。最近，溫家寶為「政改」多次所講的「警語」，其要點之一僅及於，憲法上所定人民有言論的自由都不能落實。對於改革是以何種的「民主政治」為取向？是如國府「五權憲法」的「均權」？美國「三權分立」的「制權」？以至鄧小平所主張的，在中共「極權體制」下的「限權」等等，胡、溫等，皆未有明確的論述。衡諸實際，其落實政改的要目，筆者認為其首要者如下；

一、「還政於民」。要如黨政分開，實行民主政治；撤銷黨委書記一把手與政紀委的權職，建立民選政府；各級人大由民直選，使成常設機關，行使「國（議）會」立法與決策之政權；建立全國性文官制度，國家公務員概以定期公開集中考試，取才任用等等。

二、「藏富於民」。要如「耕者有其田」，「員工有其股」；除有關國防與民生工業而外，國企儘量改由民營；徹底打破「城鄉二元」的

「諸侯經濟制度」；全國土地開發與利用，國家財政與稅制，皆由中央統一規劃；以及公共福利設施概歸中央舉辦等等。

　　三、「廣開言路」。中共中宣部不得「以權干政」，控制媒體；各級人代議會建立「聽證制度」；全國政商各界皆建立《獎勵建議制度》等等。

　　四、「強化教育」。國家教育經費在憲法上，規定總預算不得少於30%；鼓勵公私個人廣設獎學基金；對公民教育，社會人文教育，倫理道德，科技與管理教育等等皆須作整體規範，使教育以培養良好的國民，對社會負責的企業家為主旨；大學能造就頂尖的科技與管理諸般人才，以為國用。

　　尤者，中共落實政改，其決定成敗最為重要的「先決條件」，是為徹底根除「毛澤東思想」。其最為簡切，且如「寧靜革命」，可收「立竿見影」之效的方法是：「拆毛像」。將毛像從天安門，從大會堂，從各個公共場所，統統拆除。改奉國父孫中山肖像。繼之，落實中共中央政治局全體會議，在胡錦濤之下通過了《關於毛澤東思想若干建議意見》的，第170179號決議案，重新審毛，與毛切割，讓中共能找回自信和光榮。

拆毛像

　　此因，政改的方法，有體制內的「行政革新」，與體制外的「政治革命」之分。前者溫和，後者激進。「拆毛像」，是讓人們從形象觀念上「去毛化」。可兼收「革新」與「革命」的兩種政改的妥當方法。如徹底與毛切割，清除「毛某思想」毒素，剷除毛共暴政的象徵，就可讓世人消弭懼共、恐共的心理；為經濟方面「改革開放」的成功，賦予真實的意義；世人可正視中國確是「和平崛起」等等。

　　為何要拆毛像？蓋因毛澤東是為古今中外絕無僅有的暴君獨夫，其暴政殘殺了七、八千萬中國苦難的小民，與他稍有「異議」的「開國功

《故土故人，吾思吾念：我對落實「一個中國」原則的認知與建言選輯》

臣」也多難倖免（如彭德懷等）！從毛在延安為《野百合花》一文，而發起的文藝整風，掀起的「文字獄」，有中共政治理論家劉少奇，在第七全大會，於黨章中規定，以「毛澤東思想」為中共全黨的指導思想；是中國共產黨一切工作的方針。毛自始成為了中共的「教主」，轉化為「神」的格位！毛的獨裁專制，犯下滔天大罪，於焉肇始，中國人民的苦難浩劫也禍延於此！

　　論及毛澤東是遵奉馬恩列史第三共產國際為圭臬而起家的，但他並不是真正的馬列共產主義的忠實信徒。共產主義主要理念是予個人有充份自由的，所謂「各盡所能，各取所需」的。講「無產階級」；批「剩餘價值」，要在為無產階級人民，窮苦農工爭取合理的權益而然的。當中國仍是一個，只有大貧與小貧的弱衰國家，需要共產主義嗎？毛澤東真是為解放無產階級人民而革命？正如有學者謂：「在毛的眼中，人民只不過是一堆肉，是叫喊萬歲口號的工具。毛因權力欲望，控制住他的生命。他所追求權力的方法就是階級鬥爭。階級鬥爭的原意是資產階級和無產階級鬥爭。但毛澤東的階級鬥爭和資產或無產根本不相關。他所謂的資產階級，實際上就是他所不喜歡的人，且大部份是真正的無產階級。」

　　事實上，毛要共黨專致，要階級鬥爭的結果是，在農村殺地主，分田地，繼之組織公社，集體耕作，農民終成「農奴」；在城市要工人當家，要公私合營，「民族資本家」不得不將公司企業奉獻給國家，「資方」成為「勞方」。毛氏王朝成為舉世無匹的「大地主」；共產極權的「大資本家」。全民「一窮二白」，人人盼糧票、爭油票以維生命。大家競相要逃出這種初級階段，共產主義的「天堂」。但後來一經「改革開放」，由農村悄悄走出的「個體戶」成為百萬富翁，很多國有企業或破產變賣，或合併裁撤，輾轉流失到「幸運者」手中。大家在「市場經濟」商品價格競爭中，「各盡所能」地賺錢，「各取所需」地享樂。當年共產黨的革命對象，資產階級的企業家，而今列為了共產黨「三個代表」之一。「共產主義」一詞悄悄地改為「有中國特色的社會主義」。

事實驗證，毛澤東代表無產階級，以階級鬥爭為綱的共產主義，根本不適用於中國。如此情勢，就無必要，再死抱「毛澤東思想」，賡續其暴政。

尤者，在中國歷史上，所有打勝仗得天下者，皆是「減田賦」，要與民休養生息的。而毛澤東在 1949 用槍桿子奪得政權建國之後呢？除了「整肅異己」，「誅殺功臣」，竟是不斷發動「三反五反」，「反右打左」，三面紅旗，大躍進，土法煉鋼等等暴政；1959 年大飢荒，餓死三千萬人！文化大革命逼得兩千萬人死於非命，中華文物道德破壞殆盡。如果不死，這獨夫暴君仍在「與天鬥爭，與地鬥爭，與人鬥爭」，「其樂無窮」呢！中國大陸必然仍停留在「人人自危」，「一窮二白」的境地。海峽兩岸的同胞固然心有餘悸，「台獨」份子則依然「逢中（共）必反」，阻礙兩岸和平統一。中共要讓世人認知到中國真正是「和平崛起」，可盡文明國之義務，就必須與毛切割，首先將象徵暴政的毛像予以拆除。

毛像能拆嗎？觀諸第三「共產國際」創始國的蘇聯，在二戰期間，德軍攻入，「工人無祖國」的信條失靈，戰後民生凋弊，說明共產主義不是「救國救民」的萬靈丹。其「創始人」列寧的銅像，曾被拉倒；對死後的暴君史達林鞭笞其屍。「新中國」與「共產國際」分道揚鑣後，也將馬、恩、列、史的「神像」從天安門，從大會堂，從各個辦公室通通拆除。而今，中國大陸經過三十年「改革開放」後，發起「再改革」的各項建設與政策，都可見其日益趨向三民主義的思想模式。當政者，且為大陸社會的和諧，為「保台」而「寄望於台胞」時代，將阻礙兩岸和平統一的，象徵共產極權暴政的毛像，予以拆除，以求國家的長治久安，開萬世太平，正是其時，這「拆毛像」有何不可？

國民革命與對日抗戰

當年國父孫中山為「推翻專制，走向共和」的武昌起義，「辛亥革

《故土故人，吾思吾念：我對落實「一個中國」原則的認知與建言選輯》

命」成功已歷百年。在建立民國之初，即遭到袁氏稱帝，軍閥混戰等等「共和之災」；時有俄共「十月革命」成功，派馬林來華誘援組黨。國父為努力國民革命成功起見，而不得不採取「聯俄容共」的政策，予毛共滲入國民黨，任其曲解《三民主義》，秘密發展其組織。結果是所謂「借國民黨的雞，生共產黨的蛋」。從寧漢分裂，共黨被國民黨清出黨外後，毛澤東指責國民黨不執行「扶植農工」政策，是為「反革命」，是為「反動派」。由江西南昌武裝革命，而湖南長沙秋收暴動，而上了井崗山，為共產國際建立其蘇維埃政府了。有學者指證，在「九一八」事變後，毛共遵奉共產國際史達林的「指令」；「中國共產黨必須站起來，武裝保衛蘇聯；發動暴動，罷工遊行，以推翻反革命的日本帝國主義的走狗南京國民政府。」於是在「蘇維埃區」，在「解放區」，展開「清算，鬥爭」；將地主富人掃地出門，惡霸善霸統統殘殺；裹脅農工子弟參軍；在大、中、小城市，反飢餓，鬧學潮；反迫害，搞工運，來反政府，來打倒「不抗日」的國民黨。

民國二十九年八月二十二日，毛澤東發表「共赴國難宣言」：服從國民政府領導，參加抗日。將陝北八路軍的四萬五千人的部隊改編為第十八集團軍，總司令朱德，副彭德懷，所轄有林彪 115 師，賀龍 120 師，以及劉伯承 129 師，劃入第一戰區，由衛立煌（實際是由中共黨中央）指揮，從事所謂「國共合作」。全民對日抗戰，在這期間，毛澤東到底做了些什麼呢？

一、據北大教授白壽彝所著《中國現代史》一書中載有；「從 1931 年九月十九日至 1935 年八月一日，中共沒有說過『抗日』這個詞。」毛澤東，除了抗戰頭兩年，共產黨的軍隊打過幾次抵抗日本軍隊的仗，從 1939 年以後就沒有打過一場稍微大一點的仗。共產黨的主要精力放在擴大解放區，培養自己的武裝力量，是所謂「一分抗日，十二分宣傳，一百分發展」。「在這中華民族生死存亡的關鍵時刻，毛澤東放著日本人不打，打自己的小算盤；準備勝利後摘果子。」（他確實做到了。）

二、中國對日抗戰，在中共黨史中所說，日本是由八路軍打敗的。

其舉證最為首要者,是為林彪的第 115 師參與的「平型關抗日之役」;另由彭德懷所發動的「百團大戰」。據說,在三個月期間,打了兩千多次游擊戰,毛澤東參加過幾次?甚以,事實上,毛澤東並不同意林彪打「平型關之役」,「毛一天給五道信說是,中共八路軍的中心任務就是做群眾工作的」。也對彭德懷發動「百團大戰」結果損失 20% 的戰力,一直計算到他被整死而後已。

三、抗戰期間,蔣介石「領導」三百二十個步兵師,二十二個騎兵師,總共四百至六百萬人,與日作戰計有二十二次大會戰,一千多次中型戰役,三千多次遭遇戰,打了八年,方能堅持到最後的「慘勝」。國民黨僅陸軍就犧牲了三百二十一萬官兵,其中包括上將八名,少將以上兩百二十名。中共軍呢?從四萬五千名,擴展到數百萬,沒一個師級以上軍官犧牲的。特別是,在國軍與日寇之間的二十二次大會戰中(備註如下),毛澤東除了在窟洞中不時「喊話」,他又參與了那一次?

1937 年的:1. 淞滬會戰;2. 南京會戰;3. 太原會戰;

1938 年的:4. 徐州會戰;5. 蘭州會戰;6. 武漢會戰;

1939 年的:7. 隨棗會戰;8. 第一次長沙會戰;9. 桂林會戰;

1940 年的:10. 棗宜會戰;

1941 年的:11. 豫南會戰;12. 上高會戰;13. 晉南會戰;14. 第二次長沙會戰;15. 第三次長沙會戰;

1942 年的:16. 浙贛會戰;

1943 年的:17. 鄂西會戰;18. 常德會戰;

1944 年的:19. 豫中會戰;20. 桂柳會戰;21. 長衡會戰;22. 湘西會戰。此外尚有名震中外的:滇緬會戰。

毛澤東對於第三共產國際為中國共產黨所訂的路線;「抗日民族統一戰線」的解釋,就是「階級鬥爭」,就是「反蔣抗日的戰爭」。當中國對日抗戰八年,在「山窮水盡」倖獲「慘勝」之後,毛澤東不信守其在「重慶會談」所作的「諾言」;與國府合作,建設國家。當日本宣佈「無條件投降」之際,「在十四個小時內,就向藏在深山內共軍發出七

《故土故人，吾思吾念：我對落實「一個中國」原則的認知與建言選輯》

道命令，要他幾十萬大軍，揮師華北平原，切斷京杭京浦線，取代國府接受日本投降」；搶摘「勝利果實」。共軍幹部從華北中原，紛紛潛入東北擴軍，獲得俄援後，即公然武裝叛亂，攻城掠地。取勝於徐蚌會戰後，就兵渡長江攻佔上海，繼之南下，乘勝追殺得國府軍民屍橫遍野；四年內戰，兩千萬軍民同胞因以枉死！毛澤東為了要把共產國際的蘇維埃發展到中國，而無所不用其極地「欺騙」，「用間」，用「槍桿子」奪得「天下」，急急成立了「毛氏王朝」的「中華人民共和國」，如此的「革命」，如此的「建國」，有其正當性？！

正國名

　　論及毛澤東所急急成立的「中華人民共和國」的國號，乃是 1937 年十一月七日，前蘇聯國慶日，史達林命令在江西瑞金的中共，所創建的《中華蘇維埃人民共和國》的同義名詞。且在「憲法」第十四條載有；「中國境內的所有的少數民族，和各地區的人民都有獨立建國的自由，都能脫離中國。」甚以，早在 1932 年，搞土地改革和建立蘇維埃政權，就一直為共產國際效命，分裂中國了。「中華人民共和國」這種僅為毛澤東個人「帝王極權心態」所訂的「國號」；且是暴露毛澤東掀起「人民解放戰爭」，乃是為第三共產國際而戰，因而沿襲的「國號」。今日中共如為其「革命」正當性計，這樣的國號能不予以更正？

　　再則，從 1949 國府遷台，中共建國已走過一甲子。兩岸依舊分裂分治，政令運作皆不及於對方。各種交流合作，談判協議，皆因「一個中國」問題而原地踏步。其實，兩岸關係是「主權共有，治權分轄」，所謂「你中有我，我中有你」的「一個中國」關係。造成「兩個中國」或「一中一台」等等問題，皆由毛澤東急急建立「新中國」，以「中華人民共和國」取代具有法統效力，聯合國創始國的「中華民國」而肇始；繼之兩度炮轟金門，要「血洗台灣」，所造成的「後遺症」。不僅中共與國府鬥爭二十一年，在聯合國方能奪得中國的「代表權」；兩岸「分

《故土故人，吾思吾念：我對落實「一個中國」原則的認知與建言選輯》

裂分治」，也讓「台獨」份子乘機要將中國對日抗戰八年，犧牲三千多萬軍民同胞，損失千萬億美金的財產，方能收回的台灣劃分出去。

現今，馬英九為急急謀求個人第二度連任，而「遠藍親綠」，作出許多「失策」。固然，此乃馬成長於「溫室」，出身於「幕府」，未親歷中國對日抗戰，不了解國共內戰的本質；只囿困於「分裂，分治」的現實，而未能恪遵《中華民國憲法》中「一個中國」的基本國策；克盡他應是「胸懷大陸，心繫全民」，中華民國「全民總統」的憲政使命，來主導「終統談判」，仍然以理念模糊的「九二共識」，來迴避「一個中國」的主權爭議。其所以如此，皆緣於毛共暴力革命，用槍桿子奪得了政權，建立「毛氏王朝」，造成所謂的「兩個中國」，或是「一台一中」而然的。對此，中共自難辭其責。鄧小平主政，對台政策改由「一國兩制」，而「和平統一」。胡錦濤更為理性地，棄武用經，提出「維持現狀，和平發展」的對台策略。但是，「中華人民民國」的國號，是代表「毛澤東思想」與「共產極權暴政」及其「政治體制的缺陷」，是在在與國父孫中山當年為推翻專制，而辛亥革命所建立的民主共和國體制背道而馳！因而，胡錦濤所想望的，所宣示的：中國共產黨是孫中山國民革命的「繼承者」，自屬空言。

落實政改，和平統一

所以，中國何時方能「和平統一」？其最迅速而有效的政策自是，在於中共拆毛像，從形象與心理上，與「毛澤東思想」切割，以落實政改，創建均富安和的社會；並且將「中華人民共和國」國號，正名為，國父孫中山先生國民革命，推翻專制，而建立亞洲第一個民主共和國的「中華民國」，或由兩岸共同正國名為「中國」。如此，兩岸可順利地「和平統一」。對外是統一的「一個中國」；對內，如何或分治，或邦聯，或聯邦，可委由兩岸兩會，或是由國共雙方籌組，暫名之曰「一中委員會」，來會商研議之。如此，國共雙方皆是邁向民主共和，皆是國

《故土故人,吾思吾念:我對落實「一個中國」原則的認知與建言選輯》

父孫中山先生的「推翻專制,國民革命」的繼承者。

　　當然,拆毛像,正國名,對於國共雙方將是「翻天覆地」的變化。但鄧小平已有言在先:「在一個中國原則之下,什麼問題(如國名,國歌,政制)都可以談。」「終統談判」亦是極其艱難的重大工程。因它必須研議的課題太廣泛,太複難。這一大政略的抉擇與實踐,自然寄望於兩岸人民彼此互信,更有賴於兩岸領導人都以天下蒼生為念。一切為民解決問題,一切為民創造福祉。所謂,「為者常成,行者常至」。再如採取「化繁為簡」的方法,亦即,將兩岸的兩部《憲法》加以研議,修訂出一部,可名為《中國大憲章》,作為兩岸統一後的大中國建國的藍圖。如此,兩岸為「和平發展」而要會談,要協商,要簽訂施行的如EFCA等等,必須面對的「一個中國」問題立予解決了;兩岸可通過「政治協議」而「和平統一」的時間,也就不需要如鄧小平所說的要等一百年了。

　　　　　　　　　　——2011年六月二十二日撰成於紐約市寓所
　　同年九月九日以止戈筆名發表於《中央日報》網路版「中央論壇」

《故土故人，吾思吾念：我對落實「一個中國」原則的認知與建言選輯》

有關中共政治體制（憲政）改革的論述
——從讀「老三」教座時政《信息106》有感說起

一、

年來，「老三」教座，定期 e 送有關時政的「信息」給我，讓我見聞日增，受益非淺。這次《信息106》中的頭兩篇：《中國愛因斯坦》與《東方居里夫人》，特別讓我讀來感慨萬千，不得不寫幾點個人觀感，e 奉給「老三」教座，一為致謝，再為請教。

「老三」教座搜集這兩份資訊給我，很可能因為他教授的也是物理科學，而有一份「感同身受」之故吧？但在我讀了上述兩篇論述之後，由於個人所學不是物理自然科學，其所知所感就不僅限於此了。至少有如下幾點膚淺的觀感：

一、「中國愛因斯坦」束星北和「東方居里夫人」吳健雄博士，都是物理科學家，在教學與研究兩方面，各有卓著的奉獻。但這兩人的命運，一是在大陸的束星北被毛共「凌辱至死」，甚至「屍骨無存」；而吳博士在美國得到「榮獎等身」，而「壽終正寢」。為何有如此兩極相反的呢？！個人曾為此掩卷唏噓不已。也曾設想，假如這倆位科學家所處「環境」，如果相互變換一下（束去國留美，吳留在大陸），彼此的命運很可能就互換的了？

二、「環境」，對於科學家為何如此重要呢？這可能從年前在大陸去世的「原子之父」錢學森「大哉問」的遺言中去探討。錢問：「中國大學為什麼不能教育出頂尖的科學人才呢？」再有眾所同感的是，幾位獲得諾貝爾獎的華裔科學家，以及如「榮獎等身」吳健雄博士之類科學家，為何都是在國外方能獲得如此成就的殊榮呢？我想，除了國外的教育機構都有很完善、很先進的科研設備而外，就是他們為人類文明，為社會奉獻所追求的理念，所執著的態度與行為，皆為我們所不及之故？

在此，不妨說說個人皮相的看法：

——東西文化進展迥異。東方（中國）人多是談心性，重倫常，淬煉「個人才藝」，求個「心安理得」。他方則是講理則，重科技。企求「征服自然」，概為「人群造福」。

——東西方政治社會安危治亂大相徑庭。一在鑽研科技，致力創造發明。一是厲行極權暴政，殘民以逞。此如吳健雄有良師指引，政府獎勵，能在實驗室專心實驗；束星北則被毛共暴徒批鬥殘害，罰他打掃廁所，只能用掃把在地上寫寫物理公式！

三、個人嘗時反思推想，認為自然界之所以如星晨運轉、時序更易那麼「井然有序」，皆因有其永恆的定律，絕對的真理之故。而古今中外，這個世界其所以動亂不安，概因各種社會，人文學說多是「自圓其說」，沒有一項絕對真理所致。此如毛共欺騙蒙混，援引什麼主義，來打倒什麼反動，鬥爭什麼敵人，再有黨棍暴徒從而幫兇刑求，讓毛魔得以隨心所欲，恣意妄為地，迫害殘殺了可以億計的，在他認為是反革命的「敵人」；不順其意的「賤民」，莫不因以發生所致？

而今，由吳健雄實驗證實；楊，李獲得諾貝爾獎的論文是《弱相互作用中宇稱不守恆的理論》，推翻了《宇稱守恆定律》。這項「證實」不能不說明，自然科學也沒有「四海皆準」的定律，「萬世不惑」的真理！這豈不是又一個人類的大不幸？！豈不讓人杞憂這世界，這社會，會不會因此更加動亂不安的呢？

所幸，這「弱相互作用」，是自然界四種基本相互作用之一，其強度排列，僅在強相互作用和電磁相互作用之後，而居第三位。這《宇稱不守恆定律》屬於局部理論，是現象理論，不能推翻所有理論。果爾，但願當今的動亂，在中華民族千萬年浩灝歷史洪流中，也只是如逆流中的泡沫，是一種「瞬間反常現象」，終必自我否定，而自然消失，而撥亂反正的就好了！阿門。

《故土故人，吾思吾念：我對落實「一個中國」原則的認知與建言選輯》

　　二、

　　在該《信息106》以及新近所轉的《信息》之中，尚有多篇應予歸納論述者，此有：

　　一、《陽謀》。《陽謀》大文係作者丁郁先生本諸良知，多方搜集資訊而記錄，毛魔用一個「反」字而發起的種種人神共憤的暴政，例如「鎮反」、「三反」、「五反」、「肅反」、「反右派」、「拔白旗」、「反右傾」、「反修」、「反帝」，直到「橫掃一切牛鬼蛇神」、「文化大革命」等等的一份史實文獻。讀來，真讓人為中華民族何其不幸，竟出此古今中外絕無僅有的極權暴戾，殺人如麻的「大魔王」，而悲哀不已！悲哀不已！

　　二、《伍凡評論第354期分析中共近期的政治動態》。這是對中共最近為憲改問題，所發生的種種「論戰」而作的。作者結論是，中共政權從1954年就制訂了憲法。且在1982年修改成較為充實的所謂的82憲法。但在共黨「一黨專政」體制下，「黨大於法」，從來就沒有實行過「憲政」（連溫家寶就認知惑嘆到82憲法中有關言論、新聞等等自由的第三十五條，都不能實施）。現在「反憲政」的思路就是維護毛魔王朝「無法無天」的「黨大於法」的政治體制。但也突現出中共統治，是沒有政治合法性的！論及毛左「反憲政」最大的「理由」是，民主憲政是資本主義的。對此予以駁斥得擲地有聲的大文，可見於：

　　三、2013年八月四日，中共中央黨校教授蔡霞在北大演講的《憲政無關乎主義》大文。這是一篇屬於闡釋憲政極具學術性、實作性的經典文獻。文中，蔡教授指出，憲政的核心內容是人權、民主、法治。憲政的功能價值有二；一是限制權力，限制由人操控的國家權力，以防範握有權力的人處在強勢地位，來侵犯每個弱勢人的利益。其二，是在一定意義上限制民主。以防止有些人很可能打著多數的名義傷害少數人，致使每個人的權利、每個人的生存和安全都不能得到很好的保障。所以憲法實施的基本要素離不開法治。

《故土故人，吾思吾念：我對落實「一個中國」原則的認知與建言選輯》

由於憲政的基礎是主權在民，權力是人民的權力，那就有人民怎麼去使權力有效運轉的問題。由此避免不了選舉——這是憲政的基本要素之一。選舉是要建立委託授權的關係，因此代議制的民主產生了。這種代議制機關，在西方叫議會，在中國就叫人大。坦率講，我們的人大制度現在還是虛名為多，地位是虛置的，職能作用是虛化的，沒有真正發揮作為民意反映、民意表達、民意決策的主權機關。所以人大制度的改革迫在眉睫。再則，憲政就是要限制權力。鄧小平是說過「不搞三權分立」。但是，三權分立只是一種政治模式，是現象而不是本質。分權的目的在於制衡。因為權力過度集中一定會成為禍害（鄧小平所講的「限權」；現在習近平所講的「把權力關進籠子」，似乎都與此同義？）。要防止權力禍害社會公眾，防止濫用權力的罪惡發生，就一定要對權力加以必要的制衡。所以決策立法、執行與司法分開。這種制衡都需要，它沒有社會主義、資本主義之分。

蔡教授更指問說，中國共產黨是否有這個魄力和勇氣尋求自己在未來民主進程中的新政治空間，而不是老抱著二十八年流血犧牲（用槍桿子打下了天下）作為執政的合法性理由與基礎？坦率地講，二十八年流血鬧革命，這是父輩們作出的犧牲奮鬥，和現在執政掌權的人沒有一點關係。現在掌權的人自己沒有流一點血，所以不能把前人的犧牲奮鬥作為自己掌權的理由。如果掌權的人自己不能從二十八年流血，「打江山坐江山」那個說法中走出去，通過自己的努力形成自己執政合法性的基礎，那會把中國共產黨自己憋死的。

蔡教授又諄諄陳述，現在，從執政黨本身來講，憲法是否為我們的最高權威？還沒，事實上是以人為最高權威。當執政黨和政府本身沒有維護憲法的最高權威地位的話，那麼老百姓眼裡也是沒有法的。所以一些黨員幹部用政治權力強制的壓制社會民眾，社會民眾沒有權沒有錢但有命，底層的老百姓只有跟你拼命，於是出現了激烈的暴力對抗，社會有可能陷入動盪。要想避免大的社會動盪，唯有把憲政做起來，大家都認憲法的最高權威，大家都認同、都遵守。所以必須是擯棄資本主義、

社會主義的那種空洞概念化、對立型思維，真正把民族的利益放在第一位，把中華民族的偉大復興這個根本利益放在第一位，努力地為憲政而呼、而喊，身體力行的維護憲法、實施憲法。

蔡教授是來自中共中央黨校，能本諸學術良知，和對國家民族的大忠大愛，而不畏權勢，毫無顧忌地說出這番可謂「嘔心瀝血」的真理，必須遵循的箴言，令個人感佩不已，欽遲萬分。諸君是否也有同感呢？此外，與此有關民主憲政的論述，仍有一篇必須加以剖析的重要講話，此是；

四、《習總北戴河最新講話，中國的希望！》

自去年十一月習近平走馬上任以來，就由中發辦十八大為習近平對外宣示他執政的「三大原則」（堅持共產黨的領導，堅持毛澤東思想，堅持走中國特色社會主義的道路）；繼之，他南巡訓話；發表「三個信心」；嗣有中宣部「五條」和中發辦「七不講」；以及他論述前三十年的毛澤思想與後三十年鄧小平理論，「兩個不可分開」等等。這些大事都是他對中共黨國問題的憂慮，自也突顯出他執政思路的基本特點就是「一黨專制」不可挑戰；因而他堅持黨管媒體，黨管輿論，黨管思想，黨管意識形態。這份《中國的希望》講話，就是針對中共黨員意識型態工作做得不順利而發的。他用「民主」二字，又來進一步地，為「三個信心」，「兩個不可」等等意識型態問題「添加基石」。事實上，這依然是空洞的「口號」。在這講話中；

——習近平所謂的「三個信心」和兩個不可只是認為「毛澤東思想」與「鄧小平理論」都有「民主」的思想言論。這可靠嗎？這可信嗎？習近平所引證的是：

A. 1945年，毛澤東闡述：「新民主主義的政權組織，應該採取民主集中制，由各級人民代表大會決定大政方針，選舉政府。它是民主的，又是集中的，就是說，在民主基礎上的集中，在集中指導下的民主。只有這個制度，才既能表現廣泛的民主，使各級人民代表大會有高度的權力；又能集中處理國事，使各級政府能集中地處理被各級人民代表大會

所委託的一切事務，並保障人民的一切必要的民主活動。」這一席話說得多好啊！事實上，毛魔王一生中對中共黨徒大聲疾呼的「民主民主大家做主」的「民主」；為「重慶和談」，向國府呼籲組織「聯合政府」而提出的這種《新民主主義》不知說了多次，但毛澤東終其一生做到千分萬分之一嗎？

　　B. 習又引證的是：「1979年，鄧小平同志也指出，『我們實行的是民主集中制，這就是民主基礎上的集中和集中指導下的民主相結合』。『民主集中制的中心是民主』，鄧小平同志首先通過廢除領導幹部終身制，做了個好的表率，這是我們黨內民主建設的一大成就。」事實上，鄧所堅持的憲政民主，並不是如上文蔡教授所說的「三權分立」制衡的憲政民主。而且，在三十年「改革開放」期間，鄧小平曾否試予實施？沒。尤者，毛與鄧兩者相去兩個三十年，僅僅「斷章取義」地，擇其一兩句話，就確定這兩個三十年是不可分的，這可靠嗎？可信嗎！尤者：

　　——習近平如毛左一樣，堅持／高高舉起「毛澤東思想」這塊「神主牌」，這不僅讓主張憲政民主人士失望，自也暴露他作為一國之君所不應有的「雙重人格」的特性；更自我打破了他的「中國夢」，消減了他的「中國的希望」。其要因有二：

　　其一，為何認為習近平是「雙重人格」呢？可見證的事實是；2010年十二月二十八日，中共中央政治局全體會議在胡錦濤主持下通過《關於毛澤東思想若干建議意見》的決議編號179號，又稱170179號，是指第十七屆中央政治局常委會第179號議案。該議案由吳邦國、習近平兩人共同提出，內容是：關於黨的會議公報、黨的工作任務決議、黨的方針政策制定、黨的理論學習、黨的宣傳教育、黨的政治思想建設、組織建設、政府工作報告、政府有關政策、措施、決議等等文件中，「毛澤東思想」不列入。此因毛澤東思想已成為改革開放、特別是政治體制改革的巨大阻力，必須排除這個障礙，而形成的共識。這第170179號決議案，重新審毛，與毛切割，讓中共能找回自信和光榮，是習近平親自參與提出的，且決議通過，形成共識，而今，甫接「大位」就高高舉起這

「毛澤東思想」的「神主牌」，這不是「雙重人格」，又有何說呢？

其二，「毛澤東思想」既已成為改革開放、特別是政治體制改革的巨大阻力，更是中美兩國，甚至讓世界上所有民主自由國家，都能與中國和平共處，同臻衽席的最大障礙，它就必須剷除。習近平在去年二月尚未登上「皇位」，應邀訪美時，所準備的講稿中就意識、提及此點，而今又為何故作此反常之舉呢？！他所講的兩句話是：

第一句：寬廣的太平洋兩岸有足夠空間容納中美兩個大國。所以要論述及此，或許習鑑於歐巴馬總統早在其國情文中肯定美國已是在太平洋的主權國家，且在緬甸有了更新的發展局面 (We've made it clear that America is a Pacific power, and a new beginning in Burma has lit a new hope)。不論中共如何驚覺中國大陸已受 C 型包圍，有「中美難免一戰」的危言，今後，中共再怎樣「吹口哨」說一己是「大國」，中共在中南海，在太平洋就必須「承受」美國在太平洋的權力制衡的事實，而有所因應。

第二句：中國有句流行歌的歌詞是這樣唱的，「敢問路在何方，路在腳下」。這是中美兩國外交關係正常化，過去、現在和未來所需彼此「磨合」的過程。在這過程中，中共處在「被動」地位。而今，歐巴馬總統又宣言，「世事在急劇變遷中，我們不能掌控每一事件，但美國在國際事務中依然是個不可或缺的國家」(The world is changing; no, we can't control every event. But America remains the one indispensable nation in world affairs)。準此，中共將如何因應，改善中美外交關係，從被動進而彼此互動互贏，就必須從根本問題上有所變革才行。如文中所說：「中美之間最大的問題始終是意識形態、政治制度與價值理念。」試觀，從中共建國二十年後，在美國「支持」下，方能爭取得中國在聯合國的代表權，進入國際社會；將近三十年後，中美關係才正常化，為什麼？要在馬恩列史的第三共產國際要消滅世界上所有資本主義，猶言在耳；指說美國是「紙老虎」，要打倒這個「頭號敵人」美國帝國主義的「毛澤東思想」，依然為中共所崇奉。美國怎能不存個「與虎謀皮」的驚惕之

心呢？！改善之道，當從不談馬列主義，摒棄「毛澤東思想」，與毛切割做起，讓世人徹底消除「懼共」、「恐共」的心理才行。

　　　　三、

　　關於中共如何落實政改，因能和平岷起，能為中華民族和平統一，能為世界人類開萬世太平，各方論述至多，除了毛左反政改之流，所陳多屬偏頗而外，所見所議不少是「真知灼見」，但也是各就所見所知，表述一己立場與理念，難盡周延。茲僅舉對政改問題建議較為完整者，前 (2011) 年六月筆者所擬之文，就教於學者專家，企望有司者參考採行之。其文中《政改的要目》梗述如下；

　　從「六四」前後，中共中央就有「政治體制改革」之議，但爭議不止，從未「落實」。最近，溫家寶為「政改」多次所講的「警語」，其要點之一僅及於，憲法上所定人民有言論的自由都不能落實。對於改革是以何種的「民主政治」為取向？是如國府「五權憲法」的「均權」？美國「三權分立」的「制權」？以至鄧小平所主張的，在中共「極權體制」下的「限權」等等，胡、溫等，皆未有明確的論述。衡諸實際，其落實政改的要目，筆者認為其首要者如下；

　　一、「還政於民」。要如黨政分開，撤銷常委書記一把手與政紀委的權職；各級人大民選，使成常設機關，行使「國會」立法與決策之政權；建立文官制度，國家公務員概以公開考試，取才任用等等。

　　二、「藏富於民」。要如「耕者有其田」，「員工有其股」；除有關國防與民生工業而外，國企儘量改由民營；徹底打破「城鄉二元」的「諸侯經濟制度」；國家財政與稅制統一規劃；以及公共福利設施概歸中央舉辦等等。

　　三、「廣開言路」。中共中宣部不得「以權干政」，控制媒體；各級人代議會建立「聽證制度」；全國政商各界皆建立《獎勵建議制度》等等。

四、「強化教育」。國家教育經費在憲法上,規定總預算不得少於30%;鼓勵公私個人廣設獎學基金;對公民教育、社會人文教育、倫理道德、科技與管理教育等等皆須作整體規範,使教育以培養良好的國民,對社會負責的企業家為主旨;大學能造就頂尖的科技與管理諸般人才,掄為國用。

尤者,中共落實政改,其決定成敗最為重要的「先決條件」,是為徹底根除「毛澤東思想」。其最為簡切,且如「寧靜革命」,可收「立竿見影」之效的方法:「拆毛像」。將毛像從天安門,從大會堂,從各個公共場所,統統拆除。改奉國父孫中山肖像。繼之,落實中共中央政治局全體會議,在胡錦濤下,通過了《關於毛澤東思想若干建議意見》的第 170179 號決議案,重新審毛,與毛切割,讓中共能找回自信和光榮。」

四、

總之,中共的政治體制的改革,固然決定中共黨國的興衰存亡;影響及中華民族的和平統一,更關係到中國能否和平崛起,與自由世界民主憲政國家,共臻衽席。但能否落實,其必須遵循的原則要如;

一、成立決策小組,歡迎全民參與。改革能否落實,絕非冀望一、二「帝王將相」(領導班子),或喻示安撫,或下召奉行所能成事的。必須邀請海內外各方專家學者,組成改革決策小組,調查研議,且制訂獎勵建議條例,鼓勵全民參與,如此改革方案,有望集其大成。

二、消弭意識型態,尊重弱群權利。不談主義,不「認馬歸宗」,更不為維護共黨一己既得利益,防止共黨政權變色,而一再高舉人神共憤、天理難容的「毛魔思想」的「神主牌」。改革宗旨,必須符合一切為全民解決艱困,一切為全民謀求福祉。

三、放棄一黨專政,落實憲政民主。中華民族千萬年歷史演進中,「打江山坐江山」的「家天下」,沒有一個能千秋萬世守成下去的。何

況不具合法性、正當性的共產黨的政權,豈能永達「黨大於法」、「一黨專政」下去。所以,改革進程宜先從直接民選各級「人代」,使之成為真正代表民意、憲政立法的主權機關。從而實行差額選舉的「黨內民主」,和公開考選各級公務人員,逐次建立民選政府。黨政分開,改革方能落實。

　　四、釐訂改革要目,限期戮力竟成。落實政改絕不是用「報告」、「講話」、「開會決議」、「改為大部制」等等方式,所能成事成物。實施「目標管理」方法,確定各級改革要目,責其限期竟成。並追蹤考核,決定獎懲,實有必要。一得之見,敬請指正。

——原載於 Chen Chu Blog,2013 年九月二十七日

《故土故人，吾思吾念：我對落實「一個中國」原則的認知與建言選輯》

專文：對基督教義與以色列永續發展的探討
——從參加「以色列聖地之旅」的感受與省思說起

我不是教徒，竟然因認識主辦教會「以色列聖地之旅」的牧師，曾是我的外科醫生，而隨團去了伊斯坦堡、安曼、以及以色列的許多主要聖地，朝訪了十二天。其路線都是《聖經》上所載的神蹟；當年耶穌出生、佈道、遇難的聖地。每到之處，導遊與牧師皆滔滔不絕地講說有關主的故事，唸幾篇《聖經》後，再禱告一番。教友們莫不聚精會神地看著、聽著，有的還做筆記；但我對這第一次的見聞，確另有一番感受，思昔撫今，更有許多無從講說的感受與省思。

我們開始旅程，乘的是土航。從紐約 12:50 起飛，時差八小時，到伊斯坦堡正是次晨 5:40。在機場有我們旅遊公司代表的接待，辦好入關手續，由於擔心當日可能因遊客過多，而延誤預訂的行程，就驅車先去乘輪，瀏覽連接歐亞大陸的博斯普魯斯海峽兩岸的風光。

在驅車行程中，見及歐洲部份沿海岸的城堡，仍保留著「殘垣斷壁」的樣子，不禁追思及當年，綿延一千多年的所謂東羅馬帝國的拜占庭帝國，令人惋惜的興盛與滅亡的史實；與拜占庭帝國向西羅馬帝國求援，而惹來羅馬教皇所發起的，九次燒殺搶掠連續兩百多年，在宗教史上，史學家多認之為，極其可恥的十字軍東征。雖然，十字軍東征的結果，竟有助於東西文化的溝通，促成歐洲文藝復興，不無有「意外」之感。但是，這種名不符實的戰爭，不僅羅馬教皇對整合天主基督教的願望從此破滅，更為今日中東所種下為爭奪耶路撒冷的聖地，以阿彼此仇視，而戰亂不斷的禍根，更讓人感嘆不已！

歷史名城，伊斯坦堡

今日的伊斯坦堡的人口，有一千三百五十多萬，宗教相容，種族眾

《故土故人，吾思吾念：我對落實「一個中國」原則的認知與建言選輯》

多的社會，是全球最大的城市之一，是土耳其的文化、經濟和金融的中心。其所以如此，概因她是歷史名城，曾經是羅馬帝國 (330-395)、拜占庭帝國 (395-1204, 1261-1453)、鄂圖曼土耳其帝國 (1453-1922) 與土耳其共和國建國初期的首都。所掌控的介於歐洲與亞洲之間的博斯普魯斯海峽，長約三十公里，最寬處約三千七百公尺，最窄處約七百公尺，它北連黑海，南通馬爾馬拉海，是黑海沿岸國家出海第一關口，也是連接黑海以及地中海的唯一航道；再有連接歐亞大陸的博斯普魯斯大橋，在古代是「絲綢之路」上，由中國敦煌去義大利威尼斯的前站；是今日歐、亞貿易的重要管道；其在地緣政治上，更有其重要性。

我們遊覽海峽風光後，就直奔市場，去嚐嚐土耳其極著名的特產，各種蜜糖。然後再去參觀當年君士坦丁率十萬大軍，消滅了只有七千多殘兵的的拜占庭後，採取各宗教與各種族融合相處的政策，得使這座古城能重建復興，而保留下來的，象徵各宗教各民族文化的托普卡珀宮和聖索菲亞兩個大教堂。我們在教堂內內外外觀光瀏覽一番，就經商場，去機場乘土航直飛安曼。

安曼是今日約旦的，昔日聖經時代亞們人的首都，交通便利，是約旦的商業與金融中心。迄今，古希臘的東方正教在此依舊盛行。這裡也保存有很多羅馬帝國時代的遺蹟，如鬥獸場、露天劇場以及宮殿等等。我們因昨夜遲到，出發參觀時間推遲到九點，方驅車直奔以岩石的色彩而聞名於世的「玫瑰紅城市」；佩特拉 (Petra)。

從佩特拉的入口處，我們捨騎驢也不乘馬車，二三知己結伴步行，先循坡而下，延途有馬車經過時，塵土飛揚，不時飄來馬糞驢尿氣味，讓人有種「不一樣」的感覺。但我們遊興甚濃，見到奇石古蹟，就照個紀念相片，走了一公里多，到了「一線天」的入口。正如導遊所言，一線天長一點四公里，迂迴曲折，最窄處只有三、四公尺寬，兩邊矗立著高達兩百五十公尺的峭壁，由彩色石灰石構成，整座城市的高大雄偉的殿堂，排佈在周圍山崖的岩壁上，門檻相間，眾多的開鑿於岩石中的墳墓，有的碑上的雕刻暴露在風雨中，受到侵蝕而無法辨認。我們曾爬進

一個洞內，所見到的墓穴都是空的。想及考古學家們所表明的，早先的佩特拉既不是玫瑰紅的，也不是類似鮭魚的粉紅色，而是灰泥粉飾，與今天看到的情況完全不同。

筆者與教友們於伊斯坦堡

盛衰無憑的厄多姆王國

又，據考古歷史學者們研究所知，佩特拉的歷史可以追溯到史前時代，這裡曾是古代納巴泰人建立的厄多姆王國都城。在那個時期，納巴泰人其所以選擇佩特拉是基於：第一，它易守難攻，可說是一夫當關，萬夫莫開；第二，資源豐富，牧草肥沃，利於遊牧；第三，水源充足，一股終年不斷的噴泉提供了可靠的水源。而且，由於佩特拉位於亞洲和阿拉伯去歐洲的主要商道附近，來自世界各地的商人押運著滿載貨物的駱駝隊經過佩特拉門前：主要有阿拉伯的香料，經波斯灣輸入的印度香料、埃及的黃金、以及中國的絲綢，都要途經佩特拉，運往大馬士革、

泰爾以及加沙等地的市場，通往希臘和地中海各地，得天獨厚，贏利不少。

納巴泰全盛時期。版圖最大時，王國由大馬士革一直延伸到紅海地區，它的影響超越疆界：納巴泰人的文字進化成了當代阿拉伯文字，在當今大部份阿拉伯世界中廣泛使用。甚至遠至中國，只要有駱駝商隊，只要有貿易團體，人們都聽說過神話般的石頭之城。但從公元 106 年在羅馬人統治下，佩特拉的貿易開始發生變化：越來越多的貨物依靠海上運輸，搶走了它的一部份生意；陸地運輸也因羅馬人在它北部興建了一條大路，連通了敘利亞的大馬士革與美索不達米亞，掠走了更多的運輸貿易。到了公元三世紀，佩特拉的經濟實力和財富大大減弱。從此，隨著貿易路線的改變，佩特拉的重要性大為削弱。最終它被遺棄了。環顧現在的「滾滾紅塵」、「禿禿山岩」的景象，真讓人晞噓惆悵不已呢！

摩西應許之地，尼波山

我們返回佩特拉入口處，稍事休息就乘車去尼波山 (Mount Nebo)。尼波山是一個高脊在約旦海拔約八百一十七公尺，是摩西結束旅程的應許之地。從這裡可以看到約旦河谷、伯利恆、耶利哥和死海。導遊將我們領到山頂上，眺望著約旦河，對我們講述當年摩西帶領五十萬以色列猶太人出走埃及，歷經四十多年之久的流浪、隱藏的生活中，到了此山而息止，而埋葬於此山的種種聖靈事蹟。導遊曾指著在山脊上有根被銅蛇纏繞的柱子說，這就是摩西在曠野舉蛇的故事：以色列人因為在曠野行路艱難就埋怨神，結果就被火蛇所咬。百姓到摩西那裡說，我們有罪了，因為我們譭謗了耶和華和你；求你向耶和華禱告，叫這些蛇離開我們。於是摩西為百姓禱告。耶和華對摩西說，你製造一條火蛇，掛在桿上；凡被咬的，一看這蛇，就必得活。摩西便製造了一條銅蛇，掛在桿上；蛇若咬了什麼人，那人一望這銅蛇就活了。摩西在曠野所舉起的銅蛇就是預表基督自己。基督的死也是被掛在木頭上被舉起來的；如耶穌

自己所說：「摩西在曠野怎樣舉蛇，人子也必照樣被舉起來。」（約三14）。祂又說：「我若從地上被舉起來，就要吸引萬人來歸我。」（約十二32）。

迄今，幾乎所有教徒們無不認為，摩西 (Moses) 是《聖經》中所記載的公元前十三世紀時猶太人的民族領袖；是猶太教、基督教、伊斯蘭教和巴哈伊信仰等宗教裡極為重要的先知。據統計，摩西的名字在《新約聖經》中提及七十九次之多。在他回鄉的路上，摩西得到了神所頒佈的《十誡》，據說是上帝在西奈山的山頂親自傳達給摩西的，是上帝對以色列人的告誡。這「摩西十誡」是《聖經》中的基本行為準則；是以色列人一切立法的基礎，也是西方文明核心的道德觀。然因《聖經》中並沒有明確提出「十誡」，所收藏「十誡」的「約櫃」遺失後，迄今尚未尋獲，真文不明，其具體十條誡文是後人總結歸類而成的。因此，各個教派的「十誡」條文都不完全一樣。經查考所知，可由大多數教派所接受的《摩西十誡》條文如下：

第一條：「我是耶和華——你的上帝，曾將你從埃及地為奴之家領出來，除了我之外，你不可有別的神。」

第二條：「不可為自己雕刻偶像，也不可做什麼形象彷彿上天、下地，和地下、水中的百物。不可跪拜那些像，也不可事奉它，因為我耶和華——你的上帝是忌邪的上帝。恨我的，我必追討他的罪，自父及子，直到三四代；愛我、守我戒命的，我必向他們發慈愛，直到千代。」

第三條：「不可妄稱耶和華——你上帝的名；因為，妄稱耶和華名的，耶和華必不以他為無罪。」

第四條：「當紀念安息日，定為聖日。六日要勞碌做你的工，但第七日是向耶和華——你上帝當守的安息日。這一日，你和你的兒女、僕婢、牲畜，同你城裡寄居的客旅，無論何工都不可做；因為六日之內，耶和華造天、地、海，和其中的萬物，第七日便安息，所以耶和華賜福與安息日，定為聖日。」

第五條：「當孝敬父母，使你的日子在耶和華——你上帝所賜你的

土地上得以長久。」

　　第六條：「不可殺人。」

　　第七條：「不可姦淫。」

　　第八條：「不可偷盜。」

　　第九條：「不可做假見證陷害人。」

　　第十條：「不可貪戀他人的房屋；也不可貪戀人的妻子、僕婢、牛驢，並他一切所有的。」

朝訪聖地，耶路撒冷

　　我們下了尼波山，還匆匆參觀了當年羅馬軍遺留下來的露天劇場，以及教會為籌措基金所辦的聖物禮品商場後，方返回旅館。在回程中，導遊一再提醒，由於離約／去以，其出／入關的手續相當繁複，明晨必須提早出發。果然，第二日晨我們登上旅行車，從約旦的高脊，循蜿蜒山路而下，到了以約邊界出關時，所幸，約旦的旅行公司特別派有全副武裝的安全警察在車上「坐鎮」，經過約旦的崗警檢查站，多沒有被要求下車查證。到以色列入關時，也可能因為我們是「朝聖」的旅行團，其驗證檢查手續也簡化了好多，順順利利辦好入關手續，轉乘由以色列旅遊公司派來的導遊及其專車，開向耶路撒冷。沿途，並參觀了橄欖山(Mount of Olivares)，被基督教徒稱為「我們的天父」教堂的巴特諾斯特教堂(Peter Nester Church)，和主哭耶京堂("The Lord Wept" Dominus Flevit Church)；到猶大出賣耶穌被捕之地客西馬尼園(Garden of Gethsemane)，也看了兩千年前的老橄欖樹(old olive trees)等等聖地。當抵達耶路撒冷的旅館安頓下來，已是夜幕低垂的時候。由於以色列的治安相當良好，晚餐後，牧師帶領我們去瀏覽夜市，但因當天是安息日，商場一片靜寂，行人稀少，我們照了幾張團體相，就匆匆折返旅館休息了。

　　耶路撒冷是我們「以色列聖地之旅」的最主要的聖地。它是全世界上被三大宗教（猶太教、基督徒與回教）都視之為自己的聖地，屬靈中

心的城市。此據基督教傳說,巴勒斯坦是耶穌誕生與升天的地方,他的墳墓就在被視為聖地的耶路撒冷。耶路撒冷在古代曾是猶太人的政治和宗教中心,是希伯來王國的都城,自然也被猶太教徒視為聖地。按照伊斯蘭教的說法,真主使者穆罕默德曾於 622 年七月十七日在耶路撒冷乘天馬升天,於是那一天被伊斯蘭教曆定為登霄節,耶路撒冷也成了穆斯林的聖城。「耶路撒冷」原義雖為「和平之城」,事實上,它是世界上遭受戰火毀滅無出其右的城市;它歷經羅馬帝國,十字軍東征的燒殺掠奪;六代大希律王的殘暴統治;以阿為爭奪這座聖地,迭遭戰火洗禮,屠城之災。耶路撒冷真可說是個大不幸的城市。迄至 1948 年,英國在耶路撒冷託管統治結束,現代以色列國宣佈成立,耶路撒冷於是分為以色列轄區和約旦轄區;人們把約旦轄區稱為東耶路撒冷,而以色列轄區成為西耶耶路撒冷。所以,人們可以指耶路撒冷(以色列首都),耶路撒冷(巴勒斯坦首都)。

筆者於耶路撒冷

《故土故人,吾思吾念:我對落實「一個中國」原則的認知與建言選輯》

　　現在,耶路撒冷滿城滿街都是擠滿了從世界各地前來的朝聖者。我們停留的三天期間,也就在一波波的人潮中,匆匆忙忙地參觀了許多教堂;各方聖地;籌建中的聖殿;耶穌出生之地伯利恆;耶穌被捕囚禁用刑之地;耶穌揹十字架被押赴刑場的途中,在何處先後跌了三個跟頭的地點;耶穌的三處葬身的墓地,以及全世界前來朝聖者,莫不膜拜的哭牆等等聖地。由於耶路撒冷的聖蹟太多,所有有關的文物資料,也都整理保存得非常完整翔實。在參觀朝拜之際,經過重要聖蹟,導遊多要大家聚集聽講,或席地而坐,對我們沒完沒了地講說一番。再有我們牧師誦讀《聖經》中,可加以引證的經文。但是,《聖經》中並無印證全部聖蹟的經文;考古學者們到處都在挖掘研究,對於各個聖蹟的史實,真是無法道盡說完。加之,耶路撒冷老城的聖蹟,很可能重疊交錯,被猶太教和伊斯蘭教爭論(認)得難分彼此,所以,考古學者們對城裡每一塊石頭的歸屬都要保持謹慎態度,一旦作出不當判斷,就可能激起猶太教徒和穆斯林互相仇視、甚至引發流血衝突。所以,導遊說了一句令我相當折服的話:「六個月後,考古學者們如發掘到新的文物證據,不僅現在所知的史料,甚至《聖經》中的經文,都可能要加以改寫了」。個人不是基督教徒,更無從全部認知,但就在環顧這些景象,沉浸在如許思緒之中,確是衍生很多無法解說明晰的感受;不知從何說起的省思話題。嗣經從網路上搜尋並研讀有關的文獻資訊,而歸納成幾點如下的感受與省思:

　　首先,對於教徒們信主的虔誠,令我萬分的感動;教徒們禱告的行為,讓我非常的驚佩。在耶路撒冷的滿城滿街上,我見到的形形色色,老老少少,甚至有老弱障殘的「朝聖者」,都是由世界各地「不遠千里而來」的。他／她們在哭牆,在各個教堂,在任何一處禱告時,多備有「聖物」,穿戴「教飾」,捧著《聖經》,或面壁,或跪拜,「旁若無人」地閉眼肅穆唸唸有詞,且有似「聲淚俱下」者!據云,按教規,教徒每日要禱告三次(伊斯蘭教徒每日,作戰時也停火,要禱告五次)。我返想,如此禱告,是為「感恩」?或是為「求福」?真的有效應嗎?

如果終日禱告，會及早「得救」，求得更多的「福祉」嗎？

據英國的基督教研究所 (Christian Research) 所發佈研究報告，2013 年全球共有二十一億四千萬基督徒，比五年前增加了一億四千萬，增長率高於世界人口增長水平。基督教信徒為何如此眾多呢？為何如此迅速發展呢？是為耶穌基督的神聖所感召？或是因研讀《聖經》，認知到真理而信仰堅定，到了「朝聞道夕死可以」的地步？

耶穌基督身世之謎的解析

根據吏實與學者研究所知，耶穌基督的事蹟很多，但最主要的事蹟是向人們傳授天國的福音。耶穌為天國而來，也為天國而去。與以前人們理解的天國不同的是，耶穌傳的天國是地上的天國，它在人們心裡，也從天上降臨。當天國降臨到地上時，悔改的人會享有祝福與永生，不悔改的則被定罪。（這不是與王陽明「致良知」的學說相同，都要發自內心？相異的是，一求於神，一修於心？）耶穌的門徒在書信中認為，耶穌在傳道過程中，對人的體恤和關懷，正反映了神對人的態度，也為他的門徒做出榜樣。耶穌所提出包括安貧樂道、謙沖自牧、返璞歸真、求則得之、止於至善、過勿憚改、捨生取義、知行合一、愛人如己、以德報怨、寬以待人、欲正人必先正己、為善不欲人知、己所欲施於人等概念的許多崇高的道德教示，確是真理，聖哲之言；加之，耶穌和藹可親，走入人群傳道，時顯治病救人的種種神力，怎不為教徒、為世人所崇信膜拜呢？！我想，孔孟之道無異於耶穌基督修身養性的教義，但可惜的是，當年孔孟二位聖人傳道，多優遊於君王權貴之間，其受後人世人尊崇與倫理道德的影響，就與耶穌基督大相逕庭了？！

耶穌基督教義是反對形式主義的，強烈批判違背神意的傳統習俗。由於在他傳道過程中，他總是接近當時為猶太社會所鄙視的人們（如稅吏、外邦人、罪人等），並不斷勸導猶太宗教領袖的偽善，有違《舊約聖經》中誡命的精神，是神所不樂見的。而他對猶太百姓宣稱自己是神

的兒子，更為多數的猶太人所不能接受，猶太公會對耶穌非常憎恨。嗣經猶太教上層階級當權司祭與教士收買了十二宗徒之一的猶大，以三十個銀錢的價錢和他串通，以親吻耶穌為暗號，把耶穌拘捕，控以力圖為「猶太人的君王」罪名，在猶太群眾壓力下，被猶太行省行政長官彼拉多判處死刑。

據說，關於耶穌的死，首先，耶穌在衙門被鞭打，這使得耶穌處於低血容量性休克，耶穌被帶往刑場釘上十字架，由於雙腕和雙腳被釘，使肌肉和橫膈膜承受到極大壓力，得不斷提起自己來呼吸，最終窒息而死。根據《新約聖經》中記載，耶穌死後被安葬於附近的一個墓室，並於三天後復活。爾後他回到加利利與眾門徒見面，並於四十日後升天。又據《新約聖經》中記載，耶穌從死裡復活後，多次在門徒面前顯現，傳講他曾經傳講的信息。一些追隨耶穌的猶太人發現，神不但要透過耶穌基督的犧牲來拯救歸信的猶太人，而且要拯救信從耶穌的，所有「國族、部族、語言」的人，使凡信他的人得享永生，於是宣告耶穌是真正的彌賽亞，是基督，故稱他為耶穌基督。

耶穌復活後，在短短三年半左右的時間裡，主要在北方的加利利海地區進行傳道活動。迦百農是他主要的活動城市。自此，即使羅馬帝國禁止，基督徒也未曾中止傳教活動。根據使徒行傳，升天後的耶穌以超自然方式向法利賽人保羅顯現，保羅自此由迫害基督教者，轉為最具影響力的基督信仰傳播者，使得基督宗教在猶太行省、希臘和小亞細亞地區的影響越來越大。

公元四世紀時，許多羅馬上層社會已有相當人數信仰基督教，而母親是基督徒的君士坦丁一世則認為，基督教可以拉攏帝國東部新征服地區信奉各種宗教的居民，安撫他們的宗教矛盾，以及出於自己認同基督提倡公義的精神，就把基督教定為國教。在羅馬帝國的准許後，基督教以更快的速度傳遍至羅馬帝國全境和鄰國，包括今日的埃及、高加索等地。但是，關於耶穌基督的身世，幾千年來，經過無數的基督教徒們的考證，考古學者們的研究所知，仍然有好多無法得知的結論。

《故土故人，吾思吾念：我對落實「一個中國」原則的認知與建言選輯》

例如，有耶穌成長的「黑歷史」傳說。亦即，究竟耶穌如何成長？《新約聖經》從未有詳細交代，作為上帝獨生子、又被教會認為歷史上確有其人的耶穌，《聖經》完全沒有記載耶穌的成長經歷，是否有點奇怪？《路加福音》曾記述耶穌於十二歲時，在踰越節當日跑去聖殿，與教士討論，之後，《聖經》記載他順從父母的意思，回到拿撒勒，之後一切，《聖經》全沒記載到《路加福音》，只以一句「耶穌的智慧和身量，並上帝和人喜愛祂的心，都一起增長」（《路加福音》二章五十二節），之後，就是耶穌在三十歲左右再出現，接受施洗約翰洗禮。

那，耶穌在十三歲到三十歲這段時間，去了那兒，做了什麼呢？1894 年，一名俄國記者尼古拉斯・諾托維奇 (Nicolas Notovitch)，寫了一本書叫《耶穌基督未為人知的生平》，當中提及他在 1887 年到 Ladakh 旅行時，曾在希米寺 (Himis)，看到有關先知伊撒 (Isas) 事蹟的經卷，當中除了包括《舊約聖經》故事外，還有伊撒在十三歲耶年，因逃婚而前往東方，去到今天南尼泊爾，即釋迦牟尼誕生之處，學習佛典，到三十歲左右才返回巴勒斯坦。

這本尼古拉斯・諾托維奇的《耶穌基督未為人知的生平》出版後，引起極大迴響，不少人批評書中所說毫無根據，牛津大學教授穆勒 (F. Max Muller) 更撰文指書中內容只是杜撰。可是到十八世紀，又有證據，證明古印度佛教寺院、以至西藏寺廟，流傳著有關先知伊撒傳說和相關經卷，當中有來自旅行家、學者的證言。究竟，所謂先知伊撒即耶穌傳說，是子虛烏有，還是真有其事，恐怕是另一段有關耶穌解不開的「黑歷史」了。當然，童工相信，在梵蒂岡藏著被視為偽典的古老天主教典籍圖書館中，該有更多蛛絲馬跡追查耶穌失落的一段歷史，只是童工相信，教會不採信，而認為對神，只有信，不要問。

現今，幾乎所有歷史學者都同意耶穌確實存在於歷史上。使有論者認為目前所發現的旁證材料均不可靠，故耶穌是虛構人物；然而持該觀點者亦無可否認：羅馬帝國前基督教時期產生許多抨擊基督教的文章，諸多批評中獨未見到，對於耶穌是否存在的任何質疑，也因此大部份學

者仍然認為「耶穌的存在是由基督徒編造的」這一理論令人難以置信，無法使多方學者信服。大部份的學者均同意：耶穌受洗於施洗約翰、與猶太教權威人士辯論、驅魔、召集男女信徒、設喻講道、赴耶路撒冷、最後被彼拉多處死等等事蹟，加之《舊約聖經》中，關於耶穌基督的種種應許、預言，在《新約》中完全得著應驗。都是確有耶穌基督的史實鐵證。

《聖經》文本與版本的研究

論及基督教的宗教經典著作《聖經》，它是世界上發行最多，流傳最廣的書籍之一，是古代中東地區、特別是猶太民族的一部詳細的編年史。在《聖經》中保留了眾多的猶太民族遠古時代的歷史傳說，這些傳說往往帶有某些神話色彩，人們曾經以為那是古代人想像力的產物。但隨著科學的深入發展，人們重新審視《聖經》，竟發現在這些神話和傳說之中，包含著某些超越時代視野的真實記載。例如，《舊約‧以西結書》第一章至第三章中以西結的一段描述，被認為是有關不明飛行物的最早記載之一，已由現代美國航空航天局的專家布盧姆里希對以西結所提供的飛行器，進行了思考和計算，並寫成了一本名為《天穹開處》的書。他認為，以西結描述的飛船有著非常可信的程度。幾十年內，人類的技術就能夠製造出那種飛船。

再則是《舊約創世紀第十九章》，上帝毀滅所多瑪和娥摩拉這兩座罪惡之城。上帝用什麼武器，能夠在瞬間把兩座城徹底毀滅？直到 1944 年廣島和長崎被美國的原子彈炸成廢墟之後，有些人重看這段文字，才頓感恍然大悟：只有原子彈才能一下子毀滅整座城市，能不驚佩遠古時代那些猶太民族的先知，他們忠實而具體地記錄下，那些當時他們還並不理解的事件，使今天的人們面對著這一切時，能夠重新思考？

但是，也由於人們從當代情境與自然科學方面，去審視《聖經》中所記載的傳說、神話之類的事件，發覺《聖經》中仍有很多所謂的「謎

團」。此如，諾亞方舟之謎，紅海分開之謎，所羅門寶藏之謎，巨人族之謎，約櫃失縱之謎，裹屍布之謎等等，迄今尚無確切印證的論述。至於《聖經‧啟示錄》中「世界末日」十件大事的預言，將來是否會成為事實？以及《聖經》中所載，「民要攻打民，國要攻打國，多處必有飢荒，地震。這都是災難的起頭；你該知道末世必有危險的日子來到。因為那時人要專顧自己，貪愛錢財，自誇，狂傲，違背父母，忘恩負義，心不聖潔，無情義，不解怨，不能自約，性情兇暴，不愛良善」的末世來臨的情景，會不會成為事實？那更讓人萬分驚畏地期待著呢！

　　關於《聖經》中所載的事件，何以有如許多的爭議論述，或許起因於《聖經》是由四十多個不同的人物執筆，他們寫作的地點，更是各在一處，他們寫作成「書」前後的時間相差一千六百多年。是故《聖經》在本質上不是一本書，而是一個「書」的集合體：包含了不同時代、不同類型的「書」的合集。英語：Bible，本意為莎草紙，中文亦稱耶經或音譯白液經，可以指猶太教和基督教（包括天主教、東正教和基督新教）的宗教經典。猶太教的宗教經典是指《塔納赫》（或稱《希伯來聖經》），而基督宗教的則指《舊約》和《新約》兩部份。《舊約》記錄的是天主耶和華與人類立約的時期；《新約》記錄的是耶穌以自己的血洗去《舊約》，與人類重新立約的時期。

　　據統計，現在共有大約一萬四千多種不同語言版本的聖經，尤其是「希伯來聖經」部份，而基督教新約部份，就有大約五千三百種不同語言的版本。在眾古書中可說是現在世界上最多不同語言翻譯版本的書。其中《舊約》完成的年代是在西元前一千五百多年到前四百年之間；而《新約》完成的年代則是在西元三十幾年到九十六年之間；換句話說，《舊約聖經》最早的著作，至今已經有三千五百多年的歷史。而《新約聖經》最早的著作，至今也有兩千多年的歷史。其間有訛傳，誤刊，偽托，竄改，甚至人為捏造等等不可靠之事，實屬難免。加之各個時代編譯聖經的學者們，對於千萬種不同版本語言，不能皆有所認識而將之誤譯，又屬當然之事。今後，聖經文本內涵是否又會因「死海古卷」(Dead

Sea Scrolls)：「七十士譯本」(Septuagint) 和「撒瑪利亞五經」(Samaritan Pentateuch) 等等，較古老版本的發現與校正，而有所脩正或增訂？這又是可期見的事。再則，現今由教會多方「整合」而輯成的《舊約》三十九卷和《新約》二十七卷所組成的整本《聖經》，在基督教新舊各派之間，仍有「正經」與「次經」取捨之爭。因此，無論是教徒或非教徒對於《聖經》，自應從不同的角度去解讀，方能各有所得。例如有網路學者主張：

　　從宗教看，《聖經》是一部宗教典籍。它就像《古蘭經》、佛經一樣。有對世界的獨特解釋和大量的佈道內容。它教導信徒信仰什麼，遵從什麼，背棄什麼，以何為善，以何為惡，如何生活，如何贖罪等等，包括怎麼製作宗教用品和舉行宗教儀式。它還預言了未來，其本質上是「神的話語」(God's Word)，只有對之誠信，不需要證明。

　　從歷史看，《聖經》是一部歷史。與各民族的歷史一樣，作為歷史的《聖經》自然也參雜了許多神話、傳說、人為的捏造等等，當然，還原歷史的真實是考古學家的事情，與我們無關，我們所要知道的是《聖經》文本的歷史：《舊約》是猶太民族的歷史，《新約》是基督教創立和早期傳播的歷史。它是一本史書。是較為完整地記錄了希伯來人的歷史，同樣也記錄了基督教產生、傳播和變遷的歷史，它有相當的史料價值可供參證。

　　從文學看，《聖經》也是一部文學經典。它收錄了大量的神話、傳說、傳記、語錄、詩篇、預言等等，或引人入勝，或撼人心魄，大部份具有較高的文學價值。它在世界文學史上有著極為重要的地位和影響，有法國著名作家雨果就曾為之感嘆地說：「正如整個大海都是鹽一樣，整本《聖經》都是詩。」筆者於半個世紀前在台北大直外語學校受訓，就曾收到校方將基甸會所致贈的一本「中英對照」的《新約全書》，要求學員們讀寫英文，將之作為經典的範本。

　　從實用看，在當代生活中，《聖經》的實用價值已經與世俗結合，比如法庭上用手按《聖經》宣誓；公職人員就職宣誓要觸摸《聖經》；

在基督教的婚禮上，牧師還必須唸一段《聖經》，以此訓勉新人真愛不渝等等。這因為《聖經》為讀者提供了一個虛擬世界，讓他／她們通過對《聖經》的學習而認識這個世界，通過對神愛的體驗來學會對父母親人的愛，來完善自己的感情、提高自己的思維或智力，從而更強有力地面對現實的世界。

幾千年來，世人對於《聖經》文本真偽的研究，與日俱增，甚至要摧毀《聖經》，置疑基督教義，都屬徒勞。迄今，《聖經》仍是世界上譯本最多，發行最廣，教友與非教友讀者最眾的書，可說是天下第一本最「奇」的書。中華民族是世界上最古老，歷史最悠久的文明古國。從遠於《聖經》成書之前，中國先聖先賢與諸子百家們所有著作中，竟沒有一本從創世紀到世界末日，前後一貫，首尾相應有如《聖經》一樣的書。但中國人信奉耶穌基督者眾，且據 Arthur Lai 的研究，將《聖經》與四書五經的比較，存在一個如下述有趣的對比。

A. 聖經與四書五經文本內涵的對比：

舊約 vs. 五經：
律法書 vs. 尚書禮記（民族的起源與生活的準則）
歷史書 vs. 春秋與三傳（在歷史記載中評判歷史人物）
詩歌 vs. 詩經（以詩歌來表達合理的感情）
先知書 vs. 易經（以天道來評斷人事）
新約 vs. 四書：
福音書 vs. 論語（一個承先啟後的夫子）
書信 vs. 孟子（門徒繼續闡明夫子的教訓）
使徒行傳 vs. 大學（由內而外至天下的發展）
啟示錄 vs. 中庸（終極的理想）

B. 聖經與四書五經成書時代的對比：

西周相當於《舊約》時代，是初創的時代；東周相當於《新約》時代，

是完成的時代;周公制禮作樂相當於摩西頒佈律法;歷代西周王相當於以色列諸王;孔子相當於耶穌;孟子相當於保羅;荀子相當於雅各。

此處所謂「對比」,應是「相類似」之意。其文本內涵上仍有很大的相異之處,要如孔子是「不語怪力亂神」的,而耶穌所傳福音,則完全相反。尤者,Arthur Lai 認為:「若繼續深究這兩組經典,則其義理又有顯著的不同。基督教的道成肉身是獨特的,孔子被尊為至聖先師,但孔子沒有神的位格,是故儒家說人人皆可成聖賢,但從基督教卻不能說人人皆可成基督,只可以說人人皆可有基督,人人皆可效法基督,人人皆可靠耶穌,稱神成聖。基督是屬天的層面,聖賢卻是屬人的層面。」

基督教義與共產主義之異同

由是,鑑於中國(大陸)當代所信奉的共產主義,乃猶太人馬克思所創,讓筆者聯想及另一更為嚴肅的研究課題是,基督教義與共產主義有相似之處嗎?經從網路上搜尋所知,已有學人何永坤作文認為:「共產主義在意識形態和實踐上,和基督教義有很相類的地方。因為基督教不少地方和共產主義或共產黨有雷同。」其大要竟有如下十項很重要的論述;

(一)馬克思與奧古斯丁稱兄道弟

英國哲學家羅素指出:「猶太型的歷史──無論過去或未來──是對一切時代受壓迫和不幸的人們,予以有力的申訴。聖奧古斯丁將這個類型配合在基督教義中;馬克思則以之配合在社會主義中。」(《西方哲學史》第三六一頁)簡言之,基督教是一個神權主義的宗教,不幸的人由亡國奴的猶太人轉成為有原罪感的教徒;馬克思本是一個人道主義者,不幸的人由勞工轉成為共產黨政權下的所有平民。但最不幸的是,「天堂」與「社會主義樂園」,都只不過是一個烏托邦式的名詞!

(二)基督教與共產黨同一鑄模

《故土故人，吾思吾念：我對落實「一個中國」原則的認知與建言選輯》

羅素在他所著《西方哲學史》中，並列出基督教和共產主義在意識形態的情緒上有全等的偶合：

耶利華＝（等如）辯證唯物論

救世主＝馬克思

特選人士＝無產階級

教會＝共產黨

基督的再臨＝革命

地獄＝資本家的受懲罰

基督千禧年統治＝共產社會

羅素指出：基督教在意識形態的情緒上，給予共產主義以同樣意識形態的情緒。他說：「這種情緒的內容，凡受過基督教或猶太教的訓練的人，都能熟悉，而所以使馬克思的『末世論』為可信，無論納粹黨或共產黨，都吸收且延續了《舊約》和《新約》的神髓。」

（三）耶穌懷抱共產主義思想

現代共產黨人將馬克思奉為祖師，其實耶穌才是共產主義的祖師。在耶穌的時代，猶太人飽經亡國喪亂的生活，又在羅馬政權和希律王朝雙重壓迫之下，已屆民窮財盡，致失業人數很多。每當耶穌在路上宣揚猶太教時，都有大群貧民跟隨與他聚合。耶穌看見富人階級為富不仁，只顧自己穿華服居豪宅，天天奢侈宴樂，對窮人毫不賑濟。在如此不公平的社會中，耶穌就表現他的共產主義思想。

耶穌舉目對他的徒眾說：「你們貧窮的人有福了，因為神國是你們的；你們飢餓的人有福了，因為你們將要足飽；你們哀哭的人有福了，因為你們將要歡笑。」對無產階級的窮人所表現的同情，好像馬克思對英國蘭開夏工廠的工人表現同情一樣。

反之，耶穌憎恨有財富的人，有如今天的共產黨。他說：「你們富有的人有禍了，因為你們已接受過你們的安慰；你們飽足的人有禍了，因為你們將要飢餓；你們歡笑的人有禍了，因為你們將要哀慟哭泣。」（以上見《路加福音》六章二十至二十五節）

耶穌贊成共產主義，即財富平均分配，富人的所有財產都應完全交給窮人（《路加福音》十八章十八節就這樣的描寫）。耶穌並且表示他所傳的福音是給窮人的（《路加》四章十六節）。馬克思的共產主義福音也順理成章地傳給無產階級的窮人，他在《共產黨宣言》就予窮人一個喜訊：「工人革命第一步是無產階級變為統治階級。」

（四）耶穌與共產黨有共同的倫理觀

耶穌在那傳道的日子裡，已和使徒門徒及一群追隨者一起，過著原始的團契及公社同吃大鑊飯的生活。這可見於耶穌傳道的活動範圍，絕大部份時間是從他的家鄉拿撒勒一帶及後來發展到加利利周圍的其他地區。但總的來說，都是一些窮鄉僻壤，亦只能召集一些經濟低層的窮人跟隨他，所以耶穌和他的追隨者吃公社的大鑊飯，也極須經濟高層的富人傾囊捐獻。但天國畢竟是遙遠的，對沒有絕對信心的富人來說，自不免因自私心而不願將資財盡數捐出，因而就受到耶穌及他的追隨者對富人的詛咒和痛恨，也因此而誘生共產主義的思想。

（五）咒死和殺死可惡的資本家

耶穌使徒和共產黨都殺戮資本家。《新約‧雅各書》第五章就有記錄雅各詛咒富人的話：「你們這些有錢的人啊！現在該捱痛苦哀號了，因為災禍就快要降臨到你們的身上了。你們在地上的財物快要朽壞，衣服也要給蟲蛀爛；你們的金銀就要生鏽，那鏽勢必要指控你們，它們像火一樣，燒毀你們的身體。世界末日快將來臨的時候，你們仍只知積聚財富；農工替你們收割，你們卻扣押他們的工資，不獨那工錢發出不平的呼喊，就是工人的冤聲，也已經傳到萬軍之主的耳中了。你們在世上驕奢淫逸，好如屠宰（牛羊）的日子一樣，你們養肥了你們的心；你們冤枉好人，他們沒有反抗你，而你們竟將他們殺害！」

傳說雅各是耶穌的胞弟，注重律法精神及社會問題，他痛恨當前富人的不公義行為，和耶穌及馬克思發展共產主義的意識形態如出一轍。至於保羅，更將共產主義的原始模式表現無遺。他在《哥林多後書》勸導信眾獻捐給其他教會時這樣說：「弟兄們，我並非有意要別人輕省而

使你們受累，是為要平均的事；現在要你們的富餘補他們的不足，將來他們的富餘可以補你們的不足，那樣就平均了……」（八章十三節）

彼得對於沒有傾家蕩產盡數捐出的信徒，甚至咒死他們。在《使徒行傳》第五章，就記述這件事：一個名亞拿尼亞的信徒和妻子謝菲蘭，把田產賣出，但卻私自留下一部份錢，才將其他錢財捐給使徒，卻訛稱這是全數。彼得對他說，你不是欺騙我們，而是欺騙上主！亞拿尼亞聽到這話，就撲地斷氣死了。後來彼得又指出謝菲蘭說謊，並對她說，葬妳丈夫的人又來到門口，要把妳抬出去葬了！謝菲蘭亦撲地斷氣而死。（一至十一節）

（六）信徒公社與人民公社

《新約・使徒行傳》中有描述基督教徒公社生活：「使徒行了許多神蹟，信的人都在一處，凡物公用，並且賣了田產家業，分給各人……分享食物。（二章四十四節）……許多信的人，都同心同意的。沒有一個人說，他的東西有那一樣是自己的，都是大家公用。……因為人人將田產房屋都賣了，把所賣得的錢銀放在使徒腳前，分給各人。」（四章三十二節）

中共在完成土地改革後，打鐵趁熱，廣泛展開農村互助合作運動，1953年發展初級農業生產合作社，由於急躁冒進，出現嚴重錯失而大部份結束。1958年六月，毛澤東發起「大躍進」運動，進行大煉鋼；九月建立人民公社，僅兩個月時間，全國農民就實現了公社化，推出平均主義，農民吃飯（大鑊飯）不要錢，公社各物公用。

（七）勞動是共產主義的道德

馬克思在他寫的《資本論》第一卷中就指出：「勞動是人與自然之間發生的一個過程，在這個過程中，人用他自己的活動來引起、調節、控制人和自然之間的物質變換……人和動物區分之一，就是動物只會利用自然界裡現成的東西，而人靠勞動來迫使自然界為人的目的服務。」基督教的耶穌和他的使徒及信眾，都曾實踐過共產主義的構思和生活，其中的「各盡所能，各取所需」可見於《新約》中。

保羅曾寫信給他的信眾說：「我們在你們那裡的時候，從不偷懶。我們不白吃人家的飯，總是日夜辛勤勞動工作，以免令你們任何人受累⋯⋯任何一個人不工作，就不可以吃飯。因為我們聽說，你們當中有些人遊手好閒的生活，無所事事，不做任何工作，專管閒事。我們奉主耶穌的名提醒及命令這些人，安靜地工作，自食其力。」（《帖撒羅尼迦後書》三章）。

共產主義的意識形態，只適合原始農業社會中運作，所以耶穌傳佈猶太教及原始基督教使徒的時代，勞動和工作是共產主義的首要道德。毛澤東在1958年發動大躍進和大煉鋼運動，並在各地組織人民公社，目的就是獲取人力的勞動支持。據中共報導，那時人民公社共建二萬六千五百七十八個，抽調煉鋼九千萬人，結果既嚴重破壞農村生產力，也令全國經濟失調。這是世界共產黨最大一次勞動力表現。

（八）教化與赤化全球皆遺害人間

猶太教是猶太民族的宗教，純種猶太人只到耶路撒冷的聖殿禮拜，即使其他地方有耶和華神殿，也不做禮拜儀式。可知猶太人在形式上的固執，不將猶太教外傳與外邦人，上帝的選民只是猶太人。耶穌當時所傳的宗教亦是猶太教的一個支派，傳教的對象是貧窮的猶太人。後來，《新約》描述他自加利利準備前往耶路撒冷面對猶太教各支派代表人物的反對，耶穌說：「我到地上來燃點烽火，我多應希望這火已經燃燒起來了！我應該受苦難的洗禮，在經歷這苦難之前，我心裡多麼焦急不 安啊！」（《路加》十二章四十九節）耶穌終死於耶路撒冷。但耶穌在死後復活，竟對十一使徒說的「萬民」利「萬邦」（見《馬太》二十八章十九節及《路加》二十四章四十七節）。《新約》這種轉變，就將基督教傳教地區，從猶太民族而推廣到萬民和萬邦的全世界。保羅甚至放棄摩西十誡和耶穌一些口傳誡令，將「彌賽亞」只為拯救猶太人復國主義，擴大為「基督」拯救全世界基督教信徒的靈魂。

第四世紀初，基督教成為羅馬的國教以後，耶穌在地上燃點的烽火真的開始猛烈燃燒整個世界。基督教徒固然嚴禁背教、違者處以死刑，

而猶太教徒不特被追殺，甚至被迫洗禮，餘下的猶太人都逃往阿拉伯國家。整個地中海至九世紀沒有一個異教徒能夠立足。十一世紀歷時近二百年的多次十字軍征討，殺人無數；十五世紀哥倫布發現美洲，前後四次帶領西班牙基督教聖戰軍在美洲殘殺印第安人達一千五百萬人以上。同時，葡萄牙軍隊與傳教士在非洲販賣成千上萬黑人往美洲為奴隸及強迫洗禮。而今，共產主義黨徒要赤化全世界而屠殺非共人士，亦有目共睹。兩者的野心，皆遺害人間！

（九）共產黨與基督教的黑白思考

基督教和共產黨都有一種非常狹隘與惡劣的思考，就是稱為「黑白思考」(black-and-white thinking)，或「二分法思考」。在早川的名著《思想與行動中的語言》中稱為「二元價值取向」(two-valued orientation)。凡是使用「二值」思考和語句的都具「排他性」。因為當自己只認同一值時，必然否認對立的一值。此即「排他性」與「不寬容性」的根源。基督教和共產黨的排他性與不寬容性，可說是孿生兄弟。

基督教的二值思考所宣傳的語句，例如「正宗」與「異端」；「天使」與「魔鬼」；「天國」與「地獄」；「聖潔」與「罪惡」；「義人」與「罪人」；「無原罪」與「原罪」；「得救」與「不得救」；「神述」與「巫術」；「屬靈」與「屬世」等等。

共產黨從二值思考所宣傳的語句，例如「共產主義」與「資本主義」；「工人」與「資本家」；「革命」與「反革命」；「無產」與「資產」；「唯物論」與「唯心論」；「歷史唯物論」與「唯心史觀」；「左」與「右」；「地主」與「貧農」等等。

（十）奧古斯丁《雙城記》的仇恨哲學

基督教和共產黨的歷史決定論，都有一個共同的意識形態，蘊含一種仇恨的哲學，就是預設一種歷史發展的進程，結局就是「自己有」在一個烏托邦式的樂園同享幸福，而異端與對立者就被消滅和受地獄之火的刑罰。耶穌基督這種仇恨排他特性，由「黑白二元思考」衍生的綿延數千年，擴及歐亞大陸的宗教戰爭；共產黨第三國際為無產階級，要消

減全世界資本主義帝國，而發起無產階級的世界革命。這「宗教戰爭」與「世界革命」兩者，不僅禍害了世界人類，也種下現今永遠無休無止的以阿相互殘殺的戰亂；內戰而冷戰無法戢止，是多麼的可悲！多麼的不幸？！

　　不過，這種「歷史決定論」如按馬克思的唯物辯證法中「否定的否定」律的論述來看，其發展的結果又不盡然。要如立國之初，基督教徒有99%的美國，兩百多年來，迄今不僅從未發生彼此相殘的宗教戰爭，而且「異端」、「異教」互容共存（伊斯蘭教徒在美國的發展，其人數已超過基督教徒）。建立了「天賦人權」、「人生而平等」的民主法治的憲政，安定繁榮的國家，予人民言論自由的社會，不虞匱乏的生活。

　　他如，信奉具有基督教義排他性、仇恨哲學的馬克思共產主義，發起消滅資本主義世界革命的非基督教國家如中國（大陸），有毛澤東宣稱，代表窮苦的農民，被剝削的工人，以階級鬥爭為綱，發起清算鬥爭武裝暴力革命，兩千多萬軍民死於非命於這種「內戰」，於1949年用槍桿子奪得了政權後，老毛先生又用一個「反」字，發起種種人神共憤的暴政，直到「橫掃一切牛鬼蛇神」，掀起十年浩劫的文化大革命等等，八千萬苦難同胞斷送了性命；老毛依然要一黨專政，要階級鬥爭，在農村殺地主，分田地，繼之組織公社，集體耕作，農民終成「農奴」；在城市要工人當家，要公私合營，「民族資本家」不得不將公司企業奉獻給國家，「資方」成為「勞方」。老毛王朝於是成為舉世無匹的「大地主」；共產極權的「大資本家」，一己反成為共產主義革命的對象。全民「一窮二白」，人人自危，個個盼糧票爭油票以維生命。大家都想逃出這種初級階段，共產主義的「天堂」。設無鄧小平先生的三十年「改革開放」，「讓一部份人先富起來」，給予90%以上嗷嗷待哺的貧苦農工小民，有個生活可以不虞匱乏的希望，早已有如東歐的突變，蘇聯的體解了。但由極權專制的政治體制的缺失，所種下將要「亡黨亡國」的因素，依然存在，亟待根除。

《故土故人，吾思吾念：我對落實「一個中國」原則的認知與建言選輯》

宗教戰爭之形成與影響

　　「宗教戰爭」則是由宗教作出發點的原因或目的所引發的戰爭。其狹義上是指以宗教名義進行的，廣義上是指由「思想、主義」所主宰的戰爭。按照發生戰爭的武裝勢力的宗教類別，可以分為宗教對外戰爭，此是一種宗教勢力對不同宗教信仰的人群（「異教徒」）進行的戰爭，如十字軍、聖戰；宗教內部戰爭，一般是同一種宗教內不同教派勢力之間的戰爭，如三十年戰爭。這兩種戰爭都肇始於「政教合一」或極權統治所由生的。

　　此據林恩‧桑廷克所著《世界文化史》第十七章中就認為，在古代城邦之中，宗教與政治曾結不解之緣，所以喪失自治之時，他們城市的宗教便也衰敗了。而異乎邦國的一種組織，今名為「教會」(Church) 者，就隨著基督教之興起而開始出現。教會組織完仿照羅馬帝國的結構，每個市區有個首領叫主教，每個省有個大主教。為防止一人獨裁政治趨勢，教會中各種事務都取向民主，例如教友都用「兄弟姐妹」相稱，教會似成為「平民議會」等等。然因，最初這些基督教的團體，切盼基督和天國第二次迅速的降臨，實行共產制度，賑濟貧者和病者，以及遵從聖靈的指導。為因聖靈自己表現於各個人的神感 (Prophesying) 之中，分散出去的各個教會團體成立之時，各傳道師對於《福音》的解釋不同，故所創立的教會團體也各有其特色。這種由「神感的自由」遂引起各種教派和異端，彼此「黨（派）同伐異」，宗教戰爭因以不可避免的了。

　　三十年戰爭 (1618-1648)，是由神聖羅馬帝國的內戰演變而成的全歐參與的一次大規模國際戰爭。這場戰爭是歐洲各國爭奪利益、樹立霸權以及宗教糾紛劇化的產物，推動了歐洲近代民族國家的形成，是歐洲近代史的開始，其戰爭影響及德意志分裂，荷瑞獨立，西班牙衰落，法國興起，瑞典興起，國際關係的國際法於焉建立。甚至諸國開始實行徵兵制，並建立了常備軍與後勤系統，使軍隊可以進行持久戰，以火槍兵取代長矛兵，先以砲兵進行集中火力的攻擊，再以騎兵出動進行突擊，最

後由步兵負責清理敵軍的三段式戰法，成為其後戰爭的標準戰法。

十字軍東征是指在 1096 到 1291 年間，由西歐天主教國家主要針對伊斯蘭國家，發動的九次宗教性軍事行動的總稱。當時羅馬天主教為聖城耶路撒冷早已落入伊斯蘭教徒手中，於是號召，從伊斯蘭教手中奪回耶路撒冷，背地裡也想到東方掠奪財富，東征時教會授予戰士們十字架，因此組成的軍隊稱為十字軍。十字軍東征沒有達到戰略目的，卻使得基督教與伊斯蘭教的仇恨加劇。

《聖經》vs.《古蘭經》的聖戰。從十一世紀到十三世紀，十字軍東征寫下基督徒與回教徒的殺戮歷史，然而追本溯源，基督教徒與回教徒所信仰的「主」，根本是同一個，亦即上帝等於阿拉，是無形無體創造宇宙的神聖力量，不以肉體或任何形體呈現。「主」先後派遣耶穌以及穆罕默德到世間傳道，前後相差六百多年，由於都是「主」的使者，因此回教徒也承認耶穌是聖人之一，但認為耶穌以及穆罕默德都是使者，是人而非神，基督徒自然不認同這種說法，雙方因此成為勢不兩立的世仇，由於對於耶穌「人格」與「神格」定義的差距，就此開啟了基督教徒與回教徒水火不容的長期糾紛與爭戰。

其實，人類文化的發展是漸進的，是相承相因不可停滯的，是進行式的。她可概分為不同時代或階段的。上古人類因崇神拜神而產生「宗教神權時代」；自宗教革命結束了「政教合一」，而歐洲文藝復興，進化到「人文社會民權時代」；現代則進展到為增進或改善人類生活與環境，而人與天爭的「自然科學的 e 時代」。舉歐洲以言，在西洋文明史上，有兩個重要元素，是所謂「兩希文明」：一是希臘文明，一是希伯來文明。前者是受優美環境所影響而走「自然主義」，取科學態度，對於人世道德而尋求合理的標準，有稱「自由之母」。後者，為苦難的命運所激發，而走「普世主義」；將道德與宗教混溶為一，先天上堅信神之存在與其絕對之權威，認為人類一切思想行為皆應以之為依歸，是稱「平等之母」。筆者於青壯年代曾瀏覽《荒漠甘泉》一書，因而認為，基督教義雖有仇恨與排他性，但基督教全部教義，應可用一言以蔽之為

「信，望，愛」三德目。在文化歷史進程洪流中，因有這兩者文明相互激盪，彼此融合，而有現代社會進步的，人類幸福的，各種科學倡盛的文明。

以色列的變革與貢獻

我們在耶路撒冷停留期間，曾去參觀過以色列籌建第三聖殿的博物館，看到他們在近十五、六年以來，請了五十多名藝術家、建築師、祭司，來設計的聖殿模型，複製聖殿中原有敬拜用的各種金屬器皿，「武士」們的戎裝和大祭司的金色冠服，都已設計美好陳列出來，甚至，在最後展示項目時，由四人抬出金碧輝煌的約櫃，讓我們大開眼界，但也讓我們驚惶的是，第三聖殿建成之時，就是世界末日到來的預言！不禁要問，建了就毀，又何必如此呢？而更重要的問題是，這第三聖殿將要重建在原來猶太人的中心，聖殿山上。如此，怎樣對待山上回教的標記（清真寺）呢？將這半月型的標誌移到麥加去？這豈不是又要發生宗教糾紛，另一種 宗教戰爭？

在我們離開耶路撒冷隨後去了馬薩達、死海、加利利海，最後還去特拉維夫等等聖地所見所聞，可以感悟到，今天的以色列自復國以來，其對人類文明和世界繁榮所作的努力與貢獻，早已從偏狹的仇恨教義，艱困逆境之中，虔修昇華，匯入莫之能禦的世界大歷史的洪流之中，與時俱進。今天的以色列，無論在科技研發、人文學術諸方面，皆創造有驚人的、有利人類文化與世界文明進步，足式足範的事功。設如伊斯蘭宗教，特別是巴勒斯坦，也能擺脫其仇恨排他性的意識型態，停止各種恐怖的，自相殘殺的「聖戰」，而自我提昇戰勝艱困逆境的能量，遵循「主」的《聖訓真經》，致力創造奉獻，則世界安寧當可有望。其應向以色列可以取法者，或有下例諸端：

其一，依法治國，建立民主憲政國家。

以色列建國之初，內與巴勒斯坦分治，耶路撒冷仍由聯合國託管，

《故土故人，吾思吾念：我對落實「一個中國」原則的認知與建言選輯》

以色列無固定的國土疆界，境內尚有來自八十多個國家或地區的移民，宗教，種族，各種利益團體不一而足。對外，尚有要將以色列從地球上消失的三億伊斯蘭的威脅。以色列宣佈建國之當日下午，即遭六個阿拉伯國家的攻擊，戰爭延續了半年，如果在第三次的「六日戰爭」不能戰勝的話，耶路撒冷聖城仍在伊斯蘭掌控之中。在這種內憂外患之際，以色列竟能揚棄排他性的仇恨，復國建國初期的政治領袖並未成為軍國主義的獨裁者，也未實施極權統治的專制獨裁的政體，除了將國會與政府大廈，希伯來大學，皆設置在耶路撒冷，用以宣示擁有主權意義而外，復國後的以色列融合英美法體系和歐洲大陸羅馬法體系，採取議會民主制，先後由國會通過十一個基本法，迄今，雖然尚沒有一部完整的成文憲法，但依據這十一種基本法治國，規範了政府各部門的權責，各機關行政運作的原則，當選的國會議員來自多種黨派，每屆內閣只能組成聯合內閣，摶採眾議決策，而能保障人權，融和族群，步上民主憲政永續發展的現代國家。

根據《聯合國阿拉伯人類發展報告》所指出，中東地區發展停滯的根本原因被認為有三個：第一，是缺乏自由，絕對的獨裁統治、虛假選舉、司法依賴行政部門和公民社會受到種種約束，言論和結社受到嚴格限制；第二，是缺乏知識，六千五百萬成年人是文盲，大約一千萬人無學可上，科學研究與資訊技術發展落後；第三，是婦女參與政治與經濟生活在全世界處於最低水準，一半人口的潛力沒有得到開發（UNDP，2009年）。這些問題其實可以歸為一個，就是缺乏民主。但在以色列，這些問題都不存在，使以色列能以社會的多元性、開放性，發揚國民的潛力，形成足夠用於外交的實力；以色列的民主成為和中東國家的強烈對比，得到歐美民主國家的認同，這就是冷戰時期，美國選擇以色列，作為中東地區，遏制共產極權國家的戰略支柱，很重要的原因之一。

其二，農業立國，開發沙漠成為肥沃的農田。

我們在以色列朝聖期間另有兩種感受，一為各處交通衢要道皆有成伍成隊的武裝荷槍巡邏的士兵，予人有生活在戰時的感覺。另為餐飲售

《故土故人，吾思吾念：我對落實「一個中國」原則的認知與建言選輯》

價較美國昂貴得多，予人感覺在沙漠不毛之地，當然生活不易。其實，不僅治安非常良好，各種民生必需品更是供應無缺。當我們去死海，加利利湖途中，導遊指向路邊一片片油綠色的果樹田園，說及以色列農業發展的概況，嗣經查考所知，以色列復國之初，在一片荒蕪貧瘠的沙漠礫石土地上，80% 以上的食物都依賴進口，衣著等等更是無法自給。在這樣的情境下，其所以能存活下來，且民生樂利，欣欣向榮，以色列發展成為農業強國，卻是厥功至偉。據研究資訊所知，以色列發展農業成功之因，其值得稱道者如：

發明滴灌技術，掀起農業革命。以色列每年只有三十天下雨，雨量極少，加之可耕地只有 20%。建國初期，在軍需負擔尤重的情境下，仍大量挹注資金，全力開發農業，以解決衣食問題。十年後發明了滴灌技術，凡是植物園地，旅館周遭的花草地，都埋設約一公分噴水眼朝下的水管，將水與水霧都滴灌到植物的根部。如此解決了雨量不足灌溉的問題，並且培養生物蜂和益蟲，不必噴殺蟲劑，農糧生產直線上升。糧農副產品不僅自給自足，且有外銷。同時採取半空中栽植如西瓜、草莓等多種果樹，擴大了可耕植地的面積。再有政府大力輔助，研發高科技，致力農業現代化，開發高品質、高附加價值的經濟作物以至畜牧業，且能在谷地沙漠養小丑魚。今天以色列的農業、園藝等等產品大量出口，遍及歐亞諸國，稱之為農業強國，也不為過。

當我們經約旦河，沿死海到了加利利湖，導遊指著岸邊的一種水塔似的鐵箱鐵管說，那是水資源研究設備，以色列的用水來源有三：約旦河、地下水與這加利利湖。現在計劃海水淡化，來開發水資源。原來，以色列將水資源列為戰略資源，專門建立了國家水資源管理機構，制定了一系列保護資源與環境的法規，對主要水源如加利利湖和地下水建立「紅線」制度，嚴格控制水質和採水量，例如實行用水許可證、配額制及鼓勵節水的有償用水制，農業用水執行配額獎懲，並徵收污染稅，污水利用率高達 90%。在在都是為了引導、鼓勵綠色消費。甚至將鹽份極高，沒有生物存活，一無飲用與灌溉價值的死海，利用其浮力，發展了

《故土故人，吾思吾念：我對落實「一個中國」原則的認知與建言選輯》

觀光事業，將死海海底黑泥所含的豐富礦物質，研發成為市場上搶手的護膚美容品，寶貴的出口品。也由於黑泥有美容健身的功效，成千上萬的人，從世界各地前來塗塗抹抹，以求恢復他們的健美，讓死海成為世界上的療養聖地。

共產制度的集體農莊。以色列的農業組織至今有三種形式：公有制集體農莊、合作社、個體農戶。政府對它們一視同仁。最值得一提的是公有制集體農莊。這是猶太教義中，為教徒們所想望的「共產制度」：一個獨特的社會和經濟群體。目前，以色列有兩百七十個集體農莊，每個農莊的人數從五十到兩千不等。在農莊中，各種決策由社員組成的社員大會民主通過，土地、財產和生產工具歸農莊集體所有。設有集體大餐廳，社員的一日三餐都在餐廳內進行；餐廳內有中央大廚房和大型自動洗碗設備；餐飲採用自助形式，供社員免費享用。還有大型中央洗衣房，專門為社員清洗、縫補及分送衣物。社員們根據自己的能力和特長，幹著不同的工作，至於餐廳、廚房和其他類似工作則採取輪作制。社員的勞動沒有任何工資，農莊內部也不使用錢，社員的一切所需採用記帳方式。但他們能由社區提供各自所需的一切，亦即「各盡所能，按需分配」。集體農莊社員的衣食住行、生老病死、子女教育、文化娛樂等全部由農莊統包下來。兒童們從小就被送到社區的「兒童公社」裡，孩子們一起生活、一起吃飯、一起學習、一起成長。另外，社員每個月可領取少量的零用錢供外出度假旅行使用。如此，這豈不是真正的共產主義社會制度？當年奉行馬克思共產主義的中共老毛，所搞的「人民公社」，能與之相配比嗎？

其三，科技大國，發明創造獨步世界。

我們在耶路撒冷參觀以色列的鑽石加工廠，陳列的產品真是五光十色，讓人目不暇接。導遊對我們說，全世界的鑽石 70% 是由以色列出口的。但以色列第一位出口的乃是高科技，特別是軍用尖端武器的發明創造例如無人飛機，可謂獨步全球。想想以色列自建國以來，攸關生死存亡的十餘次以阿戰爭，都是戰無不勝的；當我們憑弔「六日戰爭」的古

戰場時,導遊評述地說,當年以色列步兵能夠衝上戈蘭高地,打贏這一仗,是得力於以色列掌握到制空權而然的。確是如此。

據統計,目前以色列總共有五千多家新創科技公司,約二十三萬人受聘於高科技業;高科技業一年產值佔以色列出口總值的四分之一。美國納斯達克 (NASDAQ) 總裁葛瑞菲爾德 (Robert Greifeld) 曾說:「除矽谷外,以色列擁有世界上最集中的高科技公司。僅光羅斯柴爾德大道周邊一平方英里的土地上,就塞進六百多家大大小小的新創公司。」又據統計,拜以色列國防軍投入大量研發資金於發展尖端武器裝備、培育科技精英之賜,大量技術和人才擴散至民間領域。這些新創公司多是軍方各類資源擴溢至民間的「槍桿子出鈔票」典範。2013 年,《以色列國土報》(Haaretz) 公佈一份調查報告,36% 的以國高科技新創企業家,曾服役於以軍科技部門;另有 29% 的高科技員工也出身類似的科技單位;其中曾有 10% 在情報單位,8200 部隊服役過。因此,以色列軍隊也是企業的人才篩選庫,可讓業者輕鬆挑出好人才,此所以,以色列人為何愛當兵?皆因為附加價值高,部隊能幫助成長,獲得技能與人脈,可謂一生的財富,軍科技部門不僅是新創企業育成中心,更是最佳的「企業家大學」。

其四,教育建國,用能永續發展。

以色列是名副其實的科研大國,研究成果在世界上具有領先地位。以色列也是新創之國的代名詞。2013 年度諾貝爾獲獎者中,猶太人佔了三分之二,例如物理學獎、化學獎、醫學獎等都被猶太人囊括。何以致之呢?蓋因以色列歷來重視教育,認為教育投資是最根本的經濟投資。其教育的投資佔國民生產總值比例高達 13%,位居世界第一,政府負擔國民 78% 的教育經費。據統計,政府在過去五年,對教育資源投放增加 30%。另外,也應歸功於以色列的特殊的教育方式。在以色列,從家庭、幼稚園、中小學、大學到當兵,都是國民教育的一部份。孩子在開放、自由的環境長大,培養出獨立思考的能力,更勇於挑戰真理。耶路撒冷希伯來大學 (HUJI) 為了促進教學研究與創造市場需求的永續發展,早在

《故土故人，吾思吾念：我對落實「一個中國」原則的認知與建言選輯》

1964年就成立學術轉移公司Yissum，在大學學術研究的理論，轉化成實際可行的市場產品之間，扮演橋樑的角色。因而，除了美國矽谷之外，以色列是創業氣氛最佳的地區，平均每一千八百人就有一家新創公司，人均創業世界第一，吸引國際大廠積極投資、來挖掘人才。其高等教育質量在全球亦名列前茅，不少研究生畢業再投身人文科研事業，結果令以色列得到另一個第一稱號——「人均教授比例世界第一」，每四千五百人中就有一名教授。

尤者，我們在耶路撒冷朝訪聖地所見，朝聖人潮中有好多留蓄長長的髮鬢，穿著猶太教的黑色衣帽的青年孩童，導遊指著他們解說，猶太人的鬢為何又長又曲捲起來呢，這是他們從幼童時期就開始讀經書時，往往用手撐拉而成的。這說明為什麼世界上最愛讀書的人是猶太人（據統計，以色列人均每年讀書六十四本），皆因當孩子稍稍懂事時，幾乎每一個母親都會嚴肅地告訴他：書裡藏著的是智慧，這要比錢或鑽石貴重得多，而智慧是任何人都搶不走的。所以，猶太人是世界上唯一一個沒有文盲的民族。猶太人認為，愛好讀書看報不僅是一種習慣，更是人所具有的一種美德。在猶太人的重要節日「安息日」裡，所有的商店、飯店、娛樂等場所都得關門停業，人們只能待在家中「安息」祈禱。但唯有一件事是特許的，那就是全國所有的書店都可以開門營業。而這一天光顧書店的人也最多，大家都在這裡靜悄悄地讀書。正是靠著讀書，讓只有八百多萬人的蕞爾小國，二十年內誕生了十位諾貝爾獎得主，建國六十五年來，本土已出產過約二十六個諾貝爾得獎者。以色列建國歷史雖短，卻已經躋身於世界發達國家行列，用能永續發展。

結語

想想，猶太民族來自阿拉伯半島閃族的一個小部落，亞伯拉罕的後裔，於三千多年前，涉幼發拉底河，越約旦河，來到迦南，今之巴勒斯坦定居，發展成一己獨特的宗教文化，大衛建國後亡於巴比倫，復國後

《故土故人，吾思吾念：我對落實「一個中國」原則的認知與建言選輯》

再有羅馬大帝國的征戰，毀耶路撒冷，追殺逃往馬薩拉的反抗軍，經兩年多圍攻後，九百六十名猶太人集體自殺殉國，以色列徹底亡國，就此經歷近兩千年大流放，在歐洲各國受盡欺凌與屠殺，再回到這流著奶與蜜的應許之地，於 1948 年經聯合國決議，再建以色列國，猶太民族方從亡國，流放，迭遭屠殺，幾乎滅種的苦難中存活下來。這是多麼的難能可貴呀？！個人並非耶穌基督教徒，但非常崇敬猶太人對教義的虔誠與執著；更崇拜以色列建國後，一本「萬事皆有可能」的生存的觀念，而揚棄仇恨排他性的教義，步入民主法治的憲政國家行列，與時俱進。也深信，有關《聖經》教義上的「爭議」，和耶穌基督身世之謎等等「疑問」，必能由考古學家歷史學者們的挖掘與研究，終能得出眾皆認可的「定言」或「結論」的。又不論世界文明進步到何種境地，人類由衷地對宗教的信仰，依然需求如常的。

我們朝訪馬薩達時，導遊對我們解說，當年殉難前起義的領導人所說：「我們可以自由地選擇與所愛的人一起去死。讓我們的妻子沒有受到蹂躪而死，孩子沒有做過奴隸而死吧！……我們寧願為自由而死，不為奴隸而生。」迄今，以色列的軍校畢業生都要來到這座殉難的山頭，慎重宣誓高呼：「永不陷落的馬薩達。」這種誓約，經歷兩千年後，他們的確做到了。但當我們到特拉維夫，接受中華民國駐以的外交首長的送別晚宴後，去加法的山頭，眺望新城，到午夜 0 時，特拉維夫放出每日例行的預警警報，大家必須靜止傾聽那響徹午夜的長鳴，讓人深深感到，以色列自建國後已逾六十五年，仍處在「戰時」的呀！這個只有八百萬人口的蕞爾小國，仍要面對三億人口的伊斯蘭的威脅，而以色列的「屯墾區」仍是以巴能否走上和平之路的最大障礙，彼此衝突不斷，恐怖戰亂頻起。省思及，今後如何才能戢止這種延續數千年的，起緣於宗教教義教派之不同，而發生的宗教戰爭？可讓世界和平安定，讓人類和諧共處呢？我想，唯有企望以色列本乎基督教「推己及人」的仁愛福音，主動援助同宗而且共治的巴勒斯坦的居民，也能相融共處，安居樂業；特別是諸多伊斯蘭宗教的國家，必須師法以色列，揚棄排他性的仇

恨，自立自強，步上民主法治的憲政國家，則可有望了。再如共產主義極權國家如中國大陸，也能揚棄馬列史毛的共產主義仇恨哲學，徹底根除必欲消滅世界上資本帝國主義國家的「意識型態」，還政於民，與歐美民主法治如英美國家，共盡文明國之義務，則世界大同更可期及了。我合十禱告：阿門！阿門！

——原載於《中央網路報》，2014年九月二十五日

在以色列 Tel Aviv 與季大使諄聲夫婦合影

《故土故人,吾思吾念:我對落實「一個中國」原則的認知與建言選輯》

專文:泛論大陸創設亞投行的成因與發展
——我對實現「中國夢」的認知與建議

　　中國大陸倡導創設亞投行,咸皆認之為,對世界經貿、金融,以至國際政治與軍事格局的影響與變遷,投下一顆震撼彈。但其真正的企圖與目的,如從地緣政治的大戰略來探討其緣由,可「一言以蔽之曰」:對內,是為搞活經濟,用以維持一黨專政的「救生圈」;對外,是與美國霸權爭鋒,以之衝破C型包圍與U型島鏈的「回馬槍」。展望其成敗得失雖為時尚早,但不可有違的因果原則或歷史規律的是,中共必須落實政改,方能實現其「中國夢」,讓中華民族的全民共臻袵席,同享安和均富的生活;中共尤須徹底根除馬列史毛的共產國際世界革命的意識型態,中國殆能和平岷起,與民主自由,法治先進國家如英美,共盡文明國之義務,俾能為世界開萬世太平。

「深水區」的「救生圈」

　　所謂「救生圈」之說,其基本要因是肇始於,中國的共產黨是共產第三國際,由蘇俄派馬林來中國資助成立的,在國父孫中山先生「聯俄容共」政策下,共產黨以個人身份加入國民黨之後,宣揚馬列主義,秘密發展組織,所謂「借國民黨的雞,生共產黨的蛋」:中國國民黨的國民革命是為建立「民有、民治、民享」的共和國,中國共產黨在本質、理念、與實踐等等方面,可說是個不折不扣蘇維埃式的「外來政權」;是中國從辛亥革命,在亞洲建立第一個民主共和國,中華民國,竟不幸有軍閥混戰十年之際,中共即乘機起而成為,中華民族近百年來,所有承受的苦難與麻煩的製造者。

《故土故人，吾思吾念：我對落實「一個中國」原則的認知與建言選輯》

中共摘了國府抗戰勝利的果子

當年，中國對日抗戰，毛澤東在俄共資助，史達林指令之下，以欺騙，用間，武裝叛亂，僭奪了抗戰勝利的果子；推翻了領導全民抗戰十四年之久，對日寇經歷二十二次大會戰，僅參戰的國軍就犧牲了三百餘萬，將官兩百餘位等等，方能獲得「慘勝」，廢除了中國近百年來與外侮簽訂的種種不平等條約，而成為聯合國創始國的中華民國的政府後，立馬成立蘇維埃式的「中華人民共和國」：一黨專政的共產極權政府。且即刻拉下鐵幕，用個「反」字，發起的種種人神共憤的暴政，一直到「橫掃一切牛鬼蛇神」，掀起十年浩劫的文化大革命等等，八千萬苦難同胞於焉枉送了性命。

舉世無匹的「大地主」「大資本家」

而且，毛共自詡，它是代表受地主與官僚資本家剝削其剩餘價值的貧苦農工，舉起為無產階級暴力革命的大旗，在農村殺地主，分田地，繼之組織公社，集體耕作，農民終成「農奴」；在城市要工人當家，要公私合營，「民族資本家」不得不將公司企業奉獻給中共，「資方」成為「勞方」。毛共王朝反而成為了舉世無匹的「大地主」；共產極權的「大資本家」。經歷三十年老毛的與天鬥爭，與地鬥爭，與人鬥爭的結果，全民已是「一窮二白」，人人自危，大家爭糧票等油票以維生命；游泳偷渡逃出這社會主義的「天堂」！幸有鄧小平先生的「三十年改革開放」，讓一部份人先富起來，也給予 90% 以上嗷嗷待哺的貧苦農工小民，有個生活可以不虞匱乏的希望；因能避過如東歐的突變，蘇聯體解的危機。但由政治體制的缺失，所種下將要「亡黨亡國」的因素，依然存在，亟待根除。

《故土故人，吾思吾念：我對落實「一個中國」原則的認知與建言選輯》

「打江山，坐江山」有其正當性？合法性？

　　省思「三十年改革開放」，其所以能挽救了中共政權於危亡，概因中共以開發中國家資格參加WTO，走向世界一體的經貿系統。大陸有廣大的市場，廉價的勞工，以及多未開發的資源，因能吸引外資，外企，而解決了未開發國家共有的，如資本，人才，技術，管理等等的艱困，成為世界工廠；從以「生產與分配」皆以「養民」所需要的計劃經濟，轉型到用商品，價格為手段，以追求「利潤」為目的的自由市場經濟，能利用國外經貿管道，傾銷其國家資源與血汗代工的產品，賺取得舉世無匹的外匯存底；為八億多窮苦農工解決了能吃飽飯的大問題。中共就以此「成果」，證實其「打江山，坐江山」，一黨專政，黨大於法的正當性，合法性。但，果如其言？

三十年改革開放成敗之因

　　蓋因，「三十年改革開放」成功之因（不論其實質性），主要是在「思想解放」，只要能「抓老鼠就好」；打破條條框框，「摸著石頭過河」所致。筆者認為，尚有極其重要的四大促成的要因：一是，土地國有；二是，企業皆公；三是，極權專制；以及八、九億嗷嗷待哺農民的「廉價勞工」。但所謂成在於此，衰亦由此。

　　蓋因三十年改革開放最大敗筆是「城鄉二元制」。其所造成的禍害要如；共黨幹部貪污腐敗，較之當年，以此要打倒的國民黨，遠勝千百倍；「拆遷」與「上訪」的冤屈和傷害；環境污染；三農問題；國企虧損；貧富差距日益擴大；「盲流農工」，「蝸居蟻族」皆為物價通膨所困，小民生活壓力日有加劇等等；更何況，在所謂「上有政策，下有對策」的「反射」行為情境下，「富」者既是「嬌侈淫佚」，「貧」者竟有「與汝偕亡」者。以至道德淪喪，社會不寧！所以至此，皆由於「共產極權資本」，政治體制的缺陷所造成的。其結果是，在經濟方面進入

了「深水區」，而有「後三十年改革開放」的論說；在政治方面有溫家寶先生，對政治體制改革如不落實，不僅三十年改革開放成果不保，且有「亡黨亡國」危機的呼籲警言。探究其根本原因，都在中共參加 WTO 以來，迄未取得「完全市場經濟地位」所致。

WTO 限制性的條款與「非市場經濟地位」的待遇

中共自 1979 年改革開放以來，其經濟體制就不斷的轉軌，希望早日與西方先進國家接軌，以加強其經濟發展。在 1986 年，大陸申請加入 WTO，經過十五年的長期努力及多方談判，並且在各種產業上做出重大讓步之後，終於在 2001 年十一月十日於卡達召開的 WTO 部長級會議中，於十二月十一日正式成為第一百四十三個正式的會員國。

完全市場經濟地位的要因

對於 WTO 所倡導的自由市場經濟，是為人類社會，互通有無、自由競爭、和公平交易得以正常的進行。依據世界市場經濟發展的歷程：借鑑美國、歐盟、加拿大反傾銷對市場經濟標準的法律規定，其影響市場經濟地位有五方面：一，「政府行為是否規範化」；二，「經濟主體是否自由化」；三，「生產要素是否市場化」；四，「貿易環境是否公平化」；以及五，「金融參數是否合理化」。簡言之，其取得「完全市場經濟地位」的條件要為：政府不能控制土地、工業總產值、勞動力和勞動力的價格和薪酬；以及金融、外貿，商品價格等等，皆應由市場自由決定。

中共尚未取得「完全市場經濟地位」的難題

依據上述取得「完全市場經濟地位」的要件，不管從哪種標準看，

中共都稱不上是市場經濟的國家。此因中共致力但無法獲得「完全市場經濟地位」的根本因素，眾多論之為，中共自始就是計劃性、指令性、國家控制的。中共致力經濟的市場化，不是出於對社會資源配置最合理化的考量，而是因為中共在壟斷權力之後，為繼續壟斷社會經濟命脈而採行的。

因此，中共參加 WTO，在長達十幾年的加入世界貿易組織的談判之中，一些國家對中共的完全市場經濟地位多表示懷疑。在最終簽署的加入世貿組織議定書中，中共接受了一些限制性的條款，一是，對中共實行十二年特殊保障的條款；二是，對中共紡織品出口的相關條款；三是，對中共出口產品反傾銷調查的「非市場經濟地位」待遇。

議定書第十五條規定：「如接受調查的生產者不能明確證明生產該同類產品的產業，在製造、生產和銷售該產品方面具備市場經濟條件，則該世貿組織進口成員可使用不依據與中國大陸價格或成本進行嚴格比較的方法。」此項規定「應在加入之日後十五年內終止」。也就是說，中共在十五年之內，如不能自動具有市場經濟地位，免去出口產品受到 WTO 進口成員國家的反傾銷調查，要取得完全市場經濟地位，必須得到進口國的承認。而今，所議定的十五年 (2001-2015) 為期已屆，中共對歐美諸多已開發的先進國家，尚未取得「完全市場經濟地位」。近年，在亞太地區所欲參與的 TPP 也未獲得認可。

反傾銷調查的「傷害」

是故，大陸一直是遭受反傾銷調查最多的國家，據報導，自 1979 年八月歐盟對中國大陸出口的糖精和鹽類進行反傾銷調查以來，共有三十四個國家和地區，提出了六百七十三起針對或涉及大陸產品的反傾銷、反補貼、保障措施及特保措施調查案件。最近，據中央網路報報導，墨西哥對大陸進行反傾銷調查，對原產自大陸的進口產品稅率，按 **147.04%** 徵收。這些國家頻繁啟動各種調查，嚴重限制了中國大陸產品出口，減

損了中國大陸產品在當地的市場的競爭力，影響了中國大陸與這些國家和地區之間的正常貿易關係。

不承認中國大陸的完全市場經濟地位，所受到反傾銷調查，採用最多的手段就是不看中國大陸的企業在生產、銷售中有無政府補貼，而是選一個參照國來比較，來裁決中國企業進行了傾銷，處以高關稅或其他方面的保護措施，使中國大陸產品不得不退出當地市場。對於中國大陸的外貿環境正常的外貿出口，走向世界市場有著相當大的影響。而且，中共如不能取得「完全市場經濟地位」，也就意味著中共所想望的，做到經濟的自由，就意味著社會的自由，如此，中共統治就具有正當性與合法性的情境，就不可能達到了。

致力爭取完全市場經濟地位的改革

由於非市場經濟地位否定了中共「建設市場經濟的成果和現狀」，影響中共的「國際形象」。因此，在中共致力爭取求得完全市場經濟地位，曾作有一系列的改革，例如開發大西北，擴大內需，公退民進，城鄉都市化等等，更有上海自貿區的成立，簡政放權，以吸引外資外商前來國內交易；與周邊鄰國簽訂「自貿區」，可以避過外貿被不承認中共有自由經濟市場地位國家的「反傾銷」的調查，而維繫其經貿的繼續成長，但多未見其顯著的成效。

中共經貿發展所面臨的困境

當前，中共不僅不能爭取到完全市場經濟地位，而且面臨的問題尚有：產能過剩，內需不足，地方財政瀕臨破產，國企虧損，銀行呆帳，金融泡沫，經濟危機，房地產泡沫化，廉價勞工將不再可持；既往，地方政府出賣土地投資，以維繫 GDP 成長已不可能等等。中共經濟如不及時轉型，經濟外貿，財政金融皆將大幅衰退。對於中共所面臨的經貿

發展的困境，大陸資深學者、曾為中共領導人擔任翻譯的資中筠認為，中共尚未現代化，其嚴重的因素有：

一、「中國模式」不可持續。因它是基於高能耗、資源浪費、嚴重污染環境，加上低工資和人權保障的缺失。在經濟結構方面，一大部份GDP是來自房地產投機而不是高科技創新。地方政府的主要財政來源是賣地。再者，有利於出口導向產業的國際環境正在急劇發生變化。所有這些問題呼喚，對現有的發展模式，要進行實質性的改革。

二、腐敗叢生難以遏制。現存的法律和政治機制不足以有效地遏制它的蔓延。有一種「中國特色」，就是基於等級制的特權，各級掌權者合法地、不受監督地大量消費「公款」，按照「級別」提供各種享受。尤者，中國最大的企業都是國有壟斷。土地都是國有。中國各級政府本身就是大財團，是最大的利益集團，一身而二任，既是資方，又是仲裁方，其悖謬是可想而知的。政治體制之所以非改不可，而又難以起步，都源於此。

三、兩極分化日益嚴重，社會矛盾尖銳化。這些年來全社會財富大幅度增長。由於外資比例很高，高額利潤實際上落入跨國資本的口袋。中國勞動者的血汗，所留在中國的那一塊蛋糕，絕大部份為佔中國人口極少數的權錢結合的暴富集團所吞食，廣大普通勞動者只分到極小的一塊。既得利益者不準備讓出一些份額來，只有不斷加速把蛋糕做大。

經改繫於政改

鑑於資氏的論述，當可認知到，中共為何必須要落實政治體制的改革。此外，尚有大陸資深學者辛子陵在其《政改興邦脫蘇入美——致中共十八大新領導人》文中，對政改指出其根本因素：「中國黨國體制有四個特點：一是，共產黨位尊憲法之上不受憲法約束；二是，軍權不在政府；三是，政權二元化；四是，民權虛化。」

辛氏指出，僅以權貴集團利用黨國體制控制了黨和政府以言，改革

開放以來，黨國體制沿著毛澤東式的慣性，多次干擾國家的政治生活。其主要表現是以鄧小平為首的「八老干政」。八老在粉碎四人幫，克服「兩個凡是」的桎梏，推動中國走向改革開放是有功勞的；但由於他們的歷史局限性，又對改革開放有諸多干擾阻撓甚至破壞。

八老多數沒有擔任黨和國家主要領導職務，但他們是政治局常委之上的常委。鄧小平擁有決定權，陳雲擁有否決權。楊繼繩稱之為「雙峰政治」。他們的權力來源當然與他們的資歷、威望有關。在黨國體制庇護下，權貴集團孕育、誕生、成長和坐大，他們佔有了經濟發展的太大的份額，造成今天積重難返的局面，這是改革開放以來黨國體制的主要罪責。

政體缺陷與國企改革

關於政治體制的改革，從「六四」前後，中共中央就有「政治體制改革」之議，但爭議不止，從未「落實」。在 2011 年，中共建黨九十週年之際，在網路媒體上，不少有關中國政改的大文，特別是大陸經濟學家茅于軾先生撰文，要將毛從「神」位上拉下，將他還原成「人」，來「審判」他，要與毛「切割」，讓中共找回自信和光榮；以及王霄先生大著《朱鎔基功過之一瞥》，著者對朱鎔基「國企改革」的「失誤」一語道破：是由於（政治）「體制的缺陷」。但中共如何落實政改，論述殊多，尚無定見。

朱氏之「國企改革」似在「六四」事件與 WTO 推動期間？WTO 逼使「國企改革」；有「六四事件」，殆有後來經濟方面的「三十年改革開放」。此二者皆為今日要求政治體制改革的主因。當年，朱氏以「『產權』制度改革為取向的國企改革」，並不錯。問題在於朱氏對中共「共產極權」制度的，所有企業都姓「社」的國企 (state-owned enterprises)，與已開發國家如美、英，僅有少數的，用為發展經濟「拓荒者」(pioneer) 的公企 (public enterprises)，其在性質與功能諸方面未予區別清楚。

蓋因，國企其所以業績不善，虧損倒背，被 WTO 逼得非改革不能生存的地步，固然是由於「共黨國企」如同「家族企業」，它是「政治掛帥」，「用人唯親（黨）」的，以至人才兩缺，管理不善；昧於市場，營運不良等等先天缺失而外，那時，國企為職工的負擔也太多、太重之故。亦即國企對職工並無合理的薪資與退職制度，但從「搖籃」到「墳墓」的生活所需，都要「照顧」所致。再則，其時在國家尚無全盤的、完善的社會安全（保障）制度，職工一旦「下崗」，轉業不易，僅得象徵性堪可短期餬口的貼補，生活頓失所依（有退職的高級工程師淪為丐民者），怎不造成「社會問題」？但這些皆導因於「共產極權資本」，政治體制的缺失，不是朱氏所能掌控的，其「責任」自不應完全歸咎於朱先生才是。但論及朱氏保「一百」大型國有企業的策略，對虧損連連，一無績效者予以或合併，或賤賣，但在全國企業皆為中共政府所擁有的情境下，賣給誰？這不是利益輸送予不肖的當權者，「誘其入罪」的機會？甚至說今日的「貪腐」（除了中共「一把手」權力太大，易於尋租而外）也肇因於此，亦不為過。

政改經改的死結：三農問題

在朱鎔基主持國企改革之際，另一關係中國數千年以來賴以生存發展；大陸今後能否完成現代化建設，概因三十年改革開放所採行的「以農養工」的城鄉二元制，導致中國農村瀕臨破產邊緣的「三農問題」。朱鎔基先生對此所述及的「農民真苦、農村真窮、農業真危險」，可道破其問題的嚴重性！

「土地改革」抑是「奪取政權」？

追溯其因，想中共是以「土改」革命者起家的，對於中國是一個人口眾多，貧窮落後的農業國家，自是很明顯的，以消滅剝削勞工剩餘價

《故土故人，吾思吾念：我對落實「一個中國」原則的認知與建言選輯》

值的資本帝國主義的共產主義並不適用。但貧窮是共產主義的溫床，再有蘇俄十月革命成功的誘因，就給予毛共被國民黨清黨趕出後，在中國窮苦的農村，煽起殺地主，分田地的武裝叛亂，暴力革命的契機；從 1950 在景崗山成立「中華蘇維埃共和國」，開始「土地改革」，沒收土地歸由「中華蘇維埃共和國」所有。嗣後在抗戰，在內戰期間，中共竟以「土地改革」的革命者，打倒了所謂代表官僚資本主義的南京國民政府，奪得了政權。

中共建政後，又以基於意識型態與順應情勢所需，而改採各種「土改」制度。例如「農業合作社」、「人民公社」、以及「家庭承包制」等等。這種種的「改革」，皆因農村土地是「集體所有制」，耕者無分寸的地權，對農民毫無激勵作用。再由於中共推動工業化、城市化和市場化的過程中，只片面追求經濟成長，以及受到城鄉分割的二元結構制約，因而導致「農業增效難、農民增收難、農村發展難」的三難困境，據調查報告所知：

農民真苦——就農民問題而言，是沉重的稅務負擔。高額的醫療費用也讓農民大感吃不消。高額的教育費也是農民的一大負擔。在廣大的農村地區，普遍缺乏各種社會保障體系，如醫療保險、退休養老金制度等，農民是相對地貧困化。且農民收入之低，以世界銀行每天一美元的國際貧困線標準來計算，目前全中國大陸至少還有三億五千萬的農民仍然生活在貧困線之下。

農村真窮——目前中國大陸農村的農業人口約八億多人，平均每人耕地面積為零點一公頃，僅及全球平均數的 44%，屬於小農經濟型態。加上在城市化過程中，全中國大陸完全失去土地或失地零點三公畝以下的農民已多達七千萬人以上。自 1994 年中共實施「分稅制」。讓省級以下的政府層層向上集中資金，農村就有屢見不鮮的橫徵暴斂的亂象。尤者，自改革開放以來，中共通過低價徵用農民土地，造成農民蒙受兩兆人民幣的損失，更進一步加速農村的貧困化。

農業真危險——就農業問題而言。最關鍵的因素是農業現代化水準

嚴重落後，其主因在於農業科技投入不足，中國大陸每年約有六千多項的農業科技成果，真正達到規模效益的僅有 20% 左右。再則是，對農業自然資源的過度使用或不注重環保問題，導致農業用地逐漸惡化，近幾十年來森林的濫伐、草原的濫墾或過度放牧也變得越來越嚴重。在過去的十幾年中，儘管中國大陸國民經濟以 7% 以上的速度持續增長，但是農業幾乎成為一個無利可圖的產業。

「三農問題」所衍生的嚴重問題所在

又據中國農村現狀的研究《來自中國社會底層的報告》所知，大批山區農村土地失衡、環境污染、亂攤派、人口拐賣、村匪地霸、封建迷信、製假售假、吃祭食、媒婆幫等，皆使農民深受其害。再因，三農問題涉及基層政制、社會結構二元化、長期被輕視的農業，受盡剝削農民的問題，和涉及到水土保持、綠化國土、永續發展等農村問題，這些都是關係到農民和全中國大陸人民生存的環境保護的重大問題。其所衍生的禍害要如：

「城鄉二元制」的形成。中共要在落後的大陸農業實現其工業化，採取農產品的定價形式，從農民手中低價統購，又對城市居民和工業企業低價統銷，用以維持大工業的低工資和低原料成本，提供不斷產生超額利潤的條件。而且，頒佈了一系列政策、法令，通過戶籍制度、糧油供應制度、勞動用工制度和社會保障制度等，把城市人口和農村人口分割開來，形成了城鄉二元結構的基本制度，其城鄉的經濟、文化水平差異之大，可比喻為中國大陸的城市像歐洲，農村像非洲。其禍害不僅形成現今解決中國三農問題的根本瓶頸，也成為經政，政改，完成現代化的死結。

農民群體抗爭。中國大陸農村土地是「集體所有制」。農民不能自由買賣所經營之土地，一旦面臨徵地又得不到公平合理的補償，土地爭議導致農民的抗爭層出不窮。2011 年，廣東烏坎村民集體抗爭事件引發

全球矚目。研究顯示，中國大陸每年發生十萬起群體性事件，此外為拆遷上訪所造成的冤屈事件，無日無之，矛盾不斷激化，嚴重影響到社會的和諧穩定。

城鎮化遇阻推遲。新屆政府上台後，李克強曾高調提出「中國擴大內需，城鎮化是最大的潛力」。但內地城鎮化遇到的問題之多，前所未有。分析認為，城鎮化改革面臨土地財政依賴、戶籍管理難以突破、行政管理制度固化、認識慣性等連串挑戰。當前進行改革所針對的問題，要如行政壟斷、產權變革、財稅體制、資源價格控制，無一不是難啃的「硬骨頭」。城鎮化一詞於焉慢慢淡出官方的語言。

無法完成現代化。中國農村土地屬於農民集體所有，土地不能自由買賣及流轉，張成綱教授指出：「使公民喪失經濟自由和政治自由；導致政府的無限權力；使民主制度成為不可能，也令憲政成為不可能。」。尤者，今天中國大陸的金融，經貿的發展受挫等等，也因中國大陸土地國有，參加 WTO 迄今尚未取得「完全市場經濟地位」所致；致力工業現代化自也無法完成！

中共中央對土改的政策的兩難

因此，中國大陸的土地改革將對經濟與社會結構產生重大影響；中國大陸經濟是否能再創新的活力，皆取決於土地改革制度改革的成敗。今年，中共中央所公佈的一號文件，全稱是《中共中央國務院關於進一步深化農村改革加快推進農業現代化的若干意見》，提出要穩步推進農村土地制度改革試點。該文件指出，在確保土地公有制性質不改變、耕地紅線不突破、農民利益不受損的前提下，按照中央統一部署，審慎穩妥推進農村土地制度改革。

根據《旺報》報導，人民大學政治系教授張鳴認為，目前中國「三農」發展的根本問題在於「農村土地確權」上，只要「農村土地確權」無法做到，中國的農村土地就無法自由流轉，並影響城鎮化，以及農村

及農民的再繁榮。很可惜，這方面在今年的一號文件上仍看不到明確進展。張鳴指出，農村土地的使用權應該要流轉，尤其在目前中國集體農村已消失的情況下，農村土地卻還要「集體化」，很荒唐。他認為，現在很多人已經不再種地，但是土地卻不能自由買賣，還在強調集體所有制，都是「意識型態」所導致。

中共與毛切割的 170179 決議案

所謂中共的「意識型態」，是指捧奉馬列史毛為圭臬的共產主義。尤以從中共七全大會，於黨章中規定，以「毛澤東思想」為中共全黨的指導思想；是中國共產黨一切工作的方針。毛便成為中共的「教主」，轉化為「神」的格位！毛是列寧式的極權主義、中國皇權專制傳統、中國底層流氓文化三者的集大成者。毛的獨裁專制，犯下滔天大罪，於焉肇始，中國人民的苦難浩劫也禍延於此！而且，如畢福劍所說：「把我們害苦了的『老 biang』已經死了多年，陰魂不散，至今還在纏繞著中國人，牽制著中國未來的走向。」

中國何時才能走出毛澤東的陰影？此有 2010 年十二月二十八日，中共中央政治局全體會議在胡錦濤主持下通過了《關於毛澤東思想若干建議意見》的決議，編號 179 號，又稱 170179 號，是指第十七屆中央政治局常委會第 179 號議案。該議案由吳邦國、習近平兩人共同提出，內容是：關於黨的會議公報、黨的工作任務決議、黨的方針政策制定、黨的理論學習、黨的宣傳教育、黨的政治思想建設、組織建設、政府工作報告、政府有關政策、措施、決議等文件中，「毛澤東思想」不列入。據悉，當會議宣佈一致通過 179 號決議案時，全體政治局委員不由自主地起立，長時間鼓掌、歡呼。這個決議的作出，是民間重新評毛的推動。在中上層幹部中，在知識界，對「毛澤東思想」已成為改革開放，特別是政治體制改革的巨大阻力，必須排除這個障礙，形成了共識。

《故土故人,吾思吾念:我對落實「一個中國」原則的認知與建言選輯》

習近平所謂「中國的希望」

可是,出人意料之外的是,自從習近平走馬上任以來,就由中發辦十八大為習近平對外宣示他執政的「三大原則」(堅持共產黨的領導,堅持毛澤東思想,堅持走中國特色社會主義的道路);繼之,他南巡訓話;發表「三個信心」;嗣有中宣部「五條」和中發辦「七不講」;以及他論述前三十年的毛澤思想與後三十年的鄧小平理論,「兩個不可分開」。習近平更明確地指出,「如果否定毛澤東思想和歷史地位,就天下大亂。如果否定鄧小平理論和改革開放,也一樣會天下大亂」。自也突顯出他執政思路的基本特點就是「一黨專制」不可挑戰;因而,他堅持黨管媒體,黨管輿論,黨管思想,黨管意識形態。他用「民主」二字又來進一步地,為「三個信心」,「兩個不可」等等意識型態問題「添加基石」;依然高高舉起毛神主牌,維護它「一黨專政」「黨大於法」的共產極權政體於不墜!(筆者曾撰文認為,習近平是有「雙重人格」所致。)

「一黨專政」的悖論

關於「一黨專政」,最近,在網路上流傳很多為中共耀武揚威,唱衰美國的宣傳文稿,其中有一份由中共中宣部,或是所御用的文痞,對習大大所堅持「一黨專政」的宣傳「刊文」。其論述中共在經濟上「三十年改革開放」,所以取得輝煌的成就,多歸功於在政治上堅持「一黨專政」而然的(註)。「一黨專政」體制之好,其鐵證是,中共在短短二、三十年時間,就成為世界第二大經濟體,脫貧人口世界之最。在未來十年之內,必將趕下美國,成為世界第一的超級大國。說來真令人大為驚奇不已。至於該「刊文」確論中共的「一黨專政」政體,優於西方「三權分立」的民主制度,即意指習大大執政的基本特點「一黨(專)制」不可挑戰:亦即政治體制就無改革的必要,這就屬於有待商榷的悖

《故土故人，吾思吾念：我對落實「一個中國」原則的認知與建言選輯》

論了。

（註）此說是有其因，但這僅能列為要因之一。此因，中共的一黨專政最大的優點即是決策迅速，執行徹底，可說是想做什麼就能做成什麼。三十年「改革開放」也是如此，所以成功，固然要歸功於鄧小平所採取的「黑貓也好，白貓也好，能抓老鼠就行」的「實證哲學」。但筆者認定不可或缺的四項要因是：一，土地國有；二，企業皆公；三，極權統治；以及四，嗷嗷待哺，急需工作以維生的廉價農民勞工所促成的。這就是當大陸一旦改革開放，外資外商其所以紛至沓來，或投資設廠，或合資經營，以至產銷合作，讓具有低度開發國家人口眾多，貧窮落後，資源尚未開發等特點的中國大陸，解決了最缺乏的資金，技術，設備與管理人才等等艱困問題；中國大陸成為世界工廠，這些絕不是捧著老毛神主牌就可做到的。

論及國家的政治體制，它是生長成功的。它是環境的產物，不同的社會，產生不同的政制。它是無從比較其優劣成敗的。例如中國古代家天下的帝王專制政體，帝王基於「君權神授」，受命於天來統治他打下來的江山。現代的政府組織，則概分有總統制，內閣制與委員制等等，都各有其成長因素，各有其優勢與功能。彼此是無比較的必要。但有其共同特點是：主權在民。人民組織政府是為實現國家的目的；在其位的當權者，是為民謀求福祉的公僕。今天中共的「一黨專政」，黨大於法的政治體制，是掌控國家資源，與民爭利，是極權統治，以民為芻狗。從何比較認定是優於西方民主法治的的政制？茲論述其要如下：

其一，中共「打江山，坐江山」已歷六十五年，其大位自毛、鄧以下，亦已由江、胡、習遞擅了三屆，它的政權是否曾得到全民，或僅是它所代表的無產階級的窮苦農工小民的一張選票？它乃是「黨權神授」（共產第三國際）的共產黨，絕不是中國「全民的政黨」。

其二，中共是全世界的「大地主」，最富有的「大資本家」；而且中央暨地方省市鄉鎮各級政府，以及所有企業、學校、文化機構，都由共黨組織的常委書記，「一把手」所掌控，來決定其一切財經政策，讓它能「為所欲為」的超高效率，怎能不優於一切財經政策，必須獲得民意機構同意的西方民主國家呢？

《故土故人,吾思吾念:我對落實「一個中國」原則的認知與建言選輯》

其三,「刊文」論定「中國的一黨制優勢之一在於可以制訂國家長遠的發展規劃和保持政策的穩定性,而不受立場不同、意識形態相異政黨更替的影響」。確是如此。從毛鄧以降,以迄於習大大,其反走資,反美帝的共產國際世界革命的「馬列主義」,「毛澤東思想」依然一直堅持不變!

其四,「刊文」又指出,中國的一黨制優勢之四在於它是一個更負責任的政府。在民主國家,出了問題,執政黨與在野黨可以彼此推諉的不配合。也是確有其實。民主國家的政策,預算都要得到國會的審議通過。執行有無問題,皆受司法機關的偵查;且有新聞各界全民的監視。「一黨專政」的中共呢,它政策的決定與執行,國家財經資源如何分配的預算,只需向人大與政協兩會「報告」,經「鼓掌通過」就可了事;並有中宣部掌控的所有新聞媒體同聲歌頌宣揚。設有異議的民權人士,不被送進監獄者幾希!如此的政府究竟需要「向誰負責任」?!

其五,中國的一黨制優勢之五在於人才培養是一個漫長的過程,其選拔機制是以能力為主要標準,以及不因多黨選舉而政黨輪替,可避免人才的浪費。像奧巴馬,僅僅做過參議員,連一天的市長都沒有做過,可以說沒有絲毫的行政經驗,結果卻被選出來管理整個國家。這在中國可能嗎?(點評)事實上,中共所培養,被選拔的領導人才,無不是隔代提名,等額選舉而產生又紅又專,紅二代的共產黨員;歐巴馬如在中國大陸,必是永世不得被培養選拔而出的。

其六,論及貪腐,「刊文」更譎辯地認為:「中國能在社會轉型期這一特殊時期內,可以有效遏制腐敗的氾濫,就是由於在一黨專制制度下,建立有其他國家所沒有的『雙規』制度、實名舉報制度、官員公示制度,因能有效打擊所致。所以,中國的腐敗僅屬人性腐敗。西方的民主,必須要有選舉,而選舉必須要有錢。政治人物接受了財團的支持,獲勝後,必然要給予回報。這就是民主制度下腐敗的剛性原理。也就是說,西方的腐敗乃是剛性腐敗。又說,最腐敗的哪些國家都是最貧窮的民主國家如海地。一向不被西方視為民主國家的新加坡,是亞洲廉潔度

名列第一，全球第五。中國在經濟發展到中等發展國家水平，在一黨制沒有腐敗剛性的前提下，也同樣會達到或接近新加坡，也就是全球領先的廉政水準。」

（點評）觀諸大陸中共施政「無法無天」，執政黨員尋租，「無官不貪」的現況，真讓人深深感到中共自欺欺人，真是無恥到極致？！可以定言，堅持「一黨專政」的「集體領導」，這樣的政治結構就會讓政府變成一個巨大的利益分贓集團。「肅貪」成為「維權」的手段；「政改」就不可期待。

衝破C型包圍與U型島鏈的「回馬槍」

是故，習大大甫登大位，即面臨經貿發展進入「深水區」的危機，政治體制改革又淪於民主憲政體制改革的論戰，隨之舉行的十八大三中全會，為貫徹落實黨的全面深化改革的戰略部署，研究十六項重大問題所作的六十項改革的決定，其論述行文洋洋灑灑，戰略部署涵蓋周全。似乎甚符海內外對習大大所期望的；中共可以走向中興，中國可以和平崛起。但國內外有識之士，對這六十項「決定」認知竟是兩極化。此因該《決定》有諸多令人存疑，要如；

「全面深化改革，必須高舉中國特色社會主義偉大旗幟，以馬克思列寧主義、毛澤東思想、鄧小平理論、『三個代表』重要思想、科學發展觀為指導，堅定信心，凝聚共識，統籌謀劃，協同推進，堅持社會主義市場經濟改革方向。」

「基本經濟制度，是以公有制為主體；政改重在轉變政府職能，以科學的宏觀調控，有效的政府治理。深化行政體制改革，創新行政管理方式，增強政府公信力和執行力，建設法治政府和服務型政府。」

為了「適應經濟全球化新形勢，必須推動對內對外開放相互促進、引進來和走出去更好結合，促進國際國內要素有序自由流動、資源高效配置、市場深度融合，加快參與和引領國際經濟合作競爭新優勢，以促

進開放改革」等等決定，真是「文情並茂」的好文章。

但很顯見的是，中共依然捧奉馬列主義，「毛澤東思想」為圭臬。在政治體制上，依然一黨專政，黨大於法，並無「還政（權）於民」的真實決定；土地產權仍然「城市國有，農村公有」，不依經濟規律實行改革；國企依然壟斷市場，拒絕走向全面開放，讓「國退民進」，做到「藏富於民」，一切「市場化」。如此，豈能爭取到眾多歐美先進國家承認的「完全市場經濟地位」，能正常地加入 WTO，俾能從「深水中」脫困而出？中共不能取得「完全市場經濟地位」，來確保其經貿永續成長，乃採取「引進來，走出去」的策略。亦即成立上海自貿區，簽訂區域自貿區，將外資、外企引進來；開闢「一帶一路」，將經貿、金融走出去。又為確保「一帶一路」能如願落實，創設亞投行的策略，於焉決定。

創設亞投行

中共創設亞投行有其「利多」的考量。因為，一旦亞投行運作順利成功，中國大陸的經濟成長、外貿拓展、人民幣國際化等等的艱困，雖不能完全解決，至少，在參與的六十七個國家或地區，達到中共所期望的，在政經方面可以增進「溝通，協調」的「外交，友誼」關係；中共產能過剩的企業產品，也可以行銷到亞投行運作所及的地區；人民幣也很可能在這個地區作為「結算」的貨幣；甚至，在人民幣幣值得到 IMF 的確認，成為國際結算「籃子貨幣」，人民幣就很可能成為「亞元」，與美元、歐元三分天下了。不過，對中共而言，這種種的「利多」能否獲得，是不能確定的。

但是，中共在內外艱困交迫之際，「登高一呼」，創設亞投行，竟得到亞洲地區眾多國家，特別是歐洲英、德、法、義等等主要國家的踴躍參與；又據中央網路報所引北美《世界日報》報導，中國大陸與澳洲於今年六月十七日正式簽署自由貿易協定 (FTA)，雙方貨品出口額 85% 的

產品在生效後立刻免除關稅；在過渡期後，澳洲將提供中國 100% 的貨品免關稅待遇，中國則提供澳洲 97% 貨品免關稅待遇。如此，中共除了經濟量體已取代日本，也登上亞洲經濟霸主地位。這無異為衝破歐亞心臟地帶邊緣地區的 C 型包圍，在東南海刻意切斷 U 型島鏈，猶如擲出一個很漂亮很成功的「回馬槍」。

亞投行與「中國夢」？

不僅如此，習大帝決定採取「一帶一路」是基於「經濟合作，區域發展，區域政治安全的考量」之外，在「走出去」的策略，尚有向全球的戰略部署。要如在政經方面有：推動成立上海合作組織開發銀行的戰略，所形成的上合組織區域內互聯互通，白俄羅斯將是「一帶一路」的重要戰略支點。其運作所及的地區，在東南亞有新加坡、馬來西亞、泰國、緬甸、印度；在中東有伊朗、伊拉克、科威特、巴林、穆迪；在歐洲有匈牙利與羅馬尼亞等國家。

與俄羅斯發表「中俄聯合聲明」，從能源到基礎設施建設，到高科技領域、科技聯合研製、軍事武器聯合研發、農業化工醫療造船等等全方位的合作；中共的經濟導向要徹底從西方轉向了俄羅斯；與中德簽署三十項協議總額一百八十一億美元；與中俄簽署五十餘項總額一百八十億美元。中俄德之間可以在歐亞大陸建立合作的軸心，維護歐亞大陸心臟地帶的安全。中俄德也可以在亞太地區，與其他國家建立緊密的合作軸心。

中共的國企紛紛向外投資設點。據中央社記者周慧盈北京 2015 年七月十四日電，中國大陸於該日公佈「『一帶一路』中國企業路線圖」，截至去 (2014) 年底，國資委監管的一百一十多家中央企業中，共有一百零七家在境外設立八千五百一十五家分支機構，分布在全球一百五十多個國家和地區。其中在「一帶一路」沿線國家設立分支機構的央企已有八十多家。在促進基礎設施互聯互通方面，大陸央企承擔大量「一帶一

《故土故人，吾思吾念：我對落實「一個中國」原則的認知與建言選輯》

路」戰略通道和戰略支點項目的建設和推進工作。

而特別讓人必須注目的是，除「一帶一路」之外，尚有兩起運河的開闢；其一是與俄國砸一點二萬億在中美洲建尼加拉瓜大運河。據《環球時報》記者描述：該運河線路從加勒比海側的蓬塔戈爾達河，沿杜樂河進入尼加拉瓜湖，再到太平洋岸的布里托河口，全長約兩百七十六公里，是巴拿馬運河長度的三倍。從委內瑞拉開往中國，將節約兩個月的航行時間；而從上海到巴爾的摩，走尼加拉瓜運河航線要比蘇伊士運河短四千公里，比繞過好望角短七千五百公里。

其二是大陸確定在泰南開挖國際性克拉運河。此對中國大陸有不可估量的政治經濟戰略利益。此因，中國大陸、日本、韓國、朝鮮、港、澳、台灣與歐洲、非洲的的大宗貨物都必須繞道新加坡控制的麻六甲海峽。而新加坡是美國在亞洲最大的海空基地，國際上一旦發生意外，比如中日開戰、朝韓戰爭、台灣危機、日韓摩擦、越束衝突，美國只要封鎖麻六甲海峽，這些危機幾乎都可以按照美國的意圖「化解」。再如，中共戰略石油儲備只夠七天，如貿然去「解放台灣」，美國不用直接參戰，只要不讓中共的石油經過麻六甲，就堅持不了幾天。由此可見，開闢克拉運河尚有軍事戰略的重要目的。

其三是研究跨境高鐵三條線路：一、歐亞線：從北京經莫斯科、柏林、巴黎而達英國。二、中亞線：從烏魯木齊經伊朗而達新德里。三、東南亞線：從昆明經越南而達新加坡。其時速四百公里的客貨共線是打破世界的超級大項目。這是中共高鐵輸出的「有效模式」，也是中共為創設亞投行，要「走出去」的另一種「中國夢」！能如願落實？

「中國夢」：落實政改，民富國強

其實，「中國夢」能否實現的根本問題，不在於全球作戰略部署，衝出Ｃ型與Ｕ型包圍，向外擴張，地跨歐亞非，要獨霸世界。而在於現今主政當權者，積極落實政治體制的改革，解決三農問題；完成國企改

革，爭取到完全市場經濟地位；徹底根除馬列主義，毛澤東思想，走上民主法治國家。有此三者足矣。關於政治體制的改革，筆者於年前衡量現實情勢，曾在拙作《老朽曝言：中共落實政改，和平統一之路》中建議四大要目：

一、「還政於民」。要如黨政分開，撤銷常委書記一把手與政紀委的權職；各級人大由公民普選直選，使成常設機關，行使「國會」審核預算，立法與決策之政權；建立文官制度，國家公務員概以公開考試，取才任用等等。

二、「藏富於民」。要如「耕者有其田」，「員工有其股」；除有關國防與民生工業而外，國企儘量改由民營；徹底打破「城鄉二元」的「諸侯經濟制度」；國家財政與稅制統一規劃；以及公共福利設施概歸中央舉辦等等。

三、「廣開言路」。中共中宣部不得「以權干政」，控制媒體；各級人代議會建立「聽證制度」；全國政商各界皆建立《獎勵建議制度》等。

四、「強化教育」。國家教育經費在憲法上，規定總預算不得少於30%；鼓勵公私個人廣設獎學基金；對公民教育、社會人文教育、倫理道德、科技與管理教育等等皆須作整體規範，使教育以培養良好的國民，對社會負責的企業家為主旨；大學能造就頂尖的科技與管理諸般人才，掄為國用。

在這四項改革項目中，其重中之重的是：

其一，將農村「集體所有」的土地，全部有價放領，讓「耕者有其田」，徹底解決「三農問題」。

中共是以「土地改革者」起家，獲得窮苦農民的支持；從農村中榨取所急需的資源，因此奪得了政權。中共建政後，理應無「三農問題」才是，但自始至終，農民受盡了苦難。在中共武裝叛亂，尚未奪得政權期間，起初是動員窮苦的佃農，結合中農，鬥爭大農，殺了地主，無償分得土地的農民子弟，就成為中共「自願參軍」的士兵；盼望打倒國民

《故土故人，吾思吾念：我對落實「一個中國」原則的認知與建言選輯》

黨後，可以分到田地的農民婦女，也成為中共作戰，踴躍充當後勤支援的義務役工；皆是中共「人民戰爭」，「人海戰術」的前鋒。

中共建政後呢？「改革開放」前三十年的老農民，是在中共黨書記掌控下，無分寸耕地，終日按時在所指定的農地集體耕作的「農奴」。其所得「工分」的口糧，不足以裹腹；從事養雞飼豬，求個副食充飢，皆有違走資的政策，會受到懲處。老農民終生只求個「吃飽」，成為企盼不及的大事。最近，有大陸所製作，由陳寶國所主演的《老農民》視頻，更有較多的說明。（註）

（註）據 2015 年六月二十三日北美《世界日報》引述大陸《人民日報》報導說：「中國早已成為世界第二大經濟體，但國家統計局數據顯示，目前中國農村尚有七千零十七萬貧困人口，約佔農村居民的 7.2%。半年來，新華社派出九支調查小分隊，分頭前往中西部貧困地區，實地體察。訪察中發現，有些極貧戶，衣食住行樣樣令人心酸。在大涼山，就有居民人畜同屋，一年吃三頓肉……四川省大涼山區美姑縣拉木阿覺鄉馬依村村民爾日書進的家，屋子分成兩半，左側是牛圈，雜草上散落著牛糞，空氣中彌漫一股刺鼻味道。右側是人住的地方，藉著手機的光亮才能看到床鋪———一塊木板搭在四摞磚頭上。屋中央，地面擺了三塊磚，上頭架鍋，底下燒柴，這就是爐灶。沒有一張桌子，連個板凳都沒見到。」

在「三十年改革開放」初期，由於城鄉二元制的戶籍所束縛，農民所能受益的是，除了「識時務」的農民，捨棄集體耕作從事「個體戶」的經營事業，有成為「萬元戶」者而外，青壯者多棄耕而「盲流」到城市，或各別尋覓餬口的工作，或成群結隊淪為「農民工」。農村青年有萬幸受畢大學教育，無法覓得所適工作者，寧作「蟻族」「漂北」，也羞於回返農村（註）。致留在農村者皆為老弱幼童，以致農業荒蕪，農村一片蕭條。由於醫療、教育、社會福利皆有欠周到，能彼此照拂，相依為命，已屬大幸。其間，有「農民工」索欠工資而被鎮壓者；有因勞工前途茫然而如鴻海的年輕工人跳樓者；又如近日有貴州畢節四名「留守兒童」自殺者；有四川涼山彝族十二歲留守學童，因為父母雙亡而作《淚》文泣訴者；據報導，近日廣西南寧賓陽縣數千蔗農追討欠債，遭

《故土故人，吾思吾念：我對落實「一個中國」原則的認知與建言選輯》

千名武警亂棍打暈者，類似如此的案件頻頻發生，真是何其不幸也？！中共政權再如何強大，如不善待農民，讓其耕地確權，必遭天譴！

（註）近日在網路上盛傳，今年大陸高考，有山東高考生的滿分一百分作文，題目是《時間在流逝》。考生寫道：「當我從小學的少先，到中學的共青，再到今天走上考場，變成共產，我很徬徨。我在內心一遍又一遍的問自己，如今的大學，是上？還是不上？時間在流逝，內心很糾結。」

「今年的兩會上，有代表勸我們：不鼓勵農村孩子上大學，上了大學戶口就回不去，那就杯具了。留在城裡，高房價，高物價，高生活成本，這『三高』豈是一般農村家庭能夠承擔？我不怪這位人大代表的歧視性語言，因為我爸不是李剛，我也沒有『五道槓』，我必須好好考慮這個問題，時間在流逝，內心很糾結。」

「我家只有四畝地，小麥和水稻畝產一千斤（不乾旱的話），一斤水稻或麥子零點九八元（前幾年五毛左右），一年兩季毛收入八千元，扣除農藥化肥等成本，一畝地能賺四百元，一年純收入三千兩百元。我還知道，我們偉大的國家現在是世界第二大經濟體，GDP每年超8%增長，外匯儲備超萬億，全民沐浴在幸福的春天裡，享受比太陽更光輝的公平和正義……我家是落後份子，我很愧對國家，給國家丟臉了，就因為，即使我今年考上了清華，我也無法承擔高昂的學費和CPI高漲的消費。所以不是農村孩子能不能上大學，而是拿什麼去上大學？不是我愛不愛國，而是國家拿什麼讓我來愛？也不是我上不上大學，而是大學拿什麼讓我來上？時間在流逝，內心很糾結……」

其二，以股權明確，公益取向；市場經濟，管理科學，完成國企改革。

關於國企改革，中共在參加WTO前後，就先後策訂有諸多的改革方案。例如從貪腐倒賣而以「產權」改革取向的「公司股份制」；政企分開，盈虧自負的承包製；「二次混改」，全民所有制；股權私化，「國退民進」等等。但付諸執行時，總因觸及政經體制改革的難題，與既得利益者的阻撓，而一一落空，甚至因經貿情境變革而治絲益棼，新的問題隨之衍生。迄今，國企現況有如辛子陵所引述的：「不是國企養著全國人民，而是全國人民養著國企。國企在『全民所有』的幌子下剝削全民，在『國有』的幌子下掠奪國家。權貴集團通過操控國企發大財，這

是權貴資本主義，不是中國特色社會主義。」如此情況，與中共以「馬列共產主義」為無產階級而暴力革命，而奪得政權的初衷與結果，豈不是大相逕庭？！

就本質而言，國企是「舶來品」。是中共信奉馬列共產主義，為無階級向剝削其「剩餘價值」的官僚資本的政權，南京國民政府，發動暴力革命，奪得政權後，倒向蘇聯，照搬蘇聯史達林模式的結果。國企固是共產主義國家的政治象徵，也是中共賴以維護其政權合理性，合法性的財政與經濟基礎。因此，中共對國企就「偏愛有加」，予以各種優惠，任其壟斷獨佔，且由權貴把持，與民爭利。所造成最為嚴重的後果是：

貧富兩極，社會不寧

中共自我膨脹最大的，也是唯一的憑藉是，三十年改革開放，讓中國大陸成為世界工廠，世界第二大經濟體，外匯存底有三萬個億之多，由中共所掌控的全國內外的國家資產估約兩百萬個億。但真實情況有諸多很嚴重的，亟待解決的負面因素，其要例如；

據報導，自改革開放以來，中共造就出比美國還多，佔世界四分之一的億萬富翁。這些富豪的產生，不僅帶血腥的原罪，且暴富之後又普遍為富不仁、為富不善。老百姓對這些富豪怎能不存在「仇富心理」，而這種「仇富」的社會氛圍，顯現的深刻階級矛盾，社會不寧，給中共的走向帶來很不穩定的因素。

又據《遠東經濟評論》統計，中國億萬富翁三千兩百二十人，其中兩千九百三十二即超過 90% 是高幹子弟。在五個最重要的產業領域：金融、外貿、地產、大型工程、安全業，85%-90% 的核心職位，皆掌握在高幹子女的手中。擁有上億美元以上財產、定居海外的高幹親屬超過一百萬，其中高幹配偶子女二十多萬人。大陸資深學人辛子陵指出：「設如不能阻止權貴集團以黨國體制為依託，控制黨和政府，實行國進民退政策，再來一次『社會主義改造』，囊括改革開放的經濟成果，引起全

民反抗，社會陷入長期動亂，對外打出毛澤東的反帝反修旗幟，以社會主義陣營殘餘力量的保護者、支持者和代表者的姿態出現，與美國和歐盟對抗，黨和國家將在內憂外患中滅亡！」

　　國企的資本形成與累積，是中共建政後，沒收了國民黨的「官僚資產」，繼之對民營企業廠商，要「工人當家」，用「工作輔導」，公私合營手段，逼使所謂「民族資本家」將資產奉獻給中共企業；「資方」成為「勞方」。改革開放後，為「讓少數人先富起來」，而採行「城鄉二元」的經濟體制，在農村，中共採取農產品的定價形式，從農民手中低價統購，又對城市居民和工業企業低價統銷，用以維持大工業的低工資和低原料成本，提供不斷產生超額利潤的條件，完成原始累積，有利於工業化。此外，國家又給予低利率低稅率與減租等等的優惠。國企本大利寬，理應產銷營運順暢，能克盡其企業對社會的責任，造福人民才是。但人謀不臧，管理不善，所造成的嚴重問題；

　　——就虧損與貼補而言，在毛共王朝三十年極權統治時代，國企沒賺一份錢，且因老毛為與天鬥爭，與地鬥爭，與人鬥爭，樂在其中，而一波接一波發起的三反五反，大躍進，文化大革命等等暴政結果，人人自危；人民一窮二白，國企靠國家貼補來維持生產，以發糧票來控制人民賴以維生的口糧：國力耗盡，到了亡黨亡國的地步。

　　——在改革開放後，由於政治體制的缺陷，國企由官僚把持，貪腐侵佔，挖空資產；虧損負債，靠國家銀行融資與貼補。上世紀五十年代大批國企，在加入 WTO 之前，國家財政用於國企虧損補貼，就高達三千六百五十三億元。其資產負債率幾達 80%，成為國家銀行的呆帳，影響國家金融系統的健全運作。

　　——而今，國企為參加 WTO，被逼得不脫胎換骨改革就無法生存的地步。數十年來，在各種改革爭議過程中，例如姓資或姓社的爭論；所有權與管理權分合的爭論；國企，公企與民企的改革，亦即國進民退或國退民進的實驗等等，將國企改革成為官僚集團的資產，成為國家全面深化改革的絆腳石。中共參加 WTO 之後，也因國企獨佔，受國家貼補，

產品定價，咸皆認之為對世界一體的經貿，是不公平的競爭，對貿易伙伴們是非常有害的，而不能得到「完全市場經濟地位」，更有損國家形象；中共想望其政權的合理性，合法性，也就不能如願以償。

國企改革應循之路

1993年十一月，中共的十四屆三中全會作出《關於建立社會主義市場經濟體制若干問題的決定》，明確提出國有企業改革的方向是建立現代企業制度，並指出現代企業制度的特徵是：產權清晰，權責明確，政企分開，管理科學。從此，中國國企改革進入制度創新階段。又於2013年十一月，新華網公佈《中共中央關於全面深化改革若干重大問題的決定》，對於國企改革的《決定》道盡了國企所有應興應革的問題，但都止於：堅持、完善、推動，發展、鼓勵、支持等等的計劃性或想望性的階段。而且，多未觸及根本的癥結問題，如改革「三農問題」，主張要「耕者有其田」，就因不談「耕地確權」然，結果，城鎮化無從落實，一切艱困問題依舊。談國企改革，也未決定如何做到股權明確，政企分開；公益取向，藏富於民，有關落實的實務措施。

是故，論及國企改革，毋任將之改為國有或公有；公司責任是有限或無限；獨立經營或承包經營責任制；以至資產必須歸於國有或由全民所有等等，其企業組織形式皆是「股份公司」，其營運皆有管理組織。因此，改革如何落實？其癥結要在於股權明確，如何營運管理的問題；在於企業各本其特質，如何共盡其社會責任的兩大問題。

政企分開，股權明確

國企是共產國家獨有的財經制度。從馬克思所創共產主義的邏輯推理來說，共產主義最崇高的理念是「各盡所能，各取所需（值）」的。毛共將暴力革命所掠奪而得的所有土地與資產，全部收歸國（黨）有之

後，以民為芻狗；使農民成為「農奴」；資方成為勞方；當家的勞動者成為「工奴」。窮苦農工小民都在共產極權官僚資本家的奴役之下討生活，這是極其不符共產主義為窮苦農工而革命的崇高理念。（點評）：共產主義祖師耶穌所傳的福音是給窮人的（見《路加福音》四章十六節）。馬克思的共產主義福音也順理成章地傳給無產階級的窮人。耶穌憎恨有財富的人，有如今天的共產黨（見《路加福音》六章二十至二十五節），贊成財富平均分配，但只是要將富人的所有財產都應完全交給窮人（見《路加福音》十八章十八節），並不是有如毛共掠奪全國土地與資產，收歸一己（共黨）所有。

今天，將「國有企業」改為「公有企業」，只是將產權分由中央與地方政府分別掌管，其「資產由全民所有」，依然是句「口號」而已！因此，有學人提議，落實國企改革最簡單的方法是，將所有國企、公企中在職的共黨官僚及其家屬，一律請其離職去當他的官；有主張國企上市，其股票都有定價，政府可以通過市場轉讓這些股份到非公有的部門和個人。也可以通過半轉讓、半贈送的辦法，分給普通老百姓，藏富於民，有利於國內市場的推動，國家資產得到更有效的運用；再有，《經濟學人》對國企改革，認為最佳作法，是把國企所有權轉到國家社保基金名下，國企董事會成員由社保基金任命；同時，切斷國企享受廉價金融服務的優惠特權；且放鬆對利率、匯率和資本流動的管制，為人民幣完全可兌換鋪路。如許論述與建議，對於解決國企改革難題，「政企分開，產權明確」，皆不無有其採行的價值。

也由於中共極權資本的國有企業，或最近改革主張的公有企業，與民主法治已開發國家的公共企業與私營企業大有不同。前者，企業的原始資本的累積是來自革命掠奪而得，其創設目的是為富國強兵以維護其政權，而採計劃經濟，「分配」其資源，其企業經營可壟斷競爭性與非競爭性的行業，其經營管理皆受政府干預，由權貴集團掌控。後者，公共企業資本是由政府撥款（如田納西河流域管理局），或發行公債累積而成的，其創設目的是為發展經濟，充份就業（如 1929 年經濟大恐慌，

美國所成立的公共企業），增進全民公共福利為目的，政府則以「裁判者」地位，對企業運作，當市場經濟失序，而適時進行干預（如防止壟斷獨佔，如金融風暴時，政府對金融體制加強監管的干預）。是故，如何落實國企改革，應有其首要的相關的配套措施。

修訂股份制法規，分別成立社團法人

股份制是一種產權關係明確的現代化企業制度，是現代企業的一種資本組織形式。實行政企分開，在體制上，要使國企能獨立經營，在人事、投資、工資等等方面決策自主。實行股份制後，也可通過發行職工股、社會股籌措了大量的資金，解決集資的難題。眾所周知，中央與地方的國企，為數有十萬以上，所經營的行業：關係國家安全和國民經濟命脈的重要行業如軍工、電網電力、石油石化、電信、煤炭、民航、航運等七大行業。重要骨幹企業有裝備製造、汽車、電子信息、建築、鋼鐵、有色金屬、化工、勘查設計、科技等九大行業。在這十六個最賺錢的行業都為國企所壟斷。而且，國企經營還進入非壟斷領域；國企管理者，貪腐舞弊，變相侵佔，內部私有化現象非常嚴重。因此有必要，把各行各業國企的資產，予以重估，予以股份化，明確其資產主體，依據股份公司法，檢討制定企業管理規章，成立各類企業或社團法人來經營管理；並依法用轉讓，出售所控股份予其他公司法人或私人；實行「員工有股」等等方法，以降低國有持股在 49% 以下，使國企演變為公共企業，能各盡其社會責任。

健全董事會

在朱鎔基主持國企改革時代，其最大的「發明」是仿聯合國的「公司股份制」，全面推動國企改革。但「出資人」是誰？時至今日，縱然有些國企「上市」了，恐怕「出資人」的國企股東，仍是在 51% 以上。

尤因政企不分，所有國企經營與管理，皆為國發會與國資委所掌控，如此「公司股份制」並未能建立起現代化企業制度，做到有如現代「股份公司」獨立自主的地位。以至年前，為因應「金融風暴」而要「公退民進」，俾能「擴大內需」，依然是「國富民窮」，難予落實。甚以，用為刺激經貿，以「擴大內需」的四萬個億的融資，流入國企，多無從消化轉而炒作房地產，地價與房價同步飆升，蝸居蟻族於焉「誕生」！貧富兩極化，日有加深。社會不寧，中共一切政經措施，就皆以「維穩」重於一切了！

因此，在當前《決定》國企改革，要政企分開，要政資分開，建立現代化企業組織，依據現況，首應是國資委僅盡其「出資人」職責不及其他；政府如發改會等有關主管機關，不得干預企業經營；實行「所有人」與「管理人」分開，由企業依「股份公司」法人地位自組董事會，對人事，管理自主；經營決策獨立，建立起管理科學，自給自足，盈虧自負。經營所得利潤或悉數上繳，或依法納稅，改革後的國企將是公益取向；國企的管理者不再是與民爭利的官僚資本家，而成為實現公共利益的人民公僕。所謂「誰的孩子誰最疼」，所有獨立自主的企業將在自由市場經濟運作中，各盡其企業對社會的責任。

國企演化成為公益取向的「公共企業」

國有企業只存在於共產主義的國家，其資產是歸屬全民所有。國企改革如通過「股份公司制」，演化成為「公共企業」，其股份資產則歸由社會大眾所共有，企業經營管理的目的，則是公益取向。在《決定》如此演化過程中，促其竟成的首要因素，要在於中共政府是否能不操縱「股票市場」，從中搜括民脂民膏，而真誠地將國企資產或出售，或轉讓，或贈予社會大眾，做到「藏富於民」，「國退民進」；擴大內需，產業轉型，俾能度過經濟發展所面臨的「深水區」。

但據《南方週末》與陳志武答問所知：「中共政府擁有全國 75% 的

財富。其分配階梯是，越往社會底層，得到的越少，整個社會被劃成很不同的群體。國企管理層是一個群體；國企員工是一個群體；能進國企和集體企業的是第三個群體；第四個群體是進了城但進不了國企的農民工；第五個群體是農民。」因此，即使政府《決定》，除有關非競爭性的如國防工業與民生企業，仍由國企所壟斷經營而外，其他國企股份資產，可依「股份公司法」有價出售或轉讓給非國有的公司法人或公益社團，甚至無償贈給窮苦平民，使國企演化成為有如自由市場經濟國家的「公共企業」。但所謂「知易行難」，在改革實務方面`，至少仍有兩項必須做好的配套措施：其一，銀行對民營企業應訂有公平可行的融資法規；其二，對股份資產贈予的公益社團或窮苦的農民工人，也需經過調研，訂定運作的基準法令規章。尤者，全國必須成立有員工參與的「國企改革委員會」，或是由各級經普選改革後，有如民主法治國家議會的「人代會」來審議，監督所有國企改革工作，在公開、公正下進行，保證資產不流失，工人不失業。

建立現代管理科學，各盡一己責份，共謀社會福祉

所謂「國企以人為本」。實際上，人，是任何政府機關，公司企業組織中最大的資產。是故，在國企改革進程中，僅僅著重於股份資產明確，並不足以保證企業經營就能永續發展。除了做到「員工有股」，讓員工分享企業成果外，管理者更要善待員工，激發其潛在的創新能力；更要視員工為工作夥伴，讓員工參與管理，有計劃地，培養員工成為優秀的經理人才。鑑於當下國企的領導人，既是黨的幹部，也是國有資產經營的受託代理人，理應做到勤勉盡責，充份發揮企業家智能才是，但在官僚資本家掌控操縱下，有眾多管理者，以權謀私，貪腐侵佔，國企為如許「國賊」所蠶食，所鯨吞。而受害最深最大的竟是勞苦的員工。因此，在企改同時，為企業組織建立現代管理科學體制，確是不可或缺的規畫。

《故土故人,吾思吾念:我對落實「一個中國」原則的認知與建言選輯》

現代管理科學不唯重在「事物的管理」,以求其「效率」;尤重於「人群的領導」,以收其「成效」。改革後的國企、公企,要能使其營運蒸蒸日上,各盡其對社會的責任,就必須應用管理科學,要如,在事物管理方面,其營運決策須本諸決策管理、目標管理等等管理方術;建立「獎勵建議制度」,屬行「參與管理」,做到「人人在研究,事事求發展」的地步,來提高工作效率,獲致實踐成效。在人群領導方面,尤須注重員工激勵,本諸馬斯婁的「基本需要」和霍茲伯「激勵—安定」因素,予員工作適切的激勵,做到「融合的原則」,亦即使員工在完成公司營運目標的同時,也滿足了員工的成就感和「自我實現」的願望。如此,經濟持續發展,「中國夢」庶幾可以落實矣。

其三,徹底與毛切割,以消弭世人「恐共」、「懼共」心理。

中共落實政改,其決定成敗最重要的「先決條件」是為,徹底根除「毛澤東思想」。其最為簡切,且如「寧靜革命」,可收「立竿見影」之效的方法是:「拆毛像」。將毛像從天安門,從大會堂,從各個公共場所,統統拆除。改奉國父孫中山肖像。繼之,落實中共中央政治局全體會議,在吳邦國與習近平共同提出,在胡錦濤主持下通過了《關於毛澤東思想若干建議意見》的第170179號決議案,重新審毛,與毛切割,讓中共能找回自信和光榮。此因,拆毛像可以從根本上與毛切割,清除「毛某思想」毒素,剷除毛共暴政的象徵,讓世人消弭懼共、恐共的心理;為經濟方面「改革開放」的成功,賦予真實的意義;可讓世人正視中國確是「和平崛起」等等的效應;至少對兩岸和平統一;中美修復邦交,更有極其必要的成功因素。分析如下:

「拆毛像,正國名」,兩岸和平統一

中共建政已逾一甲子,迄今仍面對有「正當性」與「合法性」的問題,皆肇因於:一、毛澤東在俄共資助,史達林指令下,武裝叛亂,推翻亞洲第一個民主共和國,中華民國,建立蘇維埃式的「外來政權」;

《故土故人，吾思吾念：我對落實「一個中國」原則的認知與建言選輯》

二、馬列共產主義，以民為芻狗的毛共暴政不適用於中國；三、中華民國依然屹立於世，而且，大陸同胞的「民國熱」與日俱增。是故，習大大登基後，對台政策，不論依然用「讓利」辦法來「買台灣」的懷柔政策，或是對台放話，「基礎不牢，地動山搖」的強硬警告。鑑於國府處於，外有美日防止台灣淪於共產極權統治；內有日裔台獨鼠輩叫囂成立「台灣國」的非常艱難的困境，為維護中國領土主權的完整，任一政策或措施，甚至出兵敉平台獨鼠輩，皆無不可。可是，習大大如欲落實「中國夢」，中國和平崛起，就必須胸懷天下，志在千秋，確切認知落實政改，兩岸方能和平統一；台灣一旦成為大中國走出海洋世界的門戶之日，即是「中國夢」落實之時。因此，習大大就必須向歷史負責；尊重中華民國傳承的，法統地位，對國府不可再作出有逾越本分的事。此如：

——為高規格舉行紀念抗戰勝利七十週年閱兵大典，竟泯滅中華民國國軍抗日戰爭中二十二次大會戰，犧牲三百六十多萬的英魂事蹟！並將國府抗戰勝利成果，全部僭奪「據為己有」，甚至美英中蘇四強領袖所舉行的「開羅會議」，也是由老毛子參與的！

——習大大甫行登基，即在軍事外交方面，一反既往鄧小平「韜光養晦」的策略，用軍事行動，向日本索取釣魚台。其實，毋論從民族大義或保衛國家領土主權來說，「保釣」應是中華民國政府的頭等大事。而今竟由習大大罔顧國府的領土主權，任其操弄，究有何目的？是所謂項莊舞劍，志在台灣？

——又，南海東沙諸島嶼，係在日寇投降之後，由美國依「開羅會議」、「波茨坦宣言」，派軍艦軍運送中華民國政府接收人員，交還給中國的。而今，中共不顧中華民國政府所提「主權在我，擱置爭議，和平互惠，共同開發」的《東海和平倡議》，竟片面取代中華民國，在南海與四鄰爭相築島，耀武揚威，向美挑釁。而且：

——似乎以「征服者，強大者」的姿態，對在台灣的中華民國政府盡其可能地貶低，見縫插針地打壓。此如，前有 EFCA，今有亞投行，皆

置國府為其地方政府讓其參與；最近更制訂《國安法》，將具有中國憲政傳承法統，世界上合法的中華民國政府，片面貶為與香港等同的「地方政府」。其法理，其公義何在？！

事實上，所謂「九二共識」就是「一個中國」的問題，這一個中國並不專屬於任何一個政權，而是屬於全中國土地與人民的。無論依據法理，或是按照實況，當前兩岸對「一個中國」的特殊關係，是「一而二，二而一」，是所謂「你中有我，我中有你」的。中共建政後，依國際法「主權繼承」說，中共對台灣自有權利更有義務，要求其領土主權的完整。但中華民國政府依據在大陸時期，由全民創制的《中華民國憲法》以及民意代表，退守台灣後，根據憲法行使其職權，國祚無一日中斷。迄今，中共建政後的一切治權運作從未能及於台灣，中共對中國領土主權自是「不完全繼承」。而國府是在固有的領土上，「有效統治」台澎金馬的「剩餘主權」，依法自然也保有對大陸領土主權的要求。亦即，中共與國府彼此對全中國領土是「主權共有」，但對全民則是「治權分轄」。因此，從中共建政後，與國府「鬥爭」了二十餘年，方在聯合國取得中國的「代表權」迄今，其真正的爭議所在，乃是國共兩岸是誰能夠「代表全中國的唯一的合法政府」而已。

抗戰期間，毛澤東對於第三國際為中國共產黨所訂的路線；「抗日民族統一戰線」的解釋，就是「階級鬥爭」，即「反蔣抗日的戰爭」。當中國對日抗戰十四年，在「山窮水盡」倖獲「慘勝」之後，毛澤東不信守「重慶會談」時一己所作的「諾言」；要國共合作，同心協力，建設國家。當日本宣佈「無條件投降」之際，竟在十四個小時內，毛澤東向藏在深山內共軍發出七道命令，要他幾十萬大軍，揮師華北平原，切斷京杭京浦線，取代國府接受日本投降；且因在東北獲得俄援，掀起四年內戰，攻城略地，搶擷「勝利果實」，兩千萬軍民同胞又因以枉死！當毛澤東取勝於徐蚌會戰，就兵渡長江，攻佔上海，繼之南下，乘勝追殺得國府軍民屍橫遍野！毛澤東為了要把蘇維埃發展到中國，而如此用「槍桿子」取得「天下」，為「毛共王朝」急急成立了「中華人民共和

國」，如此的「革命」，如此的「建國」，有其正當性嗎？！

而且，毛澤東所急急成立的「中華人民共和國」的國號，乃是 1937 年十一月七日，前蘇聯國慶日，史達林命令在江西瑞金的中共，所創建的《中華蘇維埃人民共和國》的同義名詞。甚以，早在 1932 年，搞土地改革和建立蘇維埃政權，就一直為共產國際效命，分裂中國了。「中華人民共和國」這種僅為毛澤東個人「極權帝王」心態所訂的「國號」；暴露毛澤東掀起「人民解放戰爭」，是為第三共產國際而戰，因而沿襲的「國號」。中共為其「革命」正當性計，這樣的國號能不予以更正。

所以，中國何時方能「和平統一」？其最迅速而有效的政策自是，在於中共拆毛像，從形象與心理上，與「毛澤東思想」切割，以落實政改，創建均富安和的社會；並且將「中華人民共和國」國號，正名為，國父孫中山先生國民革命，推翻專制，而建立亞洲第一個民主共和國的「中華民國」，或由兩岸共同正國名為「中國」。如此，兩岸可順利地「和平統一」。對外是統一的「一個中國」；對內，如何或分治，或邦聯，或聯邦，可委由兩岸兩會，或是由國共雙方籌組，暫名之曰「一中委員會」，來會商研議之。如此，國共雙方皆是邁向民主共和，皆是國父孫中山先生的「推翻專制，國民革命」的繼承者。

再如採取「化繁為簡」的方法，亦即，將兩岸的兩部《憲法》加以研議，修訂出一部，可名為《中國大憲章》，作為兩岸統一後的大中國建國的藍圖。如此，兩岸為「和平發展」要會談，要協商，要參與的亞投行等等，必須面對的「一個中國」問題立予解決；兩岸通過「政治協商」而「和平統一」的時間，也就不需要如鄧小平所說的要等一百年。中共落實政改，中國和平崛起皆有可期了。

根除意識型態，與美國敦睦邦交

中國大陸資深學者辛子陵指出；「現在國際社會是以普世價值為基礎的新文明時代。中國在經濟上加入 WTO 融入全球共同市場，但在政治

上繼續堅持敵視民主制度的蘇維埃制度，堅持反對普世價值的列寧主義意識形態，在世界民主國家面前，以社會主義陣營殘餘力量的保護者、支持者和代表者的姿態出現，自然引起人家的警惕。儘管你說沒有擴張的野心，但始終面臨世界的敵意。（唯有）政改興邦，脫蘇入美，開創民主憲政新局面，不僅在經濟上而且在政治上融入世界民主潮流，才能實現和平崛起。」

誠然，「毛澤東思想」既已成為改革開放，政治體制改革的巨大阻力，更是中美兩國，甚至讓世界上所有民主自由國家，都能與中國和平共處，同臻衽席的最大障礙，如不徹底消弭共產第三國際世界革命的馬列史毛的「意識型態」，且利用民族主義，掀起軍事對抗，中國與歐美諸多先進國家的關係，就不能真正的改善；當前中共所面臨的一切「難困」與「挑戰」就不能解決，就不能順順利利地步上和平崛起的康莊大道。習近平尚未登上「皇位」，應邀訪美時，所準備的講稿中就提及此點：「中美之間最大的問題始終是意識形態、政治制度與價值理念。」但他所講的兩句話竟是；

第一句：「寬廣的太平洋兩岸有足夠空間容納中美兩個大國。」習大大所以要論述及此，或許鑑於歐巴馬總統早在其國情諮文中肯定美國已是在太平洋的主權國家，且在緬甸有了更新的發展局面 (We've made it clear that America is a Pacific power, and a new beginning in Burma has lit a new hope)。而今，不論中共如何驚覺中國大陸已受 C 型包圍，有「中美難免一戰」的危言，今後，中共再怎樣「吹口哨」說一己是「大國」，中共在中南海，在太平洋就必須「承受」美國在太平洋的權力制衡的事實，而有所因應。

第二句：「中國有句流行歌的歌詞是這樣唱的，『敢問路在何方，路在腳下』。」這當是意指中美兩國外交關係正常化，過去、現在和未來所需彼此「磨合」的過程。在這過程中，既往，中共處在「被動」地位。而今，歐巴馬總統又宣言：「世事在急劇變遷中，我們不能掌控每一事件，但美國在國際事務中，依然是個不可或缺的國家。」(The world is changing; now, we can't control every event. But America remains the one indispensable nation in world affairs.）準此，習大大如果仍然變本加厲地，捧著老毛的神主牌，與美爭鋒，其後果是否堪慮呢？

所以，對習大大而言，為實現「中國夢」，要從經貿困境中「走出去」，而創設亞投行，以資助「一帶一路」基礎建設的完成；開掘瓜，泰兩運河，闢中東港口，以衝破 C 型包圍與 U 型島鍊，走向海洋世界，所作全球種種部署之際，必須認知的是：

中共受 C 型包圍與 U 型島鏈的遠近因

美國為何對共產國家予以 C 型包圍與 U 型島鏈，實有其遠近因。據網路資訊所載，當 1917 年俄國爆發十月革命，所掀起的紅色浪潮迅速席捲整個歐洲大陸，各國相繼出現無產階級革命浪潮，匈牙利、奧地利、保加利亞、德國乃至義大利都先後爆發革命。受其影響，大洋彼岸的北美大陸，得知十月革命勝利的消息後，美國的工人群眾、工人政黨和組織紛紛以極大的熱情對世界上第一個無產階級政權表示歡迎和支持。美國最大的社會主義政黨——美國社會黨的黨員人數由 1918 年的七萬四千五百一十九人迅速飆升至 1919 年的十萬八千五百零四人。美國工人階級還開展了「不許干涉蘇維埃俄國」的運動，大力聲援蘇維埃俄國。1918 年末至 1919 年初，在波士頓、芝加哥等許多大城市，勞動群眾在「承認蘇維埃俄國和停止干涉」的口號下，舉行示威遊行、集會和各種會議。

據統計，在整個 1919 年，美國共發生兩千六百多起罷工事件，涉及工人達四百多萬。被美國政府看作是企圖顛覆政府的「洪水猛獸」。令美國政府更為驚懼的是，這時社會上又不斷出現一些在政府要員住所，發生多起炸彈爆炸的恐怖主義事件。如此頻繁的罷工浪潮和炸彈襲擊事件，加上新聞界的大肆渲染，整個美國社會籠罩在一種「山雨欲來風滿樓」的緊張氛圍下。1919 年八月三十一日和九月一日，「美國共產主義勞工黨」和「美國共產黨」的成立，更令當局和一些社會精英對可能發

生共產主義暴亂的擔憂急劇加深。

由於俄國十月革命的影響，美國國內出現所謂的「紅色恐懼」，從而導致這個國家歷史上第一次反共情緒的大爆發。1920 年一月二日，美國司法部長一聲令下，一夜之間，全美三十三個城市中竟有四千人被逮捕。二戰結束後至五十年代中期，恐共、懼共和反共狂潮席捲美國，成千成萬的無辜人士遭殃，被貼上紅色標籤而倒楣一輩子。這段時間又有所謂「白色恐怖」時代，是美國國史上最黑暗、最醜陋的一段年代，此由極右翼的威斯康辛州共和黨參議員約瑟夫·麥卡錫 (Joseph R. McCarthy) 誇張指責國務院藏匿數百名共產黨人，並將反共砲口對準了許多清白官員，二戰時代，頂尖科學家羅伯特·奧本海默 (J. Robert Oppenheimer) 帶領數千名科學家在新墨西哥州沙漠上製造原子彈，而被稱為「原子彈之父」，也是麥卡錫時代的最主要受害人之一。因此「白色恐怖」時代又稱麥卡錫時代。（筆者於 1971 年由英來美訪問，在利物浦申請簽證的表格上，仍註明有「共產黨人不得入境」。）

圍堵與冷戰的集團對壘

二次大戰結束後，蘇聯擊敗德國和日本後，認為共產主義的優勢是無庸置疑的。美國開始意識到蘇聯共產主義和擴張心態，是美國和美國的盟邦主要的敵人。有喬治·肯楠 (George F. Kennan) 依據「邊緣地帶」論提出「圍堵政策」(Containment Policy)，主張美國應聯合海洋民主國家在歐亞大陸的「邊緣地帶」構築圍堵大陸共產勢力外侵的戰線，自此，海洋民主資本主義勢力與歐亞大陸共產極權勢力沿著「邊緣地帶」對峙的戰略形勢，成為支配二次大戰後世界局勢發展的主軸。首先提出圍堵政策，以軍事力量支援那些在蘇聯擴張前線上的國家抵抗共產主義；以外交力量和許多國家結為同盟，阻止蘇聯共產主義擴張；以經濟力量援助許多國家，穩固當地政府，避免為共產主義所取代。其後，美國出動了大量的兵力協助南韓抵抗侵略。美國重新介入亞太事務，協防台灣，

和南韓、台灣簽訂共同防禦條約，駐軍兩國以對抗共產主義侵略。美國從此以「世界警察」自居。

大陸淪陷與 U 型島鏈的形成

尤者，中國對日抗戰期間，毛澤東在俄共資助，史達林指令下，以欺騙，用間，武裝叛亂，僭奪了抗戰勝利的果子，繼而用槍桿子奪得政權，隨之建立蘇維埃式的「中華人民共和國」以後，美國對中共不僅未即刻外交承認，且因中共受史達林之命，發動「抗美援朝」戰爭，致使美國派遣第七艦隊巡戈台灣海峽，偵察機深入大陸搜集資訊，對中共包圍監控由此日益加劇。加之，美國在 1949 年失去對原子彈的獨佔地位，迫使杜魯門重新思考其策略，並且加速圍堵政策的佈署，開始擴展於亞洲、非洲、拉丁美洲等地的圍堵政策，以防止由蘇聯支援的革命勢力，再次令當地政府變為共產政權。在 1950 年代初期，美國正式與日本、澳大利亞、紐西蘭、泰國、和菲律賓（尤其是 1951 年的太平洋安全保障條約和 1954 年的東南亞條約組織）簽訂安全保障協定，並且在那些國家建立起長期的美軍基地。

此後，由於中蘇分裂的影響，中蘇邊界衝突，在 1969 年達到最緊張的階段，美國總統尼克森決定利用此時機來改變冷戰中的平衡，而中共也在同時希望從美國那裡得到制衡蘇聯的優勢。1971 年十月二十五日，中華民國政府因聯合國 2758 號決議案而退出，中國代表權席次，竟由奪得政權二十餘年之後，因美國突然採取「聯共制俄」的政策而予奧援的中共政權所取代！又，十年後，美與中共政權「關係正常化」。反思美國對中國政策，從圍堵冷戰的「反共」；「麥卡錫主義」的「恐共」，尼克森猶如「飲鴆止渴」地，為了採取季辛吉的「聯共制俄」策略，竟由「乒乓外交」，而宣佈「朝毛」，而助共入聯，而「關係正常化」，以至與中華民國斷交等等大不幸的失策，其結果是，造成今日中共處處與美爭霸，挑起世界動亂的情勢。這豈不是「咎由自取，責在美方」的

《故土故人，吾思吾念：我對落實「一個中國」原則的認知與建言選輯》

失策？

　　現今，從習大大登位後，中共在軍事外交方面「走出去」的策略，竟自我膨脹，以世界中美兩大國自居，自認有兩彈一星一艇，以及三十六種超級武器，似乎舉世無敵，一反既往鄧小平「韜光養晦」的作為，而耀武揚威，向美挑釁；唱衰美國，與美爭鋒。最初，從與日本爭奪釣魚島，而東海主權爭議與防空識別區的劃分；而南海主權的維護和島嶼爭相構築軍事設備等等。美國為亞太再平衡戰略，也因以劍拔弩張，將60% 軍力調駐亞太，情勢發展，其結果是，促成美日軍事同盟，澳聯美日抗中，四鄰為敵：北京面對東海、南海、黃海與台海的「四海翻騰」的軍事壓力，猶如中共軍方鷹派所言，「中美終須一戰」的狀態。這豈是中共倡議創設亞投行所欲實現的「中國夢」？

與美修好，解決爭議

　　固然，蘇俄十月革命成功，美國由恐共，而反共；二戰後由冷戰，而圍堵，成為「世界警察」霸權主義的行為，世人對之或有可議之處；但是，在中共建政後，為防止中共輸出「革命」，堵塞共產主義向外擴張，美國空軍既往深入中國大陸高空偵察，而今在大陸沿海低空巡視，習大大如就借此事故，以美為敵，與美爭鋒，而造成今日「戰雲密佈」的情勢，就有待商榷了。

　　例如，應理解的是，美國為何將釣島的行政管理權交予日本？從國際法來說，抗日戰爭皆是中華民國由蔣介石先生所領導的犧牲奮鬥到山窮水盡之際，所贏得的「慘勝」。「舊金山和約」簽訂時，理應由國府參加，但國府退守台灣一隅之地，外有中共「逼降」，內有台獨鼠輩叫囂獨立，自身尚且難保；美國與中共又無邦交，所成立的「中華人民共和國」尚有「正當性」與「合法性」的問題。自也不能依和約將釣島交還中國的中共政權。再就「事實」來說，不僅釣島，甚至台灣曾一度有由聯合國「託管」之議，皆因美國「顧慮」，甚至「恐懼」那受共產第

《故土故人，吾思吾念：我對落實「一個中國」原則的認知與建言選輯》

三國際資助，受史達林之命，為保衛蘇聯而戰，為消滅資本帝國主義，視美國為頭號敵人的「紙老虎」而「抗美援朝」的毛共也。現在，中共與美國已建立邦交，理應與國府協調，直接向美國交涉，索回釣島的主權；或是向國際法庭提出訴求，依開羅會議、波茨坦宣言，將釣島歸還中國，才是解決問題的根本要圖。中共為何不如此作為呢？

亞投行非「萬靈丹」。尤者，習大大更應認清中國真正的敵友，將美國（猶如季辛吉然）視為中共再造的鐵桿朋友才是。試觀，近百年來中國失去的千千萬萬平方英里的領土，美國有無侵佔其分寸？二戰時，美國對華援助，中共沒有些許利得？沒有美國對國共態度偏頗、不公，中共能在中國「生存發展」？在內戰期間，沒有美國馬歇爾來華調停，經六次會議，達成「停戰協議」，逼使國府數度下達停火令，讓中共瀕臨於滅亡時而能反敗為勝？也可以說，中共建政二十年後，在美國「支持」下，方能爭取得中國在聯合國的代表權席位，進入國際社會；將近三十年之後，中美關係才正常化，為什麼？要在馬恩列史的第三共產國際要消滅世界上所有資本主義，猶言在耳；指說美國是「紙老虎」，要打倒這個「頭號敵人」美國帝國主義的「毛澤東思想」，依然為中共所崇奉。美國怎能不存個「與虎謀皮」的警惕之心呢？！改善之道，當從不談馬列主義，摒棄「毛澤東思想」，與毛切割做起，讓世人徹底消除「懼共」、「恐共」的心理，從而兩岸和平統一；與美修好，可解決政經各方面的一切艱困：中華民族偉大的復興的「中國夢」方可實現。

中共倡議創設亞投行之初，曾自詡是資助亞洲國家基礎建設，是如二戰後美國對德國所實施的馬歇爾計劃，這顯然有所誤解。蓋因，美國對德之馬歇爾計劃是幫助這個世界回復正常的經濟計劃政策，不是反對任何國家或任何主義。而是反對飢餓、貧窮、失望和擾亂。而亞投行的本質是個「利己」的計劃，是習近平實現「一帶一路」的金融載具，其資金來源是大陸可以之解決外匯儲備利用的問題，還拉攏其他國家的資金，想在這個過程中，有助於人民幣國際化。

雖然，多個盟邦不顧美國反對，紛紛祭出「國家利益」，宣佈加入

亞投行，「打臉」美國。這並不能表示亞投行就此成功了。顧名思義，亞洲基礎建設投資銀行是應亞洲所需，和因應世界金融危機而產生的，它不是「援助」而是「投資」的銀行。投資固然有資本夠不夠的問題；投資回報率能否如所預期，和借出去以後收不收得回來，也是個問題。即便是世銀、IMF 也是呆帳滿天飛。美國自始就對亞投行治理、環保等標準是否足夠提出疑問。美國希望看到亞投行在運作中「增加透明度」和有更好的治理能力。因為，美國熟悉中共海外投資運作的觀察家們都認知到，中國在非洲等國基建投資的問題是：「中國投資在海外基礎設施時，思路就跟國內項目一樣，只靠政府之間關係，毫不考慮當地文化環境，當地住民往往受到損失，也不創造就業。」另有新加坡學者研究也認為：「不用說，緬甸的密松水電站，或者墨西哥的高鐵，這種思路最終會走向失敗。」

最近，據大陸國家統計局局長馬建堂在《人民日報》發表文章，提醒人們《全面認識我國在世界經濟中的地位》，其中有這樣一組數字：「2009 年，我國三個產業就業人口在總就業人口中所佔的比重，分別為 38.1%、27.8% 和 34.1%。這表明，我國從事第一產業，即農業的比重過高，第二產業、第三產業的比重依然很低，其中從事第二產業的比重，僅相當於美國工業化初期即 1870-1910 年的水平；第三產業則比發達國家的比重低了一半。沒想到，我們這個『世界工廠』，剛剛超越日本成為經濟總量 (GDP) 全球『老二』，竟在某些重要方面，比『老大』的美國差了整整一百年！」如此，中共真能唱衰美國，取代美國世界霸主的地位？

結言：師法以色列，民為邦本。以安定民生為第一要務

中以兩國同屬共產主義國家。兩者經歷處境雖大不相同，但兩者僅先後一年，以色列於 1948 年復國，次 (1949) 年中共建政，迄今經歷六十五年，由於各自採取的奮鬥路線、策略之相異，其結果也就大相徑庭。

《故土故人，吾思吾念：我對落實「一個中國」原則的認知與建言選輯》

今天的以色列自復國以來，將經歷近兩千年大流放，在歐洲各國受盡欺凌與屠殺，再回到這流著奶與蜜的應許之地的，只有八百萬人口的蕞爾小國，在周遭尚有誓予將以色列趕出地球的三億伊斯蘭教徒的威脅下，堅強地活存下來。且因，以色列已從偏狹的仇恨教義，艱困逆境之中，虔修昇華，匯入莫之能禦的世界大歷史的洪流之中，與時俱進，永續發展。其對人類文明和世界繁榮所作的努力與貢獻，無論在科技研發、人文學術諸方面，皆創造有驚人的、有利人類文化與世界文明進步，足式足範的事功。

中共呢？自建政六十五年以來，在毛共暴政整肅下，枉死了八千多萬苦難小民。而今，雖然已成為世界工廠，是坐二望一的大經濟體，其政權依然有正當性、合法性的問題；在政經方面，仍面臨如不解決則將要「亡黨亡國」的嚴峻問題！何以致之呢？概因建政理念與施政策略皆有所誤差所致也。最近有網路論者指出：「共產黨中國在世界上幾乎沒有一個鐵桿盟友。跟著中國吃喝的國家大多是有求於中國。全世界只有一個國家，完全無求於中國，又幾十年如一日地，對中國全力以赴地幫助，就是在西方國家裡第一個承認中國，與中國建交的以色列。」又指出：「未來百年中國最大的心腹之患，不是日、美，而是新疆，是伊斯蘭教；所以中國人民要把眼光放遠，放到五十年、甚至一百年之後。要如；支持以色列；儘快推進中國民主進程，實現任意黨派普選等等。」筆者於去年參加「以色列聖地之旅」，經歷伊斯坦堡、安曼和以色列的許多聖地，有關以色列全民皆抱著「萬事皆有可能」的生存信念，對其復國經過，略有所聞，感觸殊深！（詳情請參《對基督教義 與以色列永發展的探討》文。）而認為下例諸端，足可為中共所師法，也能實踐有成，中國必能和平崛起，永續發展。其要是；

其一，依法治國，建立民主憲政國家。

以色列建國之初，內與巴勒斯坦分治，耶路撒冷仍由聯合國託管，以色列無固定的國土疆界，境內尚有來自八十多個國家或地區的移民、宗教、種族，各種利益團體不一而足。對外，尚有要將以色列從地球上

《故土故人，吾思吾念：我對落實「一個中國」原則的認知與建言選輯》

消失的三億伊斯蘭的威脅。以色列宣佈建國之當日下午，即遭六個阿拉伯國家的攻擊，戰爭延續了半年，如果在第三次的「六日戰爭」不能戰勝的話，耶路撒冷聖城仍在伊斯蘭掌控之中。在這種內憂外患之際，以色列竟能揚棄排他性的仇恨，復國建國初期的政治領袖，並未成為軍國主義的獨裁者，也未實施極權統治的專制獨裁的政體。對此，中共政治體制之改革，怎能刻不容緩地予以落實呢？！

其二，農業立國，開發沙漠成為肥沃的農田。

以色列復國之初，在一片荒蕪貧脊的沙漠礫石土地上，80%以上的食物都依賴進口，衣著等等更是無法自給。在這樣的情境下，其所以能存活下來，且民生樂利，欣欣向榮，以色列發展成為農業強國，卻是厥功至偉。據研究資訊所知，以色列發展農業成功之因，其最值得稱道者要如：

發明滴灌技術，掀起農業革命。以色列每年只有三十天下雨，雨量極少，加之可耕地只有20%。建國初期，在軍需負擔尤重情境下，仍大量挹注資金，全力開發農業，以解決衣食問題。十年後發明滴灌技術，將水與水霧都滴灌到植物的根部。如此解決了雨量不足灌溉的問題，並且培養生物蜂和益蟲，不必噴殺蟲劑，農糧生產直線上升。糧農副產品不僅自給自足，且有外銷。同時採取半空中裁植如西瓜、草莓等多種果樹，擴大了可耕植地的面積。再有政府大力輔助，研發高科技，致力農業現代化，開發高品質、高附加價值的經濟作物以至畜牧業，且能在谷地沙漠養小丑魚。今天以色列的農業，園藝等等產品大量出口，遍及歐亞諸國，稱之為農業強國，也不為過。（點評）請中共當政者毋妨省思既往六十五年來，是如何對待中國窮苦農民的；為解決現今的「三農問題」，能不先放下耀武揚威，向外擴張的行動，而急速組團在第一時間去以討教嗎？

以色列的用水來源有三：約旦河、地下水與加利利湖。現在計劃海水淡化，來開發水資源。以色列將水資源列為戰略資源，專門建立了國家水資源管理機構，制定了一系列保護資源與環境的法規，對主要水源

《故土故人，吾思吾念：我對落實「一個中國」原則的認知與建言選輯》

如加利利湖和地下水建立「紅線」制度，嚴格控制水質和採水量，例如實行用水許可證、配額制及鼓勵節水的有償用水制，農業用水執行配額獎懲，並徵收污染稅，污水利用率達90%。在在都是為了引導、鼓勵綠色消費。甚至將鹽份極高，沒有生物存活，一無飲用與灌溉價值的死海，但利用其浮力，發展了觀光事業，將死海海底黑泥所含的豐富礦物質，研發成為市場上搶手的護膚美容品，寶貴的出口品。

共產制度的集體農莊。以色列的農業組織至今有三種形式：公有制集體農莊、合作社、個體農戶。政府對它們一視同仁。最值得一提的是公有制集體農莊。這是猶太教義中，為教徒們所想望的「共產制度」：一個獨特的社會和經濟群體。目前，以色列有兩百七十個集體農莊，每個農莊的人數從五十到兩千不等。在農莊中，各種決策由社員組成的社員大會民主通過，土地、財產和生產工具歸農莊集體所有。設有集體大餐廳，社員的一日三餐都在餐廳內進行；餐廳內有中央大廚房和大型自動洗碗設備；餐飲採用自助形式，供社員免費享用。還有大型中央洗衣房，專門為社員清洗、縫補及分送衣物。社員們根據自己的能力和特長而幹著不同的工作，至於餐廳、廚房和其他類似工作則採取輪作制。社員的勞動沒有任何工資，農莊內部也不使用錢，社員的一切所需採用記帳方式。但他們能由社區提供各自所需的一切，亦即「各盡所能，按需分配」。集體農莊社員的衣食住行、生老病死、子女教育、文化娛樂等全部由農莊統包下來。兒童們從小就被送到社區的「兒童公社」裡，孩子們一起生活、一起吃飯、一起學習、一起成長。另外，社員每個月可領取少量的零用錢供外出度假旅行使用。如此，這豈不是真正的共產主義社會制度？當年奉行馬克思共產主義的中共老毛，搞的「人民公社」能與之相配比嗎？明乎此，當可認知到，中共其所以有非常嚴峻的「三農問題」，皆是由於毛共所實施的，應遭天譴的暴政所致。中共豈能不改絃易張，為「三農問題」贖罪？！

其三，科技大國，發明創造獨步世界。

全世界的鑽石70%是由以色列出口的。但以色列第一位出口的乃是

高科技，特別是軍用尖端武器的發明創造，如無人飛機可謂獨步全球。據統計，目前以色列總共有五千多家新創科技公司，約二十三萬人受聘於高科技業；高科技業一年產值佔以色列出口總值的四分之一。美國納斯達克 (NASDAQ) 總裁葛瑞菲爾德 (Robert Greifeld) 曾說：「除矽谷外，以色列擁有世界上最集中的高科技公司。僅光羅斯柴爾德大道周邊一平方英里的土地上，就塞進六百多家大大小小的新創公司。」中共在科技研發方面，除了得到以色列的幫助，在軍用尖端武器製造，取得不少可讓其炫耀的成果而外，他如工業產品，商業品牌的研發，有何進展呢？再炒房地產，又搞股票市場之類的虛擬經濟，能實現「中國夢」嗎？

其四，教育建國，用能永續發展。

以色列是名副其實的科研大國，研究成果在世界上具有領先地位。以色列也是新創之國的代名詞。2013 年度諾貝爾獲獎者中，猶太人佔了三分之二，例如物理學獎、化學獎、醫學獎等都被猶太人囊括。何以致之呢？蓋因以色列歷來重視教育，認為教育投資是最根本的經濟投資。其教育的投資佔國民生產總值比例高達 13%，位居世界第一，政府負擔國民 78% 的教育經費。據統計，政府在過去五年，對教育資源投放增加 30%。加之，世界上最愛讀書的人是猶太人（據統計，以色列人均每年讀書六十四本），所以，猶太人是世界上唯一一個沒有文盲的民族。以色列蕞爾小國，因以教育建國，而能一耀成為世界上最文明的先進國家，永續發展。

中共呢？在建政六十五年以來，對教育投資了多少？中共對代表他們革命的窮苦的農工小民是如何照顧的？辦教育是如辦企業嗎？教育目的是造就出奉行「馬列史毛」，有「中國特色的社會主義」的共產黨徒嗎？！迄今，為中共建政著有貢獻的學者專家們，多是在抗戰軍興前，自（民國十六年）中華民國甫行統一，即開始全面建設備戰的「黃金十年」之內；甚至在抗戰期間，國府仍然力行「抗戰建國」（如成立的西南聯大，創設的國立中學等等教育）時所培育出來的。撫今思昔，豈能不讓大陸同胞興起「民國熱」，懷念「民國時期」的生活？！

《故土故人，吾思吾念：我對落實「一個中國」原則的認知與建言選輯》

　　總之，中共為開闢「一帶一路」所倡導創設的亞投行，其運作必須遵循世界金融體系的規範，或可能有所成就。但欲實現「中國夢」，只有還政於民，落實政改，兩岸可以和平統一，中華民族復興可期；中共必須揚棄馬列史毛的共產主義仇恨哲學，徹底根除必欲消滅世界上資本帝國主義國家的「意識型態」，與美修好，和平岷起，俾能和民主法治先進國家，共盡文明國之義務，則世界大同更可期及了。我合十祈求：天佑中華。

——原載於《中央網路報》2015 年九月七日

《故土故人，吾思吾念：我對落實「一個中國」原則的認知與建言選輯》

第三篇：吾念

《故土故人,吾思吾念:我對落實「一個中國」原則的認知與建言選輯》

《故土故人，吾思吾念：我對落實「一個中國」原則的認知與建言選輯》

望雲天！念故人！
——敬悼葉公超、劉文騰博士二三事

　　我和葉公超、劉文騰兩位博士沒有淵源深厚的關係。有之，乃屬長官部屬或則是先進長者與後學晚輩的一種緣份而已。但我從這兩位長者的言行中領悟到不少做人做事的道理和規範，確是受益非淺的。

　　我得知這兩位長者逝世的消息先後不及兩週。一在感恩節假期回紐約家居探視妻小，從《世界日報》報端拜讀及于衡先生的悼念葉公超博士的紀念文；返校不及一週，內子淑華從電話中告知收及劉文騰博士的訃文，寫好的賀年卡不能寄出了！

同為留英同學會理事

　　葉劉兩位博士都是我們中華民國留英同學會的常務理事，筆者為學會的秘書。對於這兩位長者相繼逝世，追憶及同學會種種親切感人的往事，為之傷感萬千。當時我正為期考與研究報告忙得昏頭轉向，既無法回台參加追悼會，也無時間塗鴉，寫幾句悼念的話，只有寄望雲天，濛濛霧霧，不覺滾下幾滴淚水而已。

　　寒假返紐約家居，從《世界日報》上又拜讀及不少紀念葉公超博士的悼文，對於公超先生又增加不少的認識與敬意。但筆者仍覺得自我國退出聯合國以後，也就是筆者與葉先生有一份工作關係以來，葉、劉兩位先生對國家的憂勞與奉獻，以及他們為人做事敬謹的一面，確有言之未盡。筆者雖拙於為文，但一份敬悼哀念之誠，令我不得不執筆追述一二，對於葉、劉兩位長老的風範或另有一番認識；對於我們苦難國家經歷種種衝擊，依然堅定屹立；愛國人士不計小我默默奉獻，也可能為我們再增添一份復國必勝、建國必成的信念。

　　公超先生任行政院政務委員時，我只是院中一個起碼的小職員。雖

然對葉先生心儀已久，但職位懸殊，大有雲泥之感。有交臂而過之機，除了由我說聲「葉政務委員好」而外，他無須問我是「何方神聖」（借于衡先生文語），因我既是名不見經傳小小人物，承辦的業務也與葉先生無關也。及至我國退出聯合國後，才開始有一份工作關係。當時嚴前總統任院長，在院會中指示成立四個小組，已肆應這項衝擊，務求減低損害我國民族利益至最低限度。外交小組為其中主要小組之一，由公超先生受命主持。外交小組的成員為有關涉及外交事務的部會首長，蔣秘書長彥士為小組協調人。行政院二組金組長作鎮親自承辦小組業務。或許因為我那時甫由英國進修，繼之訪美歸國，而且在訪美正值季辛吉偷赴大陸，尼克森宣佈前往大陸朝毛。每天，我除了訪問工作而外，就是搜集新聞資料，航快寄送院方參考，間或略陳管見，或許因此調我專辦外交小組文書業務。實際工作是管文書，作記錄，為文抄公也。自後，我有幸得識了公超先生。

臨危受命展外交長才

　　外交小組成立後不知舉行了多少次會議。最初以早餐會方式在首長公館舉行，嗣因與會人數增多，事務日繁，乃改在外交部會議室於晚間定期召開。外交部翟因壽司長和他國際司也接辦了小組的秘書業務，直接向政院葉先生報告。筆者親睹首長們於一天辛勞工作後，又來參加如此重要會議，聚精會神，討論議案，使我深深感到，中華民國不會亡，中華民國一定強。

　　俗語說，勝仗易打，敗兵難收。公超先生真是在風雨飄搖之際，臨危受命。層峰借重其外交長才，以挽狂瀾於既倒又一實例也。葉先生主持外交小組會議，除了聽取有關部會首長報告外交事務現勢，議決應變處理方式而外，主要任務是重新釐訂外交方針大計，重新調整全盤外交陣營。每次會議後，於二十四小時內必將重要議案一一簽報層峰核辦，真是所謂劍及履及，以快刀斬亂麻手段，解決了不少的難題。最值得一

述者,葉先生對於重要簽報案件中,每一文句均推敲再三。有時文搞清好,不及再寫但仍須刪改一二字者,葉先生就在刪改之處旁註「公超」兩字,可見其敬謹從事之處。

重要議案絕不講情面

由於層峰授權,外交小組可全權處理有關外交之人事調整,統一指揮,和分配預算。大使返國述職,無不向小組報告與國動向,葉先生皆一一指示應變之方。外交部似成為小組的附屬機構。但周部長書楷對於公超先生的意見無不推誠合作,徹底執行小組的決議案。有建議葉先生可呈請設立永久性的外交委員會,如經設會是,公超先生一無興趣。後來有人說葉、周兩位先生是同學,所以能合作無間。因同學之誼,能如此公忠體國,實國家之幸也。

公超先生為性情中人,喜怒哀樂每形於色。會議中每每談笑生風,但對重要議案絕不講情面,有某首長為多爭預算一事,公超先生在會議席上就當面批評其不對,弄得該首長面紅耳赤,這算是他常「發脾氣」「得罪人」的實例也。

公超先生對於外交事務的了解,真是鉅細無遺。如某某大使向某大使借錢不還,某大使夫人「管」到大使館中的鉛筆。諸般掌故,娓娓道來,歷歷如繪。其一言褒貶,無不為外交時弊而發。

外交小組會議雖不及半年,因國際情勢,漸趨穩定,以及,行政院改組而奉命暫停舉行,但葉先生在外交小組中所策定議決的大政方針,外交陣營的部署等等,無不成為現今外交政策和實務的堅固基石。今人每論及公超先生對於國家的貢獻總以促成中日和約和中美協防條約的簽訂,維護了我國際地位,鞏固了我復興基地為首功。筆者認為,如果在我國退出聯合國之後,沒有公超先生受命主持外交小組,來衝破孤立,廣結與國,恐怕我們在國際上所遭受的損害真不敢想像呢。研究我國外交史者,允宜就這一段重要時期特加注意,既可了解公超先生的貢獻,

也可了解到我國如何歷經衝擊，依然能屹立自強之道。

留英同學會擴大陣容

在我為外交小組工作期間，對葉先生除了報告查詢公務而外，並無任何直接工作關係。迄至外交小組快要結束之際，我親持一份公文送請葉先生批閱。當批閱好公文後，他突然問我過去在哪個學校唸的書。說及我甫自英國進修返國不久時，公超先生對我正色的說，你為何早不對我講呢？當時我真有點不解其意。繼之問我可知道還有哪些同學最近才由英國回來。公超先生似乎很高興，他說，我們留英同學會每年或有要事相聚時，總是那些老人，我一再希望有年輕的留英同學參加，共為促進中英關係而努力。當時命我查問一下，開個最近返國的留英同學名單給他，以便加入留英同學會。我如得到了「令箭」，當即與郭榮趙學長聯絡，後由甘立德學長向台大、師大、政大以及中研院各方聯絡，列了一份名單送給葉先生。他很高興，把名單轉交給留英同學會總幹事劉文騰博士，並囑劉先生好好辦個歡迎會。

官方名義邀英學人訪華

說來，真是無巧不成書。我返國不久，寫了一份報告，建議當時的教育部蔣部長彥士先生，邀請英國里茲大學我的指導教授瓊斯先生來華訪問，以增進其了解。蔣部長交由國際文教處李處長鍾桂研辦。幾經磋商，決定由李處長代表我政府去函邀請。結果，瓊斯先生竟也欣然應邀來華。這是中英斷交以來，我國以官方名義正式邀請英國學人來華訪問尚屬首次。教育部安排其訪問日程，特與留英同學會總幹事劉文騰先生聯絡，以一個下午時間由中華民國留英同學會歡迎接待。當文騰公得知瓊斯先生來自里茲大學，極感興奮，因劉先生乃里茲大學紡織博士也。劉先生和我及李讚成兄（亦是里茲大學畢業）聯絡後，即積極籌備歡迎

會。文騰公開了他的專車，載著我們走東走西，並說除了同學會歡迎瓊斯先生外，他再作東以里茲大學校友名義，假統一大飯店文化廳，再行宴請瓊斯先生。後來果真共度了一個令瓊斯先生和我們最愉快最難忘的晚宴。

　　瓊斯先生依時來華訪問，留英同學會亦按日程在再保大樓舉行擴大歡迎會。這是留英同學會在台第一次最盛大的聚會。會員們猶如三代同堂，相聚問好，數說不盡的歡樂往事。歡迎會由杭立武博士主持，致歡迎詞後，瓊斯先生未發言。嗣由公超先生發言，追述中英關係及我留英同學一些既往勝事。瓊斯先生隨即自動起立致謝詞，特別對公超先生英文詞藻之美，表示驚訝與讚佩。真是為與會的同學們增添了一份光彩。

中華民國留英同學會於六十二 (1973) 年九月二日在再保大樓
歡迎英國里茲大學瓊斯教授茶會
葉公超博士致詞。右起：劉文騰、宋長志、曾約農、曾寶蓀、英國里大瓊斯教授、
主席杭立武、許兩階、葉公超

《故土故人，吾思吾念：我對落實「一個中國」原則的認知與建言選輯》

中華民國留英同學會於六十二 (1973) 年九月二日在再保大樓
歡迎英國里茲大學瓊斯教授茶會
瓊斯教授答葉公超博士致詞

葉公之英文備受讚佩

　　中華民國留英同學會成立於抗戰軍興以前，是為我國歷史最久之社團。然因遷台後，對內政部兩度公告復會手續皆錯失未辦。雖然公認王雪公（世杰）先生仍然是理事長，但無學會組織活動。每年同學聚會或為英國貴賓來華訪問（多不公開），均由總幹事劉文騰先生個人出錢出力，聚餐言歡。對於中英關係的維繫與增進，貢獻頗多。這次擴大歡迎瓊斯先生茶會，繼之另有英國要員來訪，留英學長特設宴邀敘，一切開銷均由文騰公墊付者。時值國際情勢對我不利，我同學咸認正可為國出力，以促進對英國對歐洲國家的實質關係，復會之議乃起。文騰公召我商談後，即走訪內政部主管單位，請詢復會手續，囑我依照法令規章寫章程、擬申請書。有關學會對外所發片言隻字，文騰公均仔細過目，並親自持送到王雪公府上請予批示。雪公每有交待一語，皆對我重覆說照辦。想劉先生為商業界極有成就者之一，身任申一、台富、福樂三大公

司的總經理或董事長,及其他社團的領袖,他的屬員何止「一呼百諾」也,但對於學會義務一職竟如此敬謹從事,絲毫不苟,實在難能可貴。以後雪公交代,一般會務處理不必事事前來請示,可與杭(立武公)、葉(公超公)兩位商量行事。以後,杭先生當選為學會的理事長,文騰公對杭先生依舊是敬謹從事。舉凡學會記錄、會訊文稿都一一送請杭先生過目核定,文騰公從沒作過「代決代行」或「先發後判」的事。

敬謹從事涵養臻極致

　　為申請復會事,我隨文騰公前往內政部請詢多次,研議再三。總因兩度復會時機錯失,再請復會,皆不得其要。文騰公很有耐心、細心,再次商請研究。最後,內政部要求,必須有官方的「片言隻字」作根據方可簽辦。某日中午,國立中央圖書館參考部特來電話告知,已為我找到一份民國三十六年內政部出版的社團名冊,其中有留英同學會名稱,王世杰先生為會長,會址設於南京。於是我跳上計程車,就催司機快快開到中央圖書館(該計程車司機愉快地對我說,他開了多年的計程車,今天有人催他快快開到圖書館去,還是第一次呢。當時真覺得他為我臉上貼金,令我感到耳根發熱,這是題外話了),找到這項根據,劉先生乃偕我前往內政部親交承辦單位。數週後相詢於內政部承辦人吳景康學長,他說,他也曾去過英國進修,也希望留英同學會早日復會,但復會時期已過,法令規定,非有特殊理由不得接受申請。例如有部會級機關來函贊助復會,當可照辦。劉先生乃向公超先生面報詳情。公超先生乃電詢外交部當時的薛次長,問外交部是否可以去函內政部贊助留英同學會復會。薛次長應允研究後即與劉先生直接聯絡。這兩位長者對於諸般法令要求規定,如此不厭其煩地遵照辦理,無一句批評怨尤之言,涵養功夫真令人敬遲不已呢。

《故土故人，吾思吾念：我對落實「一個中國」原則的認知與建言選輯》

公超先生與同學舌戰

　　文騰公為留英同學會舉辦遷台第一次會員大會，忙得不亦樂乎。當時學會無一分一毫，所有文書費用，會場租金皆是由劉先生墊付。大會由王雪公主持，到會者有興致勃勃、年逾九五的許雨階先進，有白髮蒼蒼、抱病出席、同學多稱為老師的沈剛伯教授。加上許多甫行留英返國的後生晚輩，可說是師徒、師祖相聚一堂，真是融融樂樂，歡歡喜喜。會中討論及會章時，公超先生發言最多。為修改某條章程，並與程滄波先生「舌戰」了一番。當選之理監事皆一時之選。嗣後，會務在杭理事長立武公領導之下日益擴展。英國學人與要員亦相繼來華訪問。

　　公超先生當選為常務理事，對同學會活動，有會必與，每會必見其發言。劉先生系常務理事兼秘書長。筆者與李兄讚成同被聘為秘書，襄助文騰公處理會務。劉先生除了指定他台富公司的魏秘書，專辦同學會業務而外，對每次舉辦會員大會或理事會均親與其事，及早到達會場，從簽名簿查詢到決議案執行報告，以至會議議程的安排。且開會時很少發言。有重要決議事項，皆提醒我好好記下照辦。

大公無私性情中之人

　　學會經費不足，所有宴請英國人士的費用，以前皆由劉先生墊付。杭立武博士當選理事長後，則由杭先生自己支付，從未動用學會一元會費。公超先生與書楷先生於某次理事會中動議，爭取英國某項基金，作為推展會務、舉辦獎學之需。筆者為再行赴英進修，完成學業，曾向公超先生談及如何申請得一筆獎助金。葉先生數度面允協助，考慮代為爭取該筆基金。最後，葉先生對我說，不妥。別人可以申請，你不可以。因為你辦理這項業務，必須避嫌。當時真使我失望呢。現在想想，公超先生真是大公無私的性情中人也。

　　文騰公為留英同學會到底墊支好多錢，從沒計算過。自我與文騰公

相識以後，學會有任何重要宴會（個人出錢）或則他個人如生日酬酢，皆要我前往「敬陪末座」。有時他還專車順道來接我。在瓊斯先生訪華返英不久，寄給劉先生一份里茲大學的校刊。他出示給我看，有他四吋照片印在校刊首頁刊頭旁，標題是中華民國台灣劉文騰，捐五千英鎊。真令我分享了一份歡樂。以後，他在再保大樓宴邀里茲大學的校友，將校方贈送給他的一幅古老（他在校讀書時代）校景素描，陳列在宴會室內，並一一為我們解說往事。我們後生小子就指說某處建築物改了，某地增添了新的大樓。說來，文騰公真是一位非常念舊的仁慈的長者。雖然他為學會、為學校「一擲萬金」，但他個人自奉甚薄。有次，我在他台富辦公室商量學會中的事，餓了，他從抽屜裡拿出台富自製的餅乾來充飢。他座車簡樸，白竹布套，無一裝飾。有次，我隨他去辦事，他伸手到外衣口袋裡摸記事簿，我想記事簿探手可得，為何如此慢慢地摸？原來，他的「記事簿」乃是由白報紙臨時裁成的紙片。當時我問他為何不用個簿子？他很坦然地說，習慣了，這樣也方便些。真是省儉得有點過份了。

機場叮嚀再三竟永別

我於民國六十七年暑間再行出國進修。文騰公除為我餞行外，並與他秘書魏定鑲兄趕到機場來送行，叮嚀再三，盼望我早日歸國。不幸，這竟是最後一面也！

葉、劉兩位長者事業成就各異，但為留英同學會服務，其為國家出錢出力，默默奉獻之忱則一。同學會中對於劉先生數十年來贊助學會一事，無不有口皆碑。公超公亦曾對我說及，只有他（文騰公）可以負擔得起，我可沒辦法——也似乎說窮經也。想葉先生一生為外交奉獻，從未計及個人命運坷坎。對於留英同學會諸般小事竟如此認真重視，所謂大海不擇細流，當可想見其為外交事務效命，為國盡忠的用心的程度。同學會中尚有其他諸多足式足範的事，在此不及一一述說。總之，葉、

《故土故人,吾思吾念:我對落實「一個中國」原則的認知與建言選輯》

劉兩位長者的逝世,我們留英同學會必與我一樣悼念不已的。這兩位長者為人、做事的風範,為國盡心盡力服務的榜樣,固是筆者有幸親得教益,但何嘗不是在我們各行各業中很多熱愛國家、默默奉獻者的寫照。這正是我們復國建國必勝必成的佐證。葉、劉兩位長者將永遠活在我們心中。

(民國七十(1981)年聖誕夜於紐約市)

上:筆者於機場送瓊斯教授返英
下:理茲大學校友在台北

《故土故人，吾思吾念：我對落實「一個中國」原則的認知與建言選輯》

後記

此《望》文寫於 1981 年，至今隻字未改。當時曾投台北聯合報，但「因故」未能刊出。一擱就此封藏了十年。迄至 1992 年七月十二日至八月二十日在《世界週刊》拜讀及張嘉琪先生《葉公超去職疑案再探討》（連載四期，是令人欽佩之作）的大文。此外，尚有古橋先生的《那》文和季蕉森先生的《無》文等。特別是拜讀了《葉公超傳》（符兆祥，懋聯，台北，八十二 (1993) 年十二月二十五日），感觸良多。同時，亦因再次接奉我里大瓊斯教授來函，述及當年應我政府之邀，來華訪問，諸般歡樂，記憶猶新。乃檢出此一舊稿，誦讀再三，真是往事如繪，歷歷猶如昨日之事。但十數年瞬息消逝，人事滄桑，令筆者不禁寄以無限惆悵；而各方對葉、劉兩位先生皆有言之未盡之處，更覺抱憾。

此如，幾乎所有認識葉先生的人，無不知道公超先生的英文造詣之深，常令人感到驚嘆。在符著中至少有七次就曾述及此點（見第二十、三十八、九十六、一百三十七、一百六十八、一百六十九、一百九十一頁）。但符著至少仍遺漏一次，此即公超先生在我留英同學會歡迎瓊斯教授之故事（述如上《望》文）。又論及葉先生對國家的貢獻，大家多提到完成中日和約與中美共同防禦條約的簽訂。但多未論及公超先生在我退出聯合國時，受命主持外交小組之事。張文中所謂「三人小組」，此乃在政院改組之後，原「外交小組」（當時代號為「光華小組」）停止活動後，屬閣員參謀性質的「任務編組」；又符著第三百四十七、八頁，引述張文認為葉先生早就主張「兩個中國」，實情更非如此。（關於現在所謂的「務實外交」，與公超先生所主張的「實質外交」，其最大不同之點，要在於一求其「名份」地位，一謀其「實質」關係也。如有必要，當另文予以解說。

再則，符作中描述公超先生鬱鬱晚年是怒氣寫竹，喜氣寫蘭，寄情於詩文丹青。對於葉先生熱中我留英同學會，促進中英關係，可謂身處顛沛流離、困頓坎坷之際，亦不改公忠體國之心志。亦付闕如。令人大

《故土故人，吾思吾念：我對落實「一個中國」原則的認知與建言選輯》

有悵悵若失之感。於是打算將拙文予以修潤發表。乃將該拙《望》文分函親長知者，請賜意見。幸承多有回覆。其中除我瓊斯教授對葉先生英語之美再寄予佳評而外，有兩函特需引述者斯為：

其一，伍公啟元在其 1994 年四月二十三日大函中述說：「……回憶 1939 年，弟在昆明西南聯大任教時，弟屬清華大學，乃初返國不久的學人。公超先生屬清華大學，是成名已久的大師。在開教授會時，公超先生高談甚多。我尚記得他因當時教授甚窮，主張大家養雞去救窮。他的養雞建議雖不一定能實施（事實上窮書生養雞，可能越養越窮），但他的真切熱情，確是使人感動的。他的英文程度之高，風格之美，遠超過許多英國大師。這是聯大大家所共知的。同時他的熱情，也是使人感動的。」伍公是我政府在聯合國曾任最高級文官之一；更是位經師人師，享譽國際的學者。他也認為「如果在我國退出聯合國之後，沒有公超先生受命主持外交小組，來衝破孤立，廣結與國，恐怕我們在國際上所遭受的損害，真不敢想像呢」。

其二，王教授作榮於 1994 年五月十六日在大函中說：「……葉先生不甚熟識，劉先生則在民國四十二、三年即已認識。而且甚熟。為一學者商人，恂恂然。為弟所欽敬者。作古多年，常在憶念之中。」王教授是頗負盛名的經濟學者，著作等身。為人嫉惡如仇，做事擇善固執。有他對劉先生寥寥數語，足可了解到文騰公的為人，確是一位令人至為感念的長者。

此外，王教授曾才是位揚譽杏壇的歷史學者。他在英攻讀外交史博士，其論文且是有關我國近代外交史。在我留英同學會中，曾才學長與閻沁恒學長、周惠民學長以及筆者共同輪流主編學會《會訊》。我來美後，他和詹火生學長接了我在學會的秘書。我到《中央日報》服務，新上任的吳社長聘他兼主筆，調我任主秘，又發表在同一張人事文函上。他來社中，總會到我處坐坐。特別是他曾與我論及有關「外交小組」一事。所以我也曾寫信請他賜點意見。甚望他來日能就葉先生在我國外交方面的貢獻，再發表一部經典之書。

但是，修撰該《望》文一事，總因筆者個人為俗務羈絆，也因所謂心高手低，尤其是有幾點要項，不知如何決定，諸如應否將葉、劉兩位長者分文撰寫；「外交小組」方面是否需多予著墨。而我們學會中很多值得一述，尤其是杭公立武對學會、對國家的奉獻與功績，能不能一併增撰。因此，修撰一事總是心想而事不成。

今年一月，筆者投稿《世界日報》，因拙文中提及「外交小組」，而附送該《望》文之前半篇，供編者參考。不意，《世界日報》不登正文，反將該半篇《望》文逕行在二月四日的《世週》上刊出了。還將他社中所存，當年「美國總統艾森豪接見葉公超博士」的檔案照片插入，真為拙文增色不少。大概這是由於在當前國府外交處境難困之處，特別懷念公超先生之故而如此的吧。真令筆者至為驚喜而深謝不已。但繼之將續篇送請刊完，則不予理會。如此，我這後半篇《望》文怎能發表？這能不教筆者懷疑《世界日報》編者，是在「使壞」，是在作「缺德」事呢？！今幸承《紐約新聞報》李社長東渤先生，允予將全文刊出，得償筆者十多年來一直在求發表知心願。能不欣喜不已。而此文發表，對於功在國家、惠澤及於小民者如葉公；出錢出力、為國默默奉獻者如劉公，在逝世十有五年之際，當可稍慰其在天之靈；對生者如斯，自亦稍有激勵作用也。而《紐約新聞報》的忠實讀者，可以說，無不是關懷國是、為國奉獻人士。此文更可能獲得莫大的「共鳴」，可以想見。因而謹作此記，藉資申謝，並與諸君共勉。

（1996 年三月二十二日於紐約市）
——原載於《世界論壇報》民國八十六 (1997) 年一月二十七至三十日

《故土故人，吾思吾念：我對落實「一個中國」原則的認知與建言選輯》

談師尊，念師恩
——敬獻給李宗海、紐永春兩位恩師

　　小時候在我們家鄉，常見到的是，有很多人家的堂屋，也就是現在所謂的客廳，在正中央靠後壁擺設有神櫃，用張大紅紙寫了「天地君親師」五個大字，張掛在正中央，一家人在晨、昏時，都要對之上香叩拜的。從這一點看來，在中國人的心目中，「師」的地位是可與天、地、君、親相提並列的。

　　「師」，所以受到人們的如此的尊敬，無他，師恩浩大難予回饋圖報也。常見到的是，有好多人在學業上，由於有老師的指點，因而茅塞頓開；在事業上，可能由於老師的一言的激勵，而促使他奮鬥有成；更常見的是，有很多人，由於有老師的提攜或幫助，因而轉變了他們一生的命運。由此有守有為，立己立人。當然這些人也可能為國家社會，作有一番較大的貢獻。筆者在台灣、在英國、在美國的學府裡，都有我的老師，也多是很好的老師。但是，一直到今天，最令我感到師恩難於圖報的確有兩位。一位是唸私塾時代的李宗海老師；另一位則是讀中學時代的紐永春老師。

　　李宗海老師在我們鎮上獲有才子的雅名。他開設的私塾，收有三十多個經過他甄選合意的學生。我入學時，已讀到《孟子》。按那時候私塾的學制，每個學生必須讀一本生書，也就是主課之意。我的生書當然是《孟子》了，但李老師要求我再唸《尺牘》。讀《幼學叢林》時，又要我同時選讀《古文觀止》。自後，應以《詩經》為生書，老師卻要我改為選讀，而以《左氏春秋》為生書。這樣的安排，不僅縮短了我的學習歷程，省了不少的學費，更為我奠下良好的國文閱讀能力。這對我日後來台，還沒拿到大學文憑，就能獲得考試院的幾張證書，幫助實在太大了。老師教學生每天唸生書時，都要一一詳解。有兩位學妹的生書，老師常常把我叫到他面前，分別要我為她們一一講解。如果講得不夠明

《故土故人，吾思吾念：我對落實「一個中國」原則的認知與建言選輯》

白，老師就為我教正。這對我日後有興趣做教書匠，也不無其因。老師知道我很用功。有次，看到我放學回家在寫字，他更高興地告訴大家，我是如何的用功。甚至對他的愛子耳提面命，要他兒子跟我學。那時，不知怎麼懂得的，要老師為我取個別號，老師笑嘻嘻地說，早就為我想好了，而且是最好的。要我為他買壺水回來，就告訴我。我奔出去，再奔回來，看到紙上所寫的乃是「繩祖」二字，心裡在嘀咕，為什麼那麼多的筆劃呢？老師就問我不喜歡嗎？他解釋說，你繼承你外祖父武公，這名是取自《詩經》上「繩其祖武」之意，不是再適合也沒有？現在，越用越喜歡這個別號，為此也更感念他老人家。老師寫的一手好魏碑字體。有閒時，就作五言詩。當他把漢代重要人物一一詠好後，就在一把小象牙骨扇上，用他美麗的魏碑字體，密密麻麻地寫上這些詩送給我。到現在我還記得其中詠韓信的一首是：「拜將登台日，應懷胯下羞。當年如逞忿，骨已瘞荒丘。」可惜，因戰亂逃亡，這把象牙扇早已去失！更可惜的是，《左氏春秋》尚未讀完，就因「清算、鬥爭」到了我們的家鄉，又失學逃亡去了！

紐永春老師是我讀中學時代的級任導師，也是校中的訓導主任。這是在抗戰勝利返鄉以後，才能回到學校正式受教。可嘆的是，學校不在我們家鄉小鎮上，而是在縣城裡。因為那時中共軍隊仍佔據在鄉下，而且採取「以鄉村包圍城市」的戰略，不僅斷絕交通，還不斷對城市進行突擊。也許，由於大家都珍惜這難得的讀書機會，老師們都認真教學，同學們很少有不用功的。特別是我們紐老師，為了鼓勵我們把握時間好好用功，因為我是級長，他要我對同學們講，如果大家每天晚上，願意到學校來溫習功課，老師將留在校中，為我們解答問題。我們這一班同學都樂意這麼做，紐老師也非常高興。每晚，在七到十點之間，大家都在教室，各做各的功課。為了我們深夜回家安全起見，紐老師按同學們回家的路線，分別編成幾個小組，分別指定領隊，並一再叮嚀先把女同學送到家，男同學殿後回去。當我們自修時，紐老師留在他的辦公室，沒有要事，並不坐在我們教室裡。可事，有次我一抬頭看到窗外，紐老

《故土故人，吾思吾念：我對落實「一個中國」原則的認知與建言選輯》

師也正站在靠著對面牆壁的梯子下看著我們呢。這樣晚自習，雖然不及兩個學期，但同學們的功課沒有不進步的。由於家鄉接濟斷絕，我繳不出學費，將面臨失學，紐老師為我請領到清寒獎學金。而且，不只一次的告訴我、勉勵我，要我安心讀書，將來升學也會為我找到獎學金的。感念到有師恩如此，至今總令我潸然淚下。那時，國共已會戰於徐州，人心惶惶。但我們仍然用功讀書。一天早晨挾著書包，正要開門上學，母親問我做什麼，我回說上學去，今天還有考試呢。母親氣急地說，昨夜城裡鬧了一夜你不知道嗎？國軍通通撤光啦！還不收拾東西，跟我逃命去！

民國三十八年初，我在鎮江約集了五、六位同校的同學，向江蘇省教育廳，申請到流亡學校去唸書。等了一個多月無任何回音。大家惶急得走投無路之際，我竟然巧遇到李老師宗海，真是喜從天降！老師對我問暖噓寒，問這問那，當他知道我們申請學校遇到困難一事，就表示，他在京江中學教書，因故，認識教廳的而且主辦我們這些流亡學生申請入學案的李督學。老師立刻告訴我，他如查問到真正原因，再幫我們解決這個問題。這真是上帝顧知賜福給我們的。沒幾天，老師告訴我們這問題的癥結是，我們學校立案的手續迄今尚未完成，特別是教廳沒有我們學校的學籍名冊。怎麼辦？找學校的負責人來教廳補辦手續，也不知如何知道的，我的級任導師紐永春老師在揚州，和他也在我校中任教導主任的兄弟，紐永建老師住在一起。如果能請到其中任何一位來教廳辦理此案，都成。於是，我們同學一行五人由鎮江坐輪船（說是流亡學生，就免費，真也要謝謝上帝），到了揚州紐老師家。紐永春老師立刻答允我們，第二天一同和我們過江，去教廳替我們解決問題。當日，老師出錢刻了一個校鈐。我們同學就記憶所及，分別繕造各班的名冊。一直忙到深夜，皆在老師家食宿。紐永春老師來到鎮江就住在我的李宗海老師家。紐老師是以我們學校訓導主任的身份，去拜見教廳的李督學，並繳了校鈐和手繕的幾班學生名冊。李督學只收下學生名冊，退回了校鈐。並要紐老師轉告我們同學，準備考試及格後方可入學。紐老師在李

《故土故人，吾思吾念：我對落實「一個中國」原則的認知與建言選輯》

老師家住了三天，沒能等到我們考試，就要回揚州去。在拜別時，我含著淚一句話也說不出來。倒是他一再囑咐，要好好用功，不要放過任何唸書的機會。

到考試那天只有四個人去應考。大家也不知道考什麼。時間一到，李督學要我們推個代表進去考試。同學推舉了我進去。我坐在李督學旁邊，拿著筆在想考什麼。更愁考不及格，不是把其他同學入學的機會都斷送了嗎？結果，李督學只拿了一張白報紙，要我把班上的同學姓名當著他面默寫下來。雖然我當級長，仍有五、六個同學的名字想不出來。李督學看我已寫了二十七個名字，就說考完了，要我繳卷。當時，他就將我們所繕報的名冊拿出來，與我所寫的名單逐一加以對照後，立刻告訴我，凡是名冊上有名字的同學，都可以入學。我聽到這話，幾乎要哭出來。同學們高興得要捶我。當李老師宗海知到這樣的好消息，比我們更高興。又一再問長問短，要我把在學校寫的作文拿給他看。

我到流亡學校未及半年，就輾轉來到台灣。否則的話，留在大陸，我可能抗美援朝去了。也可能成為反共義士才去了台灣。今天，我已垂垂老矣。對於李、紐兩位恩師，從未有所回報；也無從圖報。唯一可以告慰這兩位恩師者，在這近半個世紀以來，我曾經到英、美兩國受過教育，一直與書本為伍；也曾經到學校兼了六、七年的課，一直在努力與人為善。對於李、紐兩位恩師的賜予，我是沒齒難忘，終身感念著。再如，兩位恩師能看到這篇小文，或是由此獲有恩師們的音信，更是希冀不已了。

——原載於《世界論壇報》民國八十六(1997)年五月五日

《故土故人，吾思吾念：我對落實「一個中國」原則的認知與建言選輯》

敬致王作公函簡：
讀《真話——談政客論國運》書後

作榮尊長賜鑒：

　　月初，接奉令大公子由加州轉來，有您於四月十六日親筆簽名，賜贈愚夫婦倆，您的大作《真話——談政客論國運》，不勝驚喜，毋任感念。拜讀之際，更是感慨萬千，敬遲無已。

　　拜讀大作《真話》，最令承武感動萬分、景仰無已的，不在其行文流暢，筆力萬鈞，而在於字字句句皆是悲天憫人，出自肺腑的，言人不敢言的真話。章章節節皆是向那些政客們挑戰，為國為民而摩頂放踵，且不計後果的真話。這是一部代表中國士人們心聲的不朽之作，這是每一中國人應該一讀的，猶如有關中國盛衰興亡的史鑑。當然，正如孔子作《春秋》而亂臣賊子懼然，承武甚盼那些高呼「民主」、「自由」、「台灣第一」、「為台灣人尊嚴」的政客與台獨鼠輩們，也因讀及這本大作，發生猶如當頭棒喝的作用，不致喪盡天良，讓千千萬萬小民們能倖免於戰火，而不致家毀人亡！

　　論及政客岩里正男（李登輝），他的的確確如您所分析，是一個受日本軍國民教育，和殖民地人民心態的台灣系日本人。他一心要恢復皇民身份，做日本的二或三等的公民，他怎不輕侮中國以及中國的一切？怎不毀黨、亡國，置中華民國台灣省成為日本的附庸，或成為永屬於日本的殖民地呢？但由於他投機、善變，不著痕跡地，一步一步走上台獨之路，以致讓您深嘆「無知人之明」，更深深自責一己是「中華民國的罪人」（見六十七頁），當可想見您為所交非人，且曾對之信任有加，而痛心疾首的程度。所以，承武認為，如將您這部《真話》視之為您的「懺悔錄」也不為過。基於此點，也為愚夫婦倆對您有所不明究竟的疑問獲得了解答。此即：

　　其一、當年，您為什麼要提拔岩里正男？又為什麼要介紹他加入國

《故土故人，吾思吾念：我對落實「一個中國」原則的認知與建言選輯》

民黨？

其二、國民黨選敗，您為什麼不為「保荐不當」，而適時提案開除他的黨籍？特別是，

其三、您是享譽杏壇的，有聲於時的名經濟學家，承武在青少年時為參加高、普考試，研讀《經濟學》，以至近不惑之年，在政院工作，研究財、經問題，從您言論著述中，即是心儀已久。那時，可說是，您恃才傲物，嫉惡如仇。筆戰、雄辯，不假詞色，得罪了很多人。但人們對您依舊是敬愛有加。尤其您掌理考選時，力排眾議，廢除為黑官漂白的甲等特考，社會大眾對您稱頌尊敬，到了如日中天的程度。可是，當您在李、郝交惡，朱高正文批李之獨裁之際，您為文替李辯護；繼之，您講了真話，說是黑道也有參政權。人們對您的觀感，竟作了一百八十度的轉變，攻訐四起，辱及先人，真是百辯莫解，傷感萬千。其實，關於黑道，這是人們毫無理性地遷怒於您的。這種種事實以及您的主張，在您的以論述黑道組織一文為書名的《超野蠻社會》大作中，八十三至八十七頁，早就解說得很清楚了。至於為李辯護，從您新作《真話》中方了解到，當時李是深藏不露，他的醜惡真面目尚未揭穿之故（當年，精明而注重考核人才的小蔣總統都被他瞞騙過去）。這就是所謂君子可欺其方也。而今，讓您深嘆「無知人之明」，自責一己是「中華民國的罪人」。怎不令人掩卷長嘆，唏噓不已呢？！

您談及的政客們，自岩里正男以下，台獨鼠輩，承武認為皆不足道矣。即使是岩里正男，不久，必如垃圾然，被掃進歷史的墳墓。在中華民族猶如浩瀚汪洋的生命大流中，台獨鼠輩們，僅是如漩渦中的一滴污穢泡沫而已，只能為它悲哀。甚至一些自詡為學者、知識份子的，不敢說「我是中國人」（見兩百四十一頁），而且，站在台灣罵中共的，所謂「台灣共和國建國三傑」，如余、許、李之流（見兩百七十五頁）。他們私心自用，人格卑鄙，也應將之歸類為準政客之流，在中華民族五千年光輝歷史上，將等同岩里正男，不屑予以一述的無恥政客。但為在台的無辜小民同胞們的身家性命著想；也為黨國安危禍福的前途計謀，

《故土故人，吾思吾念：我對落實「一個中國」原則的認知與建言選輯》

對尊作《真話》中談政客所指證的事實，論國運所作的主張，恰有如下些許的的認知：

其一、台獨鼠輩們的醜惡面貌，您認識岩里正男暴露他台獨的邪惡真面貌，是始於他與夜奔敵營的許信良密謀協議，透過國發會，廢省、擴權之事（見一百零五頁）。其後，在他的一任總統任期內，他的言行可歸納為：一、宣稱中華民國與中國國民黨是外來政權，是來欺壓台灣人的；二、提出新台灣民族的口號，使人不敢公開說「我是中國人」；三、輕視中國與中國人的一切；四、崇日、媚日；五、主張將中國分為七塊；六、抹殺日本侵略中國，大肆屠殺中國人的罪行等等（見一百零七至一百一十、二百四十一頁）。不僅如此，承武認為，台獨鼠輩們的醜惡本質及其言行，可以歸納為如下幾點：

一，數典忘祖。他們要切斷與中國一切的關係，以能作日本二等的皇民為榮。實際上，他們無法拔去他們祖先們，在大陸上千百年所生長的「根」；他們輕視侮辱中國與中國的一切，否認一己是中國人，實際上，他們無法清除他們身上與生俱來的，中國人的血緣和文化。而且，他們「學得胡兒語，倚在城頭罵漢人」（見第二章五十七頁）。有這種數典忘祖心態的人，其異於禽獸者幾希？！

二，忘恩負義。台獨鼠輩們一聲外來政權，一聲二二八與白色恐怖，就將那些以生命保衛台灣，竭智盡能為人民打拼的人，一夕之間，就成為「中國豬」，要趕他們下海去（見十六，一百七十四頁）。實際上，他們之所以能夠聚財成億，坐高樓，席豐厚，嬌妻美眷，朱環翠繞，莫不是這些被他們稱之為「中國豬」的人，用生命、流血汗所打拼而得。他們除了講說二二八而外，有哪個台獨鼠輩向他們說過一句感謝的話？而且，這些「中國豬」不死於沙場、埋於荒圮者，多窮困於陋巷。即使如此，台獨鼠輩們仍心有不甘，要趕他們下海去。他們的良心何在，視情義為何物啊？！（見一百七十四至一百七十六頁）

三，自我作賤。中國有五千年的光榮歷史，有千萬里的錦繡河山。台獨鼠輩們為什麼不以生而為中國人為榮？中國有以仁為本，講求修、

《故土故人，吾思吾念：我對落實「一個中國」原則的認知與建言選輯》

齊、治、平，提倡五倫的傳統文化；中國人是具有全人類、全宇宙觀的人文修養的民族，台獨鼠輩們為什麼要切斷與中國有關的一切？中國有三千年有實踐成效的文物典章制度，台獨鼠輩們為什麼要崇拜日本德川家康，歌頌日本武士道、大和魂呢？日據時代，居住在台灣的同胞，在高壓統治、奴化教育下，受盡凌辱、剝削的亡國奴三等國民的待遇。台獨鼠輩們為何仍要讚揚、崇拜日本人，感謝日本人佔領台灣？這不是自我作賤，還有何說？！（見第二章，一百三十七，一百四十七，一百六十八，兩百六十四至兩百六十七頁。）

　　四，寡廉鮮恥。台獨鼠輩們一談起台灣經濟奇蹟，就說是日本人的貢獻與台灣人民的勤勞，而將中華民國政府與中國國民黨，這外來政權策劃、推動、領導台灣經濟重建、起飛、與持續發展，使台灣經濟奇蹟成為亞洲四小龍之一所作的貢獻，完全一筆勾銷（見一百六十至一百六十六頁），真是不知羞恥。今天，台獨鼠輩們大聲地說，台灣人民取得了政權，台灣人民站起來了。但他們除了會發起街頭抗爭，會鼓勵並參與過群眾暴亂而外，有幾個曾經對創造台灣經濟奇蹟，讓台灣人民能有個安定而繁榮的生活，作過具體的貢獻？他們口口聲聲說，外來政權是貪污、腐化的。但他們能否查出，已退職的兩蔣與嚴總統，是如這岩里正男自認為是「台灣總統」一樣，在退職前，就有錢「買」座價逾數億的供其養老的鴻禧山莊嗎？他們甚至將兩位蔣總統的故居，收回開放作觀光之用；阻止嚴總統故居改為「紀念館」要佔為己用；有甫卸任的市長，其財產驟增逾億；他們買官奉獻，也動輒以億計。究竟誰會貪污？誰在舞弊？他們假借中華民國的名號，僭奪去中華民國一切有形與無形的資產；高呼台灣獨立萬萬歲，依然對外來政權的國旗宣誓效忠，扛著中華民國的招牌，招搖撞騙，何其無恥之至？！

　　其二、關於國民黨改造復興能否成功，以至能否奪回政權，您主張宋以及諸多資深黨員們，應無條件地回歸到黨來；連、宋在下次選舉時必須推誠合作；黨，必須將主義、目標、黨綱廣為宣傳闡釋；更要無畏無懼地，秉持與實現中華民國的基本國策：一個中國。這的的確確是如

《故土故人，吾思吾念：我對落實「一個中國」原則的認知與建言選輯》

此。否則，國民黨必如岩里正男所希望的，就此終結了了的了。承武有逾五十年的黨齡（黨證字號是國登字 39184，這可解讀為民國三十九年黨改造時，我是響應登記的第一百八十四號的黨員）。但這次改造期間，迄今並沒相應號召，登記歸隊。為什麼，這在 2001 年致胡志強學長賀年信中說及：「小弟自己發誓，中國國民黨有這毀黨忘國的，姓岩里的日本人，絕不歸隊。」有這種想法而未歸隊的老黨員，想必是數不少。所以，承武要建議尊長，為黨國復興圖強計，您應以介紹人身份，並且以「保舉不當」的理由，提案開除岩里正男這日本人的中國國民黨黨籍。如需退還他所繳的一萬元黨費，承武必匯寄此款給黨，而且，立即登記歸隊入黨。名正言順地，一無企求地，依然做個終身效忠於國民黨的黨員。

其三、台灣的未來。這可分為兩大問題；一是統獨之爭。一為建設台灣。在兩蔣時代，建設台灣是為光復大陸。要將中國建設成為一個三民主義的新中國，富強而康樂的大中國。但自岩里正男掌權後，其一切努力，美其名曰是為民主，為在台的兩千三百萬居民的幸福生活。實際上，莫不是為台獨鼠輩們建立其「台灣共和國」而已。但他們有什麼建國理想？有什麼建國藍圖？真是天知道。您在大作《真話》「建設現代台灣」一章中，所提「當年對李登輝的政策建議」，其內容不僅對內、對外的建設大政要務都陳述了，而且及於改善與解決兩岸的關係。當年李登輝如果將之實施的話，台灣早已是一個族群和諧、治安良好、生活品質優良的現代社會了（見三十七頁）。而牽涉兩岸關係的統獨之爭，也由此消失了。此因，李登輝如接受您的「堅持一個中國，嚴厲反對台獨」等等建議（見三十四頁），還有什麼台獨問題呢。台灣也會走上您所想望的「對外統一，對內獨立」的地步（見一百八十七頁），中國和平統一必也有望了。可是，岩里正男並未如您所願地去做！而今，兩岸關係更形惡化，戰火大有一觸即發之勢，想想小民們的身家性命，要因台獨鼠輩們惹來的戰火毀於一旦（見「寫在卷首」一章），這多可恨！多可悲啊！

《故土故人，吾思吾念：我對落實「一個中國」原則的認知與建言選輯》

其四、中國必然統一，中國一定富強。在尊作《真話》中，猶如暮鼓晨鐘，最為震撼人心的論點有二。一是「中華民國事實上已經消亡，台灣共和國事實上已經成立」（見一百八十二頁）；另為「台灣為中國的一省，中國一定會統一台灣」（見三十六、三十八頁）；而且中國一定會剝極必反，轉型成為「一個更優美的文化，一個更優秀的民族，一個更強盛的國家」（見兩百六十七頁）。關於這兩項論點，在大作中，特別是第五、七兩章中，有不及一一引述的實證事例。但承武認為尚有如下，有必要加以引申、闡述的意見：

一、台灣不是個主權獨立的國家；中華民國依然屹立在台灣。台獨鼠輩們宣揚最力的政治號召是：「台灣是一個主權獨立的國家，她的國號就是中華民國。」這乃是自欺欺人的，癡人說夢的囈語。台灣乃是一個地理的名詞。在政治上，它是中國是中華民國的一個省份。中華民國則是國父孫中山先生領導中國國民黨，拋頭顱灑熱血，犧牲奮鬥有年，終於在1912年創建於中國大陸。她的領土主權及於海峽兩岸的土地與人民。中華民國這個國號不是任何一小撮野心份子可以剽竊、假借、隨意引用的。無論在政治、法律上，歷史、文化上，台灣如脫離中華民國的統治，即違反《中華民國憲法》的一個中國的基本國策，它只是被中國叛亂份子非法所竊據的一塊土地，它，不是一個國家。在傳承法理上，它，台獨或獨台，更沒資格要求與中共以平等地位，來談論中國和平統一的問題。只有秉持領土主權包括海峽兩岸的土地與人民的中華民國，才有法理依據，才有傳承地位，來主導中國的統一。

二、台灣是屬於全中國的領土，不容侵犯，不可分割。更不容許部份或少數居民，以任何理由，予以非法佔有或竊據的。大作中述及的政客們，常常振振有詞地說，涉及與影響台灣的權益，必須徵得在台兩千三百萬人民的同意。這又是似是而非的「理由」。這問題出在將人民與土地混為一談所致。人民的權利與義務的事，依據地方自治的法理與精神，當然可需獲得當事者的同意。但領土主權是屬於國家的。其變更、伸縮必須獲全國、全民的認可。部份當地的居民是無法置喙的。大作

《故土故人，吾思吾念：我對落實「一個中國」原則的認知與建言選輯》

中所舉證的，美國內戰，以武力統一聯邦時，並沒尊重南方十一州的民意（見一百八十頁）；英國為捍衛萬里外的福克小島的領土主權，出兵攻打阿根廷，並沒問過福克島人民的意願（見一百八十一頁）；美國隨一己之意，將與中國有密切關係的琉球交還給日本，琉球居民敢說要獨立嗎（見一百八十頁）？承武也要補充地說，當年依馬關條約將台灣割讓給日本，二次大戰勝利後，又將之歸還給中國，這前前後後的「割」與「還」，有哪一次，當時有哪些政客，向中國政府，或向日本天皇，曾經大聲要求過，必須徵得居住在台灣人民的同意嗎？沒輒。

　　三、台灣沒有獨立的理由與「本錢」。大著中例舉有好多事實。諸如：1. 台灣為中國領土的一部份，其主權屬於中國，無人也不容許任何人加以否認（見一百七十九、一百八十一頁），因此：2. 在台灣的當權者，如拋棄中華民國的招牌，違反中華民國的憲法，他們就如「佔據山頭，落草為寇」一樣，成為竊據國土的叛逆份子，中國政府必將以武力維護這塊土地與主權的完整，這是全世界中國人的共識；3. 在台灣激烈的台獨份子，不及全台人口的三分之一。這數百萬人，可與全中國十三億的人口相抗爭嗎？4. 台灣這塊小經濟體不能成為獨立單位，必須融入大陸經濟體系中（見一百八十五頁）；5. 不論台灣向外（美、日等國）購得何種先進武器，軍備競賽將永遠落於中共之後。6. 中國大一統的思想、文化、典章、制度，孕育、存在已逾三千多年，特別是中國人能為維護領土與主權的完整，而不惜犧牲一切的決心與行動，不是台灣與其所欲依賴支持其獨立的任何外力，可以與之抗衡敵對的（見一百三十二頁）。所以，台獨，絕對沒輒；統一，必定成功。

　　四、中共要求的是「統一」，不是「統治」（見一百八十七頁）。這是大作中，對於統獨之爭與兩岸關係，最為恰當的解說。無論是少數台灣的急獨鼠輩反對「一國兩制」，或是極大多數希望維持台灣現狀的居民，都會接受這一情境的。因為，中共對台灣如果只是要求宣示主權領土完整，而不對台灣作實質上的掌控，這豈不就是「一國兩制」？這豈不就是維持了台灣的現狀？亦即，台灣是做到「對外統一」，「對內

《故土故人，吾思吾念：我對落實「一個中國」原則的認知與建言選輯》

獨立」的地步。這豈不是最好的兩岸政策，最好的兩岸關係？如此，不久的將來，兩岸也自然而然的融合。一個統一的大中國必也有實現的可能。不過，正如您在大作中一再苦口婆心地忠告說，台灣在各方面與中共的競爭力，已漸消失，已是「時不我予」了。台灣的當政者必須確切了解您對台灣的歸宿所作的十點結論，而及早宣示，遵守中華民國的憲法，秉持一個中國的基本國策。積極主動地爭取中共的合作，依照您對兩岸談判所作的六項建議意見（見一百九十九、兩百頁），戮力竟成。又所謂「五百年必有王者興」，當前，中共也面臨剝極必反，由衰而盛的轉型時期，也必須如您在大作中對他們所作的五項主張或意見，努力實踐。如此，大統一的中國必然順利建立，中國對人類的和平與人道作出貢獻，也是必然的（見二百四十三至二百五十四頁）。

大作《真話》文長雖僅及大傳《壯志未酬》的三分之一，但「談政客」岩里正男確是深刻而真切得太多太多。「論國運」的內容，更為廣博而深遠至多。承武限於學力，無法一一表達一己認知的意見，有之，乃是對您無限的敬仰。尤以您撰述這部大著，是悲感於中華民國已是亡國奴的處境；政客們依舊披上民主和選舉的外衣，視民為芻狗。特別是那喪盡天良的台獨鼠輩們，仍在裹脅同胞，招惹戰火，置國家民命於不顧。您以一個無權、無錢、也無黑金的一介文人，既悲且哀，但只有用筆作不平之鳴，發此肺腑之言。希望政客垃圾予以掃除；台獨鼠輩禁絕殆盡；更祈求全世界中國人，都要對中國在轉型期的關鍵時刻，作出一些建設性的貢獻。讓中國成為一個更優美的文化，一個更優秀的民族，一個更強盛的國家。對全世界人類的和平進步作出應有的貢獻。尤者，您對這種種願望與企求，即使在百年之後，也要您子孫們「家祭毋忘告乃翁」的。對您這種為天地立心，為生民立命的士人志節；這份悲天憫人的，憂國憂民的丹心情懷，承武與內子淑華是萬分的景仰，無限的崇敬。謹撰奉這份「讀書報告」，藉申謝忱，以資祝福。崇肅，恭請

金安。

《故土故人,吾思吾念:我對落實「一個中國」原則的認知與建言選輯》

(2001年五月二十七日於紐約市)
——原載於《紐約新聞報》民國九十(2001)年六月十八日

《故土故人，吾思吾念：我對落實「一個中國」原則的認知與建言選輯》

「福利社會」與「廉能政府」
——懷念經國先生的兩項德政

中華民國行政院於民國六十一年六月一日改組，蔣經國先生從副院長晉升為院長。那時，我國退出聯合國尚不及一年，面臨日本急急與我國斷交，外交上「骨牌效應」之困，日見加劇；國際上，因美元二度貶值，石油風暴正熾，影響所及，國內因進口原料漲價，生產成本因以提高；在國際搶購物資風潮緊急之際，民生物資匱乏，百物騰貴，薪資升斗小民，無不受害叫苦。可以說，經國先生是在風雨飄搖之際，領導行政院，來挽狂瀾於既倒。斯時，筆者在政院工作已經有年，個人對於經國先生治國理念與為政之道，有幸因此能有更進一步的認識。在紀念經國先生逝世二十週年之際，僅就下列在政院時期兩項施政，撮述其要，以抒敬念之情於萬一。

從「均富」、「安和」來建立民生主義的福利社會

經國先生於六十二年九月二十五日，在立法院第五十二會期中提出報告：「我們的社會建設，是依據民生主義的社會政策，逐步建立一個『均富』、『安和』的福利社會。」為實現這一理念，行政院在財經政策或措施方面，不僅從經濟成長率高低來評斷其得失，也從足以擴大或縮短貧富差距來衡量。其施政要為：

——實施民生必需品限價政策，以穩定物價，以紓民困；並撥四億美元，作為進口民生日用必需品、重要工業原料以及生產機器之用。
——公佈調整匯率、降低稅率的十四項財經措施與三項金融方案，以扶植廠商，開拓外銷，以求全面合作，度過經濟難關。
——進行九項建設（如合核能電廠則為十大建設）與農村經濟建設措施，以求「充份就業」，以提高全民所得，而發展經濟，邁入開發國

家行列。

——確定並執行九項建設在五年之內,籌措所需資金一千九百零四億兩千九百萬元的兩項原則:一,不影響通貨的正常發行;二,不影響經濟的穩定發展。

——加強所得稅的建制,改採營業加值稅制度,以達稅負之公平。對於收入偏低農民,則減輕其稅負,且提高農產品價格;對勞工大眾,則訂定最低工資法(台灣省政府與台北市政府,為消減貧窮,也因此而分別訂定「小康計劃」與「仁愛計劃」),以縮短貧富差距,邁向「均富」的地步。

以「節約」、「革新」來建立大有為的廉能政府

經國先生為能創造新局,開拓國運,而厲行節約,銳意革新。要以行政革新而政治革新,來建立大有為的廉能政府,用能貫徹政府決策,實現國家目的。其施政犖犖大者要如:

——訂定「十項革新指示」,雷厲風行。影響所及,公務人員倡導在年節不送禮,不寫賀卡;民間婚喪喜慶也自行限發請帖,席開四桌。公務餐會倡行大鍋「復興菜」,民間宴會也樂於「四菜一湯」。

——整理法規,改革文書。即刪除或修正一事有數種而且規定相異的重覆法規,以便於「依法行政」,根除玩法舞弊的情事。並將公文,下行用「令」,上行用「呈」,一律改為「函」;將「等因,奉此」,「據查,遵照」等等官僚用語一律廢棄,而改以「案由,說明,辦法」得簡單的文函。新進公務人員撰擬公文時,不致「望文生嘆」;政府之間溝通協調,因以提高了效率。

——要求「合廳辦公」,設置「立辦中心」,以便民、利民。

——擴大職訓教育,改進錄用制度,支援九項建設所需的六萬三千五百以上,技術或半技術的人力;促進了人力開發,推動了經濟建設。

——蔣院長在他第一次院會中就特別強調「團隊精神」的重要。嗣

《故土故人，吾思吾念：我對落實「一個中國」原則的認知與建言選輯》

後並規定：「向上級建議是每一工作人員之權利，接納部屬意見是每位主管的義務」，廣開了言路，發揮了「集體智慧」，作到「有組織的努力」，用來落實他「行政革新永無止境」的信念，實現他「由行政革新而政治革新」的目的。

　　尤者，經國先生平易親人、勤政愛民的行誼，無不有口皆碑；經國先生刻苦節儉、清正廉潔的德行，個為國人所一致稱頌。在他生前，固未見其能用上億金元，去購置豪宅；也未見其乘坐空軍專機，去參加親友兒女的婚喪喜慶。在他生後，不僅未見其擁有私人住宅，也未見其存有上億的資產，他遺孀夫人的生活仍需依靠黨國給予的「貼補」與「接濟」。撫今思昔，對經國先生能不倍增懷念，無上崇敬。

（2008 年十月一日於紐約市）

《故土故人，吾思吾念：我對落實「一個中國」原則的認知與建言選輯》

「通識教育」與「有教無類」
——讀虞世伯兆中《情誼永念》書後所思所問

虞伯大人　賜鑒：

　　接奉所賜贈尊著《情誼永念》（隆瑋公司印行，民九十七年六月，台北，非賣品）時，初為舍間裝修忙亂；繼因個人「健康檢查」問題，奔走求醫，迄至今日，方能斷斷續續將尊著匆匆「速讀」完畢。其所以在忙亂與奔走之際，仍然要斷斷續續地來「速讀」完畢，總因這份大著性質與　大人以往所著、所贈的著作並不相同；茲試予「分類」如下：

　　一、《工程環境面面觀》（以下簡稱《工》文）是您的「為學」代表之作；

　　二、《台大與我》（以下簡稱《台》文）乃是您「作事」的見證記錄；

　　三、《情誼永念》（以下簡稱《情》文）則是您「做人」的赤誠「表白」。

　　對於《工》文，為因對工程一無識見，不能逐文拜讀。記得那時適有台北南港某公寓倒塌意外事件發生，僅就《工程環境面面觀》論文，曾向　大人請教，台北政府是否有全國地質調查中心；拜讀《台》文，得知您在台大校長任內，堅持學術自由，大學自主，為培育芸芸學子個個都能成器成才，做個堂堂正正的好國民，而「抗拒權勢」，大力推行「通識教育」，讓小姪萬分欽遲，竭誠愛戴。但這兩部大著，都未如讀《情》文及至終卷。要因讀《情》文時，如沐春風，如飲甘霖；啟發至多，感觸尤深之故。

　　記得初見《情誼永念》書名時，心想，虞伯怎麼有興趣寫起文藝創作，諸如小說之類的作品呢。因為，顧名思義，這《情》文書名當然不是理工科技方面的著作，也不像是立傳著述的名稱。及至翻閱目錄與內容大要後，方始領悟到，正如大人在《前言》所示，這部書是　大人為

《故土故人，吾思吾念：我對落實「一個中國」原則的認知與建言選輯》

「表達我對四所母校，兩所大學，與師友及家人感恩感謝的忱悃」而寫的。對於　大人在九十高齡，仍懷有如許多的由衷感恩與強烈「願望」而寫成此書，更是為之激動；對大人景仰萬分，敬畏不已。

《情》文全書，計目錄扉頁十頁；本文四百一十二頁。雖未標明篇章，但從目錄編排次序中，可以見其概分為：

一至一百二十五頁：台大與中大（在台）；

一百二十六至兩百零二頁：東南大學，南京大學；

兩百二十七至兩百八十二頁：家鄉高騰小學與蘇州中學；

兩百八十七至三百六十七頁：對師友的懷念；

三百七十一至四百零三頁：則是對於親長、特別是為追思虞伯母的伉儷深情而寫的。

《情》文一書印製精美，銅版紙質尤佳。封面設計，樸實優雅，正好將　大人親筆所題書名的真誠意念充份彰顯出來。設如非要說個「稍欠完美」的話，或許有二：一為檢字排版者疏失，致有些許誤植之處；再因，大著因係「非賣品」，未經國立中央圖書館統一編目賦予書號，這對於該著作流通傳誦就不太「方便」了，雖然，您表示「歡迎索取，惠示發行人，當即寄奉」。

《情》文，除了未如一般的傳記或記憶文學，予以分篇立章，或是以「編年」或是以「紀事本末」方式，將全書依「時」或依「序」寫成而外，其在表現著述主題或內容主旨方面，最大特色至少有二：

其一，「文美情深」，「修辭立誠」。我先賢劉勰在《文心雕龍》一書中，就認著述有「文」、「筆」之分；今人 The New York Times 將出版新書分有「小說」與「非小說」兩大類。其中「筆」與「非小說」當屬有「證」有「據」的「論文」型式之類的文或書了。《情》文當應屬於傳記或記憶文學，小說一類，但它「文美情深」，「修辭立誠」，兼具「文」、「筆」兩種體裁；

前者，描繪人物栩栩如生，寫景記事有聲有色的記錄性質的「記敘文」。此如：一百二十六至一百三十二頁《1991 年匆匆走訪大陸五大

《故土故人，吾思吾念：我對落實「一個中國」原則的認知與建言選輯》

學》文；兩百二十七至兩百三十頁《匆匆家鄉行》文；兩百二十九頁《欣見高南小學老校舍》文；與三百九十六頁《重慶昆明之行》文等等。

後者，一無「鋪張」與「諱飾」之類的文詞，而是「有憑有據」，「考證嚴謹」的論說之類的文章。真是所謂「修辭立其誠」。其文來源要如：校方的記錄文存；個人已公開發表的講詞文稿；師友的論文；親朋的來信；以及新聞報導與公共文獻等等。

其二，「愛人如己」，「與人為善」。現在坊間所出版不計其數的「傳記」文或書，多係「揚己抑人」，「為己立碑」的說詞。《情》文通篇所書，一無貶謫或批評他人之詞。相反的，對一己言論或行誼有何貢獻或影響，多求證於第三者的論說，或文章，或信函來說明。而且傾一生所得，用作購屋的儲蓄移作捐贈書刊，設置獎學金，並未存有為一己揚名立萬之意。此如：

捐資十萬美元給母校高騰鎮中心小學，興建「兆中圖書館」。捐贈這圖書館係為紀念「敬愛的祖父」，擬名為「際唐圖書館」；或名「際紹圖書館」，以為追思祖父與叔祖父，兄友弟恭，有聲於時的模範。用「兆中圖書館」之名，乃係地方人士所建議者（見第兩百四十四頁）；

捐贈美金三千元為完成已故的同學暨同事的徐中教授的遺願，在他服務的天津大學，設置「徐中勤學奮志獎學金」（見第三百零九至三百一十三頁）；

尤者，對母校，對師友親長感恩感謝之際，更毫無保留，將有關他們的善誼德行或其貢獻，都盡情稱頌表彰出來（例如，八十二頁《閻振興先生的生平》文；一百七十三頁，羅家倫《炸彈下長大的中央大學》文；兩百七十九頁《憶念溫文儒雅的胡師煥庸先生》文；甚至三百零五頁《難忘的幾位不知姓名的人》也為文紀念之，都是「愛人如己」，「與人為善」的說明。

大人是位極得門生崇敬且桃李滿天下，經師人師的教育家。對於在學術、在事功、在行誼方面的貢獻與影響，已經由您的師友門生在所出版的書刊中，分別論述多多，不及枚舉。但在諸般論述中，最值得一再

《故土故人,吾思吾念:我對落實「一個中國」原則的認知與建言選輯》

陳敘者是為,您在台大校長任內創設「通識教育」的制度。以及在教育部倡議實踐「有教無類」的博愛理念。

　　首言「通識教育」。小姪認為,中小學是國民義務教育,研究所是專門學科的進修教育。大學則是「百年樹人」的最重要的基礎教育。其需「通識教育」,或許用「君子不器」以表其義。此所以孔聖人要求弟子都要接受所謂「禮、樂、射、御、書、數」的「文」、「理」兼備的教育。尤者,在今天一切學術研究、科技創新、以及各種專業發展的成因,無不有賴於「科際整合」(integration of sciences) 而然的。蓋因一切現象都都是複雜的,但其原理則是相通一貫的。最近,台大李校長為某些傷心病狂,罔顧道義,來危害國家社稷的「人渣」,都是畢業於台大法律系(不少盲從附和的醫務人員則來自台大醫學院)而道歉。真令人有一種「痛心疾首」的感受。其實,小姪曾遐想,如果這些「人渣」及其盲從附和者,當年在台大,能夠接受過　大人所倡議而創設的「通識教育」,讓他們變化氣質,成為「毋意,毋必,毋固,毋我」的坦蕩君子,或許就不致墮落至此,有損台大的聲譽也。又曾想及,　大人其所以能有如此真知灼見,有如此成就作為,要在您從小求學就與眾不同。如您絕不開夜車,不作弊,不重視考試分數,而且特別愛書,「看書的範圍相當廣泛,科技之外,文、史、哲學、教育、藝術、以及社會科學都有興趣」(見第兩百六十一頁),而讓人深深體悉,任何成事成物都非偶然的。

　　再言「有教無類」。在科舉時代,窮苦書生尚可「十年寒窗,一舉成名」。但早期中華民國的教育與人事制度,卻是「惡制」、「惡行」連連。要如,在教育制度上「升學主義」日益加劇;在人事制度上則是步上「文憑主義」。其結果是,前者,「以文憑換文憑」,以低等「學位」求較高「學位」,大學似乎成為專門製造「學位文憑」的「工廠」(言詞偏激了,祈原宥)。為害所及,是在國家人事制度上,可說是廢棄「用人唯才」的原則,代以唯「學位」、「文憑」是問的考試制度。所以,當世姪從尊著《情》文中,拜讀及您為大專評鑑,對教育部質疑

《故土故人，吾思吾念：我對落實「一個中國」原則的認知與建言選輯》

說，審查委員會「社會人士沒有參與發言的機會，這是相當嚴重的缺失」（見第兩百三十二頁）；而且倡導並實施「建教合作」者，大人是第一位也。怎不令人為此敬申景仰之言呢。

所謂「以文憑換文憑」者是，按當年教育制度的考試規定，高考及格但無學士學位者，不能報考研究所（准許以高考及格資格考入研究所者，政大曾辦過空前絕後的一次，邱創煥先生就是受益人），也不能報考大學。參加留學考試，現職軍人只准報考理工醫科。小姪就因此三番兩次失去獲得深造教育的機會。記得在民國四十八年，國民黨中央黨部舉辦「中山獎學金」第一期公開招考；又，民國五十二年，教育部主辦的第一次公費留學考試，我皆去報考，皆因國防部拒發「報考同意書」而作罷。至今每一念及此情，猶有一種「不平」之感呢。

又關於政府考試用人的問題，早在民國四十七年，我參加的高考是「資格考試」。那時依法律規定，高普考錄取人數，如在大陸選舉立法委員然，係依省份與人口比例決定的。例如我們江蘇省不論多少人報考，只錄取三十六名，台灣省只取兩名（最近民進黨的大老沈富雄先生猶以此指責國民黨岐視台灣人）。此後，行政院成立「人事行政局」，與考選部研議，將高普考改為「任用考試」，以及為台灣人設「台灣省高普考試」，為大專畢業生設「乙等特考」，為退伍軍人設「行政技術人員特考」等等，其錄取人數皆不限制了。最初，大專生及有較高學位者，都是一律報考高考。自後，為有較高學位者，又將公務人員「簡，薦，委」制度，改為分有十四等的「職位分類」制度，規定專科生降級報考五職等（委任職），大學生可考六職等（初級薦任）；碩士可考八職等（高級薦任）；有博士學位者則可報考十職等（初級簡任）。加之為各級主官用人之便，訂有「聘派條例」，「機要人員任用法」，排除憲法上「公務人員非經考試不得任用」的規定，一些「祖上有德」者都擁進了政府，且多充任高等要職。特別是「為黑官漂白」的「甲等特考」，只為一些無任用資格但已身居高等職位者，只要送一篇「論文」，「甄審及格」，就獲得正式任用資格，「黑官漂白」了。叫人多高興？多洩

氣？！（仍有其他詳情，請見拙文《解決青年升學與就業的途徑》，民國六十五年十月二十五日發表於《中國論壇》，台北。）

　　1970年，小姪有幸經行政院甄選，接受聯合國學人(Fellow)獎補金，去英國讀書。並僅以高考及格學資，修讀得等同碩士學位的文憑（後來美，向紐約市大申請修讀博士學位時，也經他們「學術審議委員會」確認為MA學位）。此皆由於英國教育制度所賜也。有關英國教育制度，其可值得我高等教育參考者，其可梗述如下；

　　其一，英國教育體採雙軌制。此即，分為「學術」(Academic)與「專業」(Professional)兩大體系。前者授予「學位」，後者授予「文憑」。設有如大學畢業考試不及格者，不授予「學位」，但要求其再修某專門學科後，即授予該專門職業的「文憑」。該生在其專門學科方面就業，其後，也可在其專門學科範圍裡，轉請修讀「學位」。所以，他們研究所入學資格，不是以「文憑換文憑」，以低等「學位」換較高「學位」。我在校時，就有來自台北工專的兩位同學（他們沒有「學士」學位），分別修讀碩士與博士學位。

　　其二，英國「學位」的取得，分為「考試」(by Examination)與「論文」(by Dissertation)兩種方式取得。前者，必須修讀完所規定的學科，並經考試及格，方可取得學位。後者，要求研究生自己選修（旁聽）任何學課，無何限制。但必須定期向指導教授面報他撰寫論文的情形。教授對其論文滿意，論文提出，學生答辯通過，即授予學位。這後者，很富「彈性」。一，可縮短修讀時間。我在學時，有來自台大黃姓同學，只一年半就拿到博士，但也有我台灣來的一位同學，因其個人原因，竟拖延五年，修讀得碩士學位。二，學生命運完全由教授所控制。此有來自香港的張姓同學，到處說他指導教授要「吃」他的碩士「論文」，不准他申請直接攻讀博士。原因是他撰寫的的碩士論文理論，與教授相衝突（此因，碩士論文是教授之名列前；博士論文則是學生之名列前）。他多年到處「抱怨」，沒用。

　　其三，英國大學學院為在職進修人員，多設有「三明治」(sandwich)

課程；職業教育更有很好的「學徒制度」(Apprenticeship)。學生半年在學讀書，半年在職實習。修業期滿，同時取得畢業文憑與技士證書。我回國後，在報告中特別建議此點。繼因政府九大建設，人才短缺，曾建議參考學徒制度，擴大職訓教育，以解決當時技術，半技術工人的需求（請見拙文《人力開發應循的途徑》，民國六十三年六月二十四日發表於《中國經濟評論》，台北）。

其四，特別是我「發現」英國甫行創辦的 Open University。（那時美國有所謂無圍牆大學，但沒見及詳情。）該 Open University 無入學資格限制，但必須修滿所要求的學科，並經考試及格，始授予學位或文憑。蔣彥士先生轉任教育部長時，曾分呈我在政院所撰的研究報告，請其參考 Open University，以改革文憑主義的教育制度。自後，我國竟然也創設有「空中大學」，為眾多失學，想讀書者，開了一個最好的「方便之門」。

又者，拜讀尊著《情》文，獲益至多，領悟尤深，但因此也衍生有不少思考的問題，建議的意見。茲按頁次，條列稟報如下；

第三頁：有關東西文化與第兩百八十八頁的教育相異的問題。小姪常為之深思不解。蓋因人類起源與文化演進，可以說是同步發展的，但結果卻有很不相同的差異？此是因地理環境不同，或是由於基因排列有異而形成的？試觀，人種有黑有白，有棕有黃；東方（中國）人思維方式是「演繹法」，西方人是「歸納法」；東方文化都專注在人倫（際）關係的調適，爭論心性理學，各珍「祖傳秘方」，各展「個人才藝」，在所謂「精神文明」的哲學方面有精到的銓釋。西方文化則探討自然環境，創造有益人類生活的各種交通工具，製造各類生產機器，其在所謂「物質文明」的科技方面多所發明，為公眾福利大有貢獻。這是為何有如此差異？又何者為優？兩者有融合的可能嗎？

第十六頁：關於學術「自由」與第二十四頁黃文中，論及　大人係在「歷史偶然性」中出任校長，將這兩事予以比較研究，初步認知，其根本原因乃由於「社會科學無真理」之故。一般社會科學不如數理自然

《故土故人，吾思吾念：我對落實「一個中國」原則的認知與建言選輯》

科學，一加一等於二然；「社會科學」乃是「各抒所見」，「自圓其說」的。再如摻以不同的政治意識，則「言論」的「問題」就多了。請您出任校長，並不全在於「並無任何黨籍」，我認為是當政者如閻校長所云，「以防學校污染」也（見第三百五十六頁）。因為， 大人終身所學，所教，所做，都是土木理工科學。特別是您於 1947 年夏，隨羅宗洛、陸志鴻兩位恩師來台北，接受當時名為「帝國大學」嗣後在十一月改名為「國立台灣大學」。羅為弟一任校長，陸為弟一任工學院院長。從此，五十年如一日，大人在台大由副教授到教授，由系主任而工學院院長，為台大竭智盡慮，奉獻有成。今被選出任台大第七任校長，「捨我其誰？」（見第一百三十五頁）。但由此也令人值得思考者要如，國府在台，對國家社會著有貢獻的如嚴家淦、李國鼎、孫運璿等等，都是主修或化學，或科技理工出身的。他方面，葉公超被黜，尹仲容他去，王作榮被排擠，他們都是主修文學與社會科學的。為何如此呢？小姪認為其問題所在是，學社會科學，人文藝術者，面對複雜的社會，糾纏的人事，再由於立場不同，所見各異，各種言論與主張的種種問題，所謂「異端邪說」就產生了。也可能由此，舌戰筆戰無有寧日。影響所及，要如古有「連橫」，「合縱」之說，惹來秦政「焚書坑儒」的禍災。今天，也可了解的是，當年日據，台大前身「日本帝國大學」時代，為何不准非皇民的台灣人，入校攻讀政治，社會，人文科學（只可考醫學，工程），其因或許在此。

　　第一百至一百一十六頁：尊作《母》文。從您敘述求學過程，讓我認知的是， 大人其所以成功的因素很多，但最為重要者是為，您出身於好的家庭（見第三百七十一至四百零三頁諸文）；接受完整的教育；受教於好的老師；選用好的課本；當然，再因您有「獨立思考」（見第一百三十四頁）的特長，與孜孜鑽研的精神。又因您曾經應王惕吾先生之邀，主持聯經出版事業公司的編務，甚至擔任過董事長（見第兩百九十五頁，為紀念王惕吾先生而作的《率性而行真誠相待的情誼》文），因此謹建議您，要求或主持為教育部編著一系列土木工程，材料力學，

《故土故人，吾思吾念：我對落實「一個中國」原則的認知與建言選輯》

應用力學，以及「通識教育」基本教材等等的「大學用書」，以加惠後進學子。

第一百七十頁：中大發展為十個以上的校院，不知當年中共是依何原由作此分設？據大陸某作家在其回憶文學著述中說，文革期間，他的戲劇院校，曾為中共所派的「工人」監管。您母校中大，也曾受此「待遇」嗎？又，中大校友倡議，兩岸三地擬「二加三等於一」（見第一百七十一頁），何不由您提出建議，將所有中大校院，共同整合成為一個「中大學術文化體系」？

第一百八十三頁： 大人說：「土木工程反映人類文明，大型的土木建設更是反映當時當地政治，經濟，社會的情況。」確是如此。但由此讓人思考及的問題是，東西方的建築之不同，除了在風格形象不同；西方向上發展，我東方向平面展伸，何以如此不論而外，其在建築材料方面，西方多是鐵石；我們則是土木。其取捨為何有此不同？近觀電視有學者謂，土木是與自然氣息相通的，所以我們用土木來做建築材料。這話對嗎？

第三百六十六頁：您門生吳京先生寄您的《物理評論快訊》論文，短短幾頁，註解就有三十六個之多。而且，研究的資料數據範圍甚廣，從 1961-2007 歷有四十餘年之久，可見其作述極其謹嚴。大人將之一併刊出，可以體悉到，您有一種「得天下英才而教育之，一樂也」的歡愉之感。文中主要以統計學，數理公式來表示「天體物理」間的關係，我不懂。僅知，「數理學派」應用甚廣，但因其甚為抽像，應用有其限制。特別是在社會人文科學，人類行為科學方面的應用。尤者，「宇宙論」中對天體物理的分析，由原子，中子，質子，最後，既不是「物質」，也不是「精神」，而是一種「能」。（不知這是否如道家所稱之為「太極」，或理學家名之為「氣」？）對這「能」，不知如何能用數理公式可以表示出來。

稟報讀書心得，竟對大學教育多所著墨，發偏激之言；對政府考試用人制度，也多所指評，惶悚不已。實因小姪回顧一生所經歷之坎坷求

《故土故人，吾思吾念：我對落實「一個中國」原則的認知與建言選輯》

學路，有感而發；也因大人桃李滿天下；台大，中大校友遍及全球，設如為改革高等教育，有您登高一呼，群起建議，集體努力，其成效與成就，必較由一二象牙塔人仕來主控教改，是不可以道里計的。故進此微言，希冀您或對之有可「中聽」之處也。耑肅奉稟，不盡下懷，先此刪節，餘言待續。恭請
福安。

愚世姪　繩祖　拜上

——原文載於 Wo-Family 網站 2009 年二月二十日

《故土故人，吾思吾念：我對落實「一個中國」原則的認知與建言選輯》

專文：我懷念「萬世仕表」嚴家淦先生

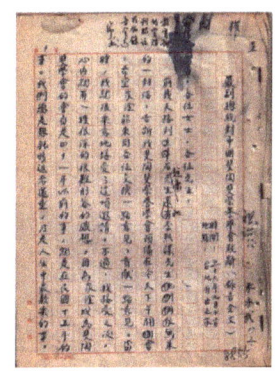
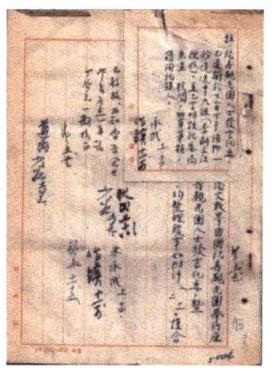
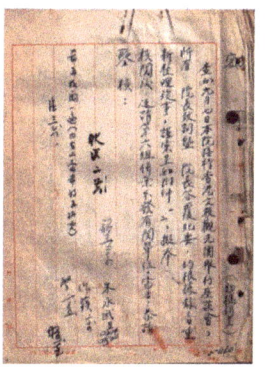

　　本（十二）月二十四日，是嚴家淦先生的逝世十九週年紀念日。我懷念並尊崇靜波公為中國的「萬世仕表」，是因為中國在倫理文化教育方面，莫不尊崇孔老夫子為「萬世師表」。但迄今，「學而優則仕」，「仕不可不弘毅」中的「仕」人，用現在的名詞來說，就是讀書有成而從事公職，而治國平天下的「政治家」或是「公務員」，在中國千萬年歷史洪流，那些歷代帝王，真正「為民服務」的「君君」、「臣臣」之

中，筆者感到還沒一個被全民尊崇之為「萬世仕表」的人！設如有之，僅就近代民國史來說，則非靜波公嚴家淦先生莫屬。

關於靜波公的行誼，從政經歷及其卓越功勳，早有各方著述，載諸史冊，毋庸贅言。筆者之所以尊崇靜波公是為「萬世仕表」，其最大的緣由是，縱觀中國歷史上，靜波公確是一位真真實實，「無意，無必，無固，無我」的，公忠體國，為民造福，一無權利慾，而且，在各方面都很有成就的政治家。其最為顯著的是，當年中華民國政府為建設台灣，光復大陸，僅在財經與金融方面，如果沒有靜波公的盡籌碩畫，戮力奉獻在前，必難有後來民生樂利的「台灣奇蹟」；當年接任總統後，設如藏有一分有如李登輝的政治野心，不僅令小蔣先生不能繼任傳承大位，恐怕中華民國的興衰，興兩岸關係的發展：中國現代史真不知如何改寫的了！

靜波公於民國五十二年十二月任行政院院長。我於民國五十四年十二月，從國防部「軍職外調」到行政院，在他身邊從事文書擬稿之類的工作。一直到民國六十四年四月，先生去總統府接任中華民國第五任總統，我仍留在行政院，雖然仍不時做些徐秘書紹儀先生從總統府送來些許要我加以整理的文稿，實際工作僅僅九年四個月。但在這期間，不僅是我一生工作生活當中最為珍貴，最有意義的日子，也是我因而能得識靜波公，讓我在為學做人與做事方面所得教益，確是受用不盡，終身難予或忘。

在政院我所服務的單位是「編譯室」。這個宛如先生的「機要秘書室」，主要是彙編國家的年度《施政方針》；為院長撰擬對外發表的文告講詞。重要者要如，對立法院會議開議時所發表的《口頭報告》。我個人僅僅從事有關這類的次要工作。諸如管理先生的書信文函，每日從各種報刊搜集並彙呈中外有關國家的，政院施政的和院長行誼的資訊；不時隨從並記錄先生在會談中所答覆的言論或講詞；間或為先生撰擬猶如應酬文的書面講（致）詞等等。也就在這些平平淡淡，無聲無聞的工作中，竟然認識了先生的過人之處，讓人景仰，稱頌偉大之因。例如，

《故土故人，吾思吾念：我對落實「一個中國」原則的認知與建言選輯》

靜波公主修的是化學。但其成就與貢獻的經歷，幾乎所有的學人都驚異地，皆認為是在財經與金融方面，其實並不僅止於此。記得我來政院之初，於五十五年二月二十日，所擬撰的第一件文稿（文題我擬之為《讜論匡時，丹書復國》），是為應《中華日報》創刊二十週年紀念，函請曾經是該報的董事長靜波公而撰發的。

又如，人皆尊崇靜波公是一位謙沖和藹，戮力從公，有如「一代完人」的政治家。我個人且認為先生可以說是一位「身教言教」，「經師人師」的教育家。這是我最初為先生在政院動員月會中，記錄他對全院同人，現身說法，亦即他將一己為學做人作事的實例，告誡大家務須遵行，而感念得知的。在這份訓詞中，先生提示他「退一步，海闊天空」的，為了免去爭吵敗事而「讓一牆再讓一牆又有何妨」的為人做事的哲理。先生並引證他就讀聖大時，做化學「定量分析」與「定性分析」，所繳的實驗報告，其結果答案是對的，但沒說明實驗的過程，教授就沒給他及格。並對先生有如「耳提面命」地告誡他，無論為學、做人與做事，務必誠誠拙拙，不可投機取巧。先生就用這樣真實而生動的經歷，諄諄告誡院中同仁處理公務，必須兢兢業業，謹言慎行。正巧，時有政治記者施克敏先生來院採訪，就由我們辦公室將這份由我整理好的講稿給他，而發表於報刊，傳播於眾。其後，有人暱稱靜波公為「嚴推事」者，竟改變其觀感；先生在仕途上沒有「政敵」，因而「官運亨通」，位及至尊，皆可能不無此因的。

靜波公在政院動員月會中，也常常講到政務方面一些有趣的逸事或秘聞。在此，值得一敘的至少有下例數點：其一是中華民國訂定《四年經濟發展計劃》的由來。靜波公敘說當年美方急欲給予美援，但美方不知給予何種援助的項目？所以不斷要求，必須讓他們了解，所予美援用在何處？先生與有關單位研議，鑑於那時期國際上許多國家，無論是民主國家的「指示性」的「自由經濟」計劃，或是共產國家「命令性」的「統制經濟」計劃，都訂為五年的經濟發展計劃。我們為了迅速獲得美援，更為有別於中共的五年計劃（可能因為那時在外國人心目中有大、

小的兩個中國），於是就倉促定名為《四年經濟發展計劃》。說來真讓我們有點「偶然」感呢！

其二是建立「預算制度」的艱辛經過。靜波公說從抗戰軍興，政府無論在大陸，甚至來台之初有「預算」也等於零。主因是稅收銳減，赤字皆高達 70% 以上，特別是由於通貨膨脹，預算上所有的數字都毫無意義。那政府、尤其是軍需用錢怎麼辦？向財政部要。靜波公任財政部長時，對所有來要錢的單位或要人，第一個可以允予撥款支應的要求是，拿「預算」來。不論「預算」有無意義。只要「預算」上有這項目的，就考慮撥款。此後，大家就都編年度預算了，財政部就能編成年度總預算，送請立法院審議通過，依法執行。靜波公說，預算制度建立起來，幣制也穩定了，但又有「問題」來了。那是各單位為了多爭取得預算，大都將有關國防與安全方面的重要預算，起初編得很少，待事到臨頭，再到財政部要求向立法院允許動用第一或第二「預備金」以之挹注。這些都關係到國家生存發展的大事，真不易回絕。所以，那時就有行政院主計處，各部會，工商界，還有教育各界，都開始注重管理科學方面的教育與訓練，研究採行美國所施行的諸如「績效預算」、「目標管理預算」以至「零預算」等制度，擇一採行。但問題與缺失迄未止息於此。那是王子蘭立法委員於五十五年二月七日，在中央黨部政策委員會，所召請的行政、立法兩院聯席座談會中，向先生提出的。王委員認為現行《施政方針》不能令人「一目了然」，其編制方式應加以改進。何以有此缺失？又如何改進？後來在五十七年五月十三日，先生向中興山莊，黨政研究班，二百四十位學員講話中提了出來。先生指出現行「施政方針」其所以有「重覆」與「流水帳」的兩大缺失，是因為政府的各種施政計劃和預算都是根據《施政方針》而編訂的。凡需要經費支應的各種政務，不列入就沒有預算可用了。於是改進的方法就在正文前面的序言內，把國家建設的重點提示出來。說來，這「預算制度」的建立真非易事，人們推崇先生對國家的所創建的功勛，在「田賦實徵」之外，就將「建立預算制度」列入。確是「實至名歸」也。

《故土故人，吾思吾念：我對落實「一個中國」原則的認知與建言選輯》

再有，靜波公似乎很關心人們對他有所「誤解」。所以，在政院動員月會中，有次，先生曾為他個人被「誤解」有所解說。那是先生在民國五十五年三月當選副總統後，於次（五十六）年五月，就應美國詹森總統之邀訪美，圓滿歸來後，有好事者「有心人」竟對先生在白宮對詹森總統以國家元首之禮歡迎，而用英文致謝詞，且不看所準備的文稿一事，認為不宜，有欠謹慎。先生解釋說，當他由直升機降落在白宮草坪上，立刻就閱兵，緊接著就上了講台，詹森總統講了幾句歡迎詞，就請先生上前致答詞。先生說，那時，台上除詹森總統而外，站滿了重要官員。自己戴的遠視眼鏡，事先準備的英文文稿放在上衣內左口袋。近視（讀書）的眼鏡放在上衣內右口袋。要拿出文稿來讀稿致謝詞，先生委屈地說，那有好多動作啊？例如先將眼鏡除下，再伸左手到右口袋拿讀書的眼鏡，將之打開，戴上；再用右手伸到左口袋拿文稿，將之打開，方能唸稿。讀完，再以反順序做這些動作。你們說，我用左右兩手在左右兩內衣口袋裡，伸進，拿出；眼鏡戴上，除下，講台不低，看到的人知道是什麼回事，看不到的人還以為做的是「小偷」動作呢！而且，在這種場合，有時間會讓你「從容不迫」地，做這麼多讓人費思的動作？。先生這一席親親切切的談話，曾讓我們聽得哄堂大笑！

《故土故人，吾思吾念：我對落實「一個中國」原則的認知與建言選輯》

　　談到先生訪美的演講文稿，那是在先生啟程前就完完全全擬好，印好。鑑於先生辯才無礙，英文造詣深厚，且是以副總統身份應邀作友好訪問，也不便有翻譯人員隨行，所以決定，除奉總統之命向全美各大城市的華僑轉達慰問之意時，用中文講稿而外，凡對美（外）國人都準備好了英文文稿備用，這有何不宜？先生學識淵博，有「過目不忘」的才能，同時，有英文文稿主筆，我們編譯室金主任作鎮先生隨行。先生致詞時，必已記熟，怎會有失？

　　先生這次訪美，不僅增進了中美兩國的邦交友誼，也代替蔣總統對全美僑胞致申了慰問之意，將中華民國全面建設與進步的情形也宣知給了僑胞。從先生訪美回國，隨之就有或祝賀，或頌讚，甚至有「毛遂自薦」、希求「進身」之類的電函，由美方紛紛傳送過來，可見先生這次訪美是非常圓滿，非常成功的。這可能是由於行前作了充份準備所致。例如，先生對華僑的講詞，行前，就按訪問日程，將要去的八大城市與華僑社團的講詞都一一擬好了，也印好了。這些講詞文稿從擬稿到成印前，每一文句是否採用，都推推敲敲，經過層層審閱的。在對華僑講詞中，以我所擬的五篇來說，就有一篇原擬向波士頓華僑歡迎會致詞的文稿，因為行程變更而不用了，竟然由副院長黃少谷先生面交給我。但後來院方將先生訪美時所發表，連帶將行前準備但未應用、如我為波士頓所擬的講稿，都一一彙印成冊，由秘書長蔣彥士先生以「機密」文件贈予一本。現在想來，我也感到榮幸之至呢！

　　說起我為先生撰擬文稿，有一件讓我迄今仍然時在感念，難予或忘的是，我來院服務未及一年，在五十五年，就承金主任之命，為先生對考試院舉行的全國人事行政年會，撰擬一份書面致詞的文稿，我擬訂為《當前人事行政的重要課題》。那時，為院長準備的英文文稿皆由金主任親自擔綱，重要的演說講詞或文稿，多由金主任另與幾位大筆，有如蕭若虛先生，分別來撰擬。就這篇《當》文來說，致詞對象是考試院，是全國人事行政的主管，這就不應不列為要文之一了。而今要由我這新進人員來撰擬這份文稿，讓我不無有惶悚之感。所幸，我於民國四十七

《故土故人，吾思吾念：我對落實「一個中國」原則的認知與建言選輯》

年全國性公務人員高等考試（普通行政人員文書組）及格後，繼續研讀相關科目，先後參加過圖書館與人事行政兩科目的高考，雖是因及格總分些微之差而名落孫山，但在這方面所讀的書，所了解的問題，覺得還有可用之處，於是就大膽放手，去翻閱先生過去在這方面所講的主見；從層峰訓詞，典籍圖書中去尋找有關學術論說，據以分析當前的問題後，就訂定四項主題，將之草擬成章，交卷了事，自也鬆了口氣。

未久，不意金主任當面轉告說，秘書長辦公室「主任」（時任第八組組長所兼）吳德昭先生要我去面談，並囑咐我小心應對，不可「得罪他」。還真讓我有點不知所措呢！原來，他代秘書長謝耿民先生審閱我這份《當》稿，他問我文中引用荀子的話：「賢能不待次而舉，罷不能須而廢，元惡不待教而誅，中庸民不待政而化。」又說：「以善至者，待之以禮；以不善至者，待之以刑；兩者分別，則賢不肖不雜，是非不亂。賢不肖不雜，則英傑至；是非不亂，則國家治，若是名聲日聞。」吳先生問我這些話出自何處？我答：「出自《荀子》一書。」他似乎帶點嚴肅的口氣對我說：「拿給我看。」那時我兼任圖書室「主任」（和吳先生一樣，也是非正式編制的職稱），於是奔回圖書室，拿出這《荀子》一書，奔回來送給他看。他翻閱見到該文句後，竟笑嘻嘻地對我解說，他初見我用此文句，以為是我摘自月曆上的句子呢。那時，坐在一旁的辦公桌上，後來成為我的頂頭上司；有人譽之為小蔣先生的「金字文膽」張參議祖貽先生，也對我頷首微笑。這事終於未讓我「出醜」，但讓我為己增添一分信心，三分為文做事的務必誠信之情。

事隔數月，金主任又囑我拿這這份《當》文原稿，去見院長辦公室徐秘書紹儀先生，徐先生見到原稿上有我的名字，就問我說，這稿是你寫的嗎？我不禁惶悚地問他，又有問題嗎？！他說沒問題，你回辦公室拿你私章，去機要室見沙德堅主任。我問有何事？徐秘書回說，你去了就知道。去了機要室見到沙主任，後來才知道，靜波公在考試院的《中國人事行政》月刊上，看到這篇以先生名義刊出的《當》文，可能認為該文內容，甚合先生之意，今為考試院予以刊出，而特別獎了我新台幣

《故土故人，吾思吾念：我對落實「一個中國」原則的認知與建言選輯》

三百元！真讓我驚喜不已！

　　先生自從出任行政院院長以來，聲望如日中天。政府機關，工商各界，以及各種社會學術團體，邀請先生出席，或致詞，或講演者日益眾多，先生似乎對之「來者不拒」；還有為國內外各類訪問團體來院所舉行的座談會，先生也出席致辭，答覆所問。對這些場合，多未能及時為先生撰擬有講稿。很可能由於先生經歷各種要職；不時出國訪問；參與多種國際會議；經常接見或邀請專家學者來院敘談；博覽群書與多種刊物；中外各界贈送的新書、論文等資訊都一一過目檢閱，而且，凡有所「得」的書報刊物，都會標示交金主任等也要一讀。所以，先生對國際情勢的發展，對國家政務的了解，不僅廣博，而且鉅細無遺，有「百科全書」的美譽。且因口才便給，即席演講，所論述的內容，所引用的數據，常令人有出乎意料之外，不得不頷首信服的反應。

　　此如，五十五年元月七日在香港文教觀光團座談會中，對凌道揚先生所提有關台灣林業部份，先生答覆說：「民國四十三年，本人擔任台灣省府主席時，曾會同農復會邀請中國空軍，加上美國的技術援助，對台灣森林作一次航空測量後，研判所知，台灣森林面積雖廣，種植種類也多，但大部份是材積甚少，大概百分之六十以上都是低級的天然林林地。而且森林的死亡率超過它的生長率。你不去砍伐它，若干年後也會自動的減少。」因此先生說：「森林不可砍伐的觀念應加以改正了；需要大量砍伐，大量造林。」先生認為：「對不經濟的森林要大量砍伐，也要大量種植，務求伐植平衡，預定四十年或若干年可輪迴一次。」先生並指出：「現在正以大雪山作試驗，到去年已有了進步，這種利益如以反攻（大陸）的觀點來看是很遙遠的，但如以培養台灣的資源來談，確是很大，我們後一代就可獲得這方面的利益。」繼之，談論到山坡地不能隨便開墾耕植的問題，先生指出：「過去中南部有人利用山坡地種香蕉和香芽草，這兩種植物都容易使土地沖刷下來，最近政府已用法令規定，嚴格限制，也曾請紐西蘭和澳大利亞的專家來研究過，如何根據坡度來利用山地。」先生認為：「在不致引起土壤沖刷為原則，在不太

陡的山坡採取梯田方式，利用它為農地。坡度稍高作為畜牧，再高則用為林地。」先生為何「務求伐植保持平衡」？此乃先生考慮到大量砍伐會影響水土保持，造成有如「八七水災」；為何將不太陡的山坡地要利用它為農地呢？先生指出：「台灣人口太過密集，而台灣山地竟佔有百分之六十以上的面積，農業可耕地只有百分之二十四的面積。」從上所述，不難了解到先生所示的資訊多以數字量化為依據；調查研究概倚重專家；解決問題都著眼於全面整體方面的情況。如此，先生在各項所創建的事功，怎能不落實，怎能不成功呢？

　　先生對於類此即席所發表的言論講詞，也是非常仔細審閱的，發現有疑問，必予查證；設有認為「言之有中」的講稿，也主動批示，送相關單位刊物，披露於眾。舉例以言，民國五十六年七月十二日，「中國斐陶斐榮譽學會」在台復會，因先生於四十一年前，在聖約翰大學畢業時，曾被選為該會會員，也被邀出席會談。按一般情理來說，此種會談應屬聯誼性質，在會中說幾句應酬的話就可以的。但先生即席講說，從學會名稱含有哲學、工學及理學之意，說到文理社會各種科學已發展至「科際整合」；從參觀到 IBM 的第一代電子計算機，得知他們研究發展兩個部門的工作已無法分個先後彼此，說到理論科學與應用科學兩者是相輔相承，學問到了高深的境界，都要融會貫通（似如孔子所言的「吾道一以貫之」），才能進一步對人類、對世界有較多的貢獻；又從「榮譽」一詞，闡釋到「仁則榮」，而「力行近乎仁」；「且力行」必須做到「誠」與「敬」；對「學業的誠實」，對「職業的誠實」，才能得到「榮譽」。這「榮譽」必須人己彼此互尊，才是「可敬」的「榮譽」。從而勉勵會員們務須注重研究發展，身體力行，為人類，為社會，為國家作有一番最有意義的貢獻才是。我為先生整理這份錄音講稿時，就深深覺得這是一篇很有深度，很有可讀性的學術論文。果然，先生讀了這份講稿後，就在文稿上批示：「似可送教育部定期刊物，註明係錄言全文。」

　　又如先生對五十五年元月七日，香港文教觀光團院；以及十一月九

《故土故人，吾思吾念：我對落實「一個中國」原則的認知與建言選輯》

日又有香港文教界回國祝壽觀光團來院，先後所舉行的座談會，均出席致詞，分別答覆所問。先生對這兩份記錄，前後共一百零四頁，每頁兩百五十字，長達二萬六千字，皆從頭到尾、仔仔細細將之審閱完畢。且分別批示：其一：「希再核閱一遍（內有二處希酌再研究）。」其二批註是：「已酌改，不知當否（尤其答覆各點）再請少谷兄一閱核正。」在前稿上所提兩點，一是，先生談到中華民國台灣地區的衛生設施與工作的良好，死亡率從「戰前人口死亡率是千分之二十左右（此數是否精確，向主計處予以核實）降到千分之五、六；又論及五十四年十二月，世界衛生組織宣佈台灣是「瘧疾根絕地區」，皆是得來不易。另一點是，答覆陳再思先生所提外交方面的意見，而談到維護聯合國代表權一事。其中有些「敏感」的言辭，如發表，再應「酌予修改」。尤者，如從稿上所批的文意中來看，不難知悉先生對一己言論是如何的負責！如何的謙遜（親自核正過的文稿，仍問「不知當否？」還「再請（副院長）少谷兄一閱核正」。特別是在這兩篇講稿中所發表，所答覆的內容來看，更可了解到先生對國家大政方針，政務概況，了解之廣，所知之切，所提改進與發展之道，皆是中肯可行。總令人對先生崇敬之感油然而生。

最近，有論者為文，如阮大仁先生，認為靜波公「出任副總統實為得之不易」。這一論說如從倫理傳承的角度來說是可成立的。但如從先生天賦睿智，且是言行一致；和藹親切，做到人和政通，而創建有沒世的功勳來說，當選為副總統當屬自然的事。

又有許多論者說，先生是「過渡總統」，是一位「默默無聞」的元首。迄至今日，在台灣政壇，每逢選舉，也很難見到推崇先生的話語。我們從先生不結黨營私，沒安插一個至親好友；無慾無求，戮力從公，終其一生，財產沒一次驟增過上億；更沒「購」得價值數億，備為退休養老的「山莊」等等來看，不免要為先生感到不平！

話雖如此，在國府兵敗於大陸，退守台灣之後，獨夫毛澤東在大陸上，拉下竹幕，與人鬥爭，其樂無窮地，先後殘殺了八千萬中國人民，但大陸人依然「不敢怨恨」。他方，老總統蔣介石在台灣「復行視事」

後，可說是盡心盡力地建設台灣，讓台灣免於毛共血洗的暴政；掏心挖肺地對待台灣的同胞，讓在台灣的居民能過個「台灣錢淹腳目」的幸福的日子。迄今，台灣人依然「不知感恩」！尤以一批台獨份子，認定老蔣先生是二二八事件的「元兇」，年年用來漫罵一番。真是情何以堪？但是，海峽兩岸的同胞，對靜波公無一微詞。尤以先生的行誼與功勛，且能為民進黨的前呂秀蓮副總統所欽羨。反思及如斯情勢，能不讓人對靜波公更要頻增無限崇敬之意呢？！所以，我堅信，在當下，在未來，在兩岸政權從事公職人員之中，再如有一位靜波公，對於企求國族民命的繁榮昌盛，將會開創一個何等的偉大燦輝的局面啊？！我懷念先生，我崇敬先生，願天佑中華，讓先生重生於世；更馨香祈求中國再有一位有如先生這樣的「一代完人」，「萬世仕表」來服務邦國，造福人群。阿門！

嚴故總統生平

嚴家淦（1905 年十月二十三日－1993 年十二月二十四日），字靜波，江蘇省吳縣（今蘇州市）人，曾任中華民國第五任總統。

嚴家淦早年畢業於上海聖約翰大學，1945 年渡台。1947 年出任台灣省政府財政廳長，有鑑於當時台灣混亂的財政情況，遂一手策劃新台幣的發行，在 1949 年六月正式發行，以四萬元舊台幣換一元新台幣，並切斷台灣與中國大陸的財政聯繫，有效降低通貨膨脹及混亂的物價情況。

先後曾出任經濟部部長、台灣省政府主席、財政部部長，任內致力推動台灣的財經發展，1963 年十二月出任中華民國行政院院長。1966 年經國民大會投票通過，當選第四任副總統，成為中華民國行憲後首位文人副總統，並繼續兼任行政院院長。

1972 年五月，經國民大會選舉，連任第五任副總統，並卸下行政院長一職交由蔣經國繼任。1975 年四月五日，中華民國總統蔣中正病逝，依《中華民國憲法》規定，總統職位由副總統嚴家淦繼任。1975 年四月

《故土故人，吾思吾念：我對落實「一個中國」原則的認知與建言選輯》

六日上午十一時，嚴家淦宣誓就任總統。任內由於十大建設的重要建設正在進行，中華民國的經濟發展相當蓬勃，社會秩序也相對穩定。

　　1978 年五月二十日嚴家淦卸下總統職務，卸任後被邀請擔任中華文化復興運動推行委員會會長及國立故宮博物院管理委員會主任委員這兩項名譽職，1990 年三月間先後辭卸。1993 年十二月二十四日，嚴家淦病逝於台北榮民總醫院，享壽 88 歲。

　　嚴家淦與妻子劉期純結婚七十年，育有五兒（嚴雋榮、嚴雋森、嚴雋同、嚴雋泰、嚴雋建）、四女（嚴雋華、嚴雋菊、嚴雋芸、嚴雋荃）。

——原載於《中央網路報》2012 年十二月十一日

《故土故人,吾思吾念:我對落實「一個中國」原則的認知與建言選輯》

專文:
感念嚴家淦先生逝世二十週年的片片心語

美華民主正義聯盟舉辦追思座談。
朱承武在座談會中報告,歡迎大家踴躍參與自由民主同盟所舉辦的
嚴前總統逝世二十週年追思座談會(全文列於第312頁「新聞稿」)。
上左:左起朱承武、褚月梅、張學海。《世界日報》記者呂賢修/攝影。
上右:左起張學海、朱承武、褚月梅。

　　本(十二)月二十四日,是嚴家淦先生的逝世二十週年紀念日。台北將特別為嚴先生舉辦文物展覽會,學術研討會與新書發表會等等三次紀念性活動。我們大紐約地區華美民主正義聯盟也為應僑社所請,將於本(十二)月二十一日假華僑文教中心,舉辦追思座談會。屆時有王鼎鈞等等學人與會發表論述。

　　個人與張學海先生都曾經有機會追隨先生,在先生身邊服務過一段時間,耳聞目見,親自感知到先生做人治事讓人崇敬偉大之處;體悉到先生為國家社會創建有何等不朽的功勛。尤以承武還有幸承受先生的德澤栽培,能負笈英倫讀書進修,讓我終身感恩,無時或忘。所以,我與學海兄都是基於感念與感恩的情懷,共相參與這次座談會,願能報告所知,盼望與大家在意見交流過程中,能對先生由衷崇敬之情更能增進於萬一。

《故土故人，吾思吾念：我對落實「一個中國」原則的認知與建言選輯》

　　學海兄曾任命為嚴前總統的陸軍侍從武官兩年，對先生的行誼推崇備至。去年，我曾應他的提示，為先生逝世十九週年寫了一篇懷念的記敘文，尊崇靜波公是「萬世仕表」，主要的緣由是，靜波公天生睿智，才德兼優，確是一位真真實實，「無意，無必，無固，無我」的，公忠體國，為民造福，一無權利慾，而且，在各方面都有沒世成就的，中國「仕」人無出其右的政治家。當年，中華民國政府為建設台灣，僅在財政，經濟與金融各方面來說，如果沒有靜波公的盡籌碩畫，戮力奉獻，而鞠躬盡瘁在前，必難有後來民生樂利的「台灣奇蹟」，國家社會能由此繁榮昌盛；尤者，老蔣總統崩逝，先生接任總統後，設如藏有一分猶如哈日族理岩正男的政治野心，不僅令小蔣先生不能接任民主憲政傳承的大位，恐怕中華民國法統的維繫，國祚的運作，與兩岸關係的發展，真不知如何改寫的了。

　　靜波公於民國五十二年十二月任行政院院長。我於民國五十四年十二月，從國防部「軍識外調」到行政院，一直到民國六十四年四月，先生去總統府接任中華民國第五任總統，我仍留在行政院，實際工作僅僅九年四個月。我服務的單位是「編譯室」。這個宛如先生的「機要秘書室」，主要是彙編國家的年度《施政方針》；為院長撰擬對外發表的文告講詞。重要者要如對立法院會議開議時所發表的《口頭報告》。我個人僅僅從事有關這類的次要工作。諸如管理先生的書信文函，每日從各種報刊上搜集並彙呈中外有關國家的，政院施政的和院長行誼的資訊；不時隨從並記錄先生在會談中所答覆的言論或講詞；間或為先生撰擬猶如應酬文的書面講（致）詞等等。也就在這些平平淡淡，無聲無聞的工作中，對先生從政的理念，作事的卓越才能，感悟良殷。

　　眾所周知的是，先生多方提示他「退一步，海闊天空」，為了免去爭吵敗事而「讓一牆再讓一牆又有何妨」的，「易地而處」的為人做事的哲學。在真實生活方面，先生謙沖和藹，與人無爭，做到人和政通，而能順順利利地為國家社會創建不世的功勛；在仕途上沒有「政敵」，因能「官運亨通」，位及至尊，皆可能不無此因的。

《故土故人，吾思吾念：我對落實「一個中國」原則的認知與建言選輯》

　　先生聰明智慧，經歷過各種要職；不時出國訪問；參與多種國際會議；經常參觀各種新興行業，先進科技；接見或邀請專家學者來政院敘談；博覽群書與多種刊物；中外各界贈送的新書、論文等資訊都一一過目檢閱，所以先生對國際情勢的發展，對國家政務的了解，不僅廣博，而且鉅細無遺，有「百科全書」的美譽。且因口才便給，即席演講，所論述的內容，所引用的數據，皆令人有出乎意料之外，不得不頷首信服的效應。

　　先生確認民主政治乃是向國民負責的「公意政治」。而「政治」就是管理每個人平常之事，和每個老百姓痛癢相關之事。所以，先生治事都從基層做起。 無論任何事都是從全面著眼，就整個大局著想。且因先生將主修化學和擅長數學的純科學的理則，應用到治事方面，對各種問題的分析，了解，尋求答案，下定決策，所示的資訊，多以數字量化為依據；調查研究倚重專家；解決問題都著眼於全面整體方面的情況。如此，先生在各項所策劃，所創建的事功，怎能不落實，怎能不成功呢？

　　最為顯著的實例是，先生在施政方面所定政策，無不是把握重點，多元發展的。先生為如此理念與實務嘗一再闡釋地說：「我們在建設台灣光復大陸的要求下，固然以國防建設為優先，可是政治建設、社會建設、教育文化建設和經濟建設等等，也要齊頭並進。以政治建設來說，我們不但顧到中央，也要顧到地方。以社會建設來說，我們不但著重都市，也要顧到鄉村。以教育文化建設來說，我們不但要質量並重，而且要四育兼施；以經濟建設來說，我們在工業化的前提下，也不可偏廢了農業。我們在推進大型工業之中，也不能不充份扶植中小型工業。」準此，對先生的事功與成就方面，當可見其梗概。

　　民國五十五年三月先生當選副總統後，於次（五十六）年五月，就應美國詹森總統之邀訪美，受到國家元首的非常隆重的禮遇，中美邦交的增強，我國際地位的的提升，皆臻至頂峰。並為爭取美元停止之後，各項經濟合作計劃，經過先生協調努力，美方同意加強科技交流，使我國科技密集產業賡續成為經濟發展的下一個火車頭，帶動了經濟成長。

《故土故人，吾思吾念：我對落實「一個中國」原則的認知與建言選輯》

同時，先生走訪全美八大城市，兩個全美華僑聯誼團體，為蔣總統對全美僑胞致申了慰問之意，將中華民國全面建設與進步的情形也宣知給了僑胞。而今，哲人其萎，時移勢易，似乎「一切俱往矣」！但是，先生的彪炳功業永澤家邦，先生的崇高精神永輝蒼生。當我們紀念先生追思座談之際，自不能不撫今思昔，回顧看看，從 1949 年兩岸分治以來，雙方當政者是怎樣的「為民服務」，是如何的治理國家，作一對比，就不難領悟到兩岸都需要再有位「萬世仕表」的嚴家淦先生了。

　　簡言之，國府在台灣的老蔣先生，不次擢拔嚴家淦，發行新台幣，戢止了通膨；推行土地改革，安定了民生；建立預算制度，致力賦稅改革，國家財政收支平衡了；採取農工並重，均衡發展的政策，讓經濟起飛了；同時，推動地方自治，宏揚民主法治；以仁愛為本的中華文化，廣結與國，敦睦邦交，提高了國際地位等等。而今呢？台灣的經貿被邊緣化，國內政爭惡鬥無止無休；人們罔顧公義，是非不分；以致社會不得安寧，國家日見其沈淪。想台灣光復之初，國府處在風雨飄搖，岌岌可危之際，猶能將一個通貨膨脹，物價飆升，資源奇缺，民生疾苦的台灣，治理成為「亞洲四小龍」之一，經濟開發國家中的楷模。這種精神與事功將由何人，從何處著手來恢宏光大呢？

　　在大陸，當年，老毛先生用一個「反」字，而發起的種種人神共憤的暴政，一直到「橫掃一切牛鬼蛇神」，掀起十年浩劫的文化大革命等等，八千萬苦難同胞斷送了性命；老毛要一黨專政，要階級鬥爭，在農村殺地主，分田地，繼之組織公社，集體耕作，農民終成「農奴」；在城市要工人當家，要公私合營，「民族資本家」不得不將公司企業奉獻給國家，「資方」成為「勞方」。毛氏王朝成為舉世無匹的「大地主」；共產極權的「大資本家」。全民「一窮二白」，人人自危，個個盼糧票爭油票以維生命。大家都想逃出這種初級階段，共產主義的「天堂」。幸有鄧小平先生的三十年改革開放，讓一部份人先富起來，也給予 90% 以上嗷嗷待哺的貧苦農工小民，有個生活可以不虞匱乏的希望；因能避過如東歐的突變，蘇聯體解的危機。但由政治體制的缺失，所種下將要

《故土故人，吾思吾念：我對落實「一個中國」原則的認知與建言選輯》

「亡黨亡國」的因素，依然存在，亟待根除。

現在，中共的十八大三中全會的「全面改革」，海內外對其期望竟是「兩極化」。個人認為皆不盡然。此如嚴家淦先生所說的：「在基層的小民，並不問政府做什麼才好，而一致認為，讓人民生活過得好的政府，就是好政府。」這是因為，「政治就是經濟」，做到經濟平等，政治才能安定。這次「全面改革」雖然實際仍偏重在「經改」，但如徹底落實，上海的「自由貿易區」也著有成效的話，大可「維穩」一段不很短的時期是必然的。但如在政治體制上，依然一黨專政，黨大於法，不「還政（權）於民」，自也無從完成有如台灣的土地改革；國企壟斷市場，不能全面開放，讓「國退民進」，就做不到「藏富於民」，就不能做到一切「市場化」。如此，怎能爭取到眾多歐美先進國家承認的全面「市場經濟地位」，正式加入WTO，俾能從「深水中」脫困而出？特別是不與毛切割，徹底消弭共產第三國際世界革命的馬列史毛的「意識型態」，且利用民族主義，掀起軍事對抗，中國與歐美諸多先進國家的關係，就不能真正的改善；當前中共所面臨的一切「難困」與「挑戰」就不能解決，就不能順順利利地步上和平崛起的康莊大道。大陸當政者何不認真研究，努力實踐我們「萬世仕表」嚴家淦先生從政治國的理念，建設台灣的經驗，來落實政改，和平崛起呢？

再則，我們華僑，是中華民族向外發展的一個龐大，而且有宏大影響力的的群體，任何世界其他民族均無此類似的特殊集團。但都有一個共同特點就是，都具有中國人的意識，都與中華祖國在政治、經濟、文化或社會上，保持相當的關係。當年國父孫中山先生奔走革命，曾有好幾次來到紐約，許多僑胞的先人都曾經是輸財出力的革命鬥士。所以，國父說：「華僑是革命之母。」中華民國政府是特別關懷僑胞，重視僑務工作的。這次，嚴先生訪美時，曾奉蔣總統之命，來到紐約慰問僑胞致詞，認為紐約乃是世界一切經濟活動方面的司令台，是自由世界經濟生活的心藏。紐約的成就，也就是全人類共同的成就。對於寄居紐約僑胞，在各方面都很有成就，更是讚譽備至。當然，先生也盼望僑胞，要

團結合作,宏揚中華文化,進步再求進步。現在,面對祖國情勢變遷,我們僑胞又如何推心置腹,適時適切地,為祖國的安定繁榮頁獻出我們的心力。因此,我的片片心語就是,兩岸三地的僑胞們,僑領們,有成就的專家學者們,都前來參與追思座談會,大家來馨香祈求,在當下,在未來,兩岸都有幾位有如先生這樣的「一代完人」,「萬世仕表」來服務家邦,為民造福。讓中華民族,均富安和,同臻衽席;為促進「世界大同」,能與自由民主國家,共盡文明國之義務。阿門!

——原載於《中央網路報》2013 年十二月十一日

美華民主正義聯盟舉辦追思座談。在追思座談中,
曾任行政院長辦公室秘書的朱承武回憶替嚴家淦工作的點滴,
期許後代子弟能永遠記住嚴家淦對於中華民國的貢獻。
《世界日報》記者李若筠/圖文。

《故土故人，吾思吾念：我對落實「一個中國」原則的認知與建言選輯》

新聞稿
歡迎大家踴躍參與自由民主同盟所舉辦的
嚴前總統逝世二十週年追思座談會

朱承武，2013年十二月十六日

各位新聞界的女士們，先生們：

大家好，大家安樂。今天在這座談會上見到諸位，讓我很感親切，也要說聲謝謝。這因為兄弟當年也曾經在新聞界服務過，現在，雖然已經是一個八十三歲的老朽，但仍然自認為是一個新聞從業人員，見到各位，就自然產生一種親切之感；見到大家在這年節將屆繁忙的時候，尤能抽空前來採訪，又怎能不讓兄弟先要說聲謝謝呢？

本（十二）月二十一日，自由民主同盟將在紐約文教中心，為嚴前總統逝世二十週年舉辦追思座談會。今天兄弟所要報告的是，我們為何要請諸位大力惠助，來呼籲兩岸三地的華裔僑胞，特別是專家學者們，前來參與這次座談會，讓大家來暢談所知呢，其因可從三方面來說明：

其一是，讓我們一致尊崇嚴家淦先生，是我們中華民族的「一代完人，萬世仕表」。

這是因為靜波公確是一位真真實實，「無意，無必，無固，無我」的，公忠體國，為民造福，一無權利慾，而且，在各方面都創建有沒世成就的政治家。其最為顯著的是，當年中華民國政府為「建設台灣，光復大陸」，僅在財經與金融各方面，如果沒有靜波公的盡籌碩畫，戮力奉獻，而鞠躬盡瘁在前，必難有後來民生樂利的「台灣奇蹟」；當年接任總統後，設如藏有一分猶如哈日族李某的政治野心，不僅令小蔣先生不能接任民主憲政傳承的大位，恐怕中華民國國祚的維繫，與兩岸關係的發展；中國現代史真不知如何改寫的了！

個人與張學海先生都曾經有機會追隨先生，在先生身邊服務過一段時間，耳聞目見，親自感知到先生做人治事讓人崇敬偉大之處；體悉到

先生為國家社會創建有何等不朽的功勳。尤以承武還有幸承受先生的德澤栽培，能負笈英倫讀書進修，讓我終身感恩，無時或忘。所以，我與學海兄都是基於感念與感恩的情懷，共相參與這次座談會，願能報告所知，在與大家意見交流過程中，對先生由衷崇敬之情更能增進於萬一。

其二是，我們殷切盼望大家，踴躍參與這次追思座談會，論述我們故鄉故土的海峽兩岸，大陸與台灣，如再有位「萬世仕表」嚴家淦先生，來為民服務，來為民造福，可讓全中國全民族，都能均富安和，永續昌盛；為世界大同共盡文明國的義務？

眾所周知的是，台灣光復之初，中華民國政府處在風雨飄搖之際，百廢待興，岌岌可危；社會情況更可說是通貨膨脹，物價飛漲；物資奇缺，民生疾苦。嚴先生在輔弼老蔣先生之下，竟能將這樣的台灣奠建成為後來的「台灣錢淹腳目」的桃園樂土；經濟成長超過通貨膨脹，充份就業，外貿出超，成為世界上開發國家的楷模。在國際社會方面，宏揚以仁愛為本的中華文化，來敦睦邦交，贏得一致的讚譽。當年，嚴先生當選副總統之初，應美國詹森總統的邀請，來美訪問，就受到很隆重的國家元首的禮遇。中美邦交的增強，國際地位的提升。皆臻至頂峰。而今呢？台灣的經貿發展被邊綠化，政爭惡鬥無止無息；社會不得安寧，國家日益沈淪，最近有「台灣要大亂」之說。面對如此情勢，我們怎能不懷念，並且深切盼望國府再能有位「萬世仕表」的嚴家淦先生來重建台灣，復興中華呢？

在大陸方面，既往政經發展的過程，和現在所面臨的難困，當然不盡相同。但從大歷史觀點，全面情勢變遷來看，中共能否落實政改，和平岷起，個人認為，要想解脫難困，絕不是靠當政者捧著「馬列史毛的神主牌」，再「摸著石頭」，就可以游過「深水區」的。如果研究，吸取並實踐嚴家淦先生的，如何建設台灣的理念和經驗，則獲致成功的保證，可以定言。

我們不妨回顧看看，從1949年兩岸分治以來，雙方當政者是怎樣的「為民服務」，是如何的治理國家，作一對比，就不難領悟到兩岸都需

《故土故人，吾思吾念：我對落實「一個中國」原則的認知與建言選輯》

要再有位「萬世仕表」的嚴家淦先生了。簡要的說，國府在台灣的老蔣先生，不次擢拔嚴家淦，從發行新台幣，戡止了通澎；推行土地改革，安定了民生；建立預算制度，致力賦稅改革，國家財政收支平衡了；採取農工並重，均衡發展的政策，讓經濟起飛了；同時，推動地方自治，宏揚民主法治；以仁愛為本的中華文化，廣結與國，敦睦邦交而提高了國際地位等等，皆是因有嚴先生盡籌碩畫，鞠躬盡瘁地死而後已所造成的。

在大陸呢，當年，老毛先生用一個「反」字而發起的種種人神共憤的暴政，如「鎮反」、「肅反」、「三反」、「五反」、「反右派」、「反右傾」、「反修」、「反帝」，直到「橫掃一切牛鬼蛇神」，掀起十年浩劫的文化大革命等等，其結果是，八千萬苦難同胞斷送了性命：尤者，老毛先生要一黨專政，要階級鬥爭，在農村殺地主，分田地，繼之組織公社，集體耕作，農民終成「農奴」；在城市要工人當家，要公私合營，「民族資本家」不得不將公司企業奉獻給國家，「資方」成為「勞方」。毛氏王朝成為舉世無匹的「大地主」；共產極權的「大資本家」。全民「一窮二白」，人人自危，個個盼糧票爭油票以維生命。大家都想逃出這種初級階段，共產主義的「天堂」。當西歐突變，蘇聯體解，讓中共亡黨亡國，驚懼不已，警惕萬分！雖然，幸有鄧小平先生的三十年改革開放，讓一部份人先富起來，也給予 90% 以上被奴役的，嗷嗷待哺的貧苦農工小民，有個生活可以不虞匱乏的希望；而避過突變、解體的危機。但由政治體制的缺失，所種下將要「亡黨亡國」的因素，依然存在，亟待根除。

而今，中共的十八大三中全會的「全面改革」，海內外對其期望竟是「兩極化」。個人認為皆不盡然。正如嚴家淦先生所說的，在基層的小民，並不過問政府做什麼才好，而一致認為，讓人民生活過得好的政府，就是好政府。這是因為，「政治就是經濟」，做到經濟平等，政治才能安定。這次「全面改革」雖然實際仍偏重在「經改」，但如徹底落實，上海的外貿自由區也著有成效的話，大可「維穩」一段不很短的時

《故土故人，吾思吾念：我對落實「一個中國」原則的認知與建言選輯》

期是必然的。但如在政治體制上，依然一黨專政，黨大於法，不「還政（權）於民」，自也無從完成有如台灣的土地改革；國企壟斷市場，不能全面開放，讓「國退民進」，就做不到「藏富於民」，就不能做到一切「市場化」。如此，怎能爭取到眾多歐美先進國家承認的全面「市場經濟地位」，正式加入WTO，而能從「深水中」脫困而出？特別是不與毛切割，徹底消弭共產第三國際世界革命的馬列史毛的「意識型態」，且利用民族主義，掀起軍事對抗，中國與歐美諸多先進國家的關係，就不能真正的改善；當前中共所面臨的一切「難困」與「挑戰」就不能解決，就不能順順利利地步上和平崛起的康莊大道。大陸當政者何不認真研究，努力實踐我們「萬世仕表」嚴家淦先生從政治國的理念，建設台灣的經驗，來落實政改，和平崛起呢？

其三是，我們特別籲請紐約地區的華裔僑胞，各方僑社，踴躍參與紀念嚴先生的追思座談會，來共同研議我們全球華僑，如何適當地克盡一份心力，敦促兩岸和平發展，為中華民族開創輝煌的盛世。

眾所周知，華僑，是中華民族向外發展的一個龐大，而且有宏大影響力的群體，任何世界其他民族均無此類似的特殊集團。今天，對於我們華僑，不論當年因何種原因來到僑居地的，也不必再探討僑胞們，如何從種種艱苦中奮鬥過來，但有一個共同特點就是，都具有中國人的意識，都與中華祖國在政治、經濟、文化或社會上，保持相當的關係。當年國父孫中山先生奔走革命，曾有好幾次來到紐約，許多僑胞的先人都曾經是輸財出力的革命鬥士。所以，國父說：「華僑是革命之母。」中華民國政府是特別關懷僑胞，重視僑務工作；僑胞們也一向心繫祖國興衰安危的。當年嚴副總統應美國詹森總統的邀請，來美訪問。就曾奉老蔣總統之命，在美國走訪了八個大城市，兩個全美華僑社團。向全美僑胞致申慰問之意。嚴先生曾來到紐約向僑胞致詞，認為紐約乃是世界一切經濟活動方面的司令台，是自由世界經濟生活的心臟。紐約的成就也就是全人類共同的成就。對於紐約寄居僑胞在各方面的成就，更是讚譽備至。當然，嚴先生也盼望僑胞，要團結合作，宏揚中華文化，進步

再求進步。現在,面對祖國情勢變遷,我們僑胞又如何推心置腹,適時適切地,為祖國的安定繁榮,頁獻出我們的心力。因此,我們很誠懇地歡迎兩岸三地的僑胞們,各種地域性和宗親社團的僑領們,特別是有成就的專家學者們,前來參與追思座談會,讓大家來共同研議,而心想事成。

　　謝謝,謝謝。

《故土故人,吾思吾念:我對落實「一個中國」原則的認知與建言選輯》

「是非成敗轉頭空」
——懷念我與中央日報「結緣」的感言

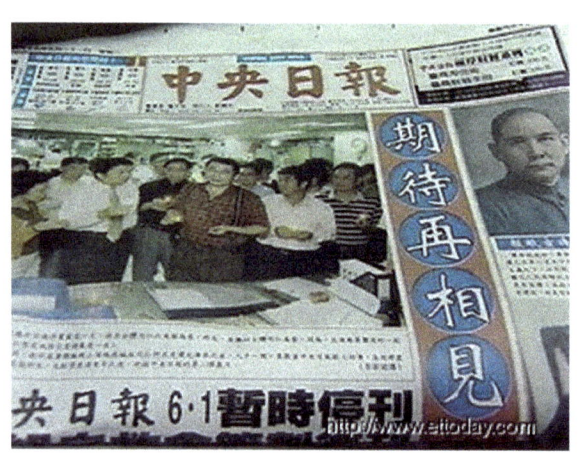

　　《中央日報》已停刊經年了。但迄今,當我見到、或聽到《中央日報》四個字,依然讓我產生一份由衷的敬意,一種親切的懷念,一件難以忘懷的經歷。主要是因為我與《中央日報》的關係,緣自於讀者而作者,而至很偶然的成為《中央日報》的員工,並曾為她奉獻由衷的,竭智盡能的心力之故。

　　說起,我與《中央日報》的「結緣」,起始於讀者的關係,那是早在民國四十二年,我服役軍中時,引用《中央日報》的《地圖週刊》,作為對連上弟兄們「時事分析」的教材。其後五、六年,我為參加高、普考試,又以多讀「中副」,來增進寫作的能力。我於四十四年普通考試及格,四十七年高等考試及格,對於趙廷俊、蔡正倫與孫如陵,兩刊主編先生們,甚為欽佩。又記得在民國五十二年,我到沖繩美國陸軍連絡學校受訓,某日,去他們基地的福利社購物,有位美麗店員(當地女孩)對我微笑(那時我還沒女朋友),我正尋思「何意」之際,她說,

《故土故人，吾思吾念：我對落實「一個中國」原則的認知與建言選輯》

我手中所持報刊，其刊頭《中央日報》四個字好美（現在我已知道，此四字乃集成自國父的墨寶），能不能將之送我呢？這一問，當然讓我有點「失望」，但由此對《中央日報》自然又增添了一份敬愛之意。

民國五十九年，我經行政院甄選，接受了聯合國的學人 (Fellow) 獎補金，去英國讀書。內子為我訂閱一份《中央日報》航空版，定期寄送給我，以解鄉愁。其時，我們里茲 (Leeds) 大學，由台灣來的同學，除我而外，尚有李先任、李讚成夫婦、王德熙、盧元祥夫婦，以及王文潮等，其中二李是中山獎學金公費生，其收到的《中央日報》可能也是公費。大家收到報紙後，有時放在口袋裡，先不去讀它，原因是，報紙經常不依時序送達，在後頁右上方，臥龍生所寫的武俠小說，讀起來，就先後不連貫之故。時在 1971 年，當留美的同學，為釣魚台一事，在美鬧得如火如荼之際，李讚成與我提議，也要發起響應，李先任致電倫敦我駐英代表，表示要全英中國同學也來響應未果，只得由我們里茲的二李、二王、盧及陪讀的王淑貞，趙媽虹等人簽名，推我撰擬一文，請《中央日報》轉呈總統，表達擁護政府之意。此文竟刊於《中央日報》第一版。這也是我的「文章」第一次刊載於《中央日報》。其後，在我回國，未到中央日報社工作之前，《中央日報》的《中副》、《讀書人》、以及《貿易》雙週刊，都曾刊載有我的「文章」，我由「讀者」就躍升為「作者」了！至今，猶為此不勝沾沾自喜呢。

關於，我能成為《中央日報》的員工一事，更讓我自己，也感到是件非常特殊的經歷。時在民國六十六年九月，為了再出國進修，籌措學生活費用，而以服行公職已逾二十五年，在行政院請准自退；也辦妥赴英（為進修）、美（為探親）兩種簽證後，奉家岳母之命，前去中央日報社，向曹公聖芬拜謝，為月前對先岳出殯時，曹公主持與先岳中央政校的同期校友們，一同參與公祭，諸多禮遇。拜見時，曹公見及我所奉贈的兩部拙著《獎勵建議制度》與《現代管理科學》，就問我現在所任之工作，我答以將再出國進修，曹即「訓導」我說，年已逾四十，應以工作為重（在此之前，我與曹公從未相識）。不意次日，有金伯作鎮

《故土故人，吾思吾念：我對落實「一個中國」原則的認知與建言選輯》

（亦係曹公同期同學，我在政院工作的前任上司）來電說，曹約我去他報社再行面談。原來，楚崧秋社長他調，由曹董事長兼任社長，他要整頓人事，振興社務，要我去他報社工作。經過一番懇切談話後，乃應允暫緩出國，來社工作，先助其建立「獎勵建議制度」，以振奮士氣，以發展營運後，再定我之去留。我從六十六年十月到社，次（六十七）年七月去職，僅僅十個月期間，就經歷了公共服務組組長（註一），並兼任嘉新水泥公司獎學金委員會總幹事；而印務部主任；而主任秘書，其升遷之速，猶如阿波羅火箭升空然！能不說是非常非常的特殊際遇呢？

（註一）來社之初，人事室安排我的待遇是比照孫如陵，每月給予類似臨時雇用的津貼，而以「特約專門委員」名義在社工作。經檢討所知，孫在社是主筆身份主持《中副》編輯事宜。而且他領有國大代表的固定待遇。我已從公自退，無職無業。如果，從此就不再出國進修，在社長久工作，並不適當，嗣即改以公共服務組組長實缺任用之。

更特別讓我興慰不已的是，來社工作後，曹董對我不僅充份授權，甚至，凡是他認為「有問題的人或事」，不論是屬於那一部門的人事，都要我去參與處理。由於建立了「獎勵建議制度」，激發起員工們「人人在研究，事事求發展」的團隊精神；為「改革求變，除舊創新」的建議提案，就從各方源源而來。為此，中央日報社營運曾就此轉虧為盈。但也由於在一片向陳規挑戰，發掘問題，解決問題行動中，以至在人事上，竟也發生了從未有的「大地震」（國際版編撰鄭佩芬為此事，來我的辦公室，對我所說的形容詞）。此事緣於曹兼社長，知悉經理部廣告組等部門營運不當，財務不清，乃約集副社長等幾位相關主管，並命我請來報社的陳法律顧問一同與會，閉門研議後，一夜之間，曹就將隨他服務有年的總經理易家馭，降調至董事會任秘書（嗣即調回時在美國舊金山《少年晨報》的趙廷俊，接任易的總經理職位）；撤換廣告組組長；開除廣告組某一職員，以及其他人員職務的調整。當然，某些人就可能因此感到「失落」了。對於這番「非凡的經歷」，在己是心安理得，但在他人心目中，這「是非成敗」，究作何定論呢？

　　月前,我們紐約「好友會」餐會,新聞界資深先進龔老選舞告知,他在《中央日報》的要好同事趙廷俊所著《生長兵間老太平》一書中,有一段文字,述說及當年我在《中央日報》的二、三事,真讓我驚喜。因為,事隔將近三十年之久,對我這名不經傳的小人物的些許經歷,竟能由《中央日報》資深的,且與我有一段「不平凡」工作關係的新聞先進,在其傳記中著墨論述,能不為之幸喜?乃請龔老將之借予一閱。在該《生》文《與新社長理念不諧》一節中,第一百二十六頁,趙是這樣論述的:「還有一件人事上的特別狀況,吳經人推介聘朱承武作主任秘書,此人似乎看過一般業務管理的書,頻頻提出不合報業情況的建議,徒增困擾,無法推行。三個月後,在各單位抱怨聲中,他改任印務部主任,可能想施展其管理抱負,但報文工會後,只核代理,他便憤而辭職離去」等語。拜讀之餘,頗感其語焉不夠翔實,應予補正;論述近乎混淆,必須解說:也用為我與《中央日報》追述往事,細數舊緣。

　　其一,迄今,對於「何人」推介我給新上任的吳社長,聘作主任秘

書？仍然驚異不解。因為，主任秘書通常是由主管的親信擔任的。我與吳不僅從未相識，而且，在他社長交接典禮時表示，他首先要整頓的，就是我接任僅月餘的印務部。真讓我有點忐忑不安。不過那時，我認為吳社長所以要我來作主秘，其因可能有二；

（一）一份內容詳實的《印務部五年發展計劃》如期提出。此係吳接任社長不及一週，就按其所言，要我去他辦公室當面指示；為因應可能發生的戰時情況（例如現在所用的高斯 (Goss) 都市型彩印機，要改為可遷至山地運作的鄉鎮型）；也為要蓋大樓，發展社務，推廣發行（例如報刊的印發就要相對地增加等等），要求我在一週之內，提出印務部五年發展計劃。當時我曾請予時日寬限。吳就正色地回說，以現在電訊之便利，與美英各地，可隨時通話洽商，時日何需延長。我並無印務經驗，且甫行調印務部任職，對於這項計劃，要求在短短一週內撰就，真讓我緊張不已。所幸我從公有年，受過管理方面的教育，尤其是在政院工作，常拿筆桿，做些研究工作，對於寫計劃自認尚可「應付」。即便如此，也讓我整整一個星期留宿在印務部辦公室，分秒必爭地去查閱資料，去求教方家，去與我印務部主要員工，一一分別面談，徵求他們的建議或意見，然後彙整研究。如此，竟在一週之內就將該計劃草成，依限提出，在社務會議中報告。當時承副總編輯兼採訪組主任朱宗軻，在我座旁悄俏對我說，他在社工作十年也不能寫出如此詳實的計劃。這當然是溢美之辭。但我深信，吳從這一計劃看來，很有可能對我有一番認識的。

（二）吳曾滿意我校印他的著作。吳就任社長係從薩爾瓦多大使任所，調任回國的。他到社不久，就常去各方演講，並將他的講稿，要我為他編印成二十四開的小冊子，以便分送有關方面人員。我不僅按時印就，並就講稿內容，為他提供一些讓他也認為重要且合意的意見。這很有可能是他將我從印務部，調作主任秘書的原因之一吧？不然，如果真有人向吳推介的話，此人必是潘副社長煥昆。其因乃是，我在《中央日報》工作期間，潘對我推展的工作，無不極力促成，對我應對的人事，

莫不掬誠相待。我來美後，他升任社長，對我依然至為關注（註二）。以後，他轉任中央社社長，而新聞評議會主委，甚至他健康已不良時，仍寫長長的信，與我互通音問。所憾者，是我接奉他的「訃聞」，並未能回台弔唁！但至今，我對這位長者，時在感念；他是永遠活在我心中的。

（註二）例如，在民國六十九年二月二十五日，為紐約大學校友，陳學同舞踏團赴台公演，我寄《溝通文化，止於至善》介紹文給潘，他不僅在次（三）月四日，予以刊出，並郵付稿費給我。又由經理部專門委員調至國際版的張體炎函知，將寄我六個月的《中央日報》。更讓我感念的是，他得知我同鄉同學至親友人，張政詩君為我來社買幾份刊載拙文的報紙，潘即命付年度紅利（大約是兩萬元）給我。這份情意，真令我分外為之感念不已。

其二，趙對我的認知，及其所作的論述可說是「失之翔實」「多所誤解」。此點，可從下例數項要點梗述之：

（一）在「管理」方面，我不僅僅是「看」過一些書，也曾修讀過這方面的學位；發表有專門著作；曾應邀出席或演講或研討過這方面的問題與實務（註三）；也曾在院校兼授「管理」的課程（大學部授《行政學》，研究部授《現代管理科學》等等）。而且，趙與我同在報社工作，可說是常日「低頭不見抬頭見」，何以評論我僅說「此人似乎看過一般業務管理的書」而已：何以對我如此「陌生」呢？

（註三）可見於民國六十二年九月三十日《台肥月刊》《建議制度》朱承武講詞；民國六十五年四月二十六日《經濟日報》《台灣企業經營現代化之途徑》朱承武論述；以及民國六十五年十二月二十一日經濟部，孫部長，經（六五）人**34821**函（聘請傅宗懋、朱承武擔任意見溝通及領導研討會講座）等等。

《故土故人,吾思吾念:我對落實「一個中國」原則的認知與建言選輯》

中央日報社職員

職別	姓名	別號	性別	籍貫	到社年月	住址	電話
社長	吳俊才	叔心	男	湖南	67 3	四維路五二巷九號之一	(公)3813939轉201 (宅)7083074 3119560
副社長	潘煥昆		男	廣東	40 1	南京東路五段123巷6號之一	(公)3813939轉202 (宅)7673050 3110427
主任秘書	朱承武	繩祖	男	江蘇	66 10	民生東路七九四巷一弄十二之三號	(公)3314510 (公)3813939—206 (宅)7519215

4

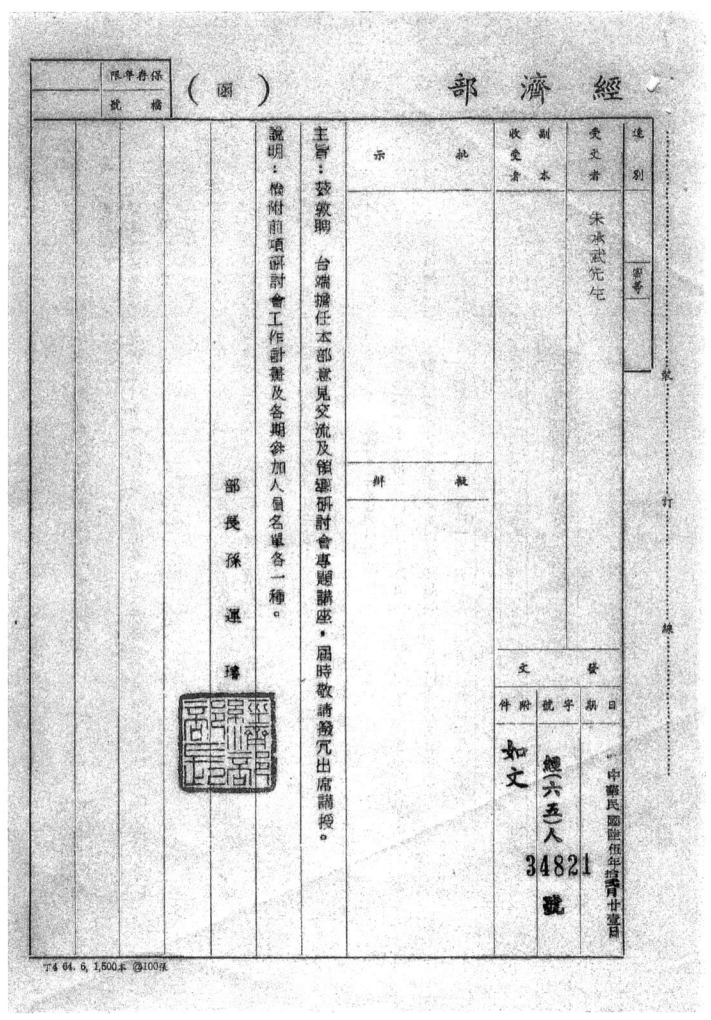

（二）我讀趙主編的《地圖週刊》，對他豐富的文史學養，及其流暢的文筆，早就心儀的了。但他對我論述的文句中，竟提出「一般業務管理」似乎「相輕」的名詞！如果真是他欲以此來對我個人的學能加以貶謫的話，或許可以。但如他對「管理」的認識就是如此，這就顯示他在這方面的學養是不夠的了。（註四）

（註四）簡言之，「管理」不是指個人的學識才能（例如，他長於編編寫寫；我曾作書立說，這些都不是「管理」行為）。「管理」乃是「領導他人以達成既定目標的一種過程」。它固然是一種可傳授的學問，更重要的是，它是一種「功能」的表現。正如費堯所說，它的「基本功能」有五；規劃、組織、領導激勵、溝通協調，以及管制考核的，非現場的工作。這些功能是普遍性的。在軍事單位也好，行政部門也好，工商企業也好（當然包括新聞事業，媒傳機構）；也不論他們各別單位的業務性質有何不同，所欲努力實現的目標為何（例如為打勝仗、為施行仁政，為賺錢，或為宣傳使命的達成），都必須要做好上述五種管理的「基本功能」才行。在管理方面，何從說或分個「一般業務管理」呢？

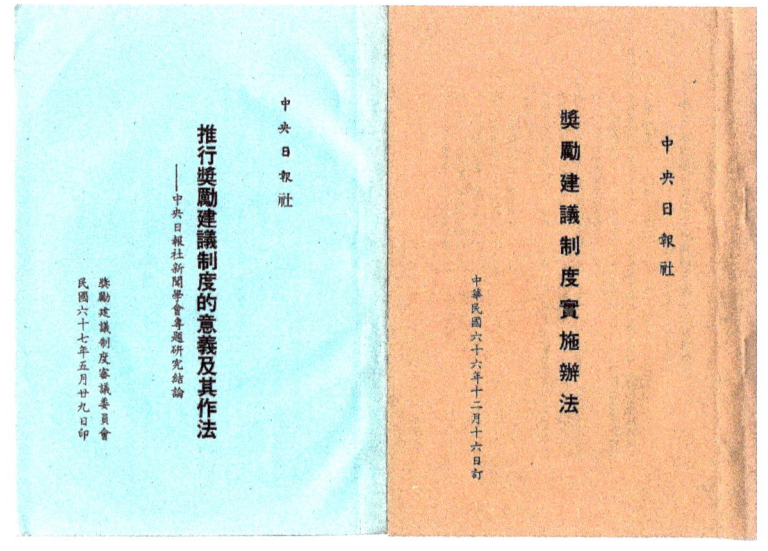

（三）再則，趙說我「頻頻提出不合報業情況的建議，徒增困擾，無法推行」等等，這更是有違事實。因為，主任秘書只是相當於「幕僚長」，沒有「頻頻提出」建議，且決定將之付諸實施的權責（註五），更不能說是每一項建議案都是「無法推行」的（註六）。

（註五）或許是因為我（在趙由美調回報社之前）建立起「獎勵建議制度」，由我處理來自各方源源而來的「建議案」，因而讓他有如此誤認的吧？

《故土故人，吾思吾念：我對落實「一個中國」原則的認知與建言選輯》

（註六）建議制度委員會主任委員是潘副，委員多係有關各單位的主管，我只是執行秘書而已。按制度辦法，任何建議案提出，都要先送請與此業務有關的主管委員去審查。而且，要不要將之付諸實施，尚須提到委員會討論決定。所以，絕不能說所有提出的建議案都是「徒增困擾，無法推行」。例如，採訪組副組長胡有瑞所提出的建議案，要將《中央日報》刊頭四字予以縮小，在其下以至報面的中線，留有三批的空間，可以用作刊載價值最高的廣告之用。這項建議案經審議，決定採行後，僅僅有這一個廣告，每天就能為報社賺進兩、三千元。胡不僅得到百分之十的獎金，以後，可能是因此才被提升為廣告組組長的呢。

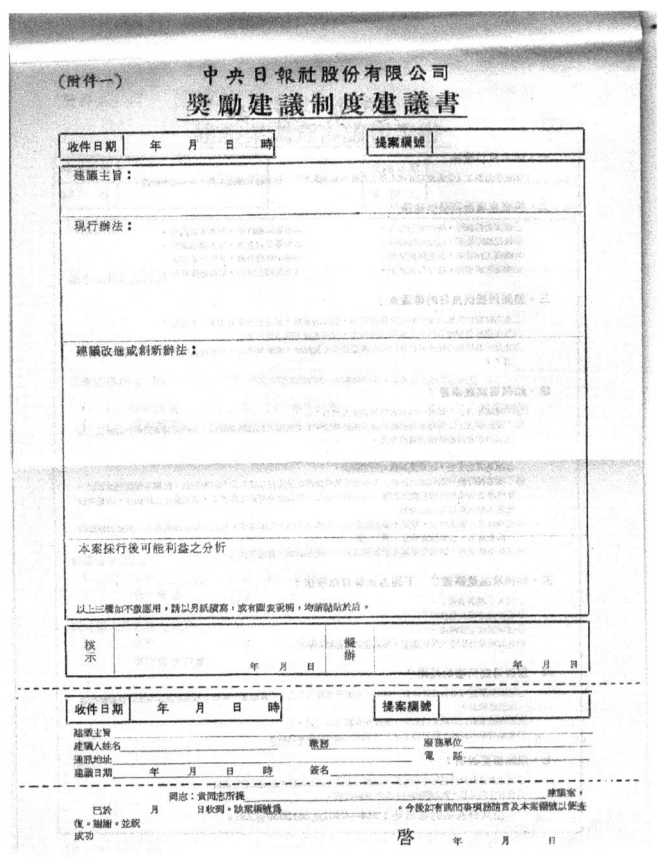

(附件二) 中央日報社股份有限公司
建議案調查審議報告書

| 提案編號 | | 交辦日期 | |
| 附　件 | | 承辦人 | |

建議主旨

調查重點及其經過

調查審議結論（請就下列所擇之結論，詳敘其理由或原因，如屬採行者，並願預估所得之利益。）
1. □ 採納實施　　2. □ 修正採納　　3. □ 將來採納
4. □ 留供參考　　5. □ 不予採納　　6. □

承辦人
簽章　　　　年　月　日

審議複議結果
1. □ 採納_____　2. □ 不採行　　3. □
   執行單位_____

對建議人資格審定結果
1. □ 給獎　　2. □ 不給獎(列入人事紀錄) 3. □
   議定獎金額數_____

審議日期_____　主任委員簽章_____　年　月　日
核定

　　　　　　　　　　　　　　　　　　　　　年　月　日

　　其三，如果我確係與趙「結了怨」，那也是並非出自我本意的「無奈」也。
　　首言，可能讓趙產生「反感」或「「遷怒」於我的原因或許有二；
　　（一）我校閱趙呈遞給社長之文稿，不僅修飾其文辭，並在趙名之上簽我主任秘書之名（註七）。這或許是「以小人之心度君子之腹」的話，但「甚合情理」的。此因，趙由美調回接任總經理時，我尚任經理部公共服務組組長，當是趙的屬下。待我接印務部主任後，我與他的職位平等了。再後來我調作主任秘書，其職位也是平等的，但各部室呈送

《故土故人，吾思吾念：我對落實「一個中國」原則的認知與建言選輯》

社長批示的公文，都是經由我主任秘書先行校閱的。我簽名就在他總經理名字之上，並且修飾他的文稿，怎不讓他產生「反感」呢？

（註七）中央日報社簽呈文稿用紙，不同於行政院僅用的空白的十行紙，而是印好的制式稿紙，其上「批示」一欄，依次印明：社長，副社長，主任秘書，其下承辦人各欄。經理部的簽呈文稿，趙名就簽在「主任秘書」之下，「承辦人」欄內的擬稿人之上。後來聽說，前任主任秘書名字係避簽在欄外的。果如此，那自然會讓趙「難予忍受」的。

（二）我於社務會議中，有時為提供即時所需資料，而從旁用紙條遞給主持會議的吳社長。想到從吳接任社長後，正如趙在其《生》文中所言，他《與新社長理念不諧》。在社務會議中，每每見趙似乎情緒反常地，提出困難問題。有次，他起立含淚發言，請辭總經理（註八）。在這種情境下，我遞紙條給吳，會不會讓趙可能因此懷疑我的「不當」，而心生「怨尤」的呢？

（註八）詳情可見於趙《生》文第十二章，第一百二十三至一百二十八等頁。

次言，我招致「各單位抱怨」等等情形，是有可能，但實情並非如趙所言。但至少是出於「無奈」的。因為，在管理方面，任何變革或創新，都會影響及有關人員，現有的權責與既得的利益：而發生「幾人歡樂幾人悲」的結果。例如上述的人事「大地震」一案就是最好的說明。此外，尚有為防止倒「蔣」案再行發生，而讓印務部不少員工「抱怨」反彈（註九）；命印務部排版技工，去編輯部「催稿案」，又招致編輯部的「抱怨」（註十）；特別是，「阻擋財路」一案，招致經理部以及相關人員極其「抱怨」，也令我因而調職以至去職（註十一）。但這些皆出於不可避免的「無奈」情事也。

（註九）「倒蔣案」。此案發生在我接任印務部主任後僅僅數日。那天上午調查局派員來社，調查當日在《中央日報》上，有將行政院蔣院長經國先生的「蔣」字倒排了。那時，各界正交相進言，擁護蔣經國競選總統。現在黨國的《中央日報》上，竟有「倒蔣」字樣，這是多麼的嚴重？！依據我的研判，應是負責將已打好大樣的鉛版，再行檢查送印之某技工，但前易總經理（他可能是社中的安全負責人）向調查人員表示，該技工係易從《掃蕩報》帶來的，易願以個人性命擔保他不會涉嫌。而我到印務部只有短短數日，調查

《故土故人,吾思吾念:我對落實「一個中國」原則的認知與建言選輯》

人員對我並未查問一言半語。此案也就不了了之。這些檢查鉛版大樣的技工,每人都有一把小鑷子,非常靈便地用它來移動調整鉛版上的鉛字。為了防範再次發生類似案情,乃召集從檢字排版後,到校樣送印前的各生產線上的技工,對他們宣佈,採取「連坐法」,要求他們「彼此監視,相互負責」。不意他們竟哄然大嘩,強力反彈。似乎一片「抱怨」之氣,多日難消!

(註十)「催稿案」。我命印務部技工們,及時去編輯部催要大樣的稿子,而惹得眾多編輯先生們,抱怨難受;使得薛心鎔總編輯,紆尊下樓,到我的辦公室親切相告說,《中央日報》有史以來,從來沒有一個印務部技工到編輯部催要稿子的。並與我商量如何來避免此事再行發生,以免引起大家的「抱怨」。這真是無可奈何之事也。這因為印務部如不能在午夜二點以前開機印報,就不能將報紙印好,及時送上由台北開往高雄的第一班火車,以便分送到南部各地,能按時發送到訂報的客戶。據我員工相告,以往處理不能及時印好報紙,送上第一班火車的問題,多是由我們與台北火車站站長相識的,發報課蔡課長,去懇請站長(以誤點方式)延遲開車。甚至悄悄去車站,將車箱的「詹天佑」分開,用來延緩開出的,這種「不擇手段」的事,也曾做過。長時如此,怎能行呢?又了解到,為什麼印務部不能在午夜二點以前開機印報,主要是編輯先生們將所編的稿子遲遲送到印務部排版技工之故。當然,編輯先生們所以遲送,也可能是記者們的稿子遲遲送到之故。但大多數遲送之因,是由於有些編輯先生們,將已經排好的稿子拿回去,一再增刪修改,這就延遲過了截稿時間。所以我就規定排版的技工,對於在午夜一點以後,如有編輯先生才將稿子送來,就在其稿子上註明,幾點幾分收到的的時間。並且,由我與印務部的專門委員及組長,組成一個小組,每到午夜一點,就循排版的工作流程,亦即追隨校大樣的鉛版在旁觀察,如見到在午夜一點半以後,還有未送來的稿子,就命負責的技工去編輯部向主編的編輯先生要這稿子。這樣做,讓我印務部的員工,似乎「揚眉吐氣」地在努力工作了。但相反的,這就讓編輯先生們「緊張」,「反感」,而惹來他們一片「抱怨」之聲。這豈不是無可奈何之事?

(註十一)「阻擋財路」案。這真是一件讓很多人非常地「抱怨」,讓我自己迄今也仍為之「抱撼」。因為此案,其結果是,事未查明,我就此離社了。說來,此事應緣自於前述,為人事「大地震」舉行的秘密會議之後,陳法律顧問曾私下表示說,中央日報社在稅務方面,可能仍有一件需要查明並予處理,是否合乎法規的是,員工們所收到的稿費獎

《故土故人，吾思吾念：我對落實「一個中國」原則的認知與建言選輯》

金，廣告佣金，以及其他因工作的收入，是否悉數報入了個人「所得稅」。那時，我在公共服務組，對此事無從了解，自不便將此點報請社長查明處理。及至吳調我作主任秘書，吳社長將他的印章交我，讓我為他核閱各種會計與財務報表。這樣，我由此發現，有一些稿費獎金，廣告佣金等等收支，其來源與去處，從報表上不易明白。聯想到陳法律顧問有關的一席話，於是，我就等待承辦單位，如不與我說明，就不蓋社長的印章，予以結案。在相持將近一個月期間，經理部廣告，稽核等等單位，工作幾幾乎「停擺」了。有稽收組長斯晉理前來向我懇求，請我先行蓋章，以後再報詳情，我不為所動（註十二）。為解決這一僵局，同時，因我調離印務部主任一職任後，係由趙總經理來兼任，但他無暇兼顧，印務部「問題」不斷。有些員工說，我曾讓他們「揚眉吐氣」地工作一事，而希望我能再回印部。於是，潘副就出面對我說，他已與社長研議過，讓我回印務部（不再代理，可以自主地，再去院校兼課）。後因文工會核復，印務部主任一職，仍由我暫代，待我有了年度考績後（我來社未及一年，尚無考績），即予真除。我考慮及其他重要問題，未同意回印務部，乃辭職離社出國進修去了！

（註十二）後來有人對我說，查明此事，牽涉很廣，斯是無法查明回報的。事實說明果真如此。讓我也了解到，追查財務內情，這無異是「擋人財路」，「觸怒眾犯」也。現在想想，我何必如此「愚不可及」的呢？！

其四，印務部的任命與去職的秘辛

最後，談到趙論述我，「他改任印務部主任，可能想施展其管理抱負，但在報文工會後，只核准代理，他便憤而辭職離去」等語。在此，至少可就下例兩點敘明，用能澄清他具有近乎混淆視聽的論述。此即：我兩次調任印務部，皆非我自願的。

記得到社工作僅僅兩個多月，某日，曹董在電梯中見到我，立刻要我跟隨，去他辦公室。一坐下就說，你衣著不要太正式，我要你去接管印務部後，更要如此。這真是讓我大出意外的話。當時，我回說，衣著打領帶，是在政院工作時，習慣如此，可改。但印務部不能去，因我對印務毫無所知。曹董說：「這不是要你去檢字排版，而是去領導員工，只要和善地，好好地對待他們就行了。」當我回說，要上夜班，必須和內人商量後才能回報。曹董似乎「嘲諷」地說：「這不像個男子漢說的

話。去印務部，就這麼定了。」

那時，副總編朱宗軻風聞及我調印務部，就來我辦公室說我，從員工只有四、五人的，最小的單位，一下調到中央日報社，員工有兩百人以上，全社百分之九十以上的資產放在那兒的，最大的單位。真要得。是如此，但在印務部工作，會面對頭痛的事，麻煩的事，他沒對我說個「一言半語」。

首先要訴說的是，在印務部上夜班，真苦。由於我是新任又是「生手」，不能學老主管可遲到早退。每天下午十時要到，早夜四點（報紙印好了）才回家。第二日上午十時到社，出席社務會議，或處理公務，到下午二時回家就寢。如此周而復始。最初，不僅我生活連神魂似乎也為之顛倒了。但出乎意料之外的是，一兩個月之後，我竟發胖些了。原因可能是，生活「規律」，午夜吃碗麵也。

談到印務部的問題，可以兩句話來形容：「設備新舊並立，人員老少相處」。那時，各別與《中央日報》爭奪第一的（互比發行數量誰最多的）《聯合》與《中時》兩大報紙，仍在只是套紅黑白的時代，《中央日報》已是用五彩繽紛的製版印刷了。製印組組長丁履春，係政大新聞學系畢業的韓國僑生。年輕，很有幹勁。他的組員也多屬新進的青年人。另一排鑄組雖是設備老舊的鉛印，但從組長以下的工作人員，則是年長資深，技藝精湛的人員。趕印南下的早報，我可看到他們在輕輕快快地工作，操作機器熟練之至。但衍生的問題也就出在這裡。此即「設施如何統一化，員工如何年輕化」。關於此點，現在我記憶猶新的仍有如下二、三事：編印電腦化的難題（註十三）；人員年輕化的無奈（註十四）；我為改進現況的些許建議（註十五）。此外，尚有突發事件例如前述的「倒蔣案」，「催稿案」等等，你能不為之「提心吊膽」？而特別要考慮的因素，讓我感到不可再回印務部的是，在「新怨舊恨」情勢下，我在管理方面的「權威光環」已經消失了。我怎會如趙所說，再「想到印務部施其管理抱負」呢。事實上，計劃將我調回印務部的，乃是吳社長與潘副所商定的。

《故土故人,吾思吾念:我對落實「一個中國」原則的認知與建言選輯》

（註十三）設備統一化。不僅是要改鉛印為彩印,而且編輯製版也要電腦化。自我到印務部以後,丁履春就主動建議,且一直和我研究這個問題。其結論要為：1. 經費籌措不易；2. 人才培訓的方案難定,訓練在職的年長員工,或是招考年輕的員工,各有其利弊難易。3. 對編輯部的編輯風格,也是一項「挑戰」。例如由孫如陵主編的《中副》,除了以內容見長,其在版面上,劃一線條,插一幅圖,都要求其美觀。用電腦編排,每篇文章都是方方塊塊的,看起來「獃獃板板」的,編輯先生們能高高興興地接受嗎？（現我在此所看到的《世界日報》,從編輯印製,甚至文稿傳送,都已經電腦化有年了。我想工作效率必定較前大大地提高。有時我曾想,《世界日報》究竟投入多少的智力、精力、財力、物力,經過好多時日,才能做到這一地步的呢？）

（註十四）人員年輕化的無奈。在印務部,除了印製組而外,技工,尤其是領班以上的員工,他們資歷在十年、二十年、甚至在三十年以上者,比比皆是。而且,他們的職務也很少能有調整的。要因是,他們多是投誠抒忠地「以社作家」,且自身多無其他專長,人事管道怎不為之堵塞呢？至今,我仍記得,我到印部不久,某日夜班,有父子倆員工前來對我說,《聯合報》要在紐約開辦《世界日報》,要他兒子到紐約《世界日報》那裡工作去（挖角也）,問我可不可以去？去,好不好？我看他兒子年輕,健壯,也很有「志氣」的樣子,立刻回答,機會難得,「可去」。年輕人到外面去奮鬥,「很好」。（我沒記下這位年輕人的姓名,不知他是否真的到《世界日報》了？）

（註十五）我認為,對於《中央日報》來說,這許多的資深年長的員工,在人事上,固然是一包袱,但也是一份最大且是值得珍惜的資產。所以,在中央日報社五十年社慶籌備會中,主持會議的潘副問我有何提議,我就建議,員工在社工作,三十年以上者,發給金質獎章；二十年以上者,發給銀質獎章；滿十年的也發獎狀一張。又在我所擬的《印務部五年發展計劃》中,在人事管理方面,籲請建立制度,亦即對於年長、資深,職務上無從升遷者,給予「年資加給」,福利方面也多予關注等等安撫與激勵的政策或措施。

我辭職離社的秘辛

我未按潘副所議,再回印務部,並非基於文工會核復我的職務仍是「代理」之因。這因為實授是涉及升等的,須有年度考績,這是可以理

《故土故人，吾思吾念：我對落實「一個中國」原則的認知與建言選輯》

解的。我更不是如趙所說是「憤而辭職離去」的。我辭主秘離去，其主要原因或是「秘辛」至少有三：一，吳社交辦的「報社改組案」實在難辦（註十六）；二，有關吳社長親啟文函，他另設專人處理，影響及我主任秘書對全盤社務的了解；而最主要的原因是為；三，如不趁此時離職出國，就失去此生僅有的，再出國進修的機會了（註十七）。

（註十六）吳社長俊才對中央日報社的改革與創新，有很大的抱負與期望。而且是大刀闊斧地，劍及履及地去實踐。例如，要蓋大樓，到處籌措五億經費；要求黨部小組都訂一份《中央日報》，而向各方請託支持；為每星期要刊載五種專欄，而分別敦聘專家學者主編（記憶所及是：「主義，文史，財經，健康與生活」五種）。至於規定員工上班掛職員證，以加強安全措施；員工薪資委請台灣銀行直接發放等等，行政改革事項，一就職後實行了。而責成我主任秘書去辦的是，「中央日報社的組織（系統）改組」案。這責任不僅重大，而且我實在無法去辦理的是，吳要求將現制所有的「行政室」與「業務管制發展室」改設於我主任秘書之下。當時，我真不知所措。其因是，這兩位一級單位的主管，都是在社很資深的新聞從業先進（自應是我的前輩），與曹董也都有很深厚的關係。當然，曹董用人是任才器使，是不講情面的（在人事「大地震」一案中，曹董降調跟隨他時逾三十多年的易總，就是實例）。我如依吳社之意去改組，可以不必計慮及此，但總是感到這改組案，由我來辦，有點不太「適當」。再就各種組織系統來說，將這兩個一級單位改隸於主任秘書之下，尚未見及（假如我是秘書處的秘書長，或許可以）。更何況，這兩位資深的一級主管，並無何「錯失」。我怎好辦呢？怎能辦呢？

（註十七）關於再出國進修一事，我由英來美考察期間，一切簽證手續皆已批准，嗣因局勢丕變，行政院蔣秘書長彥士來美開會時，電召我先行回國，以後將再以公費保送出國進修（前人事行政局李處長廣訓；及國際合作處江組長雲鈞等先生知悉此事）。甚至我留英同學會杭公立武及葉公公超，都曾為我爭取獎學金，但均未有結果。個人乃以自退，籌措學生活費，也辦妥出國手續，不意來《中央日報》，出國已延遲了十個月。當時最迫切的問題是，我如不在年內出國，就需要向外交部再行申請延期加簽等等，不僅麻煩（赴英進修要教育部批准，去美探親須衛生署同意），而且，辦妥的可能性很難定的（例如，向外交部申請赴美探親，等待多日未見批覆，乃親去領事事務處請求查明，如果該主管不是我留英同學會相識的學長，承其指示加速簽辦，恐怕還不能及時獲准呢）。情勢如此迫

切，想我已年逾四十，且從公自退，我怎能為去印務部，而再稍作停留，失去此生再行出國進修的機會呢？

「是非成敗轉頭空」

羅貫中有詩云：「滾滾長江東逝水，浪花淘盡英雄，是非成敗轉頭空，青山依舊在，幾度夕陽紅。」想我離開《中央日報》，三十年倏忽而逝！我所敬重的，懷念的曹、金、潘；蔣、杭、葉等等長輩，並未因如流的歲月，而讓我淡忘他們的音容，但他們均已先後隨風飄然而去！《中央日報》在台北，營運由盛而衰，雖一再改革求變，堅忍圖存，亦難免於被迫停刊的命運！既往，我與《中央日報》的諸般是是非非，恩恩怨怨的人事，設如無趙的立傳，論述及個人，我也不至於如此這般地細數「舊緣」，企求個生後「清名」。再想想當年個人為再出國進修，先後倉倉促促，辭職去國，而今，已是坐七望八的老翁，來日無多，多個學位又有何用？真是所謂，人生幾何，盛衰無憑，一切「是非成敗轉頭空」也！

跋——《中央日報》又復刊了！

《中央日報》為中國國民黨所創立，其間雖曾改制為「股份有限公司」，但除經費自給外，仍受黨中央管理，故其定位自應有別於民營報業，為「機關報」。其言論方針，從「宣揚孫文主義，為總理吐口氣」（黨國元老吳敬恆《祝詞》期勉之語）；而「闡明黨義，宣揚國策」，以「鞏固黨基，維護國本」為其使命。在其報運顛沛流連，命運坎坷之際，仍然秉持不懈，克盡其分。

回顧《中央日報》於民國十七年二月一日在上海創刊；十八年二月一日遷至南京出版；二十六年十二月十三日因首都淪陷而停刊，西遷長沙，於二十七年三月復刊；二十七年九月長沙改為分版在重慶復刊，各

《故土故人，吾思吾念：我對落實「一個中國」原則的認知與建言選輯》

地《中央日報》相繼設立；在中國對日八年抗戰勝利後，於三十四年九月十日自重慶返都復刊。（其時，國民黨中央直屬報系計有二十二家報紙，《中央日報》佔有十三個社）。民國三十七年冬，大陸局勢惡化，南京《中央日報》社長馬星野，「冒著不可避免的誹謗與譏諷」，推動籌設台北版，於三十八年三月十二在台北正式發刊。迄至民國九十四年五月三十日，由國民黨中常會，以持續虧損，黨部無法負擔為因，決定停刊。（其實係因國民黨失去政權，黨外惡勢力，以無所不用其極的手段，加以摧殘而然。）其間經過八十年三個月。可以說，《中央日報》莫不是緊隨黨國的命運，而停停刊刊，興興衰衰的，予人有似「山河破碎風拋絮，身世飄搖雨打萍」的感受，而繫以無限的感慨！不過，我堅信，很多人雖為之傷感萬分，但更對之懷念不已，如拙文中所提及的往日同事；或是未提及的《中央日報》的退休先進，既往從業人員；以及千千萬萬的，《中央日報》的讀者、作者們，依然對《中央日報》寄以一份由衷的、誠摯的期望：國民黨收復政權，國運能剝極而反——《中央日報》又復刊了！

（2007年十一月二十五日於紐約市）
——原載於《中央網路報》2014年九月五日

《故土故人,吾思吾念:我對落實「一個中國」原則的認知與建言選輯》

專文:追思周孝友將軍立己立人的二三事
——兼談國府依據憲法舉辦高普考試的德政

《故土故人，吾思吾念：我對落實「一個中國」原則的認知與建言選輯》

　　周孝友將軍與我是二度同班同學：陸軍官校代訓國防部政幹班第一期，其後在軍官外語學校留美儲訓班，同班且同桌的同學。再如說有因緣的是，我們都是先後參加高普考試及格的「同科進士」。但離校後，分赴職場，各奔前程。在既往逝去的一甲子歲月中，我們很少有聚會謀面的機會，每逢年節重要的日子，多以書函電訊互通音問而已。可謂情誼永念，祝福盡在不言中。

　　去冬，為祝 2015 新年來臨，曾寄去賀年書函，並因孝友學長賢伉儷都是虔誠的基督教徒，也將我於去夏參加「以色列聖地之旅」歸來，所撰拙文《對基督教義與以色列永續發展的探討》一併附奉叩教。但迄今未見回音。日昨，竟得知孝友將軍因胰臟癌，已於去年三月二十一日往生！乃去電請詢學長夫人趙琳嫂，承示之原委，是因他們遷居到新址教會附近，所寄賀年書信並未收到，又因在緊忙中，夫人不知我們在紐約的電話和通訊地址，故未能及時傳達訃聞。而今補敘，將軍體檢發現疾病，經手術治療，並未受難忍的苦痛，安然往生，享年八十有八，可謂壽終正寢，且子女在側，親視含殮，黨國頒旗，敬弔者眾，生後哀榮備至等情，令我深深感到孝友將軍學長立己立人，為國奉獻，因得主耶穌降福所致也。在我敬申悼念緬懷之忱時，特別向將軍夫人致申感念敬意的是，個人其所以也能苦學篤行，在為學與從公諸方面，無愧於心，無何抱憾的話，皆是得受將軍學長所予教益，以孝友學長為我良師畏友，年來景從力行而然的。

　　記得民國三十九年，我們就讀的政訓班第三期，原隸屬孫立人將軍所主持的陸訓部第四軍官訓練班，其一百二十三名同學，皆係從陸訓部入伍生總隊與各直隸部隊中，分別篩選中學以上的數名優秀士兵，共同參加考試而錄取入學的（註一）。在我們結訓前，奉總統之命以第四軍官訓練班為基礎，籌備黃埔陸軍軍官學校在台復校事宜，並任羅友倫將軍為校長，將我們政訓班改隸於國防部政幹班學生隊第一期，並由軍校複訓三個月後，統一分發至陸海空各軍種實習六個月，方頒予少尉任官令，正式任用。

《故土故人，吾思吾念：我對落實「一個中國」原則的認知與建言選輯》

（註一）政訓班第一、二期是召訓現職的軍官。我們第三期是孫立人將軍為配合蔣經國主任建立軍中政戰制度，而考選優秀學兵，將之培訓成為文武兼修的政戰人員，以應所需。

在軍校代訓的歲月中，校方為我們增加了多門社會文史學科，我們生活清苦，但無不孜孜勤學。民國四十年結訓前，羅校長蒞班作臨別贈言，勗勉同學們在結訓後，各自在為學與工作諸方面，務必再接再勵，精益求精。否則十年後，彼此的前程與成就必有相當差異的。同學們為此無不激發起砥礪上進的心志，但那時，我們多沒學校文憑，更不便報考大專院校。有天上午第二節課後，趁二十分鐘休息時間，孝友學長和我們坐在窗下，談及如何求學上進時說及，參加國家舉辦的高普考試，是我們現役軍人求學上進的最佳途徑。孝友學長認為他僅大學肄業，且無文憑，不能參加高普考試，但如參加考試院舉辦的高普檢定考試，將五門專業學課，在五年內拿到等同學歷的考試及格證書，就可參加高普考了。當時，我並未意識其重要性。

而今，證諸實際，我們一百餘位畢業的同學，凡經苦讀勤學，高考及格，或赴大學求學，或考取公費出國留學歸來，皆能在軍政文教商業各界，有較多的奉獻與成就。此如，在我們同學之中最為傑出超群者，首推從准尉見習官升遷至總政戰部副主任執行官，官拜中將的周孝友學長；再有，回官校榮任政戰主任，也官拜中將的王國琛；歷任三所大學校長，且是有聲於時的政論家郭榮趙；著作等身任研究所博士導教授的張念鎮；高考狀元而今成為書畫大師的毛先榮；在幹校任法律系系主任的陳桌，與教學有成的王輔義；博學多才，揚譽美日的學人易陶天；苦讀通過司法官高考及格而轉任法官的曹競輝；以及多位官拜少將；在大學任教，或是在商界多有成就，不及一一例舉的學長，皆是由於力學上進而有如此成就的。

個人對於孝友學長，最令我終身感念，永難或忘的，就因他提示我們，如何能參加國家舉辦的普通與高等考試，俾能在學業與從公諸方面皆有所長進。此緣於我從軍校結訓後，分發至陸軍，駐台北圓山的警衛

《故土故人，吾思吾念：我對落實「一個中國」原則的認知與建言選輯》

營。那時，想考大專院校深造，在晚餐後自習時間，私自去中山北路某補習班，補習英數，僅及月餘，事為營長知曉，召我訓誡，面喻停學。想考普考，苦無高中學歷文憑。想到我在家鄉就讀的中學校長，黃埔名將冷欣將軍住在台北，我曾數度趨前問安，面報在校概況，將校歌寫給他看，唱給他聽，校長非常欣慰。當我前去請求給予高中結業證書時，校長回說，我於抗戰勝利後，回鄉祭祖，為報母恩而創建的這所念劬中學，迄今並無畢業的學生，我校長怎能為此造假呢？令我語窒，讓我傷感！在惆悵無奈之際，驀然想起孝友學長在官校所言，無文憑不能報考者，可先參加檢定考試，取得同等學歷的及格證書就行了。真讓我喜出望外。乃去大龍峒向考試院查詢得知，果如所言。

那時，國府兵敗於大陸，極大多數在遍地戰火，死裡逃生，追隨政府或國軍來台的流亡青年學子，有多少能帶有學歷證件？大家多是求學無門，就業無望。正如教育部為他們舉辦學力鑑定考試然，考試院也依據在大陸所訂的考試法，也為失學青年欲參加高普考，或是為就業需要學歷證件的人們，舉辦檢定考試，因而激發起無數的自修苦讀，欲成器成才，也有機會參加高普考試，可掄為國用的青年學子們，在軍中，在社會各個角落，處處可見到，手不擇卷，低頭讀書的景象。這是多麼偉大的德政啊！現在，想及此事，對於孝友學長在來台之初，就能知道並宣知同學們這項讀書上進的途徑，當可證明他是如何的用心勤學，是多麼地愛人若己。今天，追思及此，仍然讓我欽遲不已：感念殊深。

報考檢定考試的資格，除了有籍貫證明，無犯罪記錄而外，是不需要什麼學歷文憑證書的。我雖中學沒有畢業，但因曾在私塾將《論孟》通篇背誦過，選讀過《論說精華》，《古文觀止》與《詩經》的文章，再以《左氏春秋》為主課，雖未讀完，對我國文閱讀能力皆有相當的助益。因此，我對各門應考的科目，所選購的都是有聲於時的學人：在大學執教的名教授，所著的學術著作或是所採用的教科書，讀來很少有艱澀難懂的。加之，我選考的科目是「普通行政人員」，是不考英數理化的。所以，我對報考這類考試是有相當信心的。即便如此，我分秒必爭

《故土故人，吾思吾念：我對落實「一個中國」原則的認知與建言選輯》

地，啃了不少的書刊，用兩年普檢及格，三年高檢及格。終於在民國四十四年普考及格，四十七年高考及格，連續考了七年，方能拿到這四份及格證書。可以說，是用青春與淚水掙來的！

　　論及高普考試，時在民國四十年代初，國府仍處在所謂風雨飄搖之際，國家能依據憲法按期舉辦全國性公務人員考試，雖然只是「資格考試」，及格後不立予分發任用，但因《中華民國憲法》規定，公務人員非經考試及格不得任用。所以，有了這份及格證書，除了感到猶如科舉時代，中了「進士」的這份「榮耀」，也就能列為國家候補的公務人員了。對於穩定政情，激勵民心，其效應是極其重大的。而且，具有大專以上學歷者，才有資格報考高等考試。取得高考及格證書，也就等於取得了大學後的學歷證書，除了可任薦任級以上的文官，也可參加留學考試，出國深造的（註二）。

（註二）蔣經國任行政院長，成立人事行政局後，全國性公務人員高普考試就改為「任用考試」了。然因，繼之在人事制度上，將簡薦委改為職位分類的十四職等，其高普考的應考資格，與及格後任用的職等，按「文憑主義」在「正規學校」就讀，才能取得的學位高低（學、碩、博士），而大有不同。這不僅有失公平，更造成「升學主義」，大家都拚命擠向大學之門求個學位，青年們升學與就業因以造成極其嚴重的教育與社會問題！（其詳情可見於拙文《解決青年升學與就業的途徑》，民國六十五年十月二十五日《中國論壇》第三卷，第二期。）

　　可是，依據高普考考試法規定，每年每屆及格人數，等同選舉立法委員一樣，是按各省人口「分區定額錄取」的。亦即不論多少人參加考試，每省人口在三百萬以下者，只錄取五名，以後該省人口每多一百萬者，就多增錄一名。例如，以我參加的四十七年的全國性高普考試記錄而言，全國性高普考計錄取四百一十二人，約佔報考總人數四千一百二十六人的 10% 弱。其中高考僅錄取二百四十八人，其錄取比率是 6%。說來，這份學資歷得來是屬不易的（註三）。所以，人們常將「金榜題名時」例為人生四大喜事之一，是不無道理的。另有「書中自有顏如玉」之說。那時就有種傳聞：在本省稍有名望的家庭為女兒所擇其婿，如係

《故土故人，吾思吾念：我對落實「一個中國」原則的認知與建言選輯》

醫生，或博士，或是高考及格者，就贈予一百萬的陪嫁。是否確有其事，可不予計及。但有實例的是，孝友學長夫人，趙琳嫂就嘗告訴我們說，她所以樂願下嫁給窮苦軍人的孝友，就是看上他讀書上進，從不稍懈：高考及格，依然手不擇卷，孜孜求學上進，戮力為國奉獻的原因。又如，毛先榮學長和我個人，皆是高考及格後，才有「顏如玉」願作我們的賢內助。自也算是個實例也。

（註三）在「分區定額錄取」法制下，台灣省僅錄取八名。致有本省「有心人仕」以此指認為，是國府對台灣人歧視的佐證。其實，這「分區定額錄取」法制，僅限於全國性公務人員高普考試。各（如台灣）省所舉辦的高普考試：為大專畢業生舉辦的相當於高考的乙等特考：為軍職退役後轉任文職人員所舉辦的「行政與技術特考」等等考試，其錄取名額則不受此例限制。

再就個人來說，正如早在四十二年就高普考及格，而能及時考取幹校研究班深造，甚得長官青睞提攜，一生事業婚姻兩者，皆幸運美滿的孝友將軍學長：又如，因為是四十四年的高考狀元，而為主考官，黨國先進黃季陸先生所賞識，予軍職外調，轉任文教職務，學經歷皆更上層樓，現已成為亨譽國際書畫大師的毛先榮學長然，我也能予軍職外調至行政院，為首長服務，工作勝任愉快：嗣經行政院甄選，接受聯合國學人獎補金，負笈英倫，求得研究所學位文憑：赴美訪問，考察研究公共行政與企業管理，獲益至深且切：嗣後，也能到大專院校兼任教職，撰著且出版大學用書等等，皆係因以孝友學長為我良師畏友，多年來附驥景從，因能取得全國性高等考試及格證書所致也。我怎能不對孝友學長感念萬萬，緬懷良殷呢！？

再有，孝友學長令我欽遲不已的是，除了他有種剛毅木訥的個性，溫文儒雅的風度而外，就因為他待人誠摯敦厚，處世謙沖禮讓的諸般德行。此如，1961年我們同在軍官外學校留美儲訓班受訓，那時，他早已在俄文班畢業，軍階又比我高了，我們同桌而坐，彼此切磋交談，他毫無驕矜炫耀之色。在結訓前，他先已考取留美，也可能嗣後他被派去越南從事心戰工作，協助美軍作戰了。我於結訓後，才考選去美國陸軍太

《故土故人，吾思吾念：我對落實「一個中國」原則的認知與建言選輯》

平洋連絡學校受訓。回國後竟也奉調到國防部總政戰部，任命為校級參謀。

我在國防部總政戰部工作期間，方才知道，我們政幹班畢業後之同學，又考入幹校本科班，尤其是到研究班受訓者，其不僅成為政戰系統的主幹，升遷也順利多多。我因忙於參加高普考，民國四十二年又隨某野戰步兵師調防金門，並未考入幹校。然因國防部辦理國軍統一學籍，我被評為陸軍官校第二十四期，其畢業證書竟是以總統名義頒予的。所以，我嘗對大家說「你們是幹校的，我是軍校的」，博個哈哈一笑（註四）。雖然，我們在軍校代訓政幹班結業的一百多位同學，有「幹校」與「非幹校」之分；更有好多同學早已轉任到各種不同的行業，但大家都非常珍惜這份非正規班的學歷，懷念那種甘苦共嘗的生活。所以，有王國琛，張念鎮暨鄒德崑三位學長，每年皆辛勞籌辦自費的「畢業週年餐會」。人，不論苦樂；路，不問遠近，大家都趕來相聚言歡，彼此問安。我在海外，不便參加，但有念鎮學長每屆年會後，都將資訊與照相寄我存念。從照片上看到諸多較有成就的學長都在其中，尤以見到孝友將軍學長，每每謙謙遜遜地站立在後排，讓人倍感親切。

（註四）我們這一百餘位畢業的同學，皆屬孫立人將軍主持第四軍官訓練班的「子弟兵」。「孫案」發生，我們不僅未受牽連，而且多受到黨國的栽培，成器成才，皆能在各界盡其責分，為國奉獻，有如周孝友將軍等等皆是典型的實證。

又如，我於1965年，由國防部「軍職外調」，到行政院服務不久，某天中午，傳達室通知說，門外有來賓要會我。依言出門看到的，竟然是孝友學長，偕同也在總部任處長的王國琛學長，他倆撥冗前來，猶如親兄親弟然，探問我工作是否安愉，溫馨叮嚀。迄今，每念及此，仍然讓我感動不已呢！

再如，1971年，我留英訪美歸來後，某天，念鎮學長要我去台北某工專，代他所兼之語文課，上課時，學生調皮，大聲歡笑，孝友學長時任軍訓教官，及時前來「訓導」，學生安靜了，讓我「如釋重負」，現在想想猶感到親切有趣。次年暑期，學長已榮遷教育部任軍訓總教官，

《故土故人,吾思吾念:我對落實「一個中國」原則的認知與建言選輯》

又因校方為我送教育部,依大學法教師資格審查合格,而頒給「講師證書」之故,央請孝友學長邀我繼續去校兼課,為因教學語文非我所願,故未應允。想想那時,沒顧及學長的情面,現在仍想要說聲「對不起」呢!

自 1978 年,我再度出國赴美進修,繼之「流」美就業以迄於今。其間,從台灣不時傳來有關孝友學長升任各種要職,官拜至中將,退休後並轉任華視董事長等等的訊息,讓我有種天涯猶如比鄰,同學情誼永難或忘的感受。2001 年夏,孝友學長與夫人猶如「候鳥」般,每年常常定期來美,探視住在新州任醫生的愛女及其賢婿。因而,我們有了一生中最為相聚言歡的機會!我曾請他倆和徐長貴學長夫婦,到我紐約舍間唱卡拉 OK,我們三個政幹班垂垂老矣的同班同學,竟又合唱「怒潮澎湃,黨旗飛舞,這是革命的黃埔……」的軍校校歌,再去餐館小吃,似乎時光倒流至在軍校受訓的日子了!孝友夫人琳嫂也在座,非常開朗健談,還要我介紹我的鐵夫老師,也教她電腦中文「周氏四角輸入法」。果真,琳嫂回台後,仍然數度用電話受教。所以,有時我稱呼趙琳嫂為「師姐」呢。

尤者,是年八月,最令我感到親切難忘的聚會是,孝友學長遠從新州,備具禮品,由他賢婿開兩小時左右的車,趕來參加,我為小兒在紐約喜來登舉辦的婚禮。喜宴中,至親好友,相互言歡:有才藝兼長者,皆請其出席與賓主同樂。當我將來賓一一介紹給大家時,請孝友將軍學長上台致辭,將軍就是謙謙遜遜的謝讓不迭。我們喜宴鬧到午夜十一時許,才由他賢婿驅車回新州,想必是午夜早過了。可能因為路遙夜深,琳嫂並未同來參加這次喜宴,我去電向琳嫂問好時,曾戲問說,您不前來,您可知道,在孝友喜宴席上有美國美女同座呢,您「放心嗎?」琳嫂竟回說,「放心,非常放心」。可見,將軍賢伉儷是多麼的鰜鰈情深啊!這話,雖已十五年倏忽而去!但歡樂情景,依然歷歷猶如在目。自後,每年如不見孝友學長賢伉儷來美,嘗去新州或大陸電詢。他們回台定居後,就以郵電問好了。而今,驚聞孝友將軍學長飄然而去!寄望雲

《故土故人，吾思吾念：我對落實「一個中國」原則的認知與建言選輯》

天，深感「人生天地間，忽如遠行客」：緬懷敦情厚誼，不勝悵然若失良師畏友！而今，為琳嫂告知，本年三月二十一日，將為孝友將軍舉辦逝世週年追思會，特遙寄片片心語，藉抒懷念與敬悼之情於萬一，更為孝友將軍學長祈禱：與主同在。阿門！

（2015 年二月十五日於紐約市）
——原載於《中央網路報》 2015 年三月十五日

《故土故人,吾思吾念:我對落實「一個中國」原則的認知與建言選輯》

專文:往事只能回味?!
——我唱抗戰歌曲與懷念老歌的經歷感受

1971 年里茲大學 (Leeds) 獨唱

　　今 (2015) 年七月,在紐約市的中華民國各退伍軍人團體,聯合主辦「紀念抗戰勝利暨台灣光復七十週年系列活動」,其中有來自台北許多聲樂家所演唱的《松花江》、《西子姑娘》等等抗戰歌曲,那悲憤壯烈的歌聲,激發兩百多位老兵與親眷,追憶起家仇國恨的血淚史,而有多人動情合唱,發抒同仇敵愾的情懷。這也讓我想起 1995 年,紐約華人為紀念抗戰戰爭勝利五十週年,在林肯中心舉辦了一場,盛況空前的五百人演唱《黃河》以及多種懷念歌曲的音樂會。那時音樂會的主題是「抗日的歌聲唱出我們共同的民族情感,國恥的傷痛使我們團結在一起」,不禁令我憶起幼年時期,那烽火連天,逃亡流浪的日子;那生離死別,饑寒交迫的傷痛,的的確確扣我心絃,令我潸然!

　　筆者從小學時代就學會了好多抗戰歌曲。也可以說是天天在聽,天天在唱著抗戰歌曲。曾經有一首《動員》歌,我唱得很好,幾乎被選為

《故土故人，吾思吾念：我對落實「一個中國」原則的認知與建言選輯》

校代表，去縣城參加比賽呢。至今依稀記得這歌詞是：

「動員，動員，要全國總動員。反對暴軍侵略，掙脫壓迫鎖鏈，要結成鐵陣線。民族生存只有一條路，唯有抗戰。大家奮鬥到底，槍口齊向前。民族生存只有一條路，唯有抗戰。」

這些抗戰歌曲有的是老師教的，有的是跟小朋友們學的。尤其到現在仍不知道是，從那兒不時派來三三兩兩的文宣人員，到我們學校來演唱抗戰歌曲，給我們全校的小朋友們聽。他／她們往往唱得聲淚俱下！我們也聽得「心顫膽跳」。當然的，他／她們所唱的歌，無不是我們最要學會的。其中有兩首特別為大家最愛唱、愛聽的是「我的家在東北松花江上，那兒有滿山遍野的大豆高粱、還有那衰老的爹娘啊！⋯⋯」的《流亡三部曲》和《長城謠》。前者，由於歌詞很長，而且唱起來要把內心的悲憤和哀痛，以至慷慨激昂的情緒表達出來，是要費力的，所以並不輕容易唱它，至今更唱不成曲了。但後者《長城謠》確是唱得終身難忘，個人將它從大陸唱到台灣，從台灣唱到英倫，再唱到美利堅的新大陸。真有所謂「一曲走天涯」的壯舉呢。而今，只要有表現的機會，依然要將它高歌一回，以抒那酸甜苦辣，五味俱陳的生活情懷。

音樂是世界的語言，歌曲則是一個民族情感的流露，和時代心聲的表達。人們之所以對某些老歌懷念它、特別喜愛它，莫不是因為這些老歌，在其中投入與融合有他們自己既往生活與經驗的感受而然的。可能就因為是這樣，當筆者聽到唱那所懷念的老歌，總會讓我猶如跌入時光隧道中，那時光倒流至那個聽或唱那首老歌的時代，重溫那時代的生活情懷，與經歷感受。筆者在青少年時代，曾經手抄了厚厚一本古典名曲與流行歌曲。確有不少很喜歡的，令我很懷念的老歌。但印象最為深刻的，乃是下面的幾首歌曲：

無憂無愁的《漁翁樂》

歌詞是這樣的：

《故土故人，吾思吾念：我對落實「一個中國」原則的認知與建言選輯》

「漁翁樂陶然，駕小船，身上簑衣穿。手持釣魚竿，船頭站，捉魚在竹籃。金色鯉魚對對鮮，河裡波濤蛟龍翻。兩岸呀，垂楊柳，柳含煙，人唱夕陽殘，長街賣魚鬧呀，斟一杯美酒兒，好把魚來煎。酒醉後，歌一曲，明月滿前川，漁翁樂陶然。」

這最後一句也是第一句，可以反覆唱下去。這首歌是我在小學三、四年級學會的。那時戰火還沒燒到我們小鎮上，過著無憂無愁的生活。但不及兩年，日本鬼子來了，繼之「清算鬥爭」也來了！由是而失學，而逃亡，而家破人亡，而從此「浪跡天涯」，倏忽已歷七十多年了！我非常喜歡這首詞與曲，也曾經用毛筆將之書寫成一幅小小的「中堂」，掛在我的書桌旁邊。但每當我低徊誦唱時，總禁不住令我想起個人沒有金色的童年，有的，確是過多的艱困與苦難，而傷感、心酸得要掉淚。當然，在悲憤中也帶給我更多的奮鬥力量呢。

美曲可餐的《王昭君》與《西子姑娘》

當我唱或聽到這兩首歌曲，總讓我似又回到當年服役軍中，駐防金門時，那炮聲隆隆，機聲軋軋的，差點兒為國捐軀沙場的戰鬥生活了。現在人們談到金門炮戰，都是提到民國四十七 (1958) 年的「八二三」炮戰。實際上，還有民國四十三 (1954) 年的「九三炮戰」，對我和金門來說，那才是驚險萬分的。九三是抗戰勝利紀念日，上午，部隊長集合我們訓話，我連剛剛步行到湖南高地的集合場中央，就聽到後面傳來對岸大／小嶝一群炮聲，散坐在四周的官兵就大叫著：「散開，臥倒。」我一伏到地上，那第一群炮彈就落在我們附近不遠處，我連就有一士兵腰部為流彈片所擊傷。下午，對岸的中共突然群炮齊轟，炮火濃煙把我們住在湖下對面的小金門幾乎全掩沒了。那時，金門根本沒有什麼防禦工事和完善的營舍可言。當夜，我部睡在榜林的田野間。（月餘後，我奉調到政戰部協辦組訓工作，能夜宿在莒光樓講台中央，還真幸運呢。詳見拙作《憶金門「九三炮戰」及其餘事》文及附圖。）如果中共攻打過

來,金門準會不保。所幸,我們有六門 115 加農炮,當夜反擊,射程可打到廈門。第二天起,由台灣一批又一批飛來的空軍轟炸機,到廈門上空日日連番轟炸,打散了中共結集的船團,當然也粉粹了他們攻打金門的美夢。自後,炮戰不斷,台灣的勞軍團也連番而來。女歌星們所演唱得最多的就是這兩首歌。好多兵哥們說,只要聽到這《王昭君》與《西子姑娘》,飯不吃都可以。想不到音樂的力量竟有這麼大!

令我憂時傷懷的《春風春雨》

民國五十九年,我竟有幸到英國留學去。九月中旬從台北起飛時,還是熱得令人難受。可是一下倫敦機場,那迎面吹來的陣陣寒風,令我打了好幾個寒噤。繼之隨著承辦我留學事務的大英文化協會的太太,到處忙了好幾個小時。當晚一到旅館就病倒了。第二天抱病坐火車去里茲大學報到,入夜竟頭痛得生不如死。校方將我送院,住了一個禮拜才回到學舍。回來當晚,正好參加學舍為來自外國新生們舉辦的「國際音樂會」,承先我由台灣來英的李先任和王德熙兩位同學,送來中國歌曲唱片一張,讓我放給大家聽。這也是我第一次聽到這《春風春雨》:

「又是一年春風,春風裡故鄉依如舊?多少遊子為著故鄉憂……多少人在春風裡憔悴!多少人在春雨中消瘦!為什麼憔悴?為什麼消瘦?為的是青春不再,歲月如流。歲月如流,卻流不盡家恨國仇!……」

大病初癒的我,聽到這種詞曲,更令我感到個人已虛度三十多歲,這次來英國留學幾乎命送這異鄉,而我們的故鄉何在呢?我的家人,我們的國家呢?!一陣心酸,淚珠禁不住滾滾而下,趕緊背過臉去把它擦掉。回到座位,身旁的同學對我說,你們中國的歌曲和我們義大利的音樂很類似呢。自後,這首歌曲,這種情景,就常在我喉,常存我心了。

《故土故人，吾思吾念：我對落實「一個中國」原則的認知與建言選輯》

響遍英倫的《高山青》

　　這首歌是民國三十九年我在鳳山軍校受訓時，有女青年大隊同學來教會的。那時我還沒二十歲，唱到「姑娘美如水，少年壯如山呀……」覺得真奇妙，當然很喜歡唱。可是二十年後，我竟到英國又上學，又聽到、唱到這首我很喜愛的歌。那是在十二月中的一個週末，由於全英中國同學會年會，輪到曼徹斯特大學的中國同學主辦，各校中國同學多趕去參加。我當然也去了。上午參觀，中午聚餐，下午歌唱同樂會。真開心。在同學會中，有某地餐館同仁主動前來參與演出，講廣東話，我聽不懂。只看到女演員的動作敏捷，猶如做體操。坐在我旁邊與我同姓的朱同學，是從馬來西亞去台大畢業來英的。他問我這演的是什麼？我搖頭。他說，這就是《紅燈記》呀！最後，果然看到那女演員把那「紅燈高高掛」起來了。真納悶。台下也沒有什麼人鼓掌。大概那時大陸的留學生是極少之故吧。最後壓軸戲是由倫敦政經學院同學演出的。當音樂響起，竟是《高山青》，出來兩排男女同學，跳的竟是高山舞。大家突然歡欣歌舞起來了。台上蹬足，台下拍掌。大家都隨著音樂節奏，左搖右幌地高聲唱起來了。真開心極了。自後，每次聽到或唱到這首歌，怎能不想到這種動人、動心的情景呢。

令我在校「一曲成名」，因而意氣風發的《長城謠》

　　1971年春初，過中國年時，我們里大同學會舉辦「中國文化之夜」晚會，招待全校師生。我被「徵召」參加了由台灣來的李讚成與盧元祥兩同學夫婦，李先任和王文潮，以及香港的三位女同學，共十人的中國民歌合唱團參與演出。我們選唱了《高山青》、《康定情歌》、《掀起妳了的蓋頭來》和《沙里哄巴嘿》四首民歌，還由香港的黃偉儀同學獨唱《紅豆詞》；我則獨唱我的最愛《長城謠》。我獨唱時由香港鄭同學鋼琴伴奏。當我引吭高歌時，台下鴉雀無聲。唱畢鞠躬，台下竟掌聲與

叫聲齊飛！我下台後，我指導教授夫婦對我不斷點頭。有中國同學問我說，你「日夜只想回故鄉」嗎？有英國女同學則連聲叫好地親我呢！自後，那希臘的、埃及的等等同學，都說我要得，要另眼相看了。真是，這《長城謠》竟讓我「一曲成名」，因而意氣風發起來了，我怎能忘記那……

那令人低首徘徊，無限感慨的《往事只能回味》

這首歌是在 1971 年七月由英來美考察訪問時，適逢發生那「天翻地覆」的事故，在華盛頓我大使館陳秘書耀東兄的住所聽到的。那時，我並不會唱這首歌，但很喜歡聽它那種如怨如訴的音調絃律，和演唱歌星樸素低沉很美的音色。也由於如所唱，「時光一逝永不回，往事只能回味」，在年事日增，而國事、家事與個人事，事事都在急速變遷之中，真是只能回味！自然而然地喜歡來聽聽這樣的歌詞，平常不時哼哼，直到四十三年後 (2012)，已八十三歲的老朽了，竟也學會並能表演它呢。（在 YouTube 上鍵入「往事只能回味　止戈　20120526094521.mpg」的連結，就可以看到了。）

在這漫長的逝去的歲月中，真有不少「不堪回首，只能回味」的事故。舉其犖犖大者要如：

1971 年，我們中華民國青天白日滿地紅的國旗，依然飄揚在 UN 大廈與 IMF 總部。

記得，在我留英來美訪問之前，就發生所謂「乒乓外交」。英倫的新聞、電台為此「吵」翻了天。在國府為維護聯合國的代表權，與中共「纏鬥」得難解難分之際，發生如此事故，甚感不妙！所以，由倫敦一到紐約，即前往聯合國總部，看到聯合國大廈前一片旗海時，不禁順著旗桿走下去，想尋找我們中華民國青天白日滿地紅的國旗，結果，發現她飄揚在大門右邊第一根旗桿上。我注視良久，拍了張照片。自己還特別站在旗下，請人為我拍張紀念照（如下圖）。以後在華盛頓去 IMF 訪

問,看到我國旗安插在旗海中,也照了個相。現在,這幾張照片已成為「歷史文件」了!真是往事只能回味也。

沈劍虹大使讓人看來,甚感痛心的「抗議」。

那時,我在美考察研究的項目,是由美國聯邦政府文官委員會主辦的。那天早晨我去該會,那外賓室主任郝夫先生一見面就對我說,發生了非常特別的大事,要我趕快去我大使館看看。經一再相詢,才知道是

上圖:1971年聯合國大廈(UN)中國民國國旗前。
下圖:1971年國際發展基金總部(IMF)中國民國國旗前。

《故土故人，吾思吾念：我對落實「一個中國」原則的認知與建言選輯》

季辛吉在巴基斯坦「肚痛」，竟偷偷跑到大陸「拉肚」去了！當尼克森總統宣佈將訪問大陸那天晚上，在電視上看到我們沈劍虹大使，在記者群中發表「抗議」談話，他這、這、這地，說得口沫橫飛；他大頭在閃光燈下，也搖得「閃閃發光」。看來，真教人心痛不已！其後……真是「往事只能回味」了。

讓我讀得淚珠滾滾的「老祖母投書」。

從尼克森宣佈「朝毛」的那天起，我每天在出訪前第一件事，就是買幾份當地的日報，將有關此類新聞剪下，以航快寄回台北，以供當局參考，間或陳述些許建言，要者，我曾建議即刻召回沈大使回國述職，以表示嚴正「抗議」（後來上司對我說，這些資料呈首長閱後，多批交到有關部委會局，曾讓他們大為驚異，說來真能派上些許用場呢）。有天，從華盛頓郵報上看到一則「讀者投書」，著者說，我是美籍華裔，而且是六十多歲的祖母了，可以說明我寫這份投書，不可能有什麼政治野心了。於是她指出，在美華人，因為尼克森要去大陸訪問，有好多人奔走相告，認為中國人站起來了。她問，中國人真的站起來了嗎？沒。她呼籲蔣毛兩位老人家，從此捐棄那莫明其妙的成見，祛除那「不共載天之仇」，而握手言歡，而推誠合作，共同建設國家，讓我們中國人真正能站起來。我讀到這裡，想到我們這一代所受的烽火連天的災難與苦痛，再想到我們下一代也要承受這戰火的洗禮嗎？那串串淚珠不禁滾滾而下！這一幌已是四十四個年頭過去了。真是，「往事只能回味」也！

「聯共制俄」的失策！「實質外交」的效應何在？

我留英訪美回國未及旬日，當 1971 年十月二十五日，我中華民國政府因聯合國 2758 號決議案而退出，中國代表權席次，竟由奪得政權二十餘年之後，因有美國突然採取「聯共制俄」的政策而予奧援的中共政權所取代！又，十年後，美與中共政權「關係正常化」。反思美國對中國政策，從圍堵冷戰的「反共」；「麥卡錫主義」的「恐共」，尼克森猶

《故土故人，吾思吾念：我對落實「一個中國」原則的認知與建言選輯》

如「飲鴆止渴」地，為了採取季辛吉的「聯共制俄」策略，竟由「乒乓外交」，而宣佈「朝毛」，而助共入聯，而「關係正常化」，以至與中華民國斷交等等大不幸的失策，其結果呢？造成今日中共處處與美爭霸，挑起世界動亂的情勢。這能不能說是「咎由自取，責在美方」呢？這豈不是「往事只能回味」？！

那時，中華民國政府為肆應失去聯合國中國代表權的這項衝擊，務求減低損害我國家民族利益至最低限度，由嚴前副總統兼行政院長家淦先生指示成立四個應變小組，外交小組為其中主要小組之一，由臨危受命的葉公超先生所主持。小組的成員為有關涉外事務的部會首長（如外交周書楷，經濟孫運璿，財政李國鼎，僑務高信，交通張繼正，央行俞國華以及協調人蔣彥士秘書長等等）所組成。葉先生主持小組會議，除了聽取有關部會長報告外交事務情勢，決議應變處理方式而外，主要任務是重新釐訂外交方針大計，重新調整全盤外交陣營，分配預算，統一指揮。為了衝破孤立，推展實質外交，經小組反覆研議，在第六次會議決議後，由公超先生簽請院長：（一）在無邦交地區倘不便使用正式國號，可使用「台灣」字樣。（二）在國際會議中，可不反對他人稱我為 Free China，China (Nationalist)，或 China (Taiwan)。簽文呈送至蔣副院長經國先生，其第一條（可使用「台灣」字樣），即被刪除。今日思念及此，對於當年中華民國政府，處在存亡絕續的關頭，猶執著秉持一個中國的基本國策，其堅忍志節，是何等的悲壯感人！但自後，有哈日族如李、陳之流的台獨鼠輩，或倡「一邊一國」，或叫囂成立「台灣國」，這一切俱往矣！真是「往事只能回味」？！

中國國民革命與對日抗戰

說來，中國的共產黨是共產第三國際，由蘇俄派馬林來中國資助成立的，在國父孫中山先生「聯俄容共」政策下，共產黨以個人身份加入國民黨後，宣揚馬列主義，秘密發展組織，所謂「借國民黨的雞，生共

產黨的蛋」：中國共產黨參與中國國民黨為建立「民有、民治、民亨」共和國體的國民革命，其在本質、理念、與實踐等等方面，可以說中共是個不折不扣蘇維埃式的「外來政權」。

今 (2015) 年，中國對日抗戰勝利已歷七十週年。大陸中共為了轉移世人對它面臨政經等等方面將要「亡黨亡國」危機的注意，乃假「全民抗日」，「保衛國土」以激發人們與生俱有的愛國家，戀故鄉的情結，能認同中共 一黨專政（外來政權）的正當性，合法性。因此，自習大帝甫行登上大位，即對外耀武揚威，向日本索取釣魚島，在東南海與美國爭峰；對內為糾合民心，定於今年九月三日高規格舉行「中國人民抗日戰爭暨世界反法西斯戰爭勝利六十九週年」，要邀請世界各國領袖來觀禮，來檢閱其展示最先進武器的大閱兵等等紀念活動。說實在的，想到中國近三、四百年來，中華民族受盡外侮侵略，姦淫殺戮的苦難，看到今日，中共強大起來，耀武揚威，能與美日對抗，誰不有「揚眉吐氣」之感呢？誰不對老毛在 1949 趕走所謂「腐敗專制」的老蔣後，即刻關起竹幕，用一個「反」字，發起種種人神共憤的暴政，殘殺八千萬苦難小民（當然包括菁英學者專家）的共產極權暴政，有意予以「一筆勾消」呢？可是，當年中國對日抗戰，毛澤東在俄共資助，史達林指令下，以欺騙，用間，武裝叛亂，僭奪了抗戰勝利的果子；而今，中共竟然大肆宣稱，對日抗戰是它八路軍、新四軍打贏的。海內外有理性，有良知的人士，對於如此無恥的欺騙謊言，莫不一致譴責。因為，事實乃是：

民二十九年八月二十二日，毛澤東發表「共赴國難宣言」：服從國民政府領導，參加抗日。將陝北八路軍的四萬五千人的部隊，改編為第十八集團軍，總司令朱德，副彭德懷，所轄有林彪 115 師，賀龍 120 師，以及劉伯承的 129 師，劃入第一戰區，由衛立煌（實際是中共黨中央）指揮，從事所謂「國共合作」。全民對日抗戰，在這期間，毛澤東到底做了些什麼呢？有歷史學家研究所知：

據北大教授白壽彝所著《中國現代史》一書中載有；「從 1931 年九月十九日至 1935 年八月一日，中共沒有說過『抗日』這個名詞。」毛澤

東，除了抗戰頭兩年共產黨的軍隊打過幾次抵抗日本軍隊的仗，從 1939 年以後就沒有打過一場稍微大一點的仗。共產黨的主要精力放在擴大解放區，培養自己的武裝力量，是所謂「一分抗日，十二分宣傳，一百分發展」。在這中華民族生死存亡的關鍵時刻，毛澤東放著日本人不打，打自己的小算盤；準備勝利後摘果子。（他確實做到了。）

中國對日抗戰，據中共黨史所說，日本是由八路軍打敗的。其舉證最為首要者，是為林彪的第 115 師參與的「平型關之役」；另由彭德懷所發動的「百團大戰」。據說，在三個月期間，打了兩千多次游擊戰，毛澤東參加過幾次？甚以，事實上，毛澤東並不同意林彪打「平型關之役」，「毛一天給五道信說是，中共八路軍的中心任務是做群眾工作的」。也對彭德懷發動「百團大戰」結果，損失 20% 的戰力，一直計算到他被整死而後已。

抗戰期間，蔣介石「領導」三百二十個步兵師，二十二個騎兵師，總共四百至六百萬人，與日作戰計有二十二次大會戰，一千多次中型戰役，三千多次遭遇戰，打了八年，方能堅持到最後的「慘勝」。國民黨僅陸軍就犧牲了三百二十一萬官兵，其中包括上將八名，少將以上兩百名。中共軍呢？從四萬五千名，擴展到數百萬，沒有一個師級以上軍官犧牲的。特別是，在國軍與日寇二十二次大會戰中，毛澤東自始至終，除了在窯洞中不時「喊話」而外，他又參與了那一次？這是絕不可能為習大帝所能抹殺的，此如胡錦濤所謂，由國民黨主導的「正面戰場」，二十二次大會戰，依年次條列如下；

1937 年的：1. 淞滬會戰；2. 南京會戰；3. 太原會戰；

1938 年的：4. 徐州會戰；5. 蘭州會戰；6. 武漢會戰；

1939 年的：7. 隨棗會戰；8. 第一次長沙會戰；9. 桂林會戰；

1940 年的：10. 棗宜會戰；

1941 年的：11. 豫南會戰；12. 上高會戰；13. 晉南會戰；14. 第二次長沙會戰；15. 第三次長沙會戰；

1942 年的：16. 浙贛會戰；

《故土故人，吾思吾念：我對落實「一個中國」原則的認知與建言選輯》

1943 年的：17. 鄂西會戰；18. 常德會戰；

1944 年的：19. 豫中會戰；20. 桂柳會戰；21. 長衡會戰；22. 湘西會戰。此外尚有名震中外的：滇緬會戰。（參見拙作《老朽曝言》文。）

總之，中共將中華民國對日抗戰八或十四年之久，犧牲了千千萬萬的軍民同胞，損失了天文數字的財產，而獲得「慘勝」的果實，要如廢除了近數百年來，與外侮所簽訂的種種不平等條約；接受日本無條件投降；索回日本所侵佔的國土；創建聯合國而享有否決權的永久代表席次等等勝利戰果，中共將之全數僭奪，「攬為己有」，已屬為人所不恥。又在中華民國處境特別「艱困」之際，中共出兵東南海，維護應歸屬於中華民國所有的領土（海）主權；他方又盡其力能所及地，貶低甚至欲消滅在台灣的中華民國政府，以維護它一黨專政極權統治的合法性。如此泯滅史實，面對中華民族，炎黃子孫情何以堪？！

迄今，每當我誦唱這些抗戰歌曲與懷念老歌時，總會緬懷及既往七十多年中，那些因戰火離亂而喪生的，千千萬萬的軍民同胞；也想望及那億億萬萬後代子孫的生活前景。只有祈求上蒼賜予兩岸的領導者，以為民請命的道德勇氣，和那為民造福的仁義之心：中共必須落實政改，還政於民，使中國共產黨真正轉變為，如胡錦濤所宣示的，「是孫中山國民革命的『繼承者』」，俾能與民主先進國家如英美等修好邦交；國府尤須恪遵《中華民國憲法》，啟動「國統綱領」運作，以謀求大中國的和平統一。兩岸當政者都要為中華民族全民繁榮昌盛著想，為世界和平能盡文明國義務而盡籌碩畫。兩岸四地毋妨籌組成「一中委員會」，儘快將兩部《憲法》加以研議，修訂出一部，可名為《中國大憲章》，作為兩岸統一後，建立聯邦或邦聯制，或在聯合國「一國兩票」制的，民主法治共和國的藍圖。如此，兩岸為「和平發展」要會談，要協商，要簽訂施行的如服貿條例，要參與的亞投行等等，必須面對的「一個中國」問題立予解決了；再如協議，通過「政治協議」，則兩岸「和平統一」的時間，也就不需要如鄧小平所說的要等一百年了。

《故土故人,吾思吾念:我對落實「一個中國」原則的認知與建言選輯》

(2015 年七月十日於紐約市)
——原載於《中央網路報》2015 年七月十三日

《故土故人，吾思吾念：我對落實「一個中國」原則的認知與建言選輯》

專文：我唱《燕雙飛》的情懷與感受

```
燕双飞
1=F 4/4    故事影片《芸兰姑娘》插曲（1932年）
选自《中国电影百年经典歌曲》 陈玉梅 演唱         高天栖词曲
```

（樂譜）

《燕雙飛》詞／曲：高天棲

「燕雙飛，畫欄人靜晚風微，記得去年門巷，風景依稀，綠蕪庭院，細雨濕蒼苔，

「雕梁塵冷春如夢，且啣得芹泥，重築新巢傍翠幃。樓香穩，軟語呢喃話夕暉，

「差池雙翦，掠水穿簾去復回。魂縈楊柳弱，夢逗杏花肥，天涯草色正芳菲。

「樓台靜，簾幕垂，煙似織，月如眉，豈奈流光速，鶯花老，雨風催，景物全非。

「杜宇聲聲喚道，不如歸。」

《故土故人，吾思吾念：我對落實「一個中國」原則的認知與建言選輯》

  《燕雙飛》這首歌，是我在童年上小學時期，聽高年級同學們唱，而跟著他們哼哼，但只學會了前幾句而已。那時，我們小朋友整天除了做功課而外，就是學唱抗戰歌曲與藝術（懷念）老歌。去年，為參加紐約僑胞舉辦的抗戰勝利七十週年紀念會，所寫的小文，《往事只能回味──我唱抗戰歌曲與懷念老歌的經歷與感受》，在童年所唱的懷念歌曲之中只有《漁翁樂》，這《燕雙飛》並未列入。其因是，那時對這首歌的詞意與情境懵懂不解，而未如《漁翁樂》的歌詞簡潔明瞭，可以朗朗上口，而能學會之故也。

  近來，有感於馬齒徒增，對變幻莫測的世事，也嘆其無奈與無助，而又哼哼唱唱《往事只能回味》與《教我如何不想她》等抒情民歌時，不意竟哼到這《燕雙飛》的詞曲，但仍是起首幾句而已，乃從網路上搜尋到這首歌整首的詞曲，隨著簡譜哼哼唱唱，驚覺其詞曲美不勝收，真是所謂如詩如畫，有聲有色，載歌載舞，至情至親。個人對音樂雖然無何修養，但從在那擬人的詞句，那委婉的聲調中，竟也能體會到這首歌曲，似有一種「樂而不淫，哀而不喪」的情意。特別是，讓人勾起對故土故人的情懷；憶念到那時無憂無愁的童年生活。

  這首歌的詞曲都是高天棲在 1932 年為《雲南姑娘》所作的主題曲。所謂「歌曲是民族情感的流露，和時代心聲的表達」。我想，這首歌的詞曲其所以寫得如此的婉約優雅，平和動人，很可能這創作之 1932 年，是正值國民政府「黃金十年」建設的鼎盛時期之故。據歷史學者們研究所知，這「黃金十年」又稱「南京十年」，係指從 1927 年，由於國家統一而定都南京，到 1937 年為抗戰建國而遷都重慶。在這期間，國府有蔣中正先生的主導，展開全面建設，在政治經濟，軍事外交，交通基建，文化教育，以及民族社會等方面，皆是蓬勃發展，繁榮昌盛。其成就是中國自 1840 年鴉片戰爭以來達至最高的水平；其成效是鞏固了國家統一的基礎；對日寇侵略能遂行長期抗戰，倖獲「慘勝」。這「黃金十年」的建設，設如沒有內亂與外患的的破壞與阻撓，而能再延長十年以上，中國不僅沒有迄今所遭受的一切的災難；而且，國家建設，早已與現代

《故土故人,吾思吾念:我對落實「一個中國」原則的認知與建言選輯》

民主法治高度發達的國家並駕齊驅;中華民族復興的漢唐盛世也早已實現了。

個人起初哼哼唱唱這首《燕雙飛》的時候,我們抗日戰爭是否已經爆發,不得而知,但那時我們還沒聽到日寇的機槍聲,「清算鬥爭」也沒有來到我們的小鎮。小朋友們過著悠遊嬉戲的日子,對上述「黃金十年」的情形並無所知,但所有耳聞目見,親身經歷的片斷記憶,僅限於教育文化方面的些許事故。至少有如下幾點:

我們小鎮的鎮公所,為推廣社會教育而設立圖書館,開辦識字班來掃除文盲。為組訓民眾,而召集鎮上青年、農村子弟分期集訓。我依稀記得,那時看到組訓隊長教他們「齊步走」時,隊長喊「一、二、一」口號,他們不知所措,喊「左腳,右腳」,好多人分不清楚。最後要他們左腳穿布鞋,右腳穿草鞋,隊長喊「草鞋、布鞋;草鞋、布鞋」,這「齊步走」才能步伐一致,成隊成形。想想,還真惹人會心微笑呢!

我兒時啟蒙是在私塾,整天讀「之乎也者」的線裝書。待讀到《中庸》,總因不明其義,背不會,而經常被老師按到他的大腿上,脫了褲子打屁股,痛得我哇哇大叫,現在想及,仍然讓我恨得牙癢癢的!幸而鎮上開設了國民小學,乃轉學插班到國小三年級,開始讀圖文並茂的「的呀嗎呢」,有注音符號的國語課本。而且還有數學、常識、音樂、美術、以及體育課,真把我樂壞了!而最讓我印像深刻的是,在學校有老師教導,在社會到處張貼有標語,所推行的,要人們的言行必須合乎「禮、義、廉、恥」的「新生活運動」。

不幸的是,沒久,日本鬼子飛機掠過小鎮的上空,繼之,鎮上也搞起讓人們驚恐不已的「清算鬥爭」。於是,我們的學校毀了!家破人亡了!從此「浪跡天涯」,迄至今日成為白髮蒼蒼的老朽,仍然紀念著這「禮義廉恥」的「新生活運動」。後來經歷所知,民國「黃金十年」的建設,最著重的是教育。這「新生活運動」就是國民教育之本,影響深遠。加之「黃金十年」的建設,最重視學術自由,大力培植科學人才。對學人學子皆倍加禮遇愛護。在抗戰最艱苦時期,仍然努力貫徹「抗戰

《故土故人，吾思吾念：我對落實「一個中國」原則的認知與建言選輯》

建國」的政策。例如整合頂尖的大學，成立了西南聯大；設立幾十所國立中學，以收容成千上萬逃到大後方的流亡學子等等。時歷七、八十年的今天，在海峽兩岸對國家民族的經濟發展，科技研發等等各方面，著有貢獻的傑出學者專家們，莫不是從國府「黃金十年」建設，那個時代培植出來的。

當我哼哼這首兒時曾學唱的老歌《燕雙飛》，讓我猶如跌入時光隧道，懷念那童年的生活情懷；梳理逝去歲月裡的經歷感受。特別對國民政府「黃金十年」的建設，竟為「內亂」的破壞；與「外患」的阻撓而沖消！為之惋惜不已；但國府在抗戰建國最艱苦時期，依然秉持並貫徹國家建設以教育為主的政策，為國家裁培了無數的棟樑之材。也想到個人在內戰的烽火連天，家人生離死別，成為流亡學生的時候，也曾被國府收容到「流亡學校」。嗣後，能在苦難中倖生，成長，工作，退休，而至今能安渡晚年，真讓我感激萬分。故斯為永誌。

（2016年五月五日於紐約市）
——原載於《中央網路報》2016年五月六日

《故土故人，吾思吾念：我對落實「一個中國」原則的認知與建言選輯》

《故土故人，吾思吾念：我對落實「一個中國」原則的認知與建言選輯》

第四篇：結語

　　先賢有言，「文如其人，其人如文」。由於來美前後，身份與所處環境與所識見的問題皆有所不同，故這兩個時期所寫的文稿，其內容與性質，也就不盡相同。以往寫《均富安和》文，是「從國內看世界」，其所發生與解決的問題，都屬內部的。而今是「從世界看國內」，所論述的內容，多屬外在的因素。尤者，由於縱觀各方情勢發展的結果，追根溯源，竟覺悟到中華民族，近百年來其所承受的一切艱困與禍亂；中華民國既往，為美國因懼共，恐共而聯共所「拋棄」。現今，又為中華民國的領土，台灣及其所屬島嶼，特別是太平島，地緣戰略地位極其重要，美國與中共談判又可能將之作為「籌碼」；甚至今日，自由世界與共產國際相互激盪，在西歐，在東亞，圍共，堵共的戰火，很可能「擦槍走火，一觸即發」等等，諸般史實佐證，情勢發展所知，確確實實，都是肇因於共產第三國際，及其支部毛共所造成所加予的。

　　因以，筆者撰述的主題，轉而對中國大陸中共，打了江山，要坐穩江山，種種情勢的發展，諸如為沖淡六四悲情，而群起爭論政治體制的改革；為參加WTO被逼得國企改革；因改革開放施行城鄉二元制，而造成「三農問題」的大災害；也因耕者無分寸土地所有權，國企壟斷市場與民爭利，而不能取得「完全市場經濟地位」，讓中國大陸不能順利發展經貿；以及創設亞投行，要落實在大多政情不穩定，經濟尚較落後地帶，所開闢的「一帶一路」，能由此如所期望的成功「走出去」？甚難逆料等等，皆予莫大的關注。甚以，對於中共一黨專政，黨大於法，以民為芻狗；與美為敵，掀起四海翻騰的戰亂，多不予苟同，而對之皆有所善意的檢討與掏誠的建言。雖然如此，但有兩方面必須擁戴中共，寄望於中共的是；其一，有中共的「武統」，可以阻絕台獨鼠輩們篡奪去中國固有的領土，台灣。其二，有中共的改革開放，能和平轉變，中華民族當有真正復興的希望。

《故土故人,吾思吾念:我對落實「一個中國」原則的認知與建言選輯》

　　論及當前所面臨的情勢,中共如何由和平轉變而崛起,讓全中華民族同胞,皆能同臻衽席?筆者確切認為;僅憑藉「一個中國」原則,自認中華民國已經滅亡;自訂「反分裂國家法」,來消滅台獨取得台灣,用能衝出島鍊,成為海洋大國,以實現「中國夢」,那是不切實際,是不可靠的。想中共得到美國奧援,方能進入聯合國,取得中國代表權席位,總攬去中華民國犧牲奮鬥所創建的所有功蹟與榮耀;與美關係正常化簽訂條約,而取得美國認知「一個中國」的原則。有所謂「趙孟之所貴,趙孟能賤之」。中共應警覺到「奧援」可予可斷;「條約」可訂可廢。中共必須確認中華民國憲政傳承的法統地位;維護中華民國主權在民的共和政治體制,方能真正成為如胡錦濤先生所稱說的,中國共產黨是孫中山先生國民革命的繼承者;對川普所應的「尊重我們的一個中國政策」,只能順勢而為,切不可囂張,而惡言相向,而反友為敵。質言之,只有中共落實政治體制的改革,兩岸方能和平統一;唯賴中共與毛切割,讓世人可以袪除恐共懼共的意識型態;只有中共遠俄親美,與民主先進國家,共盡文國之義務,則世界和平,殆有可期。

附註：朱承武著作

1. 《管理之鑰》，中華民國企業經理協進會，台北，民62年。
2. 《獎勵建議制度》，正中書局，台北，民65年。
3. 《現代管理科學》（大學用書），台灣學生書局，台北，民74年三版。

www.ingramcontent.com/pod-product-compliance
Lightning Source LLC
Chambersburg PA
CBHW051524020426
42333CB00016B/1766